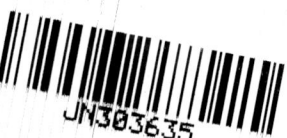

トラウマからの解放：EMDR

EMDR: The Breakthrough for Overcoming Anxiety, Stress, and Trauma

フランシーン・シャピロ
マーゴット・シルク・フォレスト 著
市井雅哉 監訳

二瓶社

EMDR ファシリテーター、臨床家、クライエントの皆さんに捧ぐ
ビジョンと勇気を持って新しい方法を試み、その体験を共有した方たちへ
そして、ロン・マルティネス氏を偲んで
マルティネス氏は、肢体不自由でありながら人々に勇気を与え、がんで亡くなった。
自分に何が起こったかではなく、それにどう対処するかが重要であることを、彼の生涯は私たち全員に確信させてくれた。

著者と出版社からのお断り

本書は、トレーニングマニュアルではなく、臨床家による EMDR 使用に関する総合的な情報を含むものではない。EMDR の臨床応用に関する基本的な概要として扱ってほしい。実際の治療は、EMDR のトレーニングを受け、資格を持った臨床家を慎重に選んで受けるべきである。

眼球運動による脱感作と再処理法（EMDR）と呼ばれてはいるが、指示に従った眼球運動は、複雑な方法の一環として使用される刺激の 1 つに過ぎない。事実、一部の研究では、EMDR を構成する要素の組み合わせに工夫すれば、眼球運動なしでも効果的な心理療法となることが実証されている。療法によって総合的な効果を得、クライエントの安全を確保するには、EMDR 全体を構成するプロトコルと手続きが必要である。眼球運動を我流で使用しようとした人や、適切なトレーニングを受けず、EMDR 全体を構成するプロトコルと手続きなしに刺激を使った臨床家により、被害を受けたという報告もある。

EMDR のトレーニングを受け、資格を持った臨床家の指示を受けた場合を除き、素人が自分だけで眼球運動を使おうとしてはならない。クライエントは、自分が訪ねようとしている臨床家が EMDR 国際協会認定のトレーニングコース（付録 A 参照）を受けたかどうかを確認する必要がある。EMDR を習得したいと願う多くの臨床家が、間違ってさまざまな「眼球運動テクニック」のトレーニングを受けたり、EMDR の学習や経験が不十分な講師が指導するワークショップに参加したりしている。本書に書かれた治癒効果は、資格を持った、または実績のある EMDR 臨床家が、EMDR 全体を適切に使用した場合にしか期待できない。

本書に出てくる「私」とは、EMDR を創始し、発展させてきたフランシーン・シャピロ博士を指す。

登場する多数のクライエントの氏名および一部の状況は、クライエントの秘密保護のため変更された。症状や治療の進行は、できる限り事実に即して記載している。

性差別を避け、かつ「彼または彼女」といった不自然な書き方をしないため、人称代名詞は交互に使用した。

目　次

謝　辞

本書は、長い時間をかけ、多くの貢献者のおかげで完成した。内容は、無数の人々の体験に基づいており、皆をできる限り公平に扱ったつもりである。他人の役に立つようにと、自分の体験を進んで語ってくれたクライエントに、特に感謝を申し上げたい。また、臨床家であるジュディ・アルバート、デイヴィッド・ブロア、ジャック・カールソン、キャシー・デイヴィス、ナンシー・デイヴィス、ロン・ドクター、ジーン・イーストマン、サンドラ・フォスター、チャド・グラング、デイヴィッド・グランド、ルー・ハンバーガー、アド・ドゥ・ヨン、ティム・カウフマン、ロバート・キッチン、ローラ・クナットソン、ディーニー・ラリオティス、スティーヴン・ラズローヴ、アンドリュー・リーズ、ジェニファー・レンドル、パティ・レヴィン、ハワード・リプケ、ジョーン・ロヴェット、マリリン・ルーバー、パヴェル・ルシュイン、ジョン・マーキス、デイヴィッド・マクカーン、ダニエル・メルリス、ジェラルド・マーフィー、A・J・ポプキー、デイヴィッド・プリンス、ジェラルド・パク、ゲイリー・クイン、テレーズ・ランドー、グラシエラ・ロドリケス、スーザン・ロジャーズ、カート・ルアンゾイン、ベヴァリー・ショニンガー、エラン・シャピロ、ジョセリン・シロモト、スティーヴン・シルヴァー、ロジャー・ソロモン、パブロ・ソルヴェイ、ロバート・ティンカー、シェリル・トンプソン、リンダ・ヴァンダーラーン、ローズマリー・ヴィノット、シルケ・ヴォーゲルマン＝サイン、ドナルド・ウェストン、ジェフリー・ホワイト、デイヴィッド・ウィルソン、サンドラ・ウィルソン、キャロル・ヨーク、ウィリアム・ザングウィル、ジョーン・ズウェーベンの多大な貢献に心より謝辞を捧げたいと思う。

EMDR を発展させてきた者として、マーゴット・シルク・フォレストに感謝申し上げる。彼女の卓越した文才により、本書に書かれている苦しみと変化の物語が生き生きとよみがえった。また、たゆまぬ支援を与えてくれたロビー・ダントンにも特に感謝する。いつもながら、彼女が私の時間を作り、仕事に心を向けさせてくれなければ、本書を書くことはおろか、年間を通じてクリエイティブな仕事は何もできなかっただろう。編集を担当したロバート・B・ウェルチ、スティーヴン・ラズローヴ、シルヴィア・ハインズ、技術的な援助をしてくれたメアリーアン・ガトフにも深く感謝する。本書を書き、出版に持ち込むことは、膨大な力を要する仕事である。それができたのはすべて、出版スタッフ全員を含め、多くの方々の助言と援助のおかげである。比類のない柔軟性、忍耐、手腕を持つBasicBooksの編集者、ゲイル・ウィンストンに感謝したい。生産工程を入念に最後まで指揮してくれたリチャード・フモサに感謝する。また、BasicBooksのアン・ベナー、ステファニー・レーラー、ゲイ・サリズベリー、ステファニー・スノウの貢献に謝辞を送る。多彩な才能をもって支援してくれた私の代理人のスザンヌ・グルックに感謝する。10年間にわたって私と付き合い、ビジョンの共有を助けてくれたすべての友人と同僚にも限りなく感謝している。そして最後に、私の両親であるダニー・シャピロとシャーリー・シャピロ、夫であり安らぎであるボブ・ウェルチに特に謝辞を送りたい。

F・シャピロ

さらに、本書を書いている間、忍耐と愛情を持って支えてくれたHealing Woman Foundationの多くの友人と勇気あるスタッフ全員に心より感謝したい。

M・S・フォレスト

はじめに

本書が最初に書かれてから７年の間、多くのことが変化し、新しい疑問が生まれ、多くの研究がなされました。しかし、EMDRの基本理念は変わりません。ここで、その理念を振り返ることで、変化と研究を認識し、一部の疑問に答えるのは価値あることです。

トラウマはさまざまな形をしている

たいていの人は、新聞に大事件が載ったときしか、トラウマのことを考えません。トラウマに苦しむ人として一般の人が思い浮かべるのは、戦争を経験した退役軍人、自然災害の被害者、テロ事件の被害者です。しかし、辞書の定義によれば、トラウマとは「なかなか消えない悪影響を残すあらゆる出来事」です。仕事、愛する人、所有物でさえも、失ったためにひどく苦しんでいる人を、だれでも見たことがあるでしょう。人間が心の平静を失ったり、心の平静を得たことがなかったりすると、その原因が何であれ、深刻な身体的、心理的な結果につながります。「引き金」が何であれ、そのような原因は通常、過去の体験にあります。そのような体験を「トラウマ」と呼びます。

トラウマは治癒する

不安、ストレス、罪悪感、怒り、恐怖は、長期にわたって続いた場合、原因にかかわりなく極めて不健康です。幸運なことに、人間の体は、消化に似たプロセスを使って、不快な体験を解決します。消化器官が食物から栄養を抽出するように、心の処理システムも、正しく機能すれば、体験から有益な情報を抽出します。人間は、このような情報から学ぶことで、前進できるのです。不快な記憶が処理されると、それに伴う感情、信念、身体反応、思考も変化し、健康的に適応します。しかし、負の体験が解決されず、残った感情が日常生活に大きな影響を与えることがあります。トラウマが喉に詰まったかのように、システムが「故障」するのです。元通りに流れをよくするには、多くの場合、手助けが必要です。ここに、EMDR の出番があります。

体の治療、心の治療

ほとんどの人は、治療というと、問題について話すだけだと考えます。しかし EMDR では、トラウマについて詳しく話さなくても、自分の情報処理システムでトラウマを消化することができます。基本的に、だれかの言葉を借りれば「トップダウン式」ではなく「ボトムアップ式」で処理されるからです[1)]。言い換えれば、問題について語ろうとしなくても、生理的なレベルから処理が起こり、新しい連想、洞察、感情が自然に生まれてきます。EMDR では、非常に具体的な一連の手続きによって、神経生物学者が「情報処理」と呼ぶ、脳内の「消化」機能を助けます。

多数の神経生物学者、記憶研究者は、大きなトラウマなど悩みの種となる体験が、間違った形の記憶に保存されていると指摘しています[2)]。つまり、苦痛なしに思い出せる「明示的」もしくは「説明的」な記憶に保存されず、当初の出来事の一部だった感情や身体的感触を保存する「暗示的」もしくは「非説明的」な記憶に保存されるのです。このような記憶は、他のもっと有用な情報と結びつくことができないため、記憶ネットワークの中で他の体験から隔離されています。たとえば、他の人がかかわっていることを理性的に見つめ、その人たちに特定の出来事の責任がないとわかっていても、自分を同じように見つめることができません。レイプ犯の行動についてレイプの被害者を責めるべきでないと認識していても、同じ状況になると自分に責任があるように感じたりします。基本的に、どんなに知的で、信心深くて、経験豊富で、教養のある人でも、記憶を間違った形で保存してしまうことがあります。自分に責任があるのではありません。苦しんでいるのです。

記憶システムは脳の中にあり、脳は身体の一部です。ほとんどの人は、切り傷を負ったとき、破片のようなものが邪魔していない限り、治るものだと認識しています。体がしかるべく傷を閉じ、治ると知っているからこそ、私たちは手術を受けます。それなのに、私たちはなぜか、それと「心の問題」が違うと考えます。しかし、トラウマを引き起こした記憶は脳の中にあり、脳は体の一部ですから、同じように治癒します。私たちは、犯罪被害者の体のあざが数週間で治ると考え、心の傷は治るのに何年もかかると考えます。しかし、必ずしもそんなことはありません。実際、脳は体の他の部分と同じ速度で治癒する可能性があります。

多くの意味で、EMDR 療法は、医者が患者の腕を固定するようなものです。どちらの状況も身体的で、人間自身の治癒メカニズムを準備し、調整し、刺激するための手助けを必要としています。EMDR 臨床家は、情報処理システムを扱うトレーニングを受け、まず問題の原因となっている体験にアクセスします。アクセスした後は、きちんと対処して患者を全快させる必要があります。

EMDR を必要としているのはだれか？

EMDR はこれまで、退役軍人、消防隊員、警察官、救急隊員、宣教師などに使用されてきました。皆、他人を助け、厳しい環境に耐え抜くトレーニングを受けた人ばかりです。彼らは、心と体を異なる方法で治療する必要はないと認識し、助けを求めてきました。だれでも、時には助けが必要になります。しかし、必要な種類の助けを見つけるのが難しいこともあります。

療法には多くの種類がありますから、「療法を試したが、効果がなかった」というのは、「ある果物を食べてみたが……」と言うのと同じです。米国だけでも、免許を持つ精神保健の臨床家は星の数ほどいます。治療技術も療法の種類も数多くあります。精神力動療法家を例にとっても、フロイト、ユング、ホーナイ、アドラーなど、それぞれの一流療法家の理念や実践方法に従っています。認知行動療法家には、行動を重視する人も認知を重視する人もいて、それぞれ自分の受けたトレーニングと人生経験に基づいて、多様なテクニックを使用しています。EMDRは、独特の療法であり、理念も実践方法も他の療法とは異なります。他の療法を部分的に取り入れていますが、クライエントに他の療法とは異なる体験も与えます。本書の目的は、そのような体験の例を挙げることで、読者の方やその親しい人が、EMDRのまがいものではなく、正しいEMDRを受けられるようにすることです。

『EMDR』が最初に出版されてから変わったことは、不運なことですが、トラウマに苦しむ人が増えたことです。これには、私たちの言う「大文字のT」も「小文字のt」も含まれます。「大文字のT」のトラウマ（trauma）とは、心的外傷後ストレス障害（PTSD）と診断されるべき症状を引き起こす出来事です。自然災害、戦争、事故、重い病気、近親者の喪失は、多くの人にPTSDをもたらします。「小文字のt」のトラウマとは、もっと一般的な出来事で、人を不安にし、愛されていないと感じさせ、自制心や希望を失わせるものです。これには、屈辱、失敗、あらゆる種類の喪失が含まれます。子どもにとっては、いじめ、仲間はずれ、自転車で転んだことでも、このトラウマになります。大人にとっては些細な出来事でも、子どもには長期にわたるひどい影響を与えることがあります。世界の現状では、さまざまな圧力や不確定性が大人にとっての問題を生み出し、これまで以上に多くの人が助けを必要としています。幸運なことに、その助けを得られる可能性も多くなりましたが。

本書が最初に出版されたとき、EMDRのトレーニングを受けた臨床家は20,000人、治療を受けた人は100万人でした。EMDRは、他の療法と同様、研究によって裏付けられていましたが、多くの人には知られず、疑いを持つ人もいました。現在、EMDRのトレーニングを受けた臨床家は80カ国に60,000人以上となり、他のたいていの療法より多くの研究によって支持されています。治療によって回復した人は、200万人以上と推定されています。

EMDRは有効か？

EMDRは、国際トラウマティック・ストレス学会（ISTSS）[3)]によって、有効なトラウマ治療法と認められています。2002年、イスラエルの国立精神保健審議会は、テロ被害者の治療に望ましい３つの療法のうち１つにEMDRを認定しました[4]。同じ年、北アイルランドの保健省も、テロ被害者の治療に望ましい２つの療法のうちの１つにEMDRを指定しました[5]。最近では、米国国防省および退役軍人局（VA）の発行した新しいガイドラインが、EMDRを最も実証された療法に分類し、PTSDの治療に推奨しています[6]。このような機関の決定は、EMDRを有効、なおかつ長期間持続する効果をもたらす療法として支持する多数の研究に基づいています。EMDR療法は、90分間のセッション３回で、レイプ、事故、災害など１つの体験からPTSDに苦しむ一般市民の80～100％を治癒させることが、研究で証明されています。複数のトラウマを持つ場合は、さらに治療が必要です。複数のトラウマに起因するPTSDの場合、８～12時間の治療で77～80％が治癒することが証明されています。カイザー・パーマネント（訳注：米国大手の医療保険会社）が資金を出した研究では、複数のトラウマを持つ患者の80％、１つのトラウマを持つ患者の100％が、平均して６回のセッションでPTSDを解消したと報告されました。しかし、その程度の時間で、あらゆる人のあらゆる症状が治癒すると考えることはできません。人は皆、生物学的、心理学的、環境的な特質が異なるからです。しかし、このような研究結果は、医師や患者にとって、治療に何を期待できるかを示す指針となります（ここに言及されている発表ずみのEMDR研究論文はすべて、付録Ｃに挙げてあります）。

多くの男性や女性が戦争に直面する不透明な世の中で、多くの人が、EMDRが兵士に有効な治療法であることに感謝しています。ある無作為割りつけによる＊研究では、退役軍人に対するフルコースのEMDR治療の効果を評価した結果、セッション12回の後、ベトナム戦争に従軍した退役軍人の78％がPTSDから回復したと報告されています。これは、退役軍人局プ

＊被験者は、グループ間の差を最小限に抑えるため、無作為に治療条件を割り当てられます（例えば、時間、場所、被験者の特性に応じて治療が選択されることはありません）。

ログラムのフィールドスタディ、および第二次世界大戦、朝鮮戦争、湾岸戦争に従軍した退役軍人に対する治療効果を報告した多数の論文を補足するものです。すなわち、症状がどれだけ長く続いていても、退役軍人とその家族の苦しみは癒されるのです（本書の戦争に関する章で、あるケースを詳細に説明しています）。また、救急隊員、消防士、警察官など、街で日常的に戦闘を体験している人も、治癒可能ということになります。

どんなにタフな人でも、結局、辛い体験の記憶が間違った形で保存されてしまうことがあります。侵入的な思考、夢、心を乱す感情や感覚はすべて、薬やアルコールで痛みを隠さなくても癒すことのできる身体的な問題の産物です。実際、米国国立精神衛生研究所（NIMH）の研究では、トラウマの治療において、プローザックよりEMDRのほうが優れていると報告されています[7)]。薬の服用を止めると症状が戻るのに比べ、EMDRで治療された人は回復を続けるからです。

他の療法とどこが違うか？

本書が1997年に出版されたとき、各療法の比較はあまりありませんでした。治療結果に関する研究自体が、悲しいほど少なかったのです。

このことは、米国心理学会の臨床部門が発表したレポートで明らかとなりました。このレポートは、すべての症状に対するすべての療法を評価し、どの療法が研究に裏付けられているかを示すものでした[8)]。驚いたことに、研究が何十年間も前から続いていたにもかかわらず、裏付けられたのは、12の問題と12の手法だけでした。ある手法が、よく裏付けられていると判断されるには、2つの研究で別の療法もしくはプラシーボより優れている必要がありました。残念なことに、特定された手法が非常に少数だった上、手法の統計的有意性を示すだけでよく、複数の研究で数を比較した際にどれだけ差が大きいかを示すだけでした。その手法が、患者の不安を解消するほど症状を軽減したのかどうか、そして効果が長く続いたのかどうかは、考慮されませんでした。言い換えれば、治癒の可能性が非常に低くても、脱落率が高くても、症状の再発率が高くても、療法が有効と言われる可能性がありました。

当時、EMDRと2種類の認知行動療法（CBT）（ストレス免疫療法と暴露療法）は、「恐らく効果的」という基本的に同じ程度の社会的評価を与えられていました。他に、PTSDの治療において何らかの社会的評価を与えられた療法はありませんでした。EMDR以外の研究では、治療者の面接室で患者にトラウマとなる体験を想像させるストレス免疫療法と暴露療法が、一般に55～60％の成功率と報告されていました[9、10)]。患者の悩みの原因となる場所に治療者が患者を連れて行くという実際の暴露体験を追加した英国の研究では、成功率が約77％に高まりました[11)]。

EMDRは、9つの比較研究でCBTと直接比較され、結果が明らかとなりました。PTSDを評価する基準においては、EMDRも暴露療法も（認知療法またはストレス免疫療法を併用した場合もしない場合も）比較的同程度でした。しかし、CBTの場合は、その効果を出すために補足的なセッションおよび（または）毎日1～2時間の宿題を使用します。比較研究において、CBTで出した宿題の時間は30～65時間にのぼりました。また、最初のセッション中の苦痛の量を比べた研究では、EMDR療法のほうが苦痛が少ないことがわかりました[12、13)]。

症状の測定値10種類のうち2種類でEMDRより暴露療法のほうが優れているとした無作為割りつけの比較研究では[14)]、暴露療法の英国版[15)]（セッション中に、想像だけでなく、治療者の援助付きで実際の暴露を行うもの）を使用し、宿題に約60時間かけていました。他のすべての無作為割りつけの研究では、米国で提唱されている実践方法を模範とし、セッション数と宿題の量に違いがあっても、ほぼ同程度の結果となることがわかりました。付録Cに、これらの研究のリストがあります。

EMDRと暴露療法の違いは？

PTSDに対する認知行動療法のうち、暴露を使用するものは複数ありますが、一般的にPTSDに最も推奨されているのは、長時間集中暴露法（PE）です。

治療者は患者に、不安を起こさせる体験を思い出させ、心に起こることを認識するとともに「感情を感じ」させます。そして1回につき1時間〜1時間半かけて、「苦痛を感じます。血が見えます」などと、すべて詳細に語らせます。患者が体験から気をそらすことは許されません。それは「回避」と見なされ、症状を悪化させると考えられるからです。セッションは録音され、患者は次のセッションまで毎夜、その録音を聞くことを指示されます。また、トラウマの結果、不安を感じるようになった物理的な場所へ行くことも求められます。これは、レイプされた場所、自動車事故のあった場所などです。患者は、不安がなくなるまで、毎日そこで1時間程度過ごすよう指示されます。

一方、EMDRセッションでは、患者に記憶の中で不安を感じる部分に神経を集中するよう求めますが、その後、眼球運動やその他の左右方向の刺激の間は、「何でも心に浮かぶこと」に気を移してもかまいません。患者が、不安を感じる記憶自体に短時間しかとどまらないこともあります。ある程度の苦痛はあるものの、通常、セッションの終わりには少なくなり[16、17、18]、たいてい新しい内省や理解が生まれます。あるハーバード大学の研究者[19]は、急速眼球運動（REM）つまり夢を見る睡眠中に起こるのと同じ神経生物学的プロセスが、この傾向を引き起こすのではないかと提案しました。REM睡眠は、体験を処理し、技能を習得させ、感情的な不安を軽減することが知られています。EMDRも同じ効果があるため、REMとEMDRに類似点があると認識するのは容易です。実際、EMDR療法の基本理念の1つは、患者の反応を制限したり強制したりすることなく、脳の自然な情報処理を刺激することです。EMDR臨床家は、所定の手続きとプロトコルに従って、処理の進行を助けるようトレーニングを受けています。これらEMDRの特性すべてについては、本書の各章で詳しく述べられています。

眼球運動はどれだけ重要か？

EMDRは、単なる「眼球運動治療」ではありません。精神力動療法、認知療法、家族療法などと並んで、心理学事典[20]に挙げられている複雑な心理療法です。EMDRは、さまざまな療法の側面や手順を組み合わせ、人間全体に働きかけます。つまり、臨床像の特定の一部に集中するのではなく、感情、思考、身体的な感覚、態度、行動などに対処します。そのため患者は、喜びや愛情を感じ、人とのつながりを持ち、自分をいい人間だと感じることが可能となります。EMDRでは、すべての手続きとプロトコルが組み合わされ、症状の軽減と日常生活における機能の向上によって定義される総合的な成果が得られます。もちろん、どんな形の心理療法にもそれぞれの役割があることを強調したいと思います。しかし、療法によって人に与える体験は異なり、達成する目的も異なるかもしれません。皆さんが過去に治療を受けたことがあってもなくても、本書を読めば、EMDRで得られるもののことが具体的にわかると思います。

1987年、私は、この療法の名前に「眼球運動」という言葉を含めてしまいました。しかし1990年、EMDRがすでにその名を知られるようになってから、私は他の形の刺激でもうまくいくことを発見しました。目の不自由な人が治療に来て、目を動かすことができなかったとき、私たちは手のタッピングと音を使っても、同じ効果が得られることを知りました。多くの神経生物学者は、手のタッピングや音も、処理を促進する脳内の「定位」反応もしくは「興味」反応を引き起こし、眼球運動と同じ理念に基づいて作用すると論じました。また、これらの刺激が「作業記憶の視空間テンプレート」に影響すると言う人もいました。私が本書の第6章で述べるように、EMDRが急速眼球運動（REM）つまり夢を見る睡眠中に起こるプロセスにつながっていると考える人もいました[21)]。基本的に、なぜEMDRが効果を上げるのかについては、多くの説があります[22)]。しかし、脳生理学と神経生物学の分野で、それを確かめるほどのことがまだわかっていません。どのような形の療法についてもそうです。結果を見て効果があることはわかっていても、なぜ効果があるのかはわかりません。たとえば、神経生物学的なレベルで、なぜ家族療法に効果があるのかを説明できる人はいないのです。ほとんどの薬についてさえ、なぜ効果があるのかはわかっていません。

EMDRの手続きすべてを使用し、臨床的に診断を受けた患者に対して、眼球運動をテストした結果はまちまちです。これは、適切でない集団を使用したり、治療の長さが不適切だったり、可変事項が多数あるためです。2000年ISTSSガイドラインに記載されているとおり、分析には不備があり、さらなる研究が必要なのです[23]。しかし、最近、眼球運動について多数の実験が行われ、具体的な効果があることが明らかとなりました。眼球運動は、否定的なイメージと感情を改善するとともに、情報処理の開始に必要な新しい連想をもたらすと考えられます[24]。しかし、繰り返しますが、EMDRは単なる眼球運動ではありません。EMDRは、所定の理念に従う手続きとプロトコルの組み合わせです。眼球運動だけを使う人は、決してEMDRを使っていることになりません。

批評家はどう言っているか？

新しい療法には必ずあることですが、EMDRが発見され、発表されると、声高な批評家のグループが現れました[25]。最初、そのような中傷好きな人たちは、EMDRにまったく効果がないと主張しました。その後、研究によって効果があることが証明されると、今度はEMDRが単なる「暴露療法」であり、眼球運動は不必要だと言い始めました。しかし、独立した批評家や暴露療法を何年も研究した経験のある人たちは、EMDRの本質的な構成要素が独特であり、暴露療法の中心となる理論に反していることを明確に示しました[26,27]。ISTSSガイドライン[28]（151ページ）には、こう書かれています。「トラウマとなるものに対する複数の短い断続的な暴露を使用した療法が有効であるという事実は、長時間の連続した暴露が必要とする従来の理論の再検討を促すものである（Eysenck, 1979）[29]」PTSDに対して、EMDRが、30～60時間の宿題なしに暴露療法と同じ効果をもたらすという事実は、注目に値します。また、眼球運動という要素については、８つの研究でアクティブな要素であることが証明されています（要因分析に関する短い説明とこれらの８つの研究については、付録Ｄに記載があります）。

最大の議論は、実は本書のタイトル（原題：EMDR―不安、ストレス、トラウマを克服する画期的な療法）がきっかけで起こりました。本書が 1997 年に出版されたとき、批評家たちは EMDR を「画期的」と呼ぶべきではないと主張しました。まだ十分な研究がなされていないというのが理由でした。また、暴露療法のほうが好ましい療法であり、研究で十分に裏付けられているというクレームも付けました。実は彼らは間違っていて、当時、暴露療法に関する研究の裏付けはさほど強くありませんでした。退役軍人に関する３つの比較研究では、成功率がわずか 30％で、脱落率が 30％もありました [30)]。一般市民に関する１つの比較研究では、成功率が 55％、脱落率が 28％でした [31)]。一方、ベテランの暴露療法研究者は、EMDR を研究して EMDR のほうが優れていると述べ [32、33)]、退役軍人局（VA）では、同局の医師の強い熱意によって、PTSD 部の４人の役員が EMDR の使用を勧めるプレゼンテーションをしたほどでした [34)]。さらに、一般市民に関する３つの EMDR 比較研究が完了すると、合計 120 人の被験者（暴露療法の研究１つの４倍）のうち 84％～ 90％が、３回のセッションで PTSD の症状がなくなったと報告しました [35)]。

これらの研究結果は、現場の臨床家の体験を反映しているようでした。行動療法の父と呼ばれるジョセフ・ウォルピは、こう語っています。「心的外傷後ストレス障害は、極めて治療の難しい症状である……その予後は、最近、眼球運動を使った脱感作の導入によって劇的に改善された……[現在では] これは多くの行動療法家に用いられ、非常に満足のいく結果が得られている。１回のセッションで著しい不安の解消が見られることも多く、再発の傾向はほとんど見られない」[36)]

このようなすべての要素によって、EMDR を使用する臨床家は、EMDR が画期的だと考えていました。研究結果のおかげで、７年前には早計と考えられていたことも明白となりました。つまり、クライエントは、記憶を詳細に述べたり、辛い記憶に長時間神経を集中させたり、反応の観察を続けて継続的な手法を使用したり、30 ～ 60 時間の日常的な宿題をこなしたりすることなく、安定して長期間維持される結果が得られるということです。

どんな療法にも長所はありますが、EMDR の有利な点は、自分に効果があるかどうか短期間でわかる点です。研究結果では、１回のセッションで苦痛が軽減され、３回のセッションで１つのトラウマの影響が解消されることが、常に実証されています。すなわち、情報を得た消費者が、比較的短期間で試せるということです。また、クライエントと臨床家が毎週というレベルで進捗を評価できます。何カ月も何年もしてから、やり方が間違っていたと悟ることはありません。

批評家の標的となったもう１つの点は、EMDR が「何にでも使用される」ことです。実際、EMDR は、CBT と同様、「トラウマに起因する」と思われる多様な症状に使用されます。換言すれば、EMDR は過去の経験に導かれる症状に効果があるように思えます。確かに、そのような症状の多くは、まだ研究によって裏付けられていません。しかし、前に述べたように、ほとんどの障害に対するほとんどの治療は、まだテストされていないのです。効果研究が遅れている上、クライエントのニーズに押されているため、臨床家は意思決定プロセスの最前線にいます[37)]。暴露療法は、いくつかの恐怖症の治療に関する研究でよく裏付けられているかもしれませんが、現実暴露療法（恐怖を感じる状況への実際の暴露）を、窒息恐怖症、雷雨、スズメバチなどに使用することは、なかなかできません[38)]（恐怖症およびパニックに対する EMDR については、付録Ｂ、Ｄを参照）。本書に記載されている症状のほとんどについては、しっかりと裏付けのある治療法がありません。治療現場の臨床家が直面する症状のほとんどについても同じです。全面的にさらなる研究が必要であることは確かです。しかし、今も苦しむ人がいるのであり、研究が追いつくのを待つわけにはいきません。

いつ EMDR を使用すべきか？

EMDR 療法は、適応的情報処理モデルに基づいています。精神力動療法、行動療法と同様、EMDR の理念は、特定の神経生物学的メカニズムから切り離されています。どんな心理療法モデルでも、その目的は、臨床的効果を説明し、特定タイプの問題に対する治療の成功を予測し、治療の指針となることです。適応的情報処理モデルに基づき、EMDR は、問題の原因となる体験に対処します。特定の形のうつ状態など、生物学的な原因による問題もありますが、ほとんどの問題は体験に基づくか、体験に影響を受けています。たとえば第 4 章では、権威者による極めて無神経な言葉が、ある女性に対し、治療に至るまでの長期間にわたってひどい影響を与えました。

ほとんどの EMDR 研究は PTSD に関するものですが、臨床系の雑誌には他にも多数の使用例が記載されています。ある論文では、自分の容姿に何かひどく醜い点があると思い込んで治療に訪れた 7 人のうち 5 人が、その原因が不適切な侮辱によって感情的に傷ついたことにあると悟ったことが報告されました[39)]。5 人は、3 回の EMDR セッションで無事に回復しました。人間の自分に対する見方は、過去の経験に基づいています。自分が愛されない、無能である、罪があると感じる人は、だれでも EMDR で短時間のうちに考えを改めるでしょう。この種の問題を持っているのが自分であれ、自分の親しい人であれ、2、3 週間で解決する可能性があるのです（付録 B には、専門的な論文に言及されている問題が列記されています）。

良い治療とは、クライエント、治療者、方法の相互作用であることを覚えておいてください。適切な治療者を見つけることができなければ、良い治療は受けられません。皆さんは、情報を入手し、自分の選んだ治療者が特定の症状について専門的なトレーニングを受け、経験を持っているかどうか、確かめることが重要です。たとえば、アルコールや薬物の問題に苦しんでいるなら、薬物乱用の分野で専門のトレーニングを受けた治療者を探すべきです。適切な経験を持ち、トレーニングを受けた治療者であれば、いつ、どのように EMDR を使用するかを判断できるはずです。言い換えれば、EMDR は、常に現場の知恵に組み込まれているべきものです。

特定の問題に対処する能力を持っているだけでなく、治療者が EMDR のトレーニングをしっかり受けていることを必ず確認してください。治療者が、

---

* http://www.emdria.org

† http://www.emdr-europe.org

EMDR 国際協会＊または EMDR 欧州協会†の認定を受けたプログラムを終了し、望ましくはその会員として、最新情報に通じていることを確認してください。また、EMDR を「テクニック」または「アプローチ」として EMDR を使用しているかどうか調べてください。臨床家の中には、EMDR を体系的に使用して臨床像全体に対処するのではなく、何かが「行き詰まった」と感じるときにだけ EMDR を使用する人がいます。

最も完全な EMDR 治療を受けるには、眼球運動や他の刺激で直接的な処理を始める前に、治療者が患者に「安全な場所」などのセルフコントロール法を教える必要があります。このような方法により、患者は治療を受ける間、自分の感情に対処することができます。また臨床家は、患者の綿密な経歴を尋ね、（1）問題の基礎を作った過去の出来事、（2）障害を引き起こす現在の状況、（3）未来に必要なスキルや行動、を特定する必要があります。患者は、過去の出来事が何だったかわからないかもしれませんが、有能な臨床家であれば、EMDR トレーニングで学んだ多様な手法や、私の著したテキストで読んだことを利用して、患者が過去の出来事を特定するのを助けるでしょう。治療者が、認定トレーニングを受けたことがなく、テキスト[40)]を読んだだけであれば、良い EMDR 療法家となる可能性はあまりありません。

EMDR は、だれにでも適した選択肢ではありません。自分の感情に触れることを望まず、触れるための手法も学びたくない人、もしくは純粋に生物学的な問題を抱えている人には、EMDR は向いていません。薬物でしか治療できないような不均衡に純粋に起因する問題を、EMDR で改善することはできません。しかし、一部の形態のうつは、体験によって自分が無能でどうしようもないと感じたことに起因します。この例は、第 12 章に記載されています。薬物治療は効果を上げるまでに長期間を要しますが、数回の EMDR セッションで薬が不要だとわかることもあります[41)]。

患者に必要な EMDR 治療の量は、患者の自分の感情に対処しようとする気持ち、患者の個人的な経歴など、多くの要因によって決まります。子ども時代の長期間にわたって虐待を受けた人が、数回のセッションで完全に回復することはないでしょう。PTSD 研究では、3回の EMDR セッションで1つのトラウマが完治することが証明されていますが、トラウマが多ければ、治療もそれだけかかります。トラウマとなった体験を一つひとつ処置する必要はないかもしれませんが、とにかく多くの治療が必要となります。特定の顕著な障害を軽減することと、完全な健康状態に戻ることの違いも、認識する必要があります。

包括的な EMDR 治療には、問題を導く体験と達成を導く体験の両方に対する処置が含まれます。治療の成功とは、患者が、人を愛し、人と結びつき、安全だと感じ、生きる喜びを感じることができるようになることです（治療者を選択するガイドラインは、付録Aにあります）。

なぜ本書を書いたか？

本書に書かれている話は、他の人に役立つよう、自分の話を伝えてほしいと望んだ実際の人の話です。EMDR の発展と構造に関する章を除いて、各章で異なるタイプの問題が説明され、その原因と治療が示されています。このようなタイプの問題だけが、EMDR で対応可能な問題ではありません。しかし、このような一般的な症状で不必要に苦しんでいる人は、何百万人もいます。本書の目的は、どのような人が救われるか、問題の原因は何か、EMDR 治療とはどんなものかを、読者に理解してもらうことです。また、第 12 章では、EMDR の最前線と「世界的な広がり」について述べました。これには、米国および世界の恵まれない人たちを助ける非営利の EMDR 人道支援プログラム（HAP）* に関する記述も含まれます。私たちの多くが共有する基本的な考えは、暴力が暴力を生み、トラウマがさらなる苦痛を生むということです。私たちは、癒されないトラウマが、家族から家族へ、もしくは世界中の民族紛争のほとんどを増幅させている怒りを通じて、次世代につながると確信しています。もし、EMDR 治療を受けて、役立ったと感じたら、どうぞ、この治療を世界中の苦しんでいる人々に届ける手助けをすることを考えてく

---

* http://www.emdrhap.org

ださい（HAP とその実績に関する情報は、付録Aにあります）。

本書を書くにあたり、私は、読者の皆さんが本書の中に自分や親しい人の姿を見出し、救われる道があると知ることを祈っています。また、正しいEMDR 療法がどんなものかを示すことで、患者の皆さんが情報を得た消費者となり、自分の治療が正しく進んでいるかどうか確認してくれることを望んでいます。ほとんどの患者は、２、３回のセッションで処理を開始します。皆さんや皆さんの親しい人に EMDR が効果的かどうかを知るのに、何カ月も何年もかかることはありません。皆さんが変えられないと思っていることは、実は変わるのかもしれません。そして、それが短い時間でわかる可能性もあるのです。

自由とは、自分に与えられた影響をもとに自分が何をするかである。
ジャン・ポール・サルトル

1

発見への旅

リンダ・クランプトンは、真剣に考えごとをしながら再びゆっくりと寝室に向かい、着替えをすまそうとした。その瞬間、1区画離れたアルフレッド・P・マラー連邦政府ビルで、車に仕掛けられた2.5トンの爆弾が爆発した。リンダは、居間から食堂へ吹き飛ばされ、さらに奥の台所の壁に叩きつけられた後、タイル張りの床に落ちて気を失った。その後、爆発の逆風が驚異的な力で食器棚の中身をぶちまけ、電子レンジを壁から引き抜いた。そして何もかもが、リンダの上に落ちてきた。1995年4月19日、午前9時02分、オクラホマシティーでの出来事だった。

数分後、リンダが意識を取り戻したとき、アパートはめちゃくちゃだった。ねじれた鉄骨がコンクリート壁から曲がった指のように突き出していた。大きなガラス窓の破片が一面に散らばり、リンダの皮膚にも突き刺さっていた。リンダは、無数の小さな切り傷から出血していたが、深い傷はなかった。少なくとも、肉体的には。

リンダは残骸を乗り越え、玄関のあった方向へ向かった。近くに住んでいて母親のように慕っていた年配の女性、アンナを探そうと決めたのだ。廊下は、交戦場のようだった。暗く、下の通りで燃えている車の煙で満ちていた。人々は叫び、うめき、周囲は血と割れたガラスでいっぱいだった。リンダは、アンナの部屋のドアを叩き、押し、さらには裸足で蹴りつけ、こぶしで力いっぱい叩いた。やっとドアが開いたとき、アンナはガラスの破片にまみれ、顔に破片がささった姿で立っていた。

2人は、階段にたどり着き、17の踊り場がある階段を慎重に這って下りた。爆発当時、家にいた他の40人、すなわち「リージェンシータワー」アパート住人の約4分の1も、同様のショック状態で血を流しながら共に下へ向かった。1人は、リンダの階上に住んでいたアレン・アーモンで、小さくてかわいらしい娘のベイリーが連邦政府ビルの保育所にいるはずだった。リンダは2人をよく知っていて、ちょうど前日もエレベーターの中でベイリーの頭をなでてやったばかりだった。

1階に着くとドアが開かず、地階のガレージへ降りた。上に押し上げて開く車庫のドアは、爆発で押しつぶされていたが、下のほうに隙間ができていたので、全員、外へ転がり出た。外は中よりも煙っていて、無数の人が叫び、走り、大声で泣いていた。リンダとアンナは右（連邦政府ビルと逆方向）に向かって半区画ほどよろよろと歩いたが、道の中央で座り込んでしまった。誰かがリンダの出血を止めるためにタオルを巻いてくれていた。リンダは、頭から足先まで震え、泣いていた。その後、医師が傷を見に来て、ぐっしょりと濡れたタオルを見て言った。「大丈夫。治るから心配しないで。そのまま動かずにいて」

リンダは、決して大丈夫ではなかった。何週間かが過ぎるにつれ、それはリンダの家族、友人、同僚にとって、ますます明確になっていった。リンダは最初、他の被害者と一緒にモーテルで暮らし、後で親しい友人の家に引っ越したが、1人で生活することはできなかった。今が何曜日で何日かが覚えられない。人に言われなければ、食事、シャワー、歯磨きも、眠ることもしない。1週間に2キロのペースで体重が減り始めた。毎夜、目を覚まして叫び、泣き、失禁し、怯えた。昼間はほとんど眠り、歯ぎしりのために根元まで歯が磨り減った。歯ぎしりの音は2部屋向こうまで聞こえるほどだった。歯医者は、顎の骨を痛めないよう歯に保護具を取り付けた。

しばらくして、リンダは会社の営業担当者としての仕事に復帰した。しかし、自動操縦装置に操られているような状態で、職場に行くと机に座って泣いた。仕事のしかたを覚えていない。爆発の記憶、アンナと一緒に高層アパートを下りた恐ろしい体験の記憶は、何もなかった。リンダの心が、まるで4月19日午前9時1分で止まったようだった。最後の明確な記憶は、期限ぎりぎりに税金を払ったことだった。8週間後、リンダの体重は38キロにまで減った。

6月12日、リンダは会社で、上司であり長年の友人であるボブ・ハラルドセンと話し合った。ボブの言っていることはほとんど理解できなかったが、「爆弾」という言葉は聞き取った。

「何の爆弾？」と、リンダは尋ねた。

「リンダ、爆弾のせいで君はどうかなってしまったんだよ」と、ボブは言った。

嘘だ、とリンダは思った。なぜ、嘘をつくの？　爆弾なんてなかったのに！リンダは叫び出し、物を投げ、オフィスをめちゃくちゃにした。

リンダの上司や同僚は、爆破事件の後、最初にリンダを見たときから深刻な問題があると思っていたが、リンダはそんな意見を打ち消し続けていた。

「大丈夫、大丈夫。何でもないわ」と、リンダは言っていた。

リンダがついに静まったとき、ボブはリンダを外へ連れ出して言った。「君には、何か助けが要ると思う」

「要らないわ。しばらく家へ帰って休めばいいだけよ」と、リンダは答えた。

「リンダ、あれから2カ月、君はアパートに帰っていないんだよ」

ボブは、しくしく泣くリンダを車に乗せ、爆破事件の被害者を助けるために設立された「プロジェクト・ハートランド」を訪れた。道中、リンダはボブに自分を病院に入れないと約束させた。孤児院で育ったリンダは、もうどんな施設にも関わりたくなかった。

プロジェクト・ハートランドのスタッフは、リンダの症状が重すぎると判断し、郊外の精神衛生クリニックを紹介した。そして、ボブはその日にリンダを連れて行った。クリニックの精神科医が診察したとき、まるで拒食症患者のようなリンダは、すでにヒステリー状態で、震えが抑えられなかった。「入院していただく必要があります。治療をしなければなりません。それほど重症です」と、医師は最後に言った。リンダは尻込みし、「嫌、嫌！」と大声で泣き叫んだ。ボブは、リンダを守るように腕を取り、ドアに向かった。医師は引き止めようと1歩踏み出したが、ボブの表情を見て思いとどまった。そして最後の忠告として「EMDR 無料クリニック」を推薦した。

リンダ・クランプトンは、爆破事件の被害者を助けるために自腹を切って州外からオクラホマシティーへ来ていた 36 人の EMDR（眼球運動による脱感作および再処理法）心理療法家チームの1人に処置を受けることになった。EMDR は当時、比較的新しい療法であったが、トラウマを短時間で完全に治すという定評をすでに確立していた。
「お願いだから病院に入れないで。ただ助けてほしいの」と、リンダは EMDR セラピストに懇願した。
　1年後、リンダは最初の EMDR 療法を「爆破事件を除けば、最も奇妙な経験」と表現した。最初のセッションに入る前、リンダはまず基本的な検査と EMDR の予備的な診察を受けた。その後、リンダは、視野内を一定のリズムで左右に動く治療家の手を目で追いながら、爆破事件の具体的な場面を思い描くよう求められた（EMDR 療法の一環）。
「ひどく泣いたのを覚えているわ。そして、何かが起こるのを見ているような感じだった。誰かが私を部屋に座らせて、その日に起こったことすべてをビデオで見せているような。何もかも思い出し始めたわ。実際の爆発を思い出して、そして、今がもう6月だということがわかったの」
　EMDR によって、リンダの自己回復は一気に始まった。反応は人によって異なるが、リンダの「ビデオ」は 90 分も続き、爆発と脱出のあらゆる瞬間をとらえていた。リンダがセッションを終えると、ボブが待っていた。「よかった。やっと君が戻った」と、2人は一緒に泣いた。
　その夜、リンダは娘に電話をし、自分の体験を話した。
「お母さん、すごいわ！　お母さんに戻ったみたい」と、娘は言った。
　最初の EMDR 療法の後、リンダは爆発の悪夢を見なくなり、仕事に戻ることができた。2回目の後は、歯ぎしりがなくなった。3回目の後、リンダは完全に正常に戻ったと感じた。

リンダの事例は驚異的に見えるが、現在 EMDR のトレーニングを修了している約 20,000 人の心理療法家、その療法家から処置を受けた 100 万人のクライエントから上がってくる報告の典型的な例である。EMDR は、複雑で効果の高い心理療法であり、長期を要するフロイトの精神分析も含め、さまざまな療法から最高の長所を採り入れている。また、眼球運動のほか、手のタッピング、音などのリズミカルな刺激を使用することで、脳の情報処理システムを助け、回復を速めると考えられている。

EMDR の効果がどんなに劇的かは、EMDR が人気の高いマスコミ、専門誌、インターネットなどで繰り広げられる活発な、時には厳しい議論の的になっていることを見ればわかる。最も多いのは「話がうますぎる」という懐疑論である。もちろん、劇的な革新には論争がつきものだ。Veterans Affairs Medical Center（退役軍人局医療センター）インターネット・フォーラムの発言者は[1)]、結核の有効治療としてのパラアミノサリチル酸（PAS）の普及と EMDR の人気に類似性があると述べている。当初 PAS は、ただのアスピリンの誘導体として疑問視されていた。この論争は何年も続いた。その間、ずっと PAS を支持してきた人は、次のように説明している。「大半の医者や患者は恐らく、自分の目で効果を確かめるまで疑念を捨てなかった。永遠の恐怖であった結核に対する畏怖の念があまりに強く、絶望感があまりに深く浸透していたために、（治療法が）医療行為に一般的に受け入れられるまでには 10 年の説得が必要だろう」[2)]　同様に、EMDR に対する懐疑論者は、なぜ眼球運動が、もしくはどんな方法であれ 1 つの方法がなぜそんな強力な効果を持ちえるのだ、という疑問を投げかけている。しかし、前述の例で「結核」を「心的外傷後ストレス障害」に置き換えれば、EMDR にそっくり当てはまる。幸運にも、EMDR の有効性を証明して 10 年目に本書を出版することができた。

新しいものは何でも同じだが、EMDR とて批判なしに受け入れられるべきではない。懐疑論が巻き起こることのメリットは、支持者が自分の主張を裏付けるために膨大な量の証拠を挙げるようになることだ。この結果、EMDRの有効性を支持する比較試験は、あらゆるトラウマの療法の中で最も充実している[3]。最近の研究では[4]、レイプ、自然災害、わが子の死、命にかかわる疾病、その他のトラウマの被害者のうち、EMDRを使った人の84～90％が、わずか3セッションで心的外傷後ストレスから回復している。これは、EMDR以前にはなかった成功率である。他の心理療法では、7～15セッションでせいぜい55％の回復率であった[5]。それでも、普通でない主張をするには普通でない証拠が必要だ。継続的な研究がEMDRの効力を裏付けていても、やはり心理療法である限り、研究を重ねてデータを増やす必要がある。その一方で、療法の体験談が集まってきている。

EMDRの成功例の多くは、すでに世界中でマスコミに採り上げられている。ワシントン・ポスト紙、ロサンゼルス・タイムズ紙、ニューヨークマガジン、ニューズウィーク誌など多くの新聞や雑誌がEMDRに注目した。体験談は、ケーブル・ニュース・ネットワークで2回放送され、世界中の地方テレビ番組に採り上げられた。報道が充実するのはうれしいことだが、さほど正確ではない報道もある[6]。そのため、多くの人はEMDRが眼球運動だけを使った療法と誤解している。実際は、まったく違う。

EMDRは各種の要素を組み合わせた療法であり、問題となっている感情だけでなく、考え方、身体感覚、感情に関連する行動も重視する。たとえば、ある少年の犬が、網戸を押し開けて家から出て行き、道路に飛び出して車にはねられ、死んだとしよう。少年は、悲しみ、犬を失ったことに怒りを感じるかもしれない。この事故が自分のせいだと感じるかもしれない（「ドアの鍵をかけておけばよかった」）。胸が息苦しいという身体感覚を持つかもしれないし、取り付かれたように昼も夜も家中の鍵を見て回り始めるかもしれない。

EMDRでは、少年の悲しみの全側面を癒し、しかも比較的短時間で癒すことを目指す。少年の感情は悲しみから受容に変わり、罪悪感は「自分のせいではない」または「完璧な人間はいない」という理解へと変化する。胸の苦しさは消え、強迫行動はなくなる。もはや、苦しむ人が療法の効果が現れるのを何カ月も待つ必要はない。ほとんどの人は、毎セッションの後で何らかの変化を感じる。だから療法家がクライエントに影響を与えていることがよくわかる。

EMDRを受けた人の多くは、EMDRが衝撃的な記憶の一部を再活性化し、それを解決の第一歩とすると感じている。したがって各セッションは大変な作業だが、終わった後は健康を取り戻せる。絶望感、罪悪感、怒りの感情と闘う必要はないし、破壊的な衝動から常に身を守る必要もない。EMDRでは、精神障害の大半は脳における情報の保存方法だと考える。情報を解放し、発現させれば回復が始まる。私は、このプロセスを、人間が生来持っている心理的な自己回復能力を活性化することと考えている。肉体的な傷を受けたときに、体が自己回復するのと同じだ。このような自己回復システムは理にかなっている。人間は皆、生物学的にも感情的にも、生存し、精神的な均衡を保つ仕組みになっているからである。

EMDRは、神経システムに対し、生物学的効果を直接与えると考えられる。また、人間は皆、同じ神経システムを持っているのだから、一定の体験が与える影響はほぼ予測可能だ。リンダがオクラホマシティーで体験したことは、誰にでも起こりえた。人間はそれぞれ違った性格を持っているが、誰でもリンダと同じ壊滅的な症状を起こす可能性がある。幸運なことに、トラウマの症状はほとんどの場合、可逆的だ。適切なEMDR療法を受ければ、何十年も続いた苦しみすら緩和される。リンダが爆破によるトラウマから回復したのと同様、第二次世界大戦の退役軍人や子どものころに虐待を受けた経験を持つ大人も、EMDRによって平穏を取り戻している。

EMDRの最もすばらしい点は、多数の人が非常に高い成功率で回復することだ。EMDRが効果を発揮するのは、診断可能なトラウマを持っている人に限らない。人間の心は驚くほど複雑で、まったく無害に見える出来事が精神と行動に消し去ることのできない影響を与える場合もある。「障害」と定義し、そう呼ぶようなほとんどあらゆる種類の苦痛もしくは心理的な症状は、過去の経験に遡ることができ、回復も可能である。EMDRはそのような体験の記憶を引き出すが、それにこだわることはなく、従来の療法のように長時間かけることもない。神経生理学における最先端の研究を利用した、集中的な、現在主体の療法である。他の療法より優れているもう1つの点は、薬を使って急速な心理的変化を促さないことである。つまり、適切に処置すれば、心身を衰弱させる長期的な副作用もなく、薬を止めたときの再発もない。

このようにEMDRは非常に強力なため、EMDRのトレーニングを受け、資格を持った療法家以外からは絶対に治療を受けるべきではない。本書の重要な目的の1つは、マスコミの注目によって生まれた「眼球運動療法」という零細産業、つまりEMDRで使用する原則も決まりも手続きも使わない各種の療法を阻止するためである。そのような療法家には、EMDRのトレーニングを受けていない者も多く、臨床家としての免許や資格さえ持っていない場合がある。今後のクライエントは、必ず責任あるEMDRを受けることを確認し、療法の効果を知っておくことが重要である。たとえば、EMDRは驚くほど効果が速いが、単純ではないことを理解してほしい。

私は本書で、EMDRの現場を紹介し、適切な処置を受けた場合にどうなるか、どのような効果が得られるかを読者にお伝えしたい。本書に書かれているのは、EMDRによって戦争の恐怖、医学的なトラウマ、自暴自棄、パニック、恐怖症、わが子の死、レイプ、薬物中毒などから回復した男性、女性、子どもたちの物語である。皆、ほかの人の助けとなるよう自分の体験談を掲載することに同意してくれた。本書に書かれている話はすべて真実であり、合成したものはない。登場する療法家は、EMDRのトレーニングを受けており、適切な処置を行っている。これらの話を読めば、正しい療法家を選ぶために十分な知識が得られ、自分の治療が正しく行われているかどうかを確認できるだろう。巻末には、EMDRのトレーニングを受けた療法家を探すための情報も記載した[7]。

EMDRは、生理学的な面と心理学的な面を巧妙に組み合わせることで、多くの人に健康、回復、体と心の相互作用について改めて考えさせたようだ。私にとって考えさせられたのは、1979年、がんと診断されたときだった。

がんという診断は、多くのレベルで人生を変えることだが、特に今より死亡率が高かった1970年代後半はそうだった。手術と放射線治療の後、医師は私に言った。「がんはなくなったようだが、再発する患者もいる。誰が、どのように再発するかはわからない。ご幸運を」。最も技術の進んだ高度文明に住んでいても、自分たちの体についてはまだ暗黒時代なのだと私は思い知らされた。そして、自分の生きる可能性を上げるために何かできることがあるはずだと考えた。

私は、病気について手当たりしだいに読み始め、ストレスが病気、特にがんの誘因、引き金となると論じられていることを知った。しかし、ノーマン・カズンの『笑顔の処方箋』[8)]、サイモントンとクレイトンの *Getting Well Again* [9)]、未出版の栄養に関する論文いくつかを除き、何ができるか実践的なアドバイスをくれたものはなかった。役に立つ情報があるはずだ。なぜ手に入らないのか？　私の妹は９歳で大腸炎にかかって死んだが、その種の大腸炎は今やストレスが原因と考えられていると知ったとき、ショックは決意へと変わった。そして、体と心の相互作用と回復についての情報を見つけ、広く公表することに全精力をかけた。

これが現在、EMDRとして知られるものに至るまでの、ほぼ20年に及ぶ旅の始まりだった。当初、私は、心理学に答を見つけようと的を絞っていたわけではない。どんな分野のどんなものでも、重い病気からの回復に役立つものならよかった。心や体を使ってストレスに対処し、そもそも健康を損なわないようにする方法も、それに含まれた。私は全国をまわり、多数のワークショップ、セミナー、トレーニング・プログラムに参加したが、この探求の旅で触れることになったのは、無数の心理療法だった。結局、私は臨床心理学の博士号を取得し、家族療法と短期療法の発祥の地に数えられるカリフォルニア州パロアルトのメンタル・リサーチ・インスティテュート（Mental Research Institute）の主任研究員となった。しかし、それは後の話である。

EMDRのきっかけは、1987年春のある晴れた午後、小さな湖の周りを散歩していたときに訪れた。湖にはアヒルたちが泳ぎ、広い緑の芝生の上では、多くの母子が色鮮やかな敷物を広げて憩っていた。歩いていると、奇妙なことが起こった。私は、何か気がかりなことを考えていた。何だったかも忘れてしまったが、意識的に止めない限り、心の中で何度も何度も咀嚼してしまう（消化せずに）ような、なかなか消えない否定的な考えである。奇妙にも、そのしつこい考えが勝手に消えたのである。そして、再びその考えを心に呼び起こしてみると、それに伴う否定的な感情がなくなっているのに気づいた。実を言うと、私は学生時代、「スター・トレック」のスポック博士のファンだった。彼と同様、常に感情とは闘わなければならないと思っていたが、こんなに速く考えと感情が変化したと感じたのは初めてだった。すでに８年間、自分自身を心と体の実験台にしていた私は、この変化に強く興味をそそられた。

私は、歩きながら細心の注意を払った。すると、悩み事が心に浮かぶと同時に、自分の目が勝手に動くことに気づいた。私の眼球は、左下から右上へ斜めに、すばやく往復していた。また、悩み事が意識から消え、次に心に呼び戻したときは、もうさほど苦にならないことにも気づいた。面白い、と思ったので、今度は意識的にやってみた。少し悩んでいる別のことを心に思い浮かべ、意図的に眼球を速く動かしてみたのだ。すると、また考えが消えた。もう一度、思い起こしたとき、否定的な感情は消えていた。

それから何日か、この方法は常にうまくいったので、私は友人、知り合い、関心を持った学生など他の人にも試すよう頼んだ。皆、心理療法を要する人ではなかったが、何かしら実験の対象にするような悩み事を持っていた。そしてこの方法は、やはり効果をもたらした。ただし、ほとんどの人は眼球を継続的に動かすのが難しいと言ったので、私は普通に人差し指を立てて斜めに速く動かし、悩み事を考えながらそれを目で追うようにと頼んだ。

この時点で、私は悩みを「はじき飛ばす」と冗談を言っていたが、この方法が脱感作の一形態ではないかと考えていた。脱感作とは、特定のことに対する不安を軽減するための行動療法の技法である。新しい方法を多くの人に試すにつれ、眼球運動が確かに脱感作効果を持つものの、ほとんどの人が完全には悩みを消し去れないことに気づいた。斜め方向の眼球運動だけでは、十分ではないのだ。私は、考えを集中することを変えてもらったり（悩み事の別の側面に）、目を別の方向へ、たとえば横方向へ動かしたり、速度を速くしたり遅くしたりしてもらう必要があることを学んだ。そして実験を重ねるにつれ、効果が止まったときに再開させるための何か別の手段を考える必要があることがわかってきた。

言い換えれば、私は最初の70人で療法を試すうちに、常に悩みを解決するためには眼球運動を中心とした手続きを確立する必要があることを悟った。そして徐々に、精神力動療法（フロイトの研究に基づく）、行動療法、認知療法、システム療法、身体志向の療法という主要流派すべての重要な要素を手続きに含めるようになった。試した人それぞれが、臨床応用に対する新しいアイデアを与えてくれ、この方法論に磨きをかけるのを助けてくれた。私はひたすら、試行錯誤によって手続きを変え、結果を向上させていった。実験の際、人のイメージ、思考、感情は非常に速く変化した（もしくは変化しなかった）ので、微調整を重ねて総合的なアプローチを完成させるのは比較的簡単な作業だった。

たとえば、最も単純なケースで言えば、まずクライエントと私が、隣人とのけんかといった小さな悩みを見つける。私は、クライエントにそのけんかに意識を集中するよう言い、その最もひどい部分を考えさせながら、眼球運動を誘導する。そしてクライエントの顔から約30センチの距離で2本の指を立て、視野の端から端へリズミカルに往復させる。クライエントは、頭を動かさずに目だけで指の動きを追う。これを「1セット」、つまり一定時間（たとえば1分間）止めずに続け、止めてから起こったことについて話し合う。クライエントのけんかに対する悩みがあまり変化していなければ、次にけんかの別の側面、たとえば自分の言ったことなどに意識を集中するよう言い、また1セット行う。効果が出る場合は、セットごとに結果が急激に変わる。だから、何が最も効果的で、何をしてはいけないかはすぐにわかった。

人々は、自分の思考が好転したことや、嫌なイメージとそれに伴う悩みが両方とも完全に消えたことを、うれしい頻度で報告してくれた。強烈に感情的な体験となることもあるので、私は、クライエントに対して適切な準備を行い、適切な環境と優れた臨床スキルのもとで行う重要性を何度も実感した。クライエントが問題の枝葉末節だけでなく、短時間で根源を見るようになることから、予想しなかった記憶がよみがえることもよくあった。

たとえば当時、国を出ることに対する恐怖症を治してくれと頼んできた女性がいた。彼女は最初、外国の空港に降り立って、うろうろ歩き回り、寂しく見捨てられたような気分になっているイメージを持った。ところが療法を行うと、新しいイメージが現れた。彼女は6歳で、電車の駅で別れる両親に手を振っているのだ。この記憶は、彼女を非常に苦しめていた。もし、療法を手直しする前に彼女を処置していたら、彼女の悩みは療法を受ける前よりひどくなったかもしれない。しかし、調整したいくつかのバリエーションを使って、彼女がこの記憶に関する不安を完全に解消するまで処置を続けたおかげで、彼女の外国旅行に対する考えは「できない」から「快適に旅行できる」に変化した。1カ月後、私が経過を尋ねたとき、彼女はギリシャへの旅行計画に大忙しだった。

従来の心理療法でも、確かにこの女性は治療できただろう。しかし、精神分析なら、子ども時代の重要な記憶を掘り出すまでに何年もかかる上、彼女の行動に影響を与えなかっただろう。認知療法なら、彼女の自分に対する否定的な考えを変えたかもしれないが、彼女の感情には影響を与えなかっただろう。行動療法なら、彼女の感情的苦悩を軽減したかもしれないが、自尊心を高めることはなかっただろう。彼女の感情（不安の解消）と行動（外国旅行）における急速な変化、苦悩の原因に対する認識、自分自身と自分の能力に対する考え方の劇的な変化は、EMDRの典型的な成果である。

本書に書かれている話を読めば、極めて執拗な感情の問題ですら解決可能なことがわかっていただけると思う。読者は、本書の中に、読者自身、もしくは隣人、家族、友人の姿を見いだすかもしれない。人間は皆、特定の経験と苦痛が重なると、恐れ、痛み、絶望、罪悪感、弱まることのない怒りなどを感じる。私が言いたいのは、そのような感情にしばられる必要はないということだ。

ほとんどの人は、何か悪いところがあって療法を受けに来る。行き詰まったと感じつつ、もっといい道があることを悟っている「私」がいる。私は長年の経験で、この「私」が元来、健康であることがはっきりわかるようになった。EMDR は、健康に向かう人の自然な動きを妨げる障害物を取り去ることができる。EMDR は、いつも望んでいた現在、自由に感じ、自分を制御できる現在へと解放してくれる。EMDR は、無数の人々に対して、夢見た以上の効果を上げてきた。この療法によって、最高の成績を上げたオリンピック選手すらいる。

心理療法を受けてもなお苦しんでいる人、問題を解決する望みがないと考えて療法を受けようとすらしない人も数多くいる。しかし、今や希望を持つ理由がある。EMDR は万能薬ではないが、人間本来の生理的な治癒システムを解き放ち、今まで不可能だと思っていた速度と形で変化を可能にする。

本書は、EMDR 治療の内輪話を一般に公開するものである。皮肉なことに、私はがんとの闘病をきっかけに、心と体の相互作用を生かした治療法を探し、一般に広めようと考えたのだが、結局は自分でそれを作ってしまった。本書は、その探求の旅の成果である。

空中に城を築いたのなら、それを壊すことはない。それが城のあるべき場所なのだ。今度は下に基礎を作れ。

ヘンリー・デイヴィッド・ソロー

2

基礎の確立

「トラウマ（心的外傷）」とは、何か？　自動車事故で危うく命を落としかけることが「外傷性」と言えるだろうか？　人が強盗にあい、殴られるのを目撃することは？嵐の中で車から締め出されることは？　手術が必要だと言われることは？　心理療法家の言うトラウマとは、ほとんど誰にとっても気の動転する出来事、そして心配、無力感、恐怖などの反応を引き起こす出来事を指す。不運にも、多くの人（一部の心理療法家も！）は、この基準に合わない出来事はなぜか重要でないと誤解している。しかし、人がさりげなく自分のことを「魅力がない」と言うのを聞いたとか、学校で落第点を取ったとか、飼っていたペットが逃げたとか、個人的な重要性によって悩みの種となる出来事も数多い。従来の一部の心理療法では、この２種類のトラウマを必死に区別しようとするかもしれないが、EMDR では区別の必要はない。なぜなら EMDR では、療法家がその出来事についてどう思うかはどうでもよく、クライエントの体験を重視し、その体験がクライエントにどのような影響を与えたかを直接的に扱うからである。

あらゆる体験は、人間の内面生活に重要な役割を果たす。しかし当面、いわゆる大文字の「Ｔ」のトラウマ、つまり心的外傷後ストレス障害（PTSD）

を引き起こすと心理学界で認められているトラウマと、EMDR で言う小文字の「ｔ」のトラウマを区別しよう。「Ｔ」のつくトラウマには、人が自分の命を脅かすと感じる出来事が含まれる。戦闘、レイプなどの犯罪、誘拐、襲撃、それに地震、竜巻、火事、洪水といった天災である。このような出来事は、通常の対処能力を超える重圧を人の心にかける[1)]。そして、強烈な不安、極めて強い無力感を引き起こし、心の制御を一気に失わせてしまう。

PTSD の症状には、同時に発生する２種類の正反対の行動が含まれる。１つは、トラウマを受けた人が、その外傷から離れられない。フラッシュバック、悪夢、パニック発作、強迫思考などを通じて、当初の出来事を嫌でも追体験してしまう。もう１つは、その外傷に近寄れない。社会的孤立、感情的な麻痺、薬物乱用などの回避症状を通じて、トラウマを思い出させるものから自分を隔離してしまう。トラウマを受けた人は、不眠症、過剰警戒、特定の音や感触といった当初の出来事を思い出させるものに対して驚きやすい傾向など、生理的な反応も起こす。

一方、小文字の「ｔ」のトラウマとは、日常生活において一見無害ではあるが、心を動揺させる体験に起因する。大文字の「Ｔ」のトラウマと同様の症状を起こす場合もあり、その影響は広範囲に及ぶ。この事実を実感させてくれたのは、EMDR がまだ始まったばかりのころ出会ったポールという男性だった。彼は AIDS と診断され、通常の医学以外の癒しを求めようとしたが、「自分の望むものを追求することも、得ることもできない」という信念が自分の努力を邪魔していることに気づいた。そんなふうに考えるようになった理由を説明できる記憶はなかったが、常にそう信じていて、それが生まれてからずっと自分の足枷となってきたような気がした。ポールは、自分の残された人生をせいいっぱい生きるために、この信念が邪魔になることを悟り、助けを求めてきたのだ。

ポールは、この否定的な信念がどこから来たのか記憶していなかったが、私は彼に、手続きの間、その信念を心に置いておくよう頼んだ。眼球運動を１セット行った後、ポールは奇妙な感触が腕を走ると言った。私は、信念とその感触の両方に注意を向けるよう頼んだ。さらに２、３セット行うと、ポールは突然ヴェールがはがれたように感じ、４歳の自分が見えたと言った。彼は階段の上でボール遊びをしていて、母親が階段を下りないようにと大声で言うのを聞いた。しかし、ボールが落ちて、ポールは追いかけ、つまずいて腕から転んだ。母親が追いかけてきて腕をつかみ、自分の欲しかったものを追いかけたという理由で（ポールの考えでは）平手打ちを食わせ始めた。この治療によって解放されたポールは、その後、癒しを探求しつつ、個人的人脈と職業的人脈も拡大することができた。彼は死ぬ前、私に電話し、人生の最後の何年かのほうが、その前の人生すべてよりも、自由な生活を送ったと教えてくれた。彼は、自分を抑制しなくなったのである。

明らかに、ポールの母親に虐待の罪があるわけではない。この種の体験は、子どもが成長する過程で何百回もあることである。しかし、この種の体験が、大文字の「Ｔ」のトラウマと同様、心に居座り、何十年も人の行動を支配する場合があるのである。このような、さほど劇的でない体験は、トラウマの臨床的定義には合わないが、「重大で長期的な心理的ダメージの原因となる感情的なショック。心と感情を深刻に揺るがすもの」という辞書の定義には確かに当てはまる。

私が最初に EMDR を使用した 70 人のボランティアには、まったくこれと同様な傾向が常に見られた。多くの人は現在の否定的な感覚から出発し、過去の根源へと遡る。だから EMDR が小文字の「ｔ」のトラウマに効果があることはわかった。大文字の「Ｔ」のトラウマには効くのだろうか？　この疑問が、私を EMDR の正式な比較研究へと駆り立てた。試験台になってくれる人を探し、私は多数のカウンセラーを訪ねてボランティアを募った。するとカウンセラーの１人が、自身でボランティアになると申し出た。

ダグは、精神的に安定し、社会的にも成功した 43 歳だったが、ベトナム戦争の歩兵時代における特定の記憶が、今でも自分を非常に苦しめていると語った。その記憶とは、こうだった。ある日、ダグともう１人の兵士は、前線から戻ってくるヘリコプターから、無数の米軍兵の死体を降ろしていた。２人が死体や切断された体を地面に並べているとき、ダグは抱えている死体が死後硬直していることに気づいた。絶望的な状況によくあるブラックユーモアで、ダグは言った。「これならコーヒーテーブルに使えそうだな」。すると、もう1人の兵士が振り向いて言った。「おい、息子が向こうに座ってるぞ」。同時にダグは、傷ついた兵士の1人が、痛みに顔をゆがませながら、憎悪に満ちた目で自分を見ているのに気づいた。そして突然、いくら虚勢を張っても、自分が世界で一番無神経で冷酷な人間に思えた。この体験は、ダグを心底揺さぶり、彼をその後20年間苦しめ続けていた。カウンセラーとして何人のクライエントを助けても、ダグは、この記憶がよみがえる度に（しかもひんぱんに）感情に圧倒され、恥ずかしさと痛恨で緊張病に近い状態になると言った。

療法の最中、私はダグに、その光景を心に思い描き、目で私の指を追うように頼んだ。目が私の手の速い動きを追っている間、ダグの苦悩の表情は強まり、やがて和らいだ。眼球運動の2セット目が終わると、彼は言った。「まだ光景は見えるが、兵士がしゃべるときに声が出ていない」。そこで、さらに眼球運動を続けた。ダグは、その光景が「塗料のはがれた傷」程度に小さくなり、なぜか水中にあるように「ぼやけて静かに」見えると言った。そして、まるで独り言のように「戦争は終わった。やっと皆に家へ帰っていいと言える」と付け加えた。

トラウマを与えた光景のこのような変化、つまり苦痛を伴うイメージと感覚の和らぎは、以降、EMDRを使ったクライエントからひんぱんに聞かれる感想となった。その後、その嫌な光景が再び現れるかどうか、ベトナムのことを考えてみてほしいと頼んだとき、ダグは、最初にベトナムの上空を飛んだときのことを思い浮かべた。目を閉じ、わずかに微笑みながら彼は言った。「楽園みたいに見えた」。20年間でダグがベトナムのことで恐怖以外のことを思い出したのは、それが初めてだった。

1987年11月、私は比較研究の計画に取りかかった。トラウマの種類に関係なく無作為に選択した1グループはEMDR療法を受け、対照グループはさほど効果のない療法を受ける。私は、対照グループのメンバーに従来の「談話」療法のように話しかけることに決めた。メンバーには、トラウマとなった出来事に神経を集中してもらい、詳細に話してもらう。そして私は、その途中でEMDRにおいてと同じ質問(「今はどのように感じますか？」など)を、EMDRの眼球運動セットと同じ回数だけ尋ねる。不運なことに談話療法は、PTSDに対して砂糖の錠剤と同じぐらいの効果しかないことがわかっていたため、それを比較に使用すれば、EMDRが体系的に、一貫して、しかも短時間で被験者の特定の症状を緩和できるかどうかが適切に試験できるだろうと思われた。

測定も、あらゆる科学研究の中心的要素である。間違ったものを測定したり、間違った物差しを使ったりすれば、結果は無意味になってしまう。EMDRがPTSDの症状を緩和しているかどうかを見るためには、障害の３つの側面を測定する必要があった。まず、EMDR療法の前、途中、直後、１カ月後、３カ月後において、トラウマの原因となった記憶が被験者にとってどれほどの苦痛かである。長期的に良好な結果が出なければ、いかなる療法も成功とは言えない。治療直後の結果は、単なるプラシーボ効果として、療法の効果を信じるクライエントの気持ちが若干の一時的な症状緩和をもたらしている可能性がある。

人を悩ませる感情という無形のものを測定しようとすることと、測定方法を見つけることは別問題であり、研究者の議論の的となっている。私は、精神科医で行動療法の権威であるジョゼフ・ウォルピが40年前に編み出した一般的な方法、つまり主観的障害単位（Subjective Units of Disturbance: SUD）と呼ばれる尺度を使うことにした[2)]。SUDでは、被験者が記憶について考え、それがどの程度の苦痛であるかを、０～10の点数で表現する。０は中性またはまったく苦痛でない、10は想像しうる限り最大の苦痛を示す。たとえば、退役軍人に対し、ベトコン兵士に待ち伏せされていたことを思い出してもらう。20年前の出来事であっても、それはやはり心を動揺させ、被験者は８、９、10などの点数をつけるかもしれない。EMDR療法の後で、それが０または１に低下すれば、もはや待ち伏せのことを考えても心が動揺しないことになる[3)]。

私の研究で測定しなければならない第２の要素は、被験者が自分について学んだ否定的な「教訓」がまだ支配的かどうかである。精神医学の文献によれば、自分に対する否定的な信念はPTSD患者の大きな問題とされていた。たとえばレイプの被害者は、「私は価値がない」「何かしておくべきだった」「私は欠陥品だ」といった考えをよく抱く。EMDRが効果を発揮すれば、否定的な教訓が「私は大丈夫」「できるだけのことはやった」「私はいい人間だ」といった肯定的な考えに変わると私は仮定した。そして、この肯定的な教訓の強度を測ろうと決めた。

私が作り、今でも使い続けているのは、被験者に自分に関する肯定的な信念をどれほど真実と感じるかを1～7の点数で示してもらう方法である。1は完全に間違い、7は完全に真実である。私は被験者に、そう感じるべきだという点数を選ぶのではなく、本音のレベルで答えてほしいと頼んだ。私はこの測定方法を「認知の妥当性（Validity of Cognition: VOC）スケール」と名付けた。一般に、EMDR療法を始める人のVOCは4以下である。EMDRの後、クライエントは肯定的な認識（信念）がどれほど真実に感じられるようになったかを報告する。VOCが6か7にならない限り、心の動揺を引き起こす記憶が完全に解決されたとは言えない。

誰でも経験から教訓を学ぶ。問題は、正しい教訓かどうかだ。たとえば、たいていの人は小学生のときにバカにされたことがあるだろう。それで、自分が不器用で役立たずだと学んだだろうか？　それとも勇敢で粘り強いと学んだだろうか？　過去に止まってしまったら、否定的な自己認識が現在の生活をも支配し、永遠に計り知れない害を引き起こすことになる。VOCは、人にとって望ましい肯定的な認知を測定するものであり、治療の前後でどれほど正しい、もしくは健全な教訓を学んだかを示す。

私が決めた第3の、そして最後の測定要素は、トラウマ後の症状が発生する頻度であった。たとえば、悪夢や、侵入的な思考が1週間に何回起こるかである。この情報も、EMDR前、EMDRの1カ月後、3カ月後のフォローアップでSUDやVOCの値と一緒に記録した。被験者による不正確な報告を防ぐため、つまり被験者が私に都合のよい回答をしないように、回数に変化があった場合は、被験者の療法家、妻や夫、その他の家族に確認した。

22人の被験者の年齢層は11歳から53歳に及び、最年少は小学校6年生の少女で、性的虐待をした痴漢が刑務所に入ったと知ってもまだ怯えていた。職業も、肉体労働者、知的労働者、芸術家、療法家から、森に住んでいる無職のベトナム退役軍人までさまざまだった。トラウマの起こった時期は、最も最近が1年前、最も古くでは47年前だった。その外傷について心理療法を受けた量は､極めて少量（2カ月）から､途方もなく大量（25年間）に及び、平均期間は6年間だった。被験者の症状には、フラッシュバック（週に最高6回）、侵入的な思考（週に平均6回、ただし1人は1日に6回と報告）、睡眠障害（週に平均4回）のほか、性的関係を結べない問題があった。

結果は、私を大いに元気づけた。EMDR療法を受けた被験者はほぼ例外なく、トラウマとなった記憶を1セッションで解決し、その出来事のことを考えても動揺しなくなった。さらに、自分に対する考え方においても飛躍的な進歩を遂げた。被験者は文字どおり私の目の前で、深く根付いた否認、不安、罪悪感、羞恥、怒りを捨て、その代わりに自尊心、自信、許し、受容の感情を成長させた。ひんぱんに記録したSUDの値と被験者のコメントを見ると、変化が非常に短時間で起こったのがはっきりとわかった。それはまるで、自由連想をターボスピードで見ているようだった。

もちろん、うまくいかないこともあったが、それもかえって役立った。EMDRの作用がより深く理解できたからである。たとえば、長期間にわたって性的虐待を受けた11歳の少女は、ひんぱんなフラッシュバック、特に学校へ行っている間、先生の顔が「自分を傷つける人に変わる」フラッシュバックに苦しんでいた。同じことは、道を歩いている通りすがりの人の顔にも起こった。そして、その「子どもを誘拐しようとしている変な男」を見ると体が凍りついた。しかし、非常な恐怖のゆえに、療法を行う間、自分にいたずらをした男の顔を思い浮かべることができなかった。私は、裁判のときに男が着ていたシャツとズボンを思い浮かべ、彼の顔を見ていると想像するか、見たふりをすればいいと言った。こうして私は彼女の恐怖を遠ざけ、療法は効果をあげた。このケースは、クライエントがトラウマを受けた出来事を正確に思い描かなくても、EMDRが有効に作用することを教えてくれた。

トニーという退役軍人は、ベトナムから帰ってきたときに妻が自分を精神病院に入れようとしたという記憶に悩んでいた。そして「自分はコントロールできない」という否定的な認知を持っていた。療法の開始時、彼の苦悩を示すSUDは8（最高10）だったが、眼球運動を数セット連続して行った後は0となり、もうその出来事のことを考えても苦しみを感じなくなっていた。

もちろん結果は完璧だったが、トニーはまだ「快適に自分を制御できている」という肯定的な認知を固めてはいなかった。なぜVOCが7（完全に真実）にならないのかと私が尋ねると、彼は「快適に自分を制御する価値のない人間だから」と答えた。そして、その否定的な信念がどこからきているかと尋ねると、深く愛していた女性と性的関係を持とうとして失敗したことについて話してくれた。そこでこの記憶についても療法を行ったところ、ベトナムで自分が医療部隊に血漿を届けるのが遅れたばかりに2人が死んでしまったという記憶が出てきた。その記憶について療法を行うと、トニーが権力と折り合わないという問題が浮上し、彼が父親にかわいがられなかったという原因に結びついた。自分が「出来損ない」であるというこの感情について、EMDR療法を行った後、トニーはやっと最初の記憶に戻り、VOCを7、つまり「快適に自分を制御できている」と答えた。

その後、トニーの体験は、極めて一般的であることがわかった。多くの被験者は、最初に思い描いたトラウマが、別の嫌な出来事に変わったと報告した。表面化している問題の根底には、多数の要因と出来事が絡み合っている場合があるのだ。トニーとのセッションは、90分間に及び、研究の中で最長記録となった。ほとんどのセッションは、50分以内で終わった。心的外傷後ストレスの治療に関する文献（長期に及び、治療が難しいとどの文献にも書かれている）を読む限り、これほど短時間で効果を上げることが可能だとは、私はまったく予想していなかった。クライエントの変化を見るのは感動的であるばかりでなく、まるで心の働きを窓から見ているようだった。

EMDRセッションの記録を見れば、経過が最もよく理解できる。私は、ベトナム戦争退役軍人のジョナスについて、すでに戦闘に関連した多数の体験を治療してきた。今回のセッションで彼が問題に挙げたのは、できの悪い同僚との関係だった。誰でも無能な同僚は厄介に感じがちだが、ジョナスの場合は、怒りと苦悩があまりに大きく、自分が働けないほどだった。

以下のセッションの間、私はジョナスに問題（この場合、無能な同僚の顔）を思い描き、その男に対する苦しい感情がわくまで維持するよう指示した。そして、この時点で眼球運動を開始した。眼球運動1セットごとに新しい情報が現れ、クライエントの考え方が健全な状態に近づいていくことに注意してほしい。各セットの終わりに、私が「どう感じていますか？」と尋ねる。そして、彼が答えた最も強い思考、感情、イメージから、新しい情報を読み取った。0～10のSUDスケールをどのように使って、ジョナスが苦悩の強度を判断するのを助けているかも見てほしい。

以降の章では、EMDRセッションを詳しく説明するが、一番単純な場合、セッションは次のように進行する。

シャピロ：まず、職場で無能だとあなたが考えている男性を思い浮かべて。その男性のことを考えるとき、自分について持つ否定的な考えをどんな言葉で表現しますか？

ジョナス：私は無力だ。

シャピロ：どんな考えを持ちたいですか？

ジョナス：私は自分を制御できる。

シャピロ：その言葉は、どのぐらい真実に感じられるかしら？　1（完全に間違い）から7（完全に真実）の数字で答えてください。

ジョナス：3.5。

シャピロ：「自分は無力だ」という言葉と男性の顔を同時に思い浮かべて、どんな感情を感じますか？

ジョナス：不安と怒り。

シャピロ：0を中性、10を最悪の感情とすると、0から10の数字でどれくらい感じます？

ジョナス：7。

シャピロ：あなたの体のどの部分で感じるでしょう？

ジョナス：腹部。

シャピロ：「自分は無力だ」という言葉をちょっと考え、彼の顔を見て、どんなに彼が無能かを感じてください。その感情に集中して、目で私の指を追ってください。

この時点で、眼球運動を開始する。セットの途中で、ジョナスは何も言わないが、私は彼の顔つきから、同僚との状況を処理し始めたのがわかる。

シャピロ：いいですよ。心を空っぽにして深呼吸して。どう感じていますか？
ジョナス：わからない。少し、ましになった気がする。今日、ここへ来る前、いろいろ考えて、少なくとも観念的なレベルでは理解したよ……とにかく、仕事だからね。僕がスケジュールに遅れれば、皆が腹を立てるが、それはいつだって本当だ。コンピュータ業界じゃ、誰かが常に遅れているからね。だから、それと関連づけ始めた。
シャピロ：いいです。彼の顔を思い浮かべて、彼の無能さを感じると、0から10のうちどこでしょう？
ジョナス：5ぐらい。
シャピロ：そのままにして（眼球運動をもう1セット始める）。はい。

次に、ジョナスは自分で「受け入れ」と呼ぶ一連の連想をたどっていく。

ジョナス：イライラする理由の1つとして考えられるのは、上司の状況だ。あの上司は、他人の能力を評価できない。他の人はできるから、まだましだね。他の人もそれを見てイライラしていると思う。でも僕はたぶん、皆に状況を理解してほしいんだと思う。上司が理解しなくて、同意もしないので、たぶん、かえって自分が有能でなければいけない、他の人にも自分が有能だと思わせなければいけないと思っている。
シャピロ：それ全体を考えて（眼球運動をもう1セット始める）。はい。
ジョナス：ゆっくりだけど確かに、他人の受け入れなんて要らないと思える時間ができてきた。僕はかなり人に受け入れられていて、しかも、たぶん重要な人たちに受け入れられていると思う。今は、上司が自分を受け入れていないから難しい状況だけど、それは彼の問題であって僕の問題ではない（ジョナスが笑う）。

ジョナスが、私の指示なしで自分自身を理解し始めたことに注意してほしい。

シャピロ：オーケー。それを考えて（眼球運動をもう１セット行う）。はい。

ジョナス：たぶん、彼は十分に僕を受け入れていると思う。それで足りる。つまり、彼は今、僕を非常に必要としていて、僕の仕事がなくなる心配はない。だから、それで十分だと思う。

シャピロ：オーケー。それを考えて（眼球運動をもう１セット行う）。はい。

ジョナス：ああ、思い出したけどたぶん、あと２、３カ月でプロジェクトにかかるプレッシャーが軽くなるから、そのころには彼は理解するだろう。

シャピロ：オーケー。それを考えて（眼球運動をもう１セット行う）。はい。

ジョナス：だいたい同じ。

この時点で、私はジョナスの注意を元のターゲットに向けた。

シャピロ：オーケー。今度は、無能だと思う男性の顔に考えを戻すとどうですか？　どんな感じがするでしょう？

ジョナス：気に障るよ。これからも、彼のことでイライラすると思うけど、周りを見失うことにはならないと思う。

ジョナスの悩みのレベルは下がったが、まだ気にしていることに注意してほしい。次の眼球運動の１セットで、「無能」に関連する他の記憶が浮上する。実はここに、ジョナスのベトナム戦争体験の影響があった。ベトナムでは、無能な人間のせいで多くの人が死ぬ可能性があったからだ。

シャピロ：彼をもう一度見て、無能という感じを持ってください（眼球運動をもう１セット行う）。はい。

ジョナス：今思ったのは、この場合、事がさして重要でないんだね。たとえば僕が正しくて、彼がこの分野に無能で、彼が邪魔をして仕事をめちゃくちゃにしてしまうとする。だからどうしたというんだ？（笑う） また、やり直せばいい。

シャピロ：本当ね。それを考えて（眼球運動をもう１セット行う）。はい。

ジョナス：えーと、事が重要でないとわかるのはいい気分だね。コンピュータだけの問題で、確かに人間の生死に関わる問題じゃないとわかって、いい気分だ。人間の死は取り返しがつかないからね。

シャピロ：それでは、彼のイメージをもう一度思い浮かべて、どう感じますか？

ジョナス：うん、何か可笑しく思えてきた！

シャピロ：そうね。

ジョナス：彼はとても頭のいいやつだ。とても有能なやつだよ。ただ、ミスをするのを見ると笑えてくるよ。誰だって最初は同じようなミスをする。問題を見つけて、その問題のほんの一部を解決する。問題はすごく大きいのに、自分に見えるのはほんの一部だから「やった！ すごいぞ、解決した」って（笑う）。それですっかり喜んで、それが全部だってふりをする。他の人もそれを見てるけど、僕よりずっと上手に問題を処理してきている。他の人はいつも、くすくす笑ってきたんだと思う。「あのレベルで彼に何を求めるっていうんだ？」って。皆、上手に問題を処理するけど、やっぱり彼を見てる。彼が世界を解決したと思っているというのは、何だかかわいいことだね。

シャピロ：オーケー。それを考えて（眼球運動をもう１セット行う）。はい。

ジョナス：だいたい同じ。

シャピロ：すごいわね。

ジョナス：ああ、気分がいいよ。先週は、イライラと怒りでどうしていいかわからなかったけど、今はいい気分だ。あのときは事を見失って、自分にできることは何もないと感じていた。無関心になろうとしてもできなかったんだ。

このセッションのこの部分には、９セットの眼球運動が含まれ、たった５

分しかかからなかったが、多大な効果をもたらした。ジョナスは、同僚に対する感情と考え方を変えただけでなく、彼に対する態度さえ変えた。５年後、ジョナスに会ってそのことを尋ねると、彼は事もなげに答えた。「ベトナムじゃないと悟れて、よかったと思う」。

トラウマを持つ多くの人の問題は、過去の辛い体験（感情、信念、身体感覚、行動など）が、神経システムに「滞って」いることである。古い体験は、まるで操り人形師のように、現在の状況に対する人の反応を支配してしまう。ジョナスの事例では、同僚に対する非常に強い怒りは、ベトナムでの体験に起因していた。このようなEMDRセッションは、トラウマをもたらした過去の体験がどのように現在に結びついているかを教えてくれ、後の章で説明するEMDRのプロトコルを精錬するのに役立った。

1988年の冬と春、私はそれまでにEMDR治療を行った22人の被験者全員に対して、１カ月後と３カ月後のフォローアップを行った。このようなフォローアップをして初めて、EMDRの効果が持続するか、被験者が症状の変化を報告するかどうかがわかる。

最初に会った被験者は、ベトナム戦争の退役軍人で、フラッシュバックと反復性の悪夢に21年間、苦しんだ。しかし今回は、治療後たった１回しか悪夢がなかったと報告した。その夢では、ナイフを持った侵入者が掩蔽壕に忍び込んできたが、もう「力がなかった」という。また、彼は襲撃者が自分と同じ顔を持っていることに気づき、「自分の喉を掻き切ろうとしていたのは実は自分だった」と悟った。そして、二度と夢を見なかった。

もう１人の被験者で、子どものころに虐待を受けた療法家は、１週間に１、２回の暴力的な夢をずっと見続けていた。EMDR治療法では、そのうち１つの夢をターゲットとした。彼は、EMDR治療を受けた夜、自分を殺そうとする侍たちに追いかけられるという、いつも見る悪夢の１つを見た。しかし、今回に限って突然走るのをやめ、追いかけて来る侍に堂々と向き合って、「礼儀正しくお辞儀をした」という。すると侍たちも礼を返し、全員で「列になり同じ方向に」行ってしまったという。この療法家の妻も、彼が夜中に転げ回らなくなり、全般的に落ち着いたと証言した。私はこのような経験から、夢のイメージがどれほど強力なターゲットとなりえるかを学んだ。それ以降、クライエントが反復性の悪夢に悩んでいると訴えた場合、必ずそれを早期に扱うようになった。

ベトナム戦争の退役軍人であるトニーは、EMDR セッションの間にトラウマとなった３種類の体験が浮かび上がった。彼は、日常的なパニック発作がなくなったと報告した。治療後の１カ月、発作は１回しかなかった。フラッシュバックも、飛行機が上空を飛んだときに伏せることもなくなったと言い、３年間で初めて勃起し、維持できたと笑いながら付け加えた。

性的虐待を受けた少女の母親は、娘が夜中に叫びながら起きることがなくなり、学校でも順調だと報告した。（数年後、彼女にいたずらをした男が出所し、ティーンエイジャーとなった少女とスーパーマーケットで鉢合わせした。少女は「誰があなたなんか出したのよ」と腹立だしげに言ったという）。もう１人の被験者は、毎日の頭痛がなくなったと報告した。

このような追跡調査の中で、私は EMDR に何らかの一般化作用があることを知った。被験者の１人は、自分の父親に性的虐待を受けた特定の経験に対して治療を行った。フォローアップで、私がその記憶を思い浮かべるように言うと、彼女は、恐怖や不安はなくなったものの、彼に対して幾分かの怒りと憤りを感じると言った。そこで次に、彼が虐待をした別のときの記憶を思い浮かべるように頼んだ。この記憶は EMDR のターゲットとはしていなかったが、彼女は恐怖も不安もほとんど感じないと言った。その代わり、同じような怒りと憤りを感じると言った。この一般化作用は、恐ろしい記憶をすべて別々にターゲットとする必要がないことを示していた。EMDR の効果は、同様の出来事にも及ぶのだ。このような一般化は、EMDR 治療を続ける中で何度も起こった。

追跡調査の結果は、全般的にすばらしかった。トラウマに関する不安のレベルは低く、自分に対する肯定的な感覚は高いまま維持されていた。また、最初受ける前に訴えていた症状は緩和され、４人を除いて、私はその事実を療法家や家族に確認することができた（４人に関しては、外部の人間に変化を確認してもらうことができなかった）。

1人だけ、特記すべき例外があった。レイプの被害者であるマリーは、不安レベルが急速に高くなっていた。SUD（当初、10点満点で8点だった）は、EMDR直後に0だったものが、1カ月後の追跡では4になっていた。マリーにそれについて尋ねると、マリーは最近、人づてにそのレイプ犯がまだ地域にいることを知り、またレイプに来るのではないかと恐れていると言った。彼は、前にそう脅したからである。彼女はもう、彼についての侵入的な思考に悩まされることはなく、以前より冷静で自己制御ができていると感じていたが、状況を考えれば現在の不安レベルが「非常に現実的」だと思うと答えた。これは、EMDRが、状況に適切でなければ人の否定的な感情を脱感作しない、ということを示す最初の例だった。重要なことだ。つまり、恐怖や怒りを感じることが、完璧に道理にかなっていて、状況にふさわしい場合もある。マリーは、レイプ犯に対する不安レベルが残っているために、しっかりとドアに鍵をかけ、夜に1人で出歩かないのだ。

このような急速で適応的な反応は、EMDRが何らかの形で人の生理システムを利用し、生来の知恵と健康をあふれ出させせることを示しているようだった。否定的な感情が消えただけではない。それ以上のことが起こっていた。被験者は、過去の苦しみを人生全体の文脈の中でとらえ、辛い記憶が全体の小さな（恐らく悲しいものではあるが）一部であることを悟ったように見えた。その意味は、たとえば「私がだめな人間だから、こんなことが起こった」から「できるだけのことはやった。ただ若かったのだ」に変わっていた。被験者は、トラウマについて心が安らいだだけでなく、自分自身についても心が安らいでいた。

治癒のプロセスは、内面から始まった。私は案内人であり、世話役であり、証人だったが、私が被験者の変化を引き起こしたわけではない。恐怖を克服するよう被験者を説得したわけでも、夢を分析したわけでもない。被験者の執拗な、筋の通らない、否定的な考えに繰り返し異議を唱えたわけでもない。被験者にアドバイスをして内省を引き出したわけでもない。逆に被験者の内省は、自分の論理的な（そして感情的に健全な）筋道をたどって進んだ。たとえば「私が悪い」から「私は若かった」、「できるだけのことはやった」、そして「私の罪ではない。私はこのままでいいのだ」と進んでいく。

何が起こっているかは明らかだった。人々は、EMDRの助けを得て自分で回復している。私の研究結果は*Journal of Traumatic Stress*、*Journal of Behavior Therapy and Experimental Psychiatry* 4) の両誌に発表された。それから８年経った今、何百人もの被験者に関する客観的で独立した研究が完了し、私の最初の研究結果を裏付けている 5)。

なぜEMDRは、そんなに速く効果を発揮するのか？　EMDRは複合的な療法なので、多くの要素が効果に貢献していることは間違いない。眼球運動は、具体的に何の役割を果たすのか？　実を言うと、まだわからない。もっともらしいアドバイスもいくつかもらったし、私自身も使えそうな理論をいくつか考えたが、そのような理論のどれについても、確実に正確だと言えるほど、科学者はまだ脳の働きの複雑さを解明していないからだ。

私は最初、イワン・パブロフの研究を基にした理論を立てた 6)。パブロフは1927年、脳の中の興奮と抑制の均衡が正常な働きを維持していると推測した。何らかの原因で不均衡になると（何かが過興奮を引き起こした場合）、神経症（言うなれば配線の障害）が発生する。パブロフによれば、正常な働きを回復し、「神経症」を治す方法は、興奮と抑制の均衡を取り戻すことだった。もはや神経症という言葉は心理学界では廃れてしまって、口にする人はほとんどいないが、私はパブロフの理論がEMDRに当てはまると考えている。恐らくトラウマは神経システムに過興奮を引き起こし、眼球運動が抑制的（弛緩的）な効果によって均衡を取り戻すのだろう。

この理論なら、急速眼球運動（REM）睡眠中に起こることも説明つくかもしれない。急速眼球運動は夢を見ているときに起こり、夢は生活における体験を処理する方法との証拠がある 7)。恐らく心を動揺させる記憶が夢に現れると、急速眼球運動がリラックス効果をもたらし、体験を処理するのだろう。１歩進んで、この効果は、ジョゼフ・ウォルピが言う「逆制止」、つまりウォルピの系統的脱感作法で不安軽減効果をもたらす要因によるものとも考えられる 8)。系統的脱感作法は、条件づけによってクライエントの恐怖（飛行機に乗る恐怖など）を解消するもので、最初は、クライエントの恐怖の対象を薄めたもの（飛行機の絵など）がある状況で、筋肉を深く弛緩することを教える。次に、恐怖の対象を徐々に強め（空港へ行くことを思い描く）、最後には最も強くする（飛行機に乗っているところを思い描く）。この理論は、深い筋肉弛緩が低レベルの不安を抑制し、低レベルの不安が処置されれば、恐怖の階層全体の強度が下がるというものである。十分な処置をすれば、飛行機に乗るというイメージも不安レベルが低いままで思い描くことができ、脱感作可能である。

当時私は、夢を見ているときの眼球運動が恐らく苦悩を相殺して抑制しているのだろうと理論づけた。不安の程度が軽い場合（日常的な心配事など）は、眠りの眼球運動で打ち消される。これは、何か悩みながら寝た場合でも、朝起きると気分が良かったり、より明確に理解できたりすることの説明にもなる。しかし、不安の程度が非常に深刻な場合は、恐らく眼球運動の効果を打ち消してしまうのだろう。だから退役軍人は、悪夢を見終えるのではなく途中で目を覚ましてしまうのではないだろうか。

最初のREM理論には、たくさんの「恐らく」があったが、私はその発展を続けた。不幸なことに当時の研究者たちは、眠っている最中の眼球運動を、人が夢の中の状況を見ているにすぎないと結論づけた[9)]。そして1994年になって初めて、REMの量が夢の中の否定的な感情の強度に関連していることが、別のいくつかの研究でわかった[10)]。それ以前、心理学界は私の理論を支持せず、私がパブロフの理論を応用することも好まなかった。

しかし、興味深いのは、2チームの精神科医（1つはオーストラリア、1つは英国）が最近になって、やはりパブロフの研究を基にした同様の理論でEMDRの成功を説明しようとしたことだ[11)]。これらの研究者は、哺乳類が危険を察知するために、進化を通じて反射が発達したと推測している。彼らによれば、動物は反射による興奮によって闘争したり逃走したりする。そしてEMDRの眼球運動が、その反応を抑制する生来のメカニズムを働かせるきっかけを作り、その結果が急速な心理学的再定位となり、安全感覚が生まれると論じている。しかし、これらの仮説を立証するにはさらなる研究が必要となるだろう。

1987 年に提案されたもう 1 つの理論は、ネズミの記憶を研究している神経生物学者によるものだった。彼は、ネズミの脳に電極を埋め込み、そこへ繰り返し低い電圧を流した[12]。彼は、この電流がシナプス電位（脳内の受容体間にある電荷）の変化を引き起こし、それが記憶の処理に直接関連していると述べた。そして、眼球運動も同じ効果があると考えた。私は当時、この理論がもっともだと思い、今でもそう思っている。急速眼球運動（低電圧電流と同じ）によるニューロンの発火は、トラウマをもたらした記憶のある場所に抑制効果を起こすことによって、神経症を回復させているのかもしれない。REM 睡眠でも同じことが起こっている可能性がある。

以降の章では、もっと最近の理論の多くについて述べる。しかし、それらも理論にすぎない。決定的な問題はまだ研究で解決されておらず、答えを出せるほど神経生物学の手順の精度が向上するまでには、さらに何年かかかるだろう。しかし、実証された説明がないからといって、人々が EMDR を実践しなくなることはない。科学的な発見が、理解される前に行われ、利用されることはよくある。なぜペニシリンが有効なのか理解されるには 40 年かかったが、その間にも医者は、なぜ効くのかを知らないまま患者の治療に使用していたのだから。

なぜ EMDR が有効なのか最終的な説明をつけることができないとしても、EMDR の間に何が起こっているように「見える」かは説明できる。私は「加速情報処理モデル」と呼ぶ理論を発展させた[13]。ほとんどのモデルがそうであるように、これも実践的な仮説にすぎない。しかし、神経生物学者が脳の生理学について知っていることと確かに対応しているように思える。以降の章では、このモデルを臨床実践に応用する方法を模索し、それを支持する研究のいくつかについて述べたい。

私たちは皆、心を動揺させる出来事を処理する情報処理システムによって、精神的な健康を維持している。何かよくないことが起こると、私たちはそれについて考え、話し、夢を見ることによって、もう悩まないようになる。この段階を「適応的解決」に達したと言う。経験から有用なことを学び（暗い裏道を歩く危険性など）、適切な感情とともに脳に保管することによって、将来の指針にする。また、出来事に起因する否定的な感情、身体感覚、自分に関する信念など不要なものは捨てる。

しかし、トラウマの原因となる出来事が起こると、この生来の処理システムが故障することがある。悲惨な出来事に対する知覚（見たり、聞いたり、感じたりしたもの）が、体験したときと同じ形で神経システムに滞ってしまうのだ。このような未処理の知覚が、PTSD の悪夢、フラッシュバック、侵入的な思考となる。EMDR では、クライエントにトラウマの原因となる出来事を思い浮かべてもらい、クライエントの情報処理システムを刺激することによって、その体験を適切に処理もしくは「消化」させる。この「消化」が起これば、人は洞察し、必要な関連づけを行い、有用なことを学んで適切な感情を抱く。

EMDR では、この情報処理システムがすばやく働く。そして肉体的な外傷を受けた体と同じくらいの速度で進行する。レイプされたとき、人の体はショック状態になったり、出血したり、震えたりする。しかし、適切な治療を受ければ、数日もしくは数週間で体は自分で傷を治す。それなのになぜ、心が治癒するのにそれ以上かかると考えるのか？　心は、脳の生理的な状態に影響されており、脳も体の一部である。EMDR の働きの１つは、記憶した出来事を脳の肉体的な情報処理システムに接続しなおすことではないかと私は考えている。そうすれば自然の治癒プロセスによって外傷は消化され、精神的な傷も肉体的な傷と同様に早く癒える。

EMDR の効果は、大きなトラウマを癒すことだけに限られない。そのため治療者は、この加速情報処理モデルによって、多くの他の問題を抱えた人々を助けることができる。私はクライエントにまず、「したくないことで、あなたがしていることは何？」「したくてもできないことは？」という２つの質問をする。これらの質問の答により臨床家は、現在の絶望や「病気」に的を絞ることができる。心理的な問題が純粋に有機的または科学的な要因でない限り（脳の損傷やある種の統合失調症）、原因は恐らくその人の過去にある。

過去の経験、多くは子ども時代、まだ自分で選択を許されるずっと前の経験の多くは、臨床的に、特定の種類のうつ、恐怖症、不安、ストレス、低い自尊心、人間関係の問題、嗜癖の主要な理由に挙げられる。以降の章では、これらの問題の多くがEMDRで短時間に解決できることを示す。

本書に登場するクライエントの多くは大きなトラウマを経験しているが、同じ治癒の原則は誰にも当てはまる。私が本書を書く目的の1つは、療法におけるなぜ、何が、どうやって、を明らかにすることである。本書に書かれた話を読めば、症状がなぜ起こり、それが変化するときに何が起こるかがわかっていただけるだろう。また、最も重要なこととして、症状がどれほど予測可能で理解可能なものであれ、それらすべての下で症状から解放されるのは世界にたった1人のかけがえのない個人である。本書によって、心の普遍的な構造を探るとともに、一人ひとりの勝利を祝っていただきたい。

私たちは戦士に敬意を払う。なぜなら戦士は勇敢であり、戦場で死を見ることによって生命の大切さを認識しているからである。

ウィネベーゴ族の古老

3

精神と剣：戦闘の悲劇的遺産

EMDRを使って最初に最も劇的な成果を収めた被験者には、退役後15年間もPTSDに苦しみ続けていたベトナム戦争帰還兵の方々が挙げられる。1988年、初めて退役軍人局（VA）福祉センターに足を踏み入れたとき、私は未だに戦争で深く傷ついている軍人の多さにショックを受けた。ベトナムに従軍した約3人に1人（男性も女性も含む）が、本格的なPTSDに苦しんでいた。停戦協定が結ばれて20年以上が経った現在でも、その半数がまだ症状を持っている[1]。

PTSDを含め、心理的障害の諸症状は、誰もが経験したことのある行動の延長であることを理解してほしい。たとえば、誰か自分にとって重要な人とけんかをした場合、けんかの後、考えたくもないのにそのけんかのことを考えてしまうことがあるだろう。情景の心的イメージ、怒り、不安や恐怖、どちらかが言った言葉などが、職場にいるときに突然浮かんできたり、テレビで何かを見たときに思い出されたりすることがある。しかし、通常はしばらくすると気にならなくなり、もう考えなくなる。PTSDを患う人の場合、このような侵入的で厄介な考えが何年も続くことがある。単に時間が解決してくれるものではない。何カ月経っても、何年経っても、同じ悪夢を見て叫んで目を覚ますことがある。爆弾が爆発した瞬間や親友の死を何度も何度も心の中で体験する苦痛を考えてみてほしい。まるで脳がショック状態で止まってしまい、起きていようが寝ていようが、同じシーンを突然再生してしまうようなものだ。その出来事をもう一度体験していると錯覚するような、強い感情を伴う本格的なフラッシュバックに苦しむ場合もある。

そのような男性や女性にとって、戦闘のトラウマは神経システムに閉じ込められており、大きな音、繰り返し見る夢、肉体的な痛み、日常生活のプレッシャーなどによって、毎日のように誘発される。頭の中では、爆弾が頭上で爆発し、友人が目の前で粉々に吹き飛ばされ、応えてもらえなかった助けを呼ぶ声が響き、殺した人たちの顔が見える。兵士たちは、他のアメリカ人がほとんど忘れてしまった戦争の中で、まだ地雷を踏んでいるのだ。

戦闘の与える心理的影響は、長年、医師たちに認識されてきた。1871年、ジェイコブ・メンデス・ダ・コスタは、心臓病の所見がないのに心臓の痛みを訴える南北戦争の復員軍人を研究した[2)]。彼は、この症状を「過敏性心臓」と名付けたが、うまく治療する方法は発見できなかった。第1次世界大戦後、この現象は「ソルジャーズ・ハート」または「シェル・ショック」と呼ばれるようになった。後者の用語は、砲弾（シェル）による脳震盪が引き起こす心理的症状という意味である。

第2次世界大戦以降、精神科医は、復員軍人に見られる長期的な精神的苦痛を「戦争神経症」と名付けた。多くの人にとってこの用語は、子ども時代の出来事や生理的な素質が症状の本当の原因であり、戦争がそれを引き出しただけだというフロイトの考えを反映していた。1970年代まで、多くの精神保健の専門家は、正常な人格なら戦場におけるいかなるストレスも、どれだけの量であっても問題なく耐えられると信じ続けていた。この考え方により、トラウマを訴えることはすべて非難の対象となった。復員軍人が苦痛を訴えれば、弱虫または異常と見なされた。そして何代もの兵士が、心理的な傷を隠したまま亡くなっていった。

しかし、隠していられない人もいた。彼らの症状は、一般に「戦争疲労症」と呼ばれ、第2次世界大戦が終わるころには、心理的に傷を負った何千人もの退役軍人が退役軍人局（VA）病院に入院していた。今でも、第２次世界大戦や朝鮮戦争の復員軍人が、消えないトラウマを訴えてVA病院を訪れる。年をとって退職することで、戦場で経験したのと同じ孤立感と自己制御不能感が引き起こされ、それに伴って戦場の心的イメージが浮かんでくるのだ。

このような症状が発見されていたにもかかわらず、多くの専門家は戦闘の影響を軽視した。1968年、ベトナム戦争が最も激しかったころでも、戦闘によるトラウマは非常に少ないと考えられ、米国精神医学会は公式の診断マニュアルの最新版からストレス障害に関する記述をすべて削除している[3)]。しかし、そのマニュアルが発行された直後、ベトナムでの兵役で精神的異常をきたした記録的な数の米兵が、退役軍人局に現れ始めた。この戦争は、それ以前の戦争に比べ、かなり高い割合の従軍者（男性も女性も）に影響を及ぼしているようだった。理由の１つは、兵士の年齢層が低かったためと考えられる。ベトナムにおける米兵の大半は、18、19歳に過ぎなかった。もう１つの要因は、ベトナムにおける混沌とした政治情勢、明確な目標の欠如であろう。第２次世界大戦では、愛国的な目標があった。さらに、帰国したベトナム帰還兵への対応は、それまでの戦争で戦った米国人を迎えた紙吹雪の歓迎とはまったく異なっていた。ベトナム戦争で戦った少年たちは、文民社会に戻って多くの人から軽蔑された。反戦のプラカードを持って行進してきた大衆から、文字どおり罵倒され、つばを吐きかけられた者もいた。何年もたって当時のことを語ってくれた復員軍人の中には、その情景を思い出して未だに涙する者もいた。

ベトナム戦争帰還兵の苦痛が正式に認められ、PTSDと名付けられるまでには、さらに12年の年月と、1980年の公式精神医学診断マニュアル改訂版が必要だった。そしてこれまでに、ほぼ100万人のベトナム従軍者（男性も女性も）が、帰国して何らかの時点でPTSDと診断されている。そのうち半数が、20年経った今も障害に苦しんでいることがわかっている[4)]。さらに11％（ほぼ40万人）が、侵入的な思考、悪夢、フラッシュバックなど何らかのPTSDの症状を持っている。

しかし、心理的な症状が公式に認知され、広まっても、それが完全に理解されたことにはならない。1980 年代後半でさえ、PTSD を治療する最善の方法については、心理療法学界の論争が絶えなかった。皆の意見が一致したのは、治癒が非常に難しいという点だけだった。症状から解放されて面接室や病院を去るクライエントは、ほとんどいなかった。

もちろん、心理学のさまざまな学派で意見が割れるのは珍しいことではない。治癒率が情けないほど低くても、治療者はそれぞれ皆、最善の処置をした。精神力動治療家は、トラウマを持つ退役軍人に、「徹底的に話す」ことによって過去を克服する必要があると言った。行動療法家は、話すことなど無駄だ、今の非軍事的な刺激に対して持っている古い、不適切な、自動的な戦闘反応から脱条件づけによって離れるしかないと言った。また、認知療法家は、退役軍人の自分に対する否定的な信念に注目し、自身のトラウマに関して別の考えを持たせようとした。薬物療法家は、抗不安薬と抗うつ薬を処方した。

このような方法はどれも、問題を完全には解決しなかった。無数のベトナム帰還兵に 20 年以上にわたって可能な限りの療法を試したが、苦痛はほとんど軽減されていなかった。PTSD 治療センターの幹部の中には、毎年、効果を上げるのが難しくなっていると言う者もいた。

エリック・スミスという身なりのきちんとした、物静かな口ぶりと物腰のコンピュータ・プログラマに出会ったとき、彼は 40 歳になろうとしていた。彼もベトナム戦争の元歩兵であり、20 年経っても悪夢の繰り返し、重症のうつ状態、不眠症、アルコールと薬物乱用、強迫観念、強い罪悪感に苦しみ続けていた。彼は後に、私にとって、ベトナムから未だに抜け出せない無数の人たちを象徴する存在となった。最初に彼に出会ったとき、この端正な男性の苦しみが私の心を強く動かした。

エリックは、高校を卒業して 1 年後の 19 歳のとき、カリフォルニア州サンタバーバラに住んでいたが、ある朝突然、平凡な生活に別れを告げ、荒波にもまれて地球の反対側まで連れて行かれることになった。リンドン・B・ジョンソン大統領は、年内にベトナムにおける米兵の数を 542,000 人規模にまで増加してほしいというウィリアム・ウェストモアランド司令官の要請に同意していた。ベトナムの紛争は本格的にエスカレートしていた。1967年６月、エリックはその軍隊増強のために招集された。

エリックは招集令状を見ても驚かなかった。かかりつけの医者は、鼓膜が破れていることと潰瘍があることから、4-F の資格になるだろうと言った。しかし驚いたことに、エリックは身体検査に合格したばかりか、数時間後にはテキサス州フォートブリスにある基礎訓練キャンプ行きの飛行機に乗せられた。着替えも、歯ブラシも、ひげそりも持っていなかった。母親に電話して夕食はいらないと言う時間すらなかった。

７カ月後の 1968 年１月、第 199 軽歩兵隊エリック・スミス一等兵は、輸送機から蒸し暑いサイゴンに降り立った。悪名高いテト攻勢が、数週間後の１月 31 日に始まろうとしていたときだった。エリックは、ベトナムについても戦争についても何も知らなかった。「私は命令に従う子どもにすぎなかった。軍が『ベトナムに行け』と言ったときも、ただプログラムに従っただけだった。選択肢はあまりなかった。ベトナムに着いたとき、確かにひどい所だが、とにかく言われたことをやるしかない、やることを終えて帰ろうと思った」と、エリックは話した。

エリックは、着いてすぐ、緊急休暇で家に帰された。ずっと仲の悪かった父親が、末期の肺がんと診断されたからだ。３週間後、父親は亡くなった。そして３日後、エリックは再びベトナムにいた。輸送機を降りたとき、軍曹は肩をつかみ「親父は死んだ。後はベトナムで頑張れ」と言った。

最初の大規模な銃撃戦は、エリックがベトナムに着いて１カ月後だった。小隊が河床に後退したとき、彼は突然、仲間のポールがいないのに気づき、驚いて後戻りしようとした。ポールは、エリックに同情し、何かと教えてくれた隊で唯一の仲間だった。しかし中尉は「誰も戻るな！　そこにいろ」と叫んだ。後で、ポールは死んでいるのが見つかった。エリックは親友を大切に遺体袋に入れ、肩にかついでヘリコプターまで運んだ。

地獄はそこで終わらなかった。待ち伏せをしていたある夜、自分の隊を迫撃砲から守るため、女と子どもだけの村を恐らく壊滅させる空爆を要請しなければならなかった。彼の隊は翌日に移動したので死者を数える任務は回ってこなかったが、その想像に悩まされた。また別の夜は、仲間がベトコンの捕虜を逃がすふりをして、M16 自動小銃で射殺するのを見た。また、エリックは自分の休憩時間にポイントマン（警備を先導し、危険を警戒する任務）を務める新兵を１人選んで訓練するよう命令された。その少年は、任務についた最初の朝、殺された。最後に、1968 年９月、３人で巡回中、エリックは仕掛け付きの手榴弾を踏み、約 2.4 メートルの高さまで、約 4.5 メートル後方まで吹き飛ばされた。先頭を歩いていた男は頭蓋骨を爆弾に砕かれ、その後ろを歩いていた男は胸と腹部を引き裂かれて、どちらも死んだ。エリックの脚も血まみれだった。おかげでパープル・ハート勲章はもらえたが、車椅子生活となった。当時の軍医は、二度と両脚の機能を完全に回復させることはできないだろうと告げた。

日本の陸軍病院で６カ月過ごした後、エリックは帰国した。そして２年間の集中的な理学療法を受け、さらにそれを 10 年まで延長した結果、見事に脚の機能を回復した。彼は、大学へ行く決意をし、結婚した。子どもも２人できた。コンピュータ業界の悪くない仕事を得た。回復を拒んだのはエリックの体ではない。精神、心、魂だった。

エリックは、同じ悪夢を何度も見た。そのために飲酒を始め、すぐにアルコール中毒になった。また、スカイダイビングを始め、週末は常にドロップ・ゾーンで高アドレナリン状態になり、戦闘の強烈な恐怖を思い出した。エリックは、スカイダイビングのような危険度の高いスポーツに無意識に惹かれた。分泌されるアドレナリンが、他の考えや感情をすべて遮断してくれたからである。自分のイライラを晴らすこともできた。PTSD を持つ退役軍人は、戦闘体験と酷似した行動に無意識に走り、苦悩を悪化させることが多い。親密な人間関係を避け、家族と距離を置いたり、暴力的に怒りを爆発させ、妻や子どもを殴ったりすることもある。ベトナムでの苦痛、殺戮を可能にした強烈な怒りが、神経システムに固定されているのだ。自分の行動を忌み嫌いつつ、理解も制御もできないことが多い。

頭の中で、エリックはベトナムでの暴力的なシーンを繰り返し見た。同じ５つのシーンを１日に何度も何度も、連日、途切れることなく見続けた。彼は、自分が狂っていると思った。戦闘で自分は弱虫だった、自分の決断は全部間違っていた、ジャングルで死ぬべきだったという思いを強めた。目撃した人の死は自分のせいだったと責めた。もっと優れた兵士だったら防げただろうに、とも考えた。

エリックの強迫観念には、空想もあった。自分の幼い娘と息子が目の前で殺されていて、自分はその残虐行為を止める力がない、というものである。市長に会うといった喜ばしい状況も思い描いた。そこで彼は突然暴れ始め、皆を怖がらせ、恥をかくというものである。これら２つの情景は、まるで悪魔のフィードバック・ループに固定されたようにエリックの心の中で何度も繰り返された。マリファナ、LSD、コカインを使って、絶え間ない思考から逃げようとしたが無駄だった。ほとんど眠れず、ベッドから出ることも、朝食も着替えもできないほどうつ状態がひどいこともよくあった。

時々、エリックは医者に自分の問題について尋ねた。医者は、優しい目で「戦争は地獄で、ベトナムは大変だった。でも、あなたは健康だ」と言うだけだったので、尋ねるのを止めた。戦闘から脱出して９年後のある日、スカイダイビング仲間とバーにいたとき、誰かがベトナムの話をした。エリックはすぐにバーを去り、話すことを拒んだ。

約１年後、スカイダイビングの事故で入院した夜、エリックは大声で叫んで目を覚ました。彼は骨盤を骨折したために、片足を固定され、体を包帯で巻かれてベッドに固定されていたが、その状態は、手榴弾による大怪我で６カ月間入院したときとまったく同じだった。病院は、精神科医をエリックのところへ行かせた。精神科医はエリックの話を聞き、「戦争は地獄だが、あなたは大丈夫。問題はない。もう少し、心をしっかり持って」と言った。

エリックは、さらに数年間耐えた。妻とは別居し、やがて離婚した。妻が息子と娘の親権を得た。エリックはますます感情的に閉鎖し、友人はサーフィン、飛行、スカイダイビングをする知り合いだけに限った。彼は誰とも親しくなりたくなかった。自分の内側で起こっていることを、誰にも知られたくなかった。

PTSDを持つ退役軍人の痛ましい症状の１つは、トラウマを思い出させるものをすべて避けるため、他人はおろか、力になれるかもしれない同様の退役軍人とさえも付き合わないことだ。つまり、交友関係、仲間の兵士との友情といった戦闘に伴う肯定的な記憶も拒否してしまう。彼らはアルコールや薬物で苦痛を麻痺させ、ベトナムを忘れようとすることがある。また、症状が誘発されないよう、特定の行動や場所を避けることもある。退役軍人の中には、群集や喧騒が過去の恐怖を思い出させ、恐ろしいフラッシュバックの引き金となるため、繁華街を歩いたり、ショッピングモールで買い物をしたり、スポーツイベントに行ったりできない者もいる。フラッシュバックでは、当時の光景、音、におい、身体感覚、感情が強烈によみがえるため、退役軍人は再びベトナムにいると錯覚してしまう。たとえば、車がバックファイアーを起こした音や飛行機が頭上を飛ぶ音を聞いて伏せたりする。この反応は、膝蓋腱反射と同じく反射的なもので制御できない。

フラッシュバックなどの侵入的な症状は、古い刺激に対する自動的な生理反応の一部であり、PTSDが存在する証拠である。このような一触即発の敏感さにより、PTSDを持つ退役軍人は、多数の刺激に影響される。友人が肩に優しく手を置くといった極めて穏やかな行動でさえ、恐怖、不安、痛みといった物理的な反応を即座に引き起こしかねない。このような症状は、神経システムに閉じ込められた、外傷の原因となった出来事を明確に示している。この出来事が処理されていないために、繰り返しよみがえり、過去の情景、感情、恐怖を再現するのだ。

1985年には、エリックは誰かにこの苦痛を話す必要があると感じていた。彼は地元の退役軍人福祉センターへ行き、他の退役軍人に会い、話を聞き、苦しみつつも自分の話をした。これが彼の生命線となった。驚いたことに、自分と同じようなベトナム帰還兵が数多くいたのだ。それぞれのライフスタイルは異なっていたが、症状も問題も同じだった。

それを悟ってから、エリックは毎週、丸２年間に及んで、１対１の心理療法を受けた。カウンセラー自身もエリックの部隊にいたことのあるベトナム帰還兵で、エリックの悪夢が起こった場所を知っていた。エリックは正式なグループ療法にも参加し、他の退役軍人と一緒にベトナムでの体験を分析した。そして、自分が結局は優秀な兵士であり、差し迫った状況で適切な決断をしたと感じるようになった。深い罪悪感を抱いてきた殺人がすべて、正当防衛だったと受け入れるようにもなった。確かに戦争は地獄だったが、その門をくぐるしか自分には選択肢がなかったのだ、とエリックは自分で認めた。しかし、理屈では自分を許しても、感情では許すことができなかった。従来の療法では足りなかった。

PTSDの症状に苦しむベトナム退役軍人100万人近くのうち多くは、エリックのように、退役軍人局（VA）を通じて治療を求めた。VAは、そのような男女に過去20年にわたり、個人療法、グループ療法、さらには入院治療（充実した精神力動療法、行動療法、グループ療法、薬物療法などを含む）を提供している。不運なことに、このような治療のどれについても比較研究はほとんど行われておらず、研究がなされていても建設的な結果はほとんどない。唯一の明らかな発見は、PTSDがプラシーボ効果を非常に受けにくいという薬物研究における結果であり[5]、患者を治すために対処すべきPTSDの生理的な側面があることを示唆している。EMDRが登場するまで、退役軍人のPTSD治療に関する比較研究で、30％以上の成功率を収めたものはなかった。

VAの治療システムでは一貫してグループ療法が提供されているにもかかわらず、その効果に関する比較研究はない。ただし退役軍人から聞いた個人的な証言によると、グループ・セッションによって自分が独りぼっちでないことがわかり、慰められるようだ。しかし、グループ療法で行われる話し合いと洞察は、症状自体に何の効果もないかもしれない。明らかに、知ることだけでは十分ではない。グループ療法に参加した退役軍人は、他者が戦闘中にとった行動を許せても、自分を感情的に許せないこともよくある。皮肉なことに、このような退役軍人が苦悩するのは、通常、高潔な心がけを持っているからである。ベトナムでの自分の行動によって、自分を邪悪で価値のない人間と考えているというのは、実に痛ましい。もし、彼らが本当にその強迫観念ほどひどい人間であれば、戦争で何をしても罪悪感はなかっただろう。長年、苦しんでいなかったであろうことは確かである。退役軍人は、この皮肉を他人に対しては当てはめられるのだが、自分についてはできないことが多い。

エリックが、自分は狂っていないとどんなに明確に理解しても、ベトナムに関する感情は変わらなかった。悪夢、強迫観念、フラッシュバックは続いた。ベトナムから戻って19年が過ぎた1987年の冬、エリックは危うく自殺しそうになった。彼は、ソルトレークシティーにスキーに出かけ、ホテルの6階の部屋に1人で宿泊した。夜の11時、彼は日記に、戦闘の記憶の中で最も執拗な記憶について、あいまいな部分の詳細を思い出そうとするよう、カウンセラーに言われたと書いていた。ところが、書き始めた瞬間、その最悪の出来事がそっくり目の前に現れたのだ。彼は後で私に言った。「そのとき、また死の責任を感じたんだ。とにかく耐えられなかった。『人の命を奪ったのだから、私は生きる価値がない』って」

エリックは立ち上がり、飛び降りようと窓に近づいた。しかし、なぜかは理解できなかったが、立ち止まって床に座り込み、受話器を手に取った。彼は「0」を回し、泣きながら言った。「警察を呼んでくれ。困ったことになった」

エリックは最初、地元の病院の救急処置室に運ばれ、次に精神科病棟に回された。そこで3日間、彼は他の患者を見ながら、自分も本当に狂ったのだろうかとびくびくして過ごした。そして家に帰ると、最も完全回復の可能性が高い退役軍人を受け入れる90日間のPTSD集中入院プログラムに申し込んだ。この定評あるプログラムのカウンセラーのほとんどはベトナム帰還兵であり、医者にも帰還兵がいた。プログラムの成功率はたった15%と高くなかったが、それでも当時、帰還兵に対する治療の中で最も高かった。

しかし、3カ月の入院治療が終わっても、何も変わらなかった。彼は依然として、ひどいうつ状態で、ベトナムでの同じ5つの出来事に関する強迫観念を持っていた。彼は、カリフォルニア州サンノゼの退役軍人福祉センターに戻り、グループ療法に参加しながら前向きな考えを維持しようとした。現実には、エリックは完全に絶望していた。前には効いた抗うつ剤すら、何の助けにもならなくなっていた。

研究によると、人が受けたトラウマの規模、従軍した期間、体験したストレスの強度は、すべてPTSDの深刻さに影響することがわかっている[6)]。また、子ども時代にトラウマを受けたことのある人は、PTSDになりやすくなる（エリックの場合、父親と仲が悪かったこと、父親が突然死んだことが、PTSDの危険性を最大にした可能性がある）。

ある夜、グループ療法のカウンセラーは、参加者に私の研究について話し、強迫観念を持っているベトナム退役軍人で、私の療法を試したい人を募っていると告げた。ほとんどの参加者は、拒否した。女に診てもらいたくなかったのだ。ベトナム帰還兵でない人間、ベトナムに行ったことのない人間には、診てもらいたくないと考えていた。それに「実験的な」治療にはうんざりしていた。戦争が始まって以来、安い品物かモルモットのように扱われたと感じていたからだ。しかし、エリックは違った。そんなことはどうでもよかった。彼にとっては、男でも女でも、退役軍人でも民間人でも、異星からの新しい生命体でもよかった。結果にはほとんど期待していなかったが、何でも試したいと考えていた。

1988年3月、エリックがベトナムに初めて降り立ってから20年後、私とエリックは治療を始めた。9週間で90分のEMDRセッションを5回の予定だった。私はまず、エリックに自分の強迫観念について話してほしいと頼んだ。彼は静かな声で、頭の中でまだ1日に20回も行われている戦争について話し始めた。

「こういう思考に病的に引き付けられているような気がする。自動車事故の現場に駆けつける人みたいに。抜け出せないんだ。耐えられない」と、エリックは言った。彼は話すとき、首を横に向け、窓の外を見つめながら、ぶつぶつと繰り返した。「ベトナムの光景が見える。自分が正しいことをしたのかどうかわからない場面が見える」。彼が語ったのは、自分が人の死に責任を感じ、ひどい罪悪感を抱いている２つの具体的な戦闘シーンだった。私は、その２つの出来事にまずEMDRを使用し、様子をみようと思った。

私は、優しく言った。「捕虜の出来事から始めましょう。もっと詳しく教えてください」

エリックは、私の方へ向き直った。「ああ。ベトコンの兵士を捕まえたんだ。北ベトナム軍の大部隊に丸１昼夜、足止めをくらった後でね。やつらは山の頂上に陣取って、僕らを１人ずつ殺していった。100人以上の米兵が殺されたり、負傷したりした。後でわかったんだが、ベトナム軍はその間ずっと兵を移動させていた。僕らがやっと頂上に着いたときには、もぬけの殻だった。まったく何もない。あんなに多くの仲間を失ったのに、誰がやったかさえわからない。だから、僕ら兵士は、本当にイライラしていた」

「僕らは２時間交代で見張りに立っていた。朝５時ごろ、僕は眠っていて、誰かが見張りをしていた。そのとき、仲間の兵士たちが意図的に捕虜を逃がし、殺そうと考えたんだ」。エリックの息づかいが荒くなり、声はかすかに聞こえる程度だった。「僕はちょうどその最中、皆がわめく声で目を覚ました。そして僕の隣にいた男が捕虜を撃った」。エリックは、さらに前かがみになり、体を緊張させてその様子を表現した。「彼が計画の主謀者だった。僕はずっと、皆を止めるために何かすべきだったと思っているんだ」

エリックに、その出来事に対する気持ちを１文でまとめてほしいと言うと、彼は長い間考えて、つぶやいた。「何とかすべきだった」。そして、その状況に対する罪悪感の強度を０～10のSUDスケールで９と答えた。どのように感じたいかを表現する肯定的な文章があるかと尋ねると、「僕のせいではない」とすぐに答えた。これは、上々のスタートだった。

私は言った。「いいですね。今度は、そのシーンを思い浮かべて、『何とかすべきだった』という言葉を考えて」。私は、こうすることで、最も回復の必要な記憶の側面が活性化されると考えた。そして、情報処理システムを刺激するため、指を斜めに短く、速く動かし、目で追ってもらった。眼球運動が１セット終わるごとに、「心を空っぽにして、深呼吸して」と言った。

眼球運動を２セット行った後、エリックは、情景に変化がないものの、感情レベルが6か7に下がったと報告した。「僕の頭から60センチぐらいの距離でM16が発砲される音が聞こえ、その結果が心に浮かぶ」

私たちは、眼球運動をさらに3セットした。突然、エリックは驚いたように短い笑い声を上げた。「音が静かになって、感情レベルは4。どちらかと言うと、自分ごとではないように感じる。確かに誰かが死んでいるが……」

さらに数セット。「レベルは2になった。ただの風景に見える」

「『僕のせいではない』という言葉をどう感じる？」と、私は尋ねた。

エリックは、深く息をした。肩がほんの少し下がった。「気分がよくなったよ。僕のせいではなかった。でも、やっぱり悲しい。じっと座って、自分がその場面にいるのを見ていられるけれど、やっぱり人が死んでいて、あの嫌な感情が戻ってくるのではないかと思うと怖い」

さらに2セット。「誰かが死んだ。僕のせいだとは思わない。前ほど怖くなくなった。（EMDRの）効果を信じられるようになったよ」と、エリックは笑った。「確かに、君が悩みを治せるなら、僕にだってできる」

さらに数セット。エリックは、感情レベルがまだ2だと言った。

さらに数セット。変化なし。

「どうやったら1になるの？」と、私は尋ねた。

「無理だよ。人が死んだことには変わりないんだ。僕は、実際にそこにいたのだから、何かできたかもしれない。だから、自分にまったく責任がないとは言いにくい。人間としてただ、誰かの命を助けることができたかもしれないんだ」。そこでエリックは、新しい洞察に至った。「僕は、頭がはっきりしてなかった。ちょうど目を覚ましたところで、皆が何を撃とうとしているのか把握する時間がなかった。僕は皆が1人を撃っているのを見たが、その後ろにさらに5人いたかもしれない」

エリックは、しばらく黙ってから首を振った。私は待った。そしてエリックは、ついに口を開いた。「実際、僕にできることはあまりなかったんだ。そのことを今まで考えたことがなかったけれど。僕は正しかった」

エリックが体験した自発的洞察は、私の以前の研究で見たものとまったく同じだった。私はその洞察が、以前見た被験者に起きたのと同様の変化がエリックに起こったことを示す証拠であってほしいと願うしかなかった。エリックには、新しい肯定的な考えを感情的にも抱いてもらうことが必要だった。頭で理解しただけでは、不十分だったからだ。

エリックが、ベトナムの記憶をたどるのを見ていると、発砲を止められなかったのは正当だったという考えは、常に彼の心の中にあったように思えた。結局のところ、新しい情報ではないし、客観的に事実だからだ。しかし、なぜかエリックはそれまで気づくことができなかった。まるでEMDRが情報処理システムの生理的障害を取り除いたために、情報を取得でき、トラウマを解決できたかのようだった。もしこれが真実なら、エリックが使ったのは、人間生来の自己治癒システムに違いない。私は、その自己治癒システムを研究の中で垣間見たと信じていた。

これは、理屈にかなっていた。人間の体は生存するよう生理的に機能している。人間は生きるために、物理的な環境に適応する。心もそうに違いない。心もやはり、生存する可能性を高めるような適応的反応をするようにできているに違いない。ゲリラの死を悲しいと感じるエリックの感情は、確かにその死が自分の責任だと（間違って）感じるより適応的である。しかし、神経的に保存されていた銃撃の記憶がEMDRの助けによって開かれるまで、エリックは同様に神経的に保存されていた適応的で適切な情報を得ることができなかった。

最初のEMDRセッションは、40分を過ぎた。「村のシーンにかかりましょう」と、私は言った。エリックはうなずいた。口は真一文字に結ばれていた。このほうが難題だった。

「僕は待ち伏せをしていて、仲間が迫撃砲による攻撃を受けていた。僕はある区域に潜り込んで、ベトコンが迫撃砲を撃っているのを見つけた。そして、砲撃を要請した。問題は、それまで砲撃を要請したことがなくて、その土地に詳しくなかったので、村のすぐ近くで要請してしまった。だから悩んでいるんだ」。エリックは、目に涙をいっぱいに浮かべ、顔を私から背けた。「子どもたち……」と、エリックは言葉を詰まらせた。「僕のせいで村に砲弾が落とされ、皆殺しになってしまったのかどうかはわからない」

エリックは、砲撃から学んだ否定的な教訓を「僕がすることはすべて間違いだ」とまとめた。恐怖の強さは、SUD スケール 10 のうち８と回答した。つまり、間違ったことをする恐怖、死に対する恐怖、自分が資格を与えられていないことをする恐怖である。私は、水平方向の眼球運動から始めた。最初の１セットの後、エリックは「なかなか思い出せない」と言った。

もう１セット。変化なし。斜め方向の眼球運動に切り替え、さらに２セット行った。様子を尋ねると、エリックは言った。「砲撃を要請しなければならない状況に置かれているのだが、どうすればいいかわからない。無線で方法を説明してくれたが……もう夜だ。砲撃手はまず、僕の位置を確認するために照明筒を落とす。500 フィート上空で爆発するが、まるで自分のすぐそばで爆発したような音だ。無線で連絡すると『よし。本物が行くぞ』と返事があった」

「その光景と危険だという感じを頭において」と、私は言った。さらに斜め方向の眼球運動を３セット。進行は、前の場面よりかなり遅かった。エリックは、恐怖の強さが４に下がったと報告した。

さらに数セット。「変化があった。最初に眼球運動をしたとき、僕はベトナムにいた。今はここ（面接室）にいる。自分は安全、大丈夫だ」

もう１セット。エリックの恐怖の強さは２に落ちていた。「自分のいる場所はわかるが、やっぱり怖い。感情的にも完全にここにいるんだが、やっぱり怖い」

さらに２セット。恐怖の強さは 1.5 に落ちた。

「シーンを見て、どう感じる？」と、私は尋ねた。

「これはなかなか『終わったことだ』とは言えない」

もう１セット。恐怖の強さが２か３に戻った。「なぜだかわからないが、自分で『終わった』と言うのが苦痛だ。終わっちゃいない。今でも僕は怖い」と、エリックは認めた。

もう１セット。恐怖の強さは２のままだった。さらに２セット。

「『できるだけのことはやった』という言葉はどう？」と、私は尋ねた。

「苦痛だ。できるだけのことをやったが、あまりよくなかった。できるだけのことをやったが、結果がわからない」と、エリックは口をつぐみ、首を片方へかしげて、わずかに顔をしかめた。「迫撃は止んだ。だから、確かに自分は何かをしたんだ。何人が死んだかはわからない。自分が正しいことをしたかどうかわかるだけの情報がない。できるだけのことをやったのは確かだ」。エリックの眉は上がり、表情が晴れて落ち着いたように見えた。「自分が正しいことをした確率は高いと思う。迫撃砲は止んだ。砲撃が命中したに違いない。迫撃砲で攻撃していた部隊は死に、仲間の死者は減った」。エリックは顎を落とし、首を振った。

「どうしたの？」

エリックは泣き出していた。恐怖が悲しみに変わっていた。「人が死んだ。知っている人が」。彼は、まっすぐに背筋を正して座りなおした。肘は椅子の肘掛けに食い込み、両手は固く握り締められていた。すすり泣きながら、ティッシュペーパーを取ろうともしなかった。しばらくして、私は眼球運動をもう１セット始めた。エリックは、泣きはらした目で私の指を追った。その１セットは、今までで最も長かった。

「これでどう？」と、私は優しく尋ねた。

長い沈黙があった。「ましだけれど……やっぱり悲しくなる」

「いいわ。同じことをしましょう」。眼球運動をもう１セット。

「６だ」

さらに数セット。

「５」

「何が心に浮かぶ？」

「人が死んだことに変わりない。まるでニュースで見ているようになってきた。今回初めて、自分が個人的に関与していないと感じられる。自分の知っている人ではなかった」

もう１セット。悲しみのレベルは４になった。

もう１セット。悲しみは３。

もう１セット。やはり３。新しい恐怖が起こった。エリックは、「20年経った今でも自分を苦しめている考えから、嫌な感情が起こってくる。それが怖い。この感情からは絶対逃げられないように感じる」

さらに数セット。悲しみのレベルは２。

もう１セット。やはり２。

「感情はどうなった？」

「起こった状況全体に関する内面的な悲しみ。死に対する悲しみ。死んだり負傷したりした人全員に対する悲しみ。僕らは、ただそこで自分の仕事をしていたに過ぎない。家族のことを考えてしまう……」。エリックは、泣き出した。顔には幾筋も涙の跡がついたが、彼は椅子にまっすぐ座っていた。

「自分についてはどう？　その光景のどこにいるの？」

「自分の配置についていた……」。さらに涙。エリックは床を見つめていた。「複雑な感情だ。自分がまだ生きていて、何人かの仲間の命を救ったことをうれしく思う」。彼はまだ涙を流していた。「でも、その夜誰がそこにいたかを決めたのは純粋に運だったと思うと恐ろしい。悪い人間が死んで、いい人間が殺したというわけではない。場所だけの問題だった。僕は迫撃砲の当たる場所にいなかったから、その夜を生き延びたんだ」。エリックは首をうなだれ、声を上げて泣いた。

「僕がそうすべきだったのかどうか……何もかも混乱してしまった。誰が出て行って、誰が出て行かないか、どう決める？」

「あなたは？」と、私は尋ねた。

「僕が何だって？」

「あなたが決めたの？」

エリックはまだ泣いていた。「僕は、砲撃を要請しないと選択することもできた。撃たせないようにすることも。でも、やっぱり別の人たちが死んだろう。人を死なせないようにする選択肢はなかった。僕の決断は、誰を、に関わっていた。たぶん、その決断は難しくなかったと思う。自分の仲間の人間は知っていたし、ベトコンや村人は知らなかったから。ある意味では、簡単な決断だった。でも、ただその決断に関わったということが苦痛だった。『ソフィーの選択』（訳注：アラン・Ｊ・パクラ監督の映画）みたいに」

もう１セット。エリックは泣き続けており、指を固く組み合わせていた。

「少しましになった」

もう１セット。

「少しまし」

もう１セット。エリックは泣くのを止め、左側の窓の外を見つめていた。

「悲しみの強さは？」と、私は尋ねた。

「４」

「感情はどう？」

「やっぱり人が死んだ悲しみ。感情が前ほど強くないのは、少し合理的に考えられるようになって、自分に選択肢がなかったとわかっているから。僕は、人が死ぬか生きるかの決断をしたのではない。あの状況では、どちらかを選ぶという選択肢は本当のところ、なかった……」

エリックは喉に涙を詰まらせた。彼は、何度も首を振った。「僕は片側の人を知っていて、片側を知らなかった。だから、あまり考えなかった。そのときは当然に思えたんだ。今でも当然に思える。僕たちは迫撃砲を受けていて、攻撃を受けていた。応戦すべきなのは明らかだ」

エリックは口を閉じ、うなずいた。そして、弱々しく私を見て悲しげに笑った。「できるだけのことはやった」

「確かにそうね。そして、迫撃砲が止まったのね」

「そう、迫撃砲が止んだ。でも、終わっていない。僕にとっては終わっていない」

私は彼のほうにかがんだ。「その感性、あなたがすべての生命に持っている愛情は切り離して心に持っていて。同時に、不可能な状況下であなたができるだけのことをし、確かにうまくやって、仲間の命を救うことに貢献したと感じてみて」

エリックはうなずいた。「うまく切り離せない。僕が死を止めようとしたから、こういう状況になった。それでも結果はやっぱり死だった」。長い沈黙。「なぜだかわからないが、結果がやはり死だったという事実に僕はこだわっている。恐らく自分のおかげで死者の数が減ったという考えは、なかなか維持できない」

「自分がその状況にいるところを思い描いて、『死者の数が減った』という言葉を考えてみて」

「わかった」

もう１セット。「ましになった。そう考え続けるのは難しいが、確かによくなった」

もう１セット。エリックは深呼吸した。「だいたい同じだ」

もう１セット。「ましになった。『自分はよくやった。自分がやつらを見つけた。自分がそれを終わりにした』というところから感情がわいてくる」

この記憶に関して、エリックの恐怖の強さは８（０～10のスケールで）から始まり、ゆっくりと1.5まで下がり、次に明らかにまた６まで上がった。彼に確認したところ、前に感じていた感情、測定していた感情が変化していた。恐怖が悲しみに変化し、強度の高まりはその新しい感情だった。療法を続けると、悲しみのレベルも下がった。恐怖と罪悪感（「自分がやることはすべて間違っている」）から悲しみ（「人々が死んだ」）に移行する中で、エリックはトラウマの健全で適応的な解決へと向かっていたのだ。

翌週、エリックは最初のセッション以降、悪夢を見なかったと報告した。７夜連続でぐっすり眠れたのは、20年間で初めてだったという。

２回目のセッションの最初に、私は、エリックを苦しめているベトナムの５つの記憶のそれぞれについて、新しいSUD値をエリックに確認した。すると、まだ処置をしていない記憶の中にも、すでに強度が下がっているものがあった。これは、私が以前の研究で見たのと同様の般化効果だった。私は、心の構造を垣間見たような気がした。記憶と感情は、EMDRセッションの間に連動して生じるだけでなく、一つの出来事に関する感情的苦痛を解決すると、なぜかそれが波及効果を持ち、他の出来事に対する同様の感情も和らげていた。

次に、エリックをイライラさせ、心配させている問題に注目した。２回目のセッションの後半には、エリックの脚の骨を砕き、危うく一生の障害者にするところだった手榴弾による負傷に対する強い感情に焦点を絞った。眼球運動を何セットかした後、エリックは泣き始めた。彼は、何が起こったのか思い出すことができず、妨害されているように感じるために継続できないと言った。この問題については、それ以上進めなかった。

３回目のセッションの最初、私はエリックに、村の近くで砲撃を要請しなければならなかったことに対する感情の強さがどうなったかと尋ねた。彼は、10のうち６と答え、感情は不安と恐怖だと言った。

「その夜、何があったのか、本当はよくわからない。誰が死んで、誰が死ななかったのか。当て推量しているだけだ。まだ、あまり思い出せない。その夜のビデオでもあったら、何か知りたくないことが見つかるかもしれない」と、エリックは言った。

「『自分が悪い』という言葉はどう？　真実だと感じる？」と、私は尋ねた。

「感情的には真実に感じられるが、理屈では自分がなすべきことをしたとわかっている。自分の持っていた情報から正しい判断をしたと思う」

私たちはそこから、手榴弾による負傷の後の恐ろしく苦しい記憶に焦点を絞った。ヘリコプターの中で死者や死にかけた兵士のそばに横たわり、自分の脚の残骸とも言うべきものを見たときのショック、無力感、永久に車椅子に縛りつけられる恐怖……。治療（６カ月の入院と10年間近い外来の理学療法）に対してさえ、エリックは絶望を感じた。まるで永久に続くように感じられたからだ。

今回、エリックはやはり爆発を思い出すことはできなかったが、爆風のシーンを思い描き、恐怖を感じることができた。眼球運動を何セットか続けるうち、エリックは、怪我のひどい方の脚を切断して生きていこうと考えたことがあると話してくれた。さらに数セットすると「あきらめないでよかったと思う」と言った。さらに１セット。「だから今の自分がある」。さらに１セット。「気分がよくなった」。さらに１セットすると、エリックは平静でいられるようになった。「もう、過去のことだと言える」

３回目のセッションの最後に、私はエリックにもう１度、砲撃の出来事について尋ねた。

「気分がよくなった。僕は正しい選択をした。それが、はっきりわかるようになった。１か２だ」

「『できるだけのことはやった』という言葉は、１～７の（VOC）スケールでどのぐらい真実に感じられる？」

「４ぐらい。問題は、やはり人が死んだということ。いい選択肢はなかった。いい感情もありえない。『そのときに自分がしなければならないことをした』という気持ちしかない。でも、いい気持ちが持てるようになることは想像できない。死こそが問題だ。できるだけのことはやったが、人々を死なせずにおくことはできなかった」。彼は、しばらく考えた。

「たぶん６か７かもしれない。本当に、できるだけのことはやったのだから」[7)]

４回目と５回目のセッションで、エリックと私は、戦争に関する他の記憶について、それからエリックの仕事中に侵入的な強迫観念を引き起こす現在の状況について、EMDR 療法を試みた。ベトナムでの過去の出来事をどうしようもないというエリックの気持ちが、現在の類似した経験に対して彼を過敏にしているという点で、過去と現在は明らかにつながっていた。そのためエリックは現在も、どうしようもない状況に置かれると、ベトナムでの古い気持ちを思い出していた。これは悪循環だが、生存するために必要な生理的反応であることも多い。危険に対する反応を学ばねば、死ぬのだ。

私たちが気づかなくても、過去は現在に影響を与える。この知識は、恐らく心理学におけるフロイト最大の遺産であり、EMDR の極めて迅速な効果のおかげで、私は人々を治療する中で、その事実を何度も何度も目撃した。過去は、常に機能障害をもたらすとは限らないが、現在の感情的な反応や意思決定を左右する教訓をもたらす。そのような教訓とは、何が危険か、何を危険と認識するかについてのことが多く、闘争か逃走かの反応を引き起こす。

たとえば現在、エリックに非常な苦痛を与えていることの１つに、状況が自分にはどうしようもないと感じたときの強い怒りがある。エリックが働いている会社のように高いプレッシャーのかかる状況で働いたことのある人なら、ある程度の怒りやイライラは避けられないとわかるだろう。しかし、エリックの怒りは、彼の理解を超えた強さだった。最近の仕事での出来事を処置のターゲットとしたとき、エリックは突然、私を押し止めて言った。「わかった。この怒りは、ベトナムで自分を動かしていた怒りだ。このおかげで、人が殺せたんだ」

4回目のセッションでは、怒りを処置し、エリックは「自分を制御できる」という肯定的な認知にたどりついた。つまり、現在の状況で選択肢を持てるようになっただけでなく、自分の怒りを恐れる必要がなくなった。彼は、「その認知を持っていれば、怒りに圧倒されることがないとわかった。自分で対処できる」と言った。彼は後で、仕事が新しい意味で楽になったと教えてくれた。同僚と自然に付き合うことができるようになり、仕事が楽しく、能率も上がった。ベトナムの体験の残余を処理できて初めて、彼は現在の落ち着きを得ることができたのだ。

5回目で最後のセッションから1カ月後、私はエリックに電話して、EMDR療法の効果が続いているかどうか尋ねた。エリックは、悪夢や強迫観念が一度もなく、うつ状態も消えたと答えた。1年後にも尋ねたが、同じだった。もう1年後も、やはり順調だった。

現在、5回のEMDRセッションから8年後、エリックはまったく陽気な男になった。過去の束縛から解放され、現在を楽しく満喫している。彼は自分でソフトウェア・コンサルティング業を開業し、再婚し、新しくできた娘を1人育てている。実に幸せな生活だ。彼は、笑って言う。「トンネルの終わりに光を見つけた。本当に明るい光をね」

EMDRは、過去の療法にできなかった何をしたのか？　エリックは、EMDRの前に非常に優秀な人たちから何度も療法を受けている。過去の療法は、彼を薬物とアルコールから救い、ベトナムでの多くの人の死が彼の責任ではなかったと、頭で理解させた。それだけでは十分でなかったのだ。

エリックは今でも、あの村の女と子どもたちが死んだかどうか知らない。恐らく死んだだろうと考えている。結局のところ、砲弾は誰を殺して、誰を生かすべきかを知らない。任務報告の際、エリックの上官はよくやったと褒めた。しかし、彼の心は当時も、それ以降も絶対にそれに同意しようとしなかった。

「僕は、ベトナムへ行くまで軍隊がどういうものか知らなかった。わかったときには遅すぎた」と、エリックは話してくれた。「自分の目で見るまで、ことの重大さはわからない。ベトナムにいて、戦争に参加して気分がよかったことは一度もなかった。自分で正しいと思わないことをしなければならなかった。祖母ですら『戦争だからいいんだよ』と言ったが、よくはない。僕にとって、戦争は何の意味もない。軍隊も何の意味もない。僕たちはみんな人間だったんだ」

今でもエリックは、ベトナムのことを話すとき、ときどき目に涙を浮かべる。しかし、その涙はもはや恥、怒り、罪悪感の涙ではない。ベトナムの荒々しいジャングルで20年間も迷っていた19歳の少年に対する同情の涙である。

自分の後にあるもの、そして自分の前にあるものは、自分の内にあるものに比べれば些細なものである。

ラルフ・ワルド・エマーソン

4

治療のあや：隠れた痛みの根底を明らかに

トラウマの世界に入るのは、砕けた鏡をのぞき込むようなものだ。見慣れたものが、ばらばらになり、不安を誘う。見慣れぬ新しい世界が広がり、まったく苦しんでいるように見えない人が、幾重にも重なる意外な痛みを抱えているのが見える。私は、初期のクライエントの1人によって、このことを強烈に実感させられた。彼女は、「良い家」に生まれた「きちんとした」62歳の女性で、地域で活発に活動していた。見る限り、子どものころに父親に性的虐待を受け、未だにパニックと恐怖に苦しんでいるとは、微塵も感じられない。しかし、彼女がレイプされた後、どうしていいかわからず、母親が来るのを待ちながら家の周りを当てもなくさまよい歩いていたという話は、私の心から離れなかった。その苦しみと戦いつつ、何の改善もないまま、長年、悲しみ続けてきたという話も忘れられない。もう1人、68歳の退職した元専門職の女性も、前年に受けた暴行によるフラッシュバックと侵入的なイメージに苦しんでいた。自分が買った護衛犬を見てすら、当時の光景と恐怖を思い出すと、彼女は痛々しく語った。この記憶の治療が進むにつれ、彼女は生涯で一度も安心していられたことがなかったことを実感し、これが安心した気持ちを取り戻す最後のチャンスかもしれないと思ったという。

このようなクライエントは、人の外見に隠された部分を見る重要性を教えてくれた。心を悩ませる出来事は人生に付きものであるが、目に見える症状を見ても、広範囲にわたるトラウマの影響は全くわからないことがある。上記の２人の女性は、EMDR にすぐ反応し、症状は劇的に緩和された。しかし、治療の過程で現れた連想を見ると、単なる悪夢やフラッシュバックを取り除く以上のことが、EMDR に求められることがわかった。私は、トラウマが人生のコンテクスト、さらにもっと大きな社会システムの中でどのように位置づけられているかを明確に認識するようになり、治療モードを総合的に取り揃える必要があると感じた。私は、クライエントにできるだけ深遠で長期に及ぶ効果を与え、かつクライエントに安全である、精神の均衡が保たれている、自制できると感じてもらうことを EMDR 療法の目標とすべきだと考えた。

このような目標を念頭に置き、私は現在、EMDR の８段階アプローチ[1)]と呼ばれるものを作り上げた。そしてこれに、精神力動療法、認知療法、行動療法、家族療法など、多数の療法の長所を採り入れた。８段階とは、クライエントの生育歴・病歴聴取と治療計画、準備、評価、脱感作、植えつけ、ボディ・スキャン、終了、再評価である。本書に紹介されたケースのほとんどにおいて、８段階のすべてが実施されているが、紙面を節約するために一部の段階を省略した。トレーニングを受けた EMDR 療法家は、８段階のすべてを使って総合的な治療を行う。

EMDR 療法の最初の段階では、療法家がクライエントの生育歴・病歴をつぶさに聞き取り、「治療計画」を作成する。高いレベルの感情を引き起こす EMDR が身体的に適切でない人もいるため、この段階は重要である。たとえば、EMDR 療法を受けた人の約 15％は、トラウマを強烈に再体験する。このため、不快な時間は比較的短いものの、心臓疾患、呼吸器疾患を持つ人や妊娠中の女性は、EMDR を行う前に医師に相談する必要がある[2)]。

EMDR 療法がクライエントにふさわしいと考えられれば、治療者がクライエントの個人的な生いたち、性格、反応パターンについて所定の質問をする。そしてこの段階で、療法を受けるきっかけとなった特定の問題、その問題に起因する行動、症状についてクライエントと話し合う。その情報を得た上で、治療者は治療計画を作成し、EMDR を適用する具体的なターゲットを決定する。このターゲットには、問題を引き起こした過去の 1 つまたは複数の出来事、苦痛の原因となる現在の状況、クライエントが自分の将来の幸福のために習得すべき重要なスキルや行動が含まれる。たとえば、クライエントが母親に呼ばれる度に非常に不安になると訴えたとする。なぜ、20、30、40 歳代の男が幼い男の子のようになるのか？　このような反応を起こす理由が現在になければ、問題は過去にある。過去のどのような出来事が、クライエントの神経システムにひっかかり、クライエントを萎縮させているのか？　適切な境界を設定するために、クライエントはどんなスキルを取得すべきか？

クライエントを徹底的に理解するため、私はよく、子ども時代の最も嫌な思い出を 10 個挙げてもらう。たとえば、ほとんどの人は小学校でいじめられた記憶があるが、それが与ええる影響の大小は人生経験によって決まる。私は、クライエントにそれらの嫌な出来事を思い浮かべてもらい、0 ～ 10 の SUD スケールで評価してもらう。何年も前の出来事であっても、このような記憶の大半はまだ大きな苦痛を伴うことがある。そうであれば、その記憶が、権力、学習、その他の状況における現在の問題の真相を明かしてくれるかもしれない。私は、クライエントがその出来事を自分でどう解釈しているかも知りたい。特定の記憶に集中してもらい、クライエントが自分や自分のその場の行動を言い表す言葉として何を自動的に思い浮かべるかを尋ねる。クライエントの認知が否定的で、「私はだめな人間だ。生きている価値がない。人に好かれない。我慢できない」などと言う場合、その記憶は治療する必要がある。クライエントの認知が肯定的で、「私は成功できる。生きている価値がある。人に好かれる。今なら、当時はできなかった選択もできる」と言う場合、その記憶はすでに処理され、過去の適切な位置を占めていることになる。人生のいかなる時点のいかなる出来事でも、有害な影響をもたらすことがある。クライエントの反応を見て、私は体験が人生にもたらす遠大な効果を考慮し、総合的な治療計画を作成する。

EMDR のユニークな特徴の 1 つは、治療を求める人が問題となる記憶の詳細を話す必要がないことである。具体的な細かいことを話すのが苦にならず、むしろそれを好む人もいるが、全体的なイメージや概要しか告げない人もいる。治療者がたとえば、「自分が無価値で役立たずだと感じた出来事というと、何を思い出しますか？」と尋ねた場合、「兄が私にとった行動です」という答えが返ってくるかもしれない。EMDRの治療家は、これだけの情報で出来事を特定し、治療のターゲットとすることができる。

EMDR治療の第２の段階は、「準備」である。この段階は非常に重要だ。準備段階の主な目的の１つは、クライエントと治療者の信頼関係を確立することである。クライエントが問題となる記憶の詳細を語る必要はない。しかし、クライエントが治療者を信頼していなければ、自分の感情や、セッション中にどんな変化があったか、もしくはなかったか、正確に報告しない可能性があるからだ。クライエントが治療者に気を使って、同様にしか感じていないのによくなったと報告すれば、いかなる療法もトラウマを解決できないだろう。どのような療法でも、治療者はお手伝いをする人、もしくは案内人と考え、目標の達成に向かって痛み、必要性、失望などをすべて聞かせる必要があると考えるのが最も良い。EMDRには、眼球運動だけでなく非常に多くのことが関わってくる。そのため治療者は、どのタイミングで眼球運動のバリエーションを使い、記憶の処理を促進していくかを把握する必要がある。

準備段階では、治療者がEMDRの理論を説明し、どのように療法を行うか、その前後でどのような効果が期待できるかを話す。そして最後に、セッション中やセッション後に感情的に不安定になった場合に気分を静めるテクニックをクライエントに教える。このようなテクニックを知ることは、誰にとっても大変役立つ。この世で一番幸せな人間とは、人生において避けられない、もしくは思いがけないストレスがかかった場合に、自分をリラックスさせる方法を知っている人だからだ。EMDR療法の目標の１つは、クライエントが自分を管理できるようにすることである。

EMDRはクライエントのニーズに即した療法であるため、治療者はクライエントが感情のバランスを保ち、自分をコントロールできる方法をいろいろと教える。クライエントが最初、EMDRによって感情的に不安になることを避けたいと言うのは理解できる。しかし、この回避こそ、問題の根源なのだ。

新しい苦痛を生じることなく回避に向き合うため、治療者はクライエントに二重の気づきを持つことを教える。１つは、眼球運動中に引き起こされる過去に起因する苦痛、もう１つは、今は安全だという事実である。理想的には、EMDR 治療を受けている人が、あたかも電車に乗っていて、治療のターゲットとなっている出来事が過ぎ去っていく風景のように感じることである。

EMDR 治療の第３段階は、「評価」である。この段階で、治療者は処理すべきターゲットの各側面を識別する。最初は、ターゲットとする出来事（第１段階で特定したもの）の中から、その記憶を最もよく象徴する具体的な情景やシーンをクライエントに選んでもらう。次に、その出来事に伴う否定的な自己信念を表現する言葉を選んでもらう。その言葉が間違っていると理屈ではわかっている場合でも、その言葉に意識を集中することが重要である。否定的な信念は、未だに存在する不安な感情を言葉で言い表したものである。否定的な認知の一般的なものには、「私は救いようがない」「私は無価値である」「私は愛されない」「私は恥ずべき人間である」「私は悪人だ」などがある。次にクライエントは、「私は価値がある（愛される、善人だ、自分をコントロールできる）」または「私は成功できる」など、信じたいと思う肯定的な言葉を決める。自然災害の後などで主な感情が恐怖である場合、否定的な認知は「私は危険な状況にある」、肯定的な認識は「私はもう安全だ」となることもある。「私は危険な状況にある」が否定的な認知と考えられるのは、この恐怖が不適切だからである。危険が過去のものであるのに、その恐怖が神経システムに固定されている。肯定的な認知は、現実を反映したものとなる。

この時点で治療者は、肯定的な認知をどのぐらい真実と感じられるかをクライエントに１～７の認知の妥当性（VOC）スケールで答えてもらう。ターゲットに結びつく否定的な感情（恐怖、怒り）と身体感覚（胃が苦しい、手が冷たい）を特定してもらうのも評価段階である。さらに、苦痛のレベルも０～10 の SUD スケールで表現してもらう。

１～３の段階は、総合的な治療、およびターゲットとする具体的な出来事の再処理の基礎となる。以降の３段階では眼球運動を使用するが、眼球運動は複雑な療法の一部にすぎない。トレーニングを受け、熟練した EMDR 治療者は、ステップ・バイ・ステップの８段階のアプローチを使い、論理的で標準化された形で治療効果を最大限に引き出せる。このアプローチにより、クライエントと治療者の療法が、治療セッションごとに進行を監視することもできる。

第４段階は、SUD スケールで測定されるクライエントの不安な感情と身体感覚に焦点を当てることから「脱感作」と呼ばれる。この段階は、ターゲットとする出来事が変化し、不安な要素が解消されていくにつれて発生するクライエントの反応（セッション中に引き出された記憶、洞察、連想など）すべてを含む。この自動的な連想過程により、ターゲットに結びつく同様の出来事があれば、それを特定し、解決する機会が与えられる。こうなればクライエントは、当初の目標を超え、期待以上に治癒する可能性もある。脱感作では、治療者がクライエントに何セットかの眼球運動をさせ（適宜焦点のバリエーションや変化を用いる）、クライエントの SUD レベルを０、場合によっては１、２まで低下させる。

たとえば、第３章で扱ったベトナム退役軍人のエリックは、悲しみのレベルを２と報告し、それを下げようとしなかった。なぜ下がらないのかと尋ねると「誰かが死んだから」とエリックは答えた。やはり適切な感情や信念は、EMDR によって変化しないことがわかる。人間は機械ではないのだから、たとえ EMDR を使っても、クライエントが体験した悲劇に何の反応も示さなくなることを期待してはならない。しかし、その反応が健全で有用であることを確認することが重要である。残念なことに人間は、単にそう感じているからというだけで、悲しみ、恥かしさ、罪悪感、怒りなどを適切な感情と考えることが多い。本書を通じて説明していくことだが、人間が自分に対して抱いている否定的な信念は、トラウマの不適切な残存そのものであることが多い。自分に「私は幸せか？」と尋ねてみるとよい。答えが「いいえ」であれば、療法を受けて変化させる可能性を考えるべきである。

EMDR 治療の第５段階は、「植えつけ」と呼ばれる。なぜなら、この段階の目標は、クライエントが特定した肯定的な信念を強め、自分に「植えつけ」ることによって、元々の否定的な信念と入れ替えることだからである。たとえばクライエントが、父親に殴られる心的イメージから出発し、「私には力がない」という否定的な信念を持っていたとする。脱感作を通じて、クライエントは子どものころの出来事で感じた恐怖を再処理し、自分が今は大人で、子どものころはなかった力と選択肢を持っていることを完全に理解する。治療の第５段階においては、クライエントの肯定的な認知、「私は状況をコントロールできるようになった」が強化され、植えつけられる。次に、クライエントがどの程度深く、肯定的な認知を信じているかをVOCスケールで測定する。目標は、クライエントが自分に関する肯定的な言葉を完全に真実だと感じ、７（完全に正しい）と答えることだ。幸運なことにEMDRは、否定的だが適切な感情を消し去ることができないのと同様、適切でない肯定的な信念を持たせることもできない。クライエントが、状況を完全に制御するために護身術などの新しいスキルを学ぶ必要があると感じている場合、肯定的な信念の妥当性はVOCスケールのそれなりのレベル、すなわち５か６にしか上昇しないだろう。

EMDRの第６段階は、「ボディ・スキャン」である。肯定的な認知を強化し、導入した後、治療者はクライエントにもともとターゲットとしていた出来事を思い描かせ、体に何らかの緊張が残っているかどうかを調べる。残っていれば、その身体感覚を再処理のターゲットとする。

無数のEMDRセッションを評価した結果、思考が解決されていない場合、身体的な共鳴があることがわかっている。この事実は、記憶に関する別の独立した研究によっても裏づけられており、人がトラウマによって負の影響を受けている場合、外傷を引き起こした出来事に関する情報は、物語的な記憶ではなく運動（つまり、体のシステム）記憶に保存され、人は元の出来事が引き起こした負の感情と身体感覚を覚えているという[3)]。しかし、その情報が処理されると、物語的な記憶（つまり、言葉として口に出せる記憶）に移行し、体の感覚や負の感情は消える。したがって、EMDR治療のセッションは、クライエントが体の緊張を感じることなしに、ターゲットとした元のイメージを思い起こせるまで終わったとは言えない。肯定的な自己信念は重要であるが、知的レベルを超えて信じられる必要がある。

EMDR 治療の第７段階は、「終了」と呼ばれる。これは、クライエントが各セッションの終了時に開始時よりよくなっていることを確認するための段階である。トラウマの原因となる出来事の処理が１回のセッションで終わらない場合、治療者はクライエントに気分を静め、均衡感を取り戻すテクニックを教える必要がある。クライエントは、EMDR セッションの間ずっと自己コントロール力を保ち（たとえば、クライエントはいつでも手を挙げることによって「止め」を指示してもよい）、この自己コントロール力が治療者のオフィスを出た後も継続することが重要である。またクライエントは、次のセッションまでの間に起こること（処理が続くかもしれないし、ターゲットとすべき新しい材料が見つかるかもしれない）、そのような経過を日記に記録する方法、気分を静めるために自分でできるテクニックなどについても説明を受ける。

EMDR 治療の最後の段階は、「再評価」であり、２回目以降のセッションの最初に行われる。治療者は、得られた前向きの結果（低い SUD、高い VOC、体の緊張なし）が維持されていることを確認し、治療の必要な新しい分野があれば特定し、追加したターゲットの処理を促進する。再評価段階により、治療者はさまざまな EMDR プロトコル（クライエントの問題に応じて書かれている）や治療計画全体に沿っていくことができる。すべての療法においてと同様、再評価段階は、長期的な療法の成功を判断する重要な段階である。たとえクライエントが EMDR のほぼ直後に安堵感を感じても、治療期間全体を通じて抗生物質を使うように、８段階すべてを完了することが重要である。

EMDR は、他の療法より速く結果が出るかもしれないが、速さが一番の目的ではなく、クライエントにはそれぞれのニーズがあることを思い出さねばならない。たとえば、処理を始める前の十分な信頼感を抱くまでに（第２段階）数週間かかるクライエントもいるだろう。最初の６段階を順調に進んだと思ったら、治療の必要なもっと重要な問題が見つかるクライエントもいるだろう。次の話は、そのようなケースの例である。綿密にトレーニングを受けた治療者であれば、クライエントが思いもしなかった別の道への入口となるパターンや反応が識別できる。

ジョセリン・シロモトは、最初に EMDR のトレーニングを受けた治療者の1人だった。ジョセリンは、サンディエゴ出身で臨床ソーシャル・ワーカーの免許を持ち、同じクライエントに対応していた精神科医から EMDR のことを聞いた。ジョセリンは当時、クライエントを本当に助けることのできる方法なら、何でも試したいと考えていた。療法が結果を出せると保証もできないのにお金を取るのも、堂々巡りの対話療法を続けるのも、もうたくさんだと思っていた。それに、多くの苦しみを見てほとんど何もできない状態に、ほとんど燃え尽きた感じだった。

ジョセリンは最初、EMDR をそれまでの方法、つまり精神力動療法、認知療法、行動療法に組み込む形で、自分の個人的な患者に使い始めた。一部のクライエントには EMDR を使い、一部のクライエントには使わなかった。その中で、エミリー・ザラロフというクライエントには、EMDR が驚くほどの成果を上げた。

エミリーの母親、メアリー・ベス・リターは、30 年以上に及ぶ結婚生活と夫に関する矛盾した感情を落ち着けるため、長い間、ジョセリンの療法を受けていた。メアリー・ベスは多少よくなっていたが、結婚した娘のエミリーが自分もジョセリンに会いたいと言ったときは、まだかなりの悩みと苦痛を抱えていた。エミリーは、母親が人生と向き合おうとするのを見てきていた。そして、母親の結婚に関する問いの答えが、心の奥深くを模索しているだけでは出てこないことを知っていた。母親は事実を、しかもエミリーだけしか告げることのできない事実を知る必要があった。

２人一緒での最初のセッションで、当時 30 歳だったエミリーは、７、８歳の頃、夜になると父親が部屋に来て、体を撫で回したことをジョセリンに話した。そのとき、エミリーは心のどこかで父親の行動が悪いことだとわかっていたが、同時に父親にかまって欲しくてたまらない気持ちもあった。ビル・リターは、内向的で不親切で、人を非難する癖があり、時によっては暴力的な父親だった。彼が体を撫で回すときだけ、エミリーはそれまで父親から感じたことのなかった優しさを感じた。そのためエミリーは、自分が大切な存在であると思い、同時に罪悪感を持った。

エミリーは、20 歳代になって罪悪感を解決する方法を見つけたと、ジョセリンに語った。エミリーは、グループ療法に通って父親について多くのことを話した。性的虐待が自分の責任でないことも認識した。過去に対する自分の怒りに向き合い、現在、暴力的な男性と関係を持ちやすい自分の傾向をじっくりと検討した。そして、いよいよ近親姦について話すべきだと考えた。そうすれば、治療を受けている母親を助けることになり、家族全体が回復を始めるだろう。エミリーは、父親にカウンセリングに行くよう頼むつもりだった。エミリーは父親が好きだったし、家族の新たな世代が虐待で傷つけられることになってほしくなかった。つまり、エミリーの２人の妹と弟に幼い子どもがいたからである。

翌週、エミリーとその両親が、ジョセリンを訪れた。エミリーが近親姦を打ち明けると、母親はショックを受け、悲しんだが、父親はすべて自分の責任であることを認め、カウンセリングを受けることに同意した。家族を団結させ、回復させようというエミリーの願いはかなったように見えた。

皮肉なことに、エミリーと夫のトムは、自分たちの家族を作ろうと涙ぐましい努力を続けていた。健康なアメリカ人の夫婦が１年間努力すれば、平均90％が妊娠するという医師の言葉に反し、結婚して６年になるエミリーとトムが４年間努力しても、子どもはできなかった。10 代後半に２度も妊娠していたエミリーにとって、これは苦い薬だった。一度はピルを飲んでいたにもかかわらず妊娠し、もう一度はリング装着中に妊娠した。２度の妊娠は、ともに流産に終わった。一度は車にはねられたとき、もう一度はリングを取り出したときだった。

数々の医師が検査によって、エミリーの生殖機能に何の異常もないことを確認した。彼女が妊娠できない生理的な理由は、何もなかった。エミリーは緊急処置室の看護師だったので、医療をうまく利用し、自分の体について専門家のアドバイスも得ることができた。さらに２年間、排卵誘発剤のクロミッドを飲み続けていた。医師は、夫のトムの体も調べた。精子数は低〜通常だったが、これは心配すべき結果ではなく、不妊の原因ではないという診断だった。とうとうエミリーとトムは、人工受精を試すことにした。１回目は２カ月後、８月上旬の予定で、トムは６月下旬にテストステロンの注射を打ち、受精用の精子を提供する際の確率を高める予定だった。医師は、子宮内人工受精の一般的な成功率が 10％だと告げた。

エミリーは、妊娠しようと努力してきた４年間で、大きな悲しみを味わった。彼女は人生を振り返り、不妊の原因となることが何かあったかと考え続けた。２回の流産が、医者にはわからない影響を及ぼしているのか？　神が自分を見捨てたのか？　自分は子どもを持つに値しない悪い人間なのか？

エミリーは職場で、自分の勤務している部屋の前を通り過ぎて隣の産婦人科に入る妊婦の顔をのぞき見た。なぜみんな赤ちゃんを授かるのに、自分はだめなのか？　残る理由はたった１つ、それを考えると血も凍る思いだった。つまり、不妊は自分のせいだ。エミリーは、自分で考えたくもなかったし、治療者に相談するなどもってのほかだった。そして、決して口にしなかった。

その後３カ月、エミリーは１人でジョセリンに会い、父親の虐待や他の辛かった出来事を相談した。何回かのセッションの間に、ジョセリンとエミリーは EMDR を使い、古い感情を処理することによって、エミリーの性的虐待の問題が確実に解決されるようにした。あるセッションで、エミリーは 20 歳のとき、最初に就職したニューヨークの病院の機械室で、同僚に暴行を受け、レイプされたことを打ち明けた。エミリーが未だに苦しめられているのは、その事件自体ではなく、そのことに対する上司の対応だった。エミリーは、事件を数日後まで報告しなかったが、やっと病院のセキュリティ担当者に報告したとき、担当者は誰もその話を信用しなかった。担当者は、何度も彼女をオフィスに呼び出し、レイプの話を繰り返すよう要求した。時には、エミリーの勤務中に呼び出したり、夜遅く家に電話してきたりした。そして、懐疑的な態度を取り続けた。

矛盾しているようだが、病院の経営陣はエミリーの話を深刻にとらえ、それが事を一層悪くした。病院の経営陣は、エミリーに病院内の精神科医からカウンセリングを受けるよう命令した。エミリーは、拒否した。プライバシーの侵害に思えたからだ。しかし、経営陣の強制的な態度に、とうとうエミリーは負けた。エミリーはいやいやながら女性の精神科医のセッションに２、３度出席し、やめた。ジョセリンが、レイプや、それを調査しなかった病院の態度について詳しく話すよう頼むと、エミリーは積極的に話した。しかし、精神科医の診察となると、いつになく言葉が曖昧だった。

ある日、エミリーは、妊娠できない欲求不満についてジョセリンに話した。エミリーが、４年間に及ぶ妊娠への努力について詳しく打ち明けたとき、ジョセリンは近親姦かレイプが、妊娠を阻害する隠れた心理的要因となっているのではないかと疑った。それは安易な結論だったが、ジョセリンはそうではないと考えた。どちらのトラウマも、すでにエミリーを苦しめているとは思えなかった。少なくとも、エミリーは両方の外傷を解決し、過去の一部として受け入れているように見えた。

次のセッションで、エミリーはいつもより緊張していた。手は、爪が手のひらに食い込むほど椅子の肘掛けの上できつく握りしめられていた。前日の家族の団欒風景がエミリーの心の中を映画の予告編のように回っていた。めいやおいが、家の中をぐるぐる走り回り、きゃっきゃっと声をたてながら追いかけっこをしたり、笑ったり、叫んだり、言い争ったり、泣いたりしている。エミリーは、居間の床に寝そべり、おいのマシューとおもちゃのトラックで遊んでいた。べとべとの真っ赤な顔をした４人の赤ん坊は、みな過去１年に生まれたのだった。

「変なのよね」と、エミリーは言った。「子どもたちが本当に好きなのに、一緒にいるのが辛くなる時があるの」

「どんなふうに？」と、ジョセリンは尋ねた。

「そうね、何となく緊張するの。不安なの。実を言うと、子どもといるといつもそんなふうに感じるわ。一番小さいおいと一緒に撮った写真を冷蔵庫のドアに貼っているの。クリスマスの時のね。おいは生後４カ月で、赤いおくるみに入ってる。私は片手でおいのお尻を支えて、もう片方の手で頭を支えてる。妹のジェニファーが写真を撮って送ってくれた。でも、なぜだかわからないけれど、きれいな写真なのに、それを見ると本当に苦しくなるわ。最近、それがどんどんひどくなって、先週末、とうとう冷蔵庫からはがして破ってしまった。涙が出たわ」
「何に対する感情だと思う？」
　エミリーは、ジョセリンの机の後ろにある絵をじっと見つめていた。
「ひょっとして、あの子にいたずらしてしまうかもしれないと思って」
「どうしてそんなふうに思うの？」
「精神科医がそう言ったから。レイプされたときに会わされた医者が」

　精神科医はヴァージニア・ローダー（仮名）といい、エミリーは診察を２、３回受けたと記憶している。エミリーは、最初からローダー医師に会いたくなかったが、ローダー医師がエミリーの幼少時代と家族について話すよう求めたとき、やはり会うべきではなかったと思った。「それが、何の関係があるの？　レイプと何の関係もないじゃない」と、エミリーは尋ねた。
　ローダー医師は強要した。エミリーは拒否した。医師が再び強要したとき、エミリーは怒りを爆発させた。
「いい加減にして！　生まれてからずっと虐待されてきたみたいじゃない。私はいい人間だし、こんな目にあう理由なんかないわ」
　ここでエミリーは、ローダー医師に父親の性的いたずらについて話した。
「それでどうなったの？」と、ジョセリンは尋ねた。
　エミリーの右手がさっと左の上腕をつかみ、きつく力を入れた。これは苛立ちを示すしぐさで、ジョセリンは前に見たことがあった。
「先生は急に黙って、座ったままじっと私を見つめていたわ。２、３分だったけど、１時間ぐらいに思えた。それから前かがみになって私をのぞき込んで『これは医学的事実ですが、性的虐待を受けた人は自分の子どもにも性的虐待をするんです。もし、あなたに子どもがいれば』」
「それでどうしたの？」
「吐いたわ。本当に。診察室の床に。それから泣いて、それが嘘だと言ってほしいとせがんだ。先生は本当に冷淡で、医学的事実だと言っただけだった。『子どもを持たないほうがいいと思いますよ』って言ったわ」
　ジョセリンは、ため息をついた。この健全な若い女性は、不妊になる生理的な理由は何もないのに、強烈な感情的理由によって妊娠しないのだ。
「今でもそれを信じている？」
「いいえ、頭では信じていないわ。診察室を出た直後でも、家に帰って思う存分泣いた後は、怒りがこみあげてきた。あの人は何もわかってない、みんなで私を陥れようとしている、って。そして、二度と診察を受けなかった」
「先生の言ったことを信じなかったのね」
「もちろん！　だけど今でも引っかかっている。その後、そんな医学的事実がどこに書いてあるのか調べたけれど、*Redbook* とか *McCall's* だとかいうのに短い記事があっただけだった。バカなやつがちょっとした研究をして書いたのね、そう思って信じないことにしたわ。でも、本当に危険なのは、あんなことを言う人がいると、たとえ私が子どもにそんなことをする素質がなくたって……。言われたことが心に残って、恐怖として潜んでいるの。今でも私の中に潜んでいる」。エミリーは、ほとんど周期的に上腕を持つ手に力を入れていた。
「その恐怖を言葉にできる？」
　エミリーは下を向いた。ブロンドの長い前髪が鼻にかかっていた。「たぶん、私が虐待の犠牲者だから、その結果として自分の子どもにも虐待すること。自分が致命的な病気だということを認めなければならない。逃げられない。終身刑を宣告されたみたい。たとえ信じなくても、心に留めて生きなければならない」。エミリーは、息を止めたように話した。
　エミリーの頬を涙が流れた。「だから、不妊は私の責任なのかもしれない。心の奥底で自分が子どもを虐待することがわかっているから、私の体がそれを防ごうとして妊娠しないのかも」
　エミリーが、自分の子どもを虐待することを恐れていると打ち明けたとき、ジョセリンはEMDRを使う絶好の機会だと思った。恐怖は明確な１つの出来事から派生していて、クライエントはその出来事によって完全な健康を得られずにいる。エミリーの場合、不妊が本当に心因性であれば、妊娠できることも完全な健康に含まれる。不妊は生物学的な問題に思えるが、何年も不妊と闘った女性がついにあきらめて養子を取ったとたん、１、２年後に妊娠するというケースはよくある。恐らく、子どもを持つことに関する心理的なプレッシャーやストレス（自分自身でかけたプレッシャーでも）が、妊娠を妨げていたのだろう。心と体の関係についての近年の研究を見れば、もともと妊娠できる女性がストレスによって、たとえば体内に酸性の環境を作り出し、受精を妨げることも十分に考えうる。100 年前、フロイトは、心理的な葛藤に対するヒステリー反応が、ある種の麻痺を引き起こすという説を述べた。確かに、天災、自動車事故、肉体的な暴行など、体に対する衝撃が心に影響を与えることはある。逆に、心臓発作の多くは、悲しい情報が心に「衝撃」を与えた場合に起こる。

エミリーの例でもう１つ興味深いのは、心的外傷後ストレス反応が、一見、彼女の体験した近親姦やレイプほど有害でない出来事に起因している点だ。しかし、優秀な心理療法家なら、全体像を把握することによって、どんな否定的な認知がクライエントの行動や心の状態を作り出しているのかを見極められる。ジョセリンは、性的虐待やレイプといった顕著な要素に惑わされず、不妊の原因と決めつけなかった[4)]。

ずっと過去の精神科医の診察に起因する、エミリーの現在の恥辱感、罪悪感は、極めて強いものであり、乗り越えねばならない障壁、つまり処理すべき記憶があることを示していた。その出来事は、未だにエミリーに負の影響を与えていた。当時のことを考えると、侮辱されたと感じ、恐怖を覚える。それに伴う身体感覚もあった。問題は、その出来事がどの程度深く体に影響するかだ。たとえ EMDR が不妊に効果がなくても、罪悪感を消し去ることは重要だろう。治療者は、クライエント一人ひとりのニーズに応じて EMDR を調整せねばならない。エミリーの場合、「２次的なトラウマ」が元々のトラウマより有害となっていた。優れた治療とは、治療者、クライエント、療法の動的な相互作用である。「無駄だ。治療にはうんざりだし、効果もない！」という人がいるのは、悲しいことだ。そのような人は、特定の１人か２人の治療者にかかっている。正しい治療者に出会わなかったのだろう。

エミリーは、性的虐待とレイプのトラウマから回復していたが、極めて傷つきやすく、感情的に敏感なときに、権威のある人から受けた残酷な非難の言葉によって罪悪感と恐怖を覚え、未だに苦しんでいた。エミリーは、ローダー医師がその言葉によって彼女を突き落としたとき、文字どおり嘔吐した。そのぐらい、影響が大きかったのである。レイプの被害者は、病院関係者、警察、友人、家族の対応、もしくは冷遇によって、性的暴行自体より大きく傷つく場合がある。

ジョセリンは、精神科医との件にEMDR療法を試みるかどうか、エミリーに尋ねた。ジョセリンは、不妊に効くかどうかは約束できないと言った。実際、どんな心理療法でも何かに効果があるとクライエントに保証することは、多くの州において違法である。しかし、ジョセリンは精神科医の件と不妊に何らかの関係があるかもしれないと告げた。

7日後、エミリーは再びジョセリンの診療室にやって来た。前回と同じく、ジョセリンはまずエミリーに治療に対する心構えを作らせ、始めることにした。エミリーはすでに、自分の恐怖を表現する否定的な言葉を準備していた。「私は、性的虐待の被害者だから、自分の子どもを虐待する」。ジョセリンが、恐怖の強度を0～10のSUDスケールで尋ねると、エミリーは9と回答した。最後の準備として、ジョセリンはエミリーに、否定的な言葉の代わりに信じたい肯定的な言葉は何かと尋ねた。エミリーはしばらく考え、「私は絶対に自分の子どもを虐待しない。私には選択肢がある」と言った。その言葉が今どれだけ真実かを1～7のVOCスケールで尋ねると、エミリーは2か3にしか感じられないと言った。

「では、精神科医の診察室のシーンから始めましょう」と、ジョセリンは言った。「その光景を心に描いて、否定的な考えも心に抱いてください。これからわいてくる感情に注意して。いいですね？　では、指を目で追ってください」

眼球運動を始めると、エミリーは、病院の精神科医が子どもを虐待するだろうと告げた瞬間を追体験し始めた。そして、胃が締めつけられ、酸っぱいものがこみ上げてくるのを感じた。「気分が悪いわ」と、最初の1セットの後でエミリーは言った。さらに続けると、エミリーはこぶしを固く握り締め、うめき、涙を流したが、眼球運動は止めなかった。眼球運動の合間に彼女は、最初の強烈な恐怖がまったくの絶望に変わったと報告した。「まるで誰かが、私の夢と希望を私の下から引きずり出していったような感じ。あのときから私は変わったわ」と、エミリーは言った。エミリーは、涙を流し、首をうなだれ、だらんと開いた手のひらには、爪が突き刺さった小さな三角形の傷があった。

ジョセリンとエミリーは、権威を持つ者がそのような不正確な発言をすることが、どれほど有害なことかについて、しばらく話し合った。それから、また眼球運動を始めた。

次にエミリーが感じたのは、怒涛のような怒りだった。「あの人は私を虐待したのよ！」と、エミリーは紅潮した顔で叫んだ。「どうしてそんなことが言えたのかしら？　今、この部屋にいたら目玉を引っかき出してやる！」。ジョセリンはエミリーに「その感じと一緒にいて」と指示し、また眼球運動を1セットした。エミリーは落ち着くために自分の上腕をつかみ、ジョセリンの指の動きに集中した。今度は、精神科医に無理やり会わせた上司にすさまじい怒りを感じていた。「あの人たちのひどい対応に比べたら、レイプのほうがましだった。2度もレイプされたのと同じよ！」。最後にさらに数セット、眼球運動を行うと、今度は自分に怒りを感じた。「いったいなぜ、彼女の言うことなんて信じたのかしら？」

途中で一度、エミリーは精神科医の診察室にいる記憶から外れ、別の出来事を思い出した。そのときも、子どもへの性的虐待に関して恥ずかしさと恐怖を感じたのだった。それは彼女が11歳のとき、教会の保育所で働いていたときの出来事だった。日曜日の朝、エミリーは赤ん坊から排泄物だらけのおむつを外し、拭いてやっていた。

「赤ちゃんを洗ってやって、きれいになったかどうか確かめていたの（当時、小さな妹と弟がいて、いつも母に『ちゃんときれいにしないとバイ菌が入るわよ！』と怒鳴られていた）。ちょうど赤ちゃんを調べていたら、赤ちゃんの母親が入ってきた。そして、近づいてくるとおむつ替えをやってしまった。そのことを思い出すと、いつもすごく罪悪感を抱いて、すごく恥ずかしくて、まるで何か悪いことをしていて見つかったみたいな感じがしたの」と、エミリーは言った。「今考えれば、あのお母さんの行為は当然だった。赤ちゃんのお母さんだから、続きをやっただけね」

話し続けるにつれて、エミリーの強い感情は治まった。上腕をきつくつかんでいた手が離れ、胃も楽になった。セッションの終わりごろ、エミリーは頭を振って、静かな声で、だが断固として言った。「もうなくなったわ」。エミリーは、頭だけではなく心から、子どもに性的虐待を加えないことを確信したのだった。そしてジョセリンの目を見て、「今まで長い間、私は子どもに性的虐待を加えるのではないかと思って怖かった。本当に悲しくて、無駄な時間だった」と言った。

ジョセリンは、エミリーの否定的な信念をEMDR療法で治療する間、エミリーの言葉に逆らったり、議論したりせず、精神科医の診察室での出来事についてのエミリーの考えを作り変えようともしなかった。知的な洞察は役に立たないことがわかっていたからだ。トラウマはもっと深いところにあり、生理的で感情的なレベルから回復する必要があった。ジョセリンは、EMDRがエミリーの自然な回復プロセスをすぐに開始させるだろうと確信していた。

眼球運動のセッションが終わったあと、ジョセリンは尋ねた。「『私は自分の子どもに性的虐待を加えない。私には選択肢がある』という言葉について、どう感じる？　１～７の数字で言うと、どれだけ真実に感じるかしら？」

エミリーは涙に濡れた顔を手でぬぐい、にやりとしていった。「７。間違いなし」

ジョセリンがエミリーの不妊問題に対して眼球運動のセッションを持ったのは、その１度だけだった。翌週、もう６月下旬だったが、エミリーは再びジョセリンを訪れ、EMDRの効果について話し合った。エミリーはまだ精神科医に怒っていたが、それは当然だろうとジョセリンは考えた。しかし、当時の出来事については、エミリーは落ち着き、はっきりした考えを持っていた。「まるで私の脳の一部が『そんなことが本当だなんて絶対にありえない』と言っていて、別の小さい一部が「ああ、何てこと！　もしそうだったら……？」と叫んでいるような感じだった。その怖い部分が、もうなくなったわ」

EMDRから２週間半後、独立記念日の週末にエミリーは妊娠した。

EMDRがエミリーを妊娠させたのか？　それとも、6月末に夫が受けたテストステロンの注射か？　その確かな答えは出ない。しかし、夫婦が何の医学的助けも受けずに2人目の子どもを授かったことを考えれば、答えは十分に明らかだろう。エミリーとトムは、娘がEMDRの賜物であることを信じて疑わない。「人生で初めて、本当に準備ができたと感じたわ。心の中に自分を妨げているものが何もなかった。以前はいつも、何かはわからないけれど、何かが自分を妨げていると感じていた」と、エミリーは言う。

またエミリーは、EMDRがなければ、赤ん坊との絆を感じることができなかっただろうと言う。「以前、めいやおいとよく遊んだけれど、いつも少し遠慮していたので、どの子とも本当の結びつきは感じられなかった。でも自分の娘ができたとき、これまでになく自由を感じたわ。本当に娘と一緒にいて、キスして、触れることができる。人生で一度も感じたことのなかった無邪気な気持ちでね。EMDRで、30年分の治療を1年ですませたように思う」

ちなみに、エミリーの最初の赤ん坊の名前はエリザベスといい、もしゃもしゃした赤い巻き毛の子だった。

一度、蛇にかまれると、巻いたロープにさえ慎重になる。

ダライ・ラマ

5

多くの顔を持つ恐怖：恐怖症とパニック発作

心理療法家がトラウマのサバイバーから聞く話の中には、非常に極端なものがあり、普通の人にはなかなか共感できないかもしれない。たとえば本書の中に、19 トンの列車で 6 歳の男の子をひいてしまった機関士や、幼い娘の寝ている横でレイプされた女性の話がある。ほとんどの人は、そのように恐ろしい体験をすることはないが、誰でも共通の生理的、心理的な反応を持っており、悲劇にあったときの一般的な反応は同じだ。共通する人間性の 1 つは、恐怖である。

人はみな個性を持っているが、発達の方向と形を決める多数の共通原則にしたがっている。EMDR 実践の指針となる原理は、加速情報処理モデルとしてまとめられているが、それは症状、もしくは人格形成上の「欠陥」が幼少期の体験に基づいているというものである。問題の原因が有機的、つまり生物化学的でない限り、人間の感情や行動はすべて、過去の体験に左右される。過去の体験はすべて、連想記憶ネットワークとして結びついているからである。

人間は、でたらめに反応する動物ではない。むしろ、内面的な連想の現実に対して反応する。現在の出来事の認知が自動的に記憶ネットワークにある過去と結びつき、保存されている負の感情があふれ出すことによって、人間は体験を理解する。EMDR の治療者は、問題を発動させる負の体験を特定しようと試みる。それは、すでに明らかな場合もある。心的外傷後ストレス障害の場合、その体験は恐怖感と死の不安を与えるすさまじいものだ。心的外傷後ストレス障害とはならない場合でも、日常的な体験が人に一生の傷を残すことがある。たとえば、夏合宿の試合中に笑い者になった人は、それ以降、同様の状況で不愉快な気分になることがある。それは、スピーチをするよう頼まれると不安になったり、グループの中にいると落ち着かず、楽しくなかったりする日常的で目立たない反応のこともあるが、人前に出ろと言われるたびに体が震え、赤くなり、逃げ出したくなるような本格的な不安反応となることもある。体験が連想的に結びつくこともある。たとえば、夫が不倫をしたことを知ったときに公共の場で倒れてしまった女性は、それ以降、家を出る事ができなくなってしまった。

現在の病理的な反応の根源は、一般に過去の体験であるが、反応の症状によってさまざまな臨床レベルが与えられている。「不安障害」と呼ばれるカテゴリーは、さらに心的外傷後ストレス障害、パニック発作、パニック障害、恐怖症に分けられる。生命を脅かされる体験の後、その出来事が侵入的な思考として現れ、回避行動がある場合は、「心的外傷後ストレス障害」である。しかし、生命を脅かす出来事、もしくは日常的な出来事でも、他の障害を引き起こすことがある。突然、強烈な不安と恐怖に襲われる場合、この単発的な状態を「パニック発作」と呼ぶ。発作が再発性で、次のパニックが起こる心配が 1 カ月以上にわたって続く場合は、「パニック障害」と呼ぶ。恐怖を感じる特定の物体や状況が強烈な不安と回避を引き起こす場合は、「恐怖症」と呼ぶ。どの症状でも、生物学的な要因によって不安やパニック反応に陥りやすい人もいるが、一番の原因は、通常の場合、過去の体験もしくは問題が発現した体験であり、それが神経システムに閉じ込められてしまう。

EMDR では、それぞれの不安障害に応じて綿密に作成されたプロトコルを使用する。治療効果を最大限に引き出すため、EMDR では遠い過去の記憶だけを処理するだけでなく、もっと最近の出来事や、クライエントが将来に起こる場合を想像できる状況を処理する。なぜなら、連想記憶ネットワークは複雑であり、できるだけ多くの問題分野を治療したいからである。過去と現在は人間の連想記憶ネットワークの多くのレベルでつながっており、治療効果はシステムを通じて広がるため、クライエントは同様の状況でも改善を見せる可能性が高い。

EMDR 療法は、記憶ネットワークに入り込み、それを有効利用するように見えるが、そもそも過去の体験が苦痛を伴う反応を引き起こす理由は、刺激と反応の複雑な連鎖にあると言えるかもしれない。不安障害のほとんどの症状において、苦痛を伴う体験が最初の原因であるが、生じた不安は現在にも存在するいくつかの事物（音や物）に結びついている可能性がある。後日、そのような事物によって自動的に不安が引き起こされると、不安が引き起こされた時に存在するすべてのものに反応が結びつけられる。こうして不安反応の網目はどんどん複雑になり、すべてを包み込むことになる。幸運なことに、解決策は簡単である。そして治療の根底にある概念はすべて、イワン・パブロフという天才に遡る。

不安障害には、心理学的にさまざまな側面から説明をつけることが可能だが、パブロフの刺激と反応という考え方を使って不安障害を説明するのも 1 つの方法である。すなわち、とんでもない出来事を刺激と考え、恐怖によって引き起こされる行動を反応と考える[1)]。1 世紀近く前、パブロフは、餌の直前に鳴らす鐘の音に反応して、犬がよだれを垂らすよう訓練できることを、ほとんど偶然に発見した。その後の人間を使った無数の研究により、さまざまな状況における同様の組み合わせから、このような自動的な反応が引き出されることがわかった[2)]。

心理学の世界では、刺激反応現象のことを「古典的条件づけ」と呼ぶ。この条件づけによって、お腹をすかせた赤ん坊は母親が触れると泣き止む。赤ん坊は、母親と食べ物や快適さを結びつけることを学習しているからである。条件づけの概念は、行動心理学の基礎となっており、人間の文化に非常に一般的に使用されているため、気づかないほどだ。たとえば、もう一つの型の「オペラント条件づけ」は、人間が行動と結果を関連づける場合に必ず発生する。道路に飛び出す子どもを罰するのは、子どもが行動と罰を関連づけ、行動をやめることを期待しているからである。社員にボーナスを与えるのも同じ理由だが、目的は逆である。刺激と反応は、多数の心理作用のうちの１つにすぎないが、最も基本的で自然なものであることは間違いない。生理的作用と心理作用の間は、切り離せないほどしっかりと結びついている。

EMDR が恐怖と不安による障害を迅速に解決できるメカニズムの１つは、古典的条件づけで説明できる。恐怖が特定の刺激に結びつき、恐怖症やパニック障害を引き起こしている場合、EMDR が強力な弛緩反応によって患者の条件づけを迅速に壊すことは、すでに実証されている。デイヴィッド・ウィリアムズとその仲間による最近の研究[3)]では、苦痛を伴う記憶を持つ人たちに、記憶に残っている出来事のことを EMDR 療法の間に思い浮かべてもらい、眼球運動をする場合と眼を閉じている場合に分けた。そして両方の場合とも、被験者にバイオフィードバック装置をつけた。EMDR 療法の後は、独立したポリグラフ・リーダーが被験者の心拍数、呼吸、血圧、皮膚電気反応（感情の高まりに関連する皮膚の電気抵抗）を診断した。

結果によると、不安を引き起こす記憶について考えながら眼球運動をした被験者には、自動的な弛緩反応があるようだった。眼球運動をしなかった被験者には、その反応がなかった。この結果は、人間の生理的なメカニズムを適切に利用し、方向づければ、感情的な回復が活性化されることを示すと考えられる。また、生理学と心理学の間に強い結びつきがあることも裏付けている。EMDR の１回のセッションで、被験者の主な症状は消えた。

体と心の相互関係は、恐怖症の研究で極めて明らかになっている。恐怖症のクライエントを持つ療法士たちは、恐怖症の治療法について互いに異なる意見を持っているかもしれないが、通常、恐怖症の原因については同じ意見である。つまり、クライエントは特定の刺激（たとえば、クモ）を生理的な恐怖反応に結び付けているということだ。恐怖があまりに強くて、日常生活を大きく妨げる場合、それを恐怖症と呼ぶ。米国では 10 人に１人が恐怖症を持つと推定されており、スピーチをするのが怖いといった社会恐怖症から、飛行機に乗ったり、車を運転したりする状況が怖い（最も一般的）といった恐怖症、動物に対する恐怖（最も少ない[4)]）など、さまざまな例がある。

恐怖症を持つ人の一般的な反応は、恐怖を引き起こす状況や物を回避することである。行動主義の心理学者は、回避は恐怖症を悪化させるだけだと主張する。恐怖症を治すには、負の結果（実際にクモに咬まれることなど）が起こらない状況で、恐怖を感じる事物に繰り返し接触する（実際に、もしくはイメージの中で）療法を受けるべきだと言うのだ。そうすれば、恐怖はしだいに消え、問題とならなくなる。研究によれば、行動主義の心理学を使った方法は、恐怖症を持つ人に優れた効果を発揮している。しかし、恐怖症のクライエントを持つ治療者は、綿密なスクリーニングを受け、選択された被験者の治療に比べ、複雑な恐怖症患者の治療はさほど単純でないことを悟っている。だから、EMDR の総合的な治療計画が重要なのである。

EMDR による恐怖症の治療に関する比較研究はまだないが、無数の臨床家がすばらしい結果[5)]を報告している。私たちが作成した恐怖症専用の EMDR プロトコルは、恐怖症の原因となる極めて重要な出来事をターゲットとし、その恐怖を維持している可能性のある状況をすべて酌量するよう作られている。恐怖症の原因は、見かけより複雑であることも多い。私はかつて、飛行機に乗るのを怖がるクライエントに会った。普通なら、簡単な問題だと考えたかもしれない。しかし、その女性の経歴を聞いてみると、夫が出張の多い営業マンであることがわかった。彼女は、夫に国じゅうを連れ回されないようにするには、飛行機を怖がることが唯一の方法だと感じていた。それは彼女の意識的な決定ではなく、人が障害によって何らかの利益を得ることを指す「二次的利得」だった。この女性を EMDR で効果的に治療するには、まず家族療法で夫婦の関係に対処する必要がある。妻は、自分の嫌なことを自分できっぱりと言うようにし、恐怖症によって嫌なことを避けない必要があるだろう。

EMDR プロトコルのもう 1 つの重要な側面は、人の恐怖感を独立して引き起こしかねない刺激すべてに対処することである。たとえば、飛行機に乗るのが怖い男性の場合、飛行機に乗るまでには多くの行動がある。あらゆる先行不安を含め、問題全体に対処するには、クライエントに飛行機旅行の各シーン、つまり旅行の計画から無事に帰宅するまですべてをイメージしてもらう必要がある。飛行機に乗るという体験全体（航空会社に電話する、飛行場まで車を運転する、ゲートまで歩くなど）にまつわるあらゆる刺激が、クライエントにとっては恐怖の引き金となる可能性がある。クライエントが以前、恐怖を感じつつ飛行機に乗った体験をしていれば、なおさらである。同様に、閉所恐怖症の人は、交通渋滞にはまる、エレベーターに閉じ込められる、混雑したバスに乗るなど、恐怖を感じるような状況すべてに対処する必要がある。

ここでも恐怖反応は、個人的なトラウマ、誰かが怪我をするのを見た、危険だと繰り返し言われたなど、過去の体験に起因している。しかし、肝心な出来事が、クライエントの過去に埋もれている場合もある。ある人は、治療中、飛行機に対する恐怖が、母親の死とその後に感じた自分の未熟感に起因することを発見した。その出来事が処理されると、連想記憶ネットワークを通じて効果が一般化され、現在の問題である飛行機に対する恐怖が治療しやすくなった。重要な出来事の治療が、記憶ネットワーク全体に波及し、完全な回復を見せる場合もある。

多くの恐怖症はトラウマとなる１つの体験に起因しているが、複数の出来事が累積されて根源となる場合もある。痛ましい出来事の積み重ねによって、多くの形で微妙に息苦しい生活を送る人もいる。そのような人は、治るとも知らずに、何年も黙って苦痛に耐えている。人によっては、過去の出来事が車の運転といった極めて日常的な活動を妨げているために、受診を余儀なくされる。孤立した恐怖症のように見えたものが、多くの関連レベルで回復のチャンスとなる場合もある。

ジェシカ・スペンサーは、22 歳のとき、以後 14 年にわたる運転恐怖症とパニック発作の発端となる出来事を経験した。ジェシカは、ロサンゼルスに住むジャーナリズム専攻の学生だった。また、ウィンドサーフィン、セーリング、シュノーケル、崖を歩くハイキングなど、難しいスポーツを好む活発なスポーツウーマンだった。多くの活動をこなしながらも、ジェシカは、空虚で、不安定で、落ち着かなく感じていた。正確には言えないが、煮詰めれば理性を失うことが怖い、というような恐怖をよく感じた。

ある夜、ジェシカはロサンゼルス高速道路の中央車線を時速60マイルで走っていた。ごく普通の運転をしていたジェシカは、突然、失神して車の制御を失い、致命的な大事故を起こしてしまうのではないかという強い恐怖に襲われた。理性的な思考はすべて停止し、アドレナリンが体中を駆けめぐり、心臓と心が暴走し始めたようだった。ジェシカは1年前、夕立の中で失神していたが、今回は運転中に体の制御を失うような同じ感触を味わった。失神することを恐れたジェシカは、ブレーキを踏み、安全な路肩に寄せることに神経を集中させたが、そのためには2車線も横切らなくてはならなかった。他の車やトラックのライトは、四方八方から来るように見えた。車の速度を落とすと、他の車はクラクションを鳴らし、ジェシカの車をよけていった。

ジェシカは無事に路肩に車を止めたが、出来事はそれで終わらなかった。遠い過去にまかれた恐怖の種が、その夜、芽を吹いたのだ。その後10年間、それは成長して枝分かれし、どんどん暗い影をジェシカの世界に投げかけるようになる。

ワシントンDCの有資格の臨床ソーシャル・ワーカーであり、心理療法家のディーニー・ラリオティスに出会うころには、ジェシカの運転恐怖症は拡大し、他の恐怖も引き起こしていた。ジェシカは、14年間も高速道路を運転していなかった。幹線道路以外の道を、しかも昼間に走るだけだった。キャリアは崩れつつあった。フリーランスの新聞記者として広範囲にわたる仕事をこなすには、長時間の運転が必要だった。高速道路を20分走ればすむ距離でも、市街の渋滞を抜け、学校区や見知らぬ界隈を通って行けば、2時間の道のりになることもあった。ジェシカは、徐々に仕事を探さなくなっていた。また、失神が命にかかわるような他の活動もやめた。セーリング、ハイキング、シュノーケル、ウィンドサーフィンもあきらめた。時が経つにつれ、ジェシカはだんだん社会的に孤立し、内向的になっていった。感情的につながっていたのは、夫だけだった。

ジェシカは、運転恐怖症について助けを求めた。何年にもわたり、1対1のカウンセリング、グループ療法（当時も継続していた）、催眠療法、バイオフィードバックを試した。恐怖がある程度緩和されることもあったが、結局は一時的なものだった。ディーニーを尋ねたのは、EMDRについて聞いたからだった。

ジェシカは、ディーニーの療法を5カ月間受けた。最初は、パニック発作、そして幼少期から現在にいたるまで何度も失神し、体の制御を失った経験について説明した。ジェシカは3人兄妹の末っ子でひとり娘だった。母親はパートで働いていて、家で娘の面倒を見るために父親が残ることがあった。父親はこれを嫌い、その恨みを娘にぶつけた。父親は、部屋に入ってきて、ジェシカが遊んでいるのを見るとひどく怒った。そしてジェシカが出て行くまで、怒鳴り、物を投げ、テレビのチャンネルを変えた。ジェシカが嫌いな食べ物を食べさせ、まだ手に負えないような家事をさせた。殴ったり、性的虐待をしたりすることはなかったが、嫌がらせをし、怖がらせた。6歳になると、ジェシカはよく家に1人で残された。ディーニーは、ここに問題の根源を見た。

ジェシカが4歳になるまでに目を2回、尿道を1回の計3回の手術をしたことを知ると、この図式はさらに複雑化した。ジェシカは、入院生活のほとんどをひとりぼっちで耐えた。母親が時折、訪れたが、父親は来たことがなかった。ジェシカは、手術という恐ろしい試練の間、事実上、家族から放っておかれた。そして、手術が終わるころには、医者、針、注射に対する強い恐怖を抱いていた。36歳になったジェシカはディーニーに、もう何年も健康診断を受けたことがないと告げた。

ジェシカが体験した幼少期の虐待と放棄は、明らかに多数の恐怖と機能障害を生む可能性を持っていた。そしてEMDRを使う余地は十分にあった。しかし、ジェシカのそもそもの訴えは自由に運転できないことだったため、運転恐怖症がEMDRのターゲットと決められた。ディーニーもジェシカも、恐怖の特定の原因はわからなかったので、まず、最初の（そして最悪の）パニック発作（ロサンゼルス高速道路での）と、それに伴う「私は不十分だ」「私はこれを制御できない」「私はどこかおかしい」「私は問題だ」という強烈な感情と信念をターゲットとした。眼球運動を1セットすると、ジェシカの心の中には過去から現在へ、そして現在から過去へと、映画のように次々にイメージが流れ込んだ。ジェシカが心の目で見たイメージに伴う感情は、強烈な恐怖、罪悪感、悲しみ、絶望という耐え難いものだった。

ある日のセッションで、ジェシカは車を運転してトンネルに入るという恐ろしいイメージから始めた。そのイメージは、高速で走るトラックが周囲を囲み、ジェシカを妨害し、無理やり走らせるというイメージへと変わった。そのうち1台の大きなトラックは父親に変わり、ジェシカが子どものころに感じたのと同じ威嚇と支配を感じさせた。EMDRによって起こった連想が、怒涛のような感情を誘い、次に具体的な形となったのだ。これが、恐怖に満ちたジェシカの人生だった。パニックに陥ったのは、理性を失うのが怖かったからだ。理性を失うのが怖かったのは、父親が何度も理性を失った姿を思い出すからだった。

この具体的なイメージにより、ジェシカとディーニーは、ジェシカの家族問題をEMDRのターゲットとし始めた。ある日のセッションで、ジェシカは蒸し暑い夏の日を思い出した。父親に芝生を刈るよう言いつけられたが、11歳で小柄なジェシカには、重い芝刈り機をガレージから出すのがやっとで、エンジンを始動させることができなかった。ジェシカは、始動装置の紐を徐々に強く引っ張るようになり、壊してしまった。父親は激怒し、修理するよう命令した。ジェシカは首をうなだれ、芝生の上で黙って泣いた。お金もなく、修理することなどできなかった。

他の日のセッションでは、橋をわたる、トレーラートラックに衝突される、コンクリート壁のある州間高速道路を走る、といった運転恐怖症を扱った。どの状況においても、ジェシカは逃げ場がないと感じ、自分の体も周囲の状況も制御できないと感じた。ディーニーは、そのような雰囲気が幼少期の手術にもあったのかもしれないと考え、手術をターゲットとした。EMDRの間、ジェシカは当時の辛い体験を細かく思い出し、病院に漂っていたアンモニアの匂いまでかいだ。そして眼球運動とともに、ひとりぼっちで無防備に取り残された悲しみと恐怖を再び感じた。知らない人たちが、ジェシカの体に痛いことをしていた。このような体験をターゲットとすることにより、ジェシカは自分を卑下する信念を弱めただけでなく、医者や注射に対する恐怖も克服した。そして、自分と自分の体を信用し、失神して自分の体が言うことをきかなくなることはないと思うようになった。

ジェシカはゆっくりと、自分の殻から出てきた。幼少時代に根ざす多くの問題は、ジェシカの自分に対する認識全体に影響していた。そして、辛い記憶が処理されるにつれ、ジェシカの性格は変わったように見えた。ジェシカは、社交的で、自己主張ができ、安定して、自信に満ちた性格となった。ディーニーはこの成果を喜んだが、2、3カ月もEMDR療法を続けている割には、通常より進歩が遅いと感じていた。それに皮肉なことに、これまでのEMDRセッションでジェシカの運転に対する恐怖は改善されていない。何かがジェシカの足を引っ張っていた。ジェシカは高速道路を走れるのではないかと期待してディーニーとのセッションを終えるのだが、ひとりになると、やってみる勇気が出なかった。大変なことになるかもしれない、と不安で体が硬直した。悪いことに、一度、ジェシカが試してみたとき、それは夜間、つまりまだEMDRでターゲットとしていない不利な条件下だったのだが、ジェシカはパニックに陥った。このことは、大きな後退だった。失神して誰かをはねていたら？　ひき殺していたかも？　自分も死んでいたかも？　セッションを重ねても不安は微動だにしなかった。恐怖は、2人がまだ気づかない何かの原因で増大していた。

ディーニーはついに、実際に高速道に出てどうなるか見ようと決めた。ジェシカがパニックに陥りそうになると、2人は路肩に車を止め、引き金となったことに対してすぐにEMDRを行った。2人は、通り過ぎるドライバーたちの怪訝そうな視線を浴びながら、これを4セッション続け、飛躍的な進歩を遂げた。ディーニーは、ジェシカが家族から一度も得られなかったサポートを与えるとともに、行動療法家が一般に使用する伝統的な現実暴露法とEMDRを組み合わせたのだ。部屋の中では、ジェシカの恐怖と、恐怖を引き起こす刺激すべてに触れてはいなかった。路上に出ることで、EMDRがそれらの恐怖と刺激を迅速に処理したのだ。

ジェシカの生活は、この「高速道路療法」が最後の恐怖を解決した後、劇的に変化した。自尊心はますます高まり、ジャーナリストとしての能力を再び売り込み始めた。そして、いつでもどこでも自由に車を運転した。極東へ出張する夫について行くため、必要な予防接種さえ受けた。医者と針に対する恐怖は、もうなかった。

EMDRのターゲットとした特定の問題が、関連する出来事へと直接つながっていくことは、珍しくない。すぐに明確にはわからないが、それらの結びつきは常に論理的である。父親が自分を捨てた日、といった衝撃的な出来事から始めたクライエントが、他の人たちに見捨てられた体験や、同じ圧倒的な絶望感を感じた他の状況を思い出すこともある。また、父親との他の辛い体験や、「自分は愛に値しない」といった自分をおとしめる考えを抱いた他の出来事を思い出すかもしれない。すでに説明したように、これは記憶ネットワークの中で、人間の過去の体験が現在の同様な出来事と生理的に結びついているからである。

記憶ネットワークを開き、古い体験を処理するEMDRの能力により、人々は元の悩みを解消する以上に回復する。ジェシカは、EMDR療法を終えたとき、単に車を運転できるようになっただけではなかった。恐怖症の発現よりずっと過去に種がまかれ、多くの経路で自尊心に悪影響を与えてきた問題が、あっという間に緩和された。治療を求めざるをえなくした明白な症状が、もっと大きな変化への道を開いたのである。

過去と現在の相互作用は、EMDR治療者のグループがフロリダでハリケーンアンドリューの被災者を助けたときに明らかとなった。療法家たちは、クライエントにつき1回のセッションを行い、ハリケーンに起因する症状だけを治療した。その結果、クライエントの約30%が1回のセッションの途中で、同様の混乱と統制の欠如を感じた子ども時代の衝撃的な出来事を処理し始めたと報告した。クライエントにとっては、ハリケーンのおかげで、遠い過去の出来事の残りを清算する機会ができたことになる。

古い体験は新しい体験に対する負の反応を悪化させ、新しい体験は古い体験への反応を悪化させる場合がある。実は、EMDRが繰り返し教えてくれたことの1つに、過去イコール現在ということがある。埋めたと思った過去でも、思いもよらないときに恐怖で私たちの首を絞めることがある。

1990年3月、スーザン・ラファーティと2人目の夫であるサムは、ソファに座り、コロラドの夜を荒れ狂う吹雪の音を聞いていた。実は、聞いていたのはサムだけだった。スーザンは、風のうなりや窓ガラスに叩きつける雪を無視しようと全力を尽くしていた。子どものころから、スーザンは嵐が怖かった。この恐怖は、彼女の性格に似つかわしくない。スーザンは、自信家で、はきはきして我が強く、40歳代にしては威勢のいいところがあった。彼女は息子を2人育て上げた後、家事とフルタイムの仕事をこなしても、なお完璧に身だしなみを整える余裕を持っていた。

スーザンは嵐に心を閉ざし、嵐と同様にストレスを感じる内面の葛藤に耳を傾けていた。悩みの種は、まだ始めて1カ月もたたない新しい仕事だった。スーザンは、コロラド・スプリングスにある大規模な防衛関連企業の受取勘定を担当していた。以前、同じ会社で秘書として重宝されていたものの、今度の仕事は荷が重過ぎるとスーザンは感じていた。とにかく扱う金額が大きい。そのためスーザンは、極めて有能ないつもの働きぶりとは対照的に、最初の1週間をパニック状態で過ごした。

振り返ってサムに何か言おうとした瞬間、スーザンの顔の半分が突然、麻痺した。サムは、妻を車に詰め込み、凍った道を緊急治療室へと走った。2人とも、スーザンが脳卒中を起こしたと思ったのだが、医者は異常がないと言い、帰宅させた。

当時、誰も気づかなかったのだが、それ以降、スーザンは何度もパニック発作を起こすこととなる。ほとんどの人は、パニックとともに動悸が激しいという身体的な反応を感じるが、しびれ、うずくような痛み、息苦しさ、めまい、震え、胸の痛み、吐き気、腹痛、寒気、ほてりなどの症状もある。エミリー・ザラロフの例（妊娠できなかった女性）で見たように、体は心理的なプロセスと分かつことができない。クライエントが言葉で表現できない本当の悩みを、身体的な症状が説明することも多い。これは、「やり手」で面倒見のよい人に特に顕著である。そのような人は、自分の周囲の人に気を配るのに忙しく、自分の心理的、身体的ニーズを考えるひまがない。そして、しばしば感情は弱さと考え、感情にひたることを拒む。皮肉にも、最も強い人とは、最も自分を抑圧し、最も悪い条件をのむことになる。

その後数カ月は、スーザンにとってストレスの多い時期だった。仕事のプレッシャーは続き、家庭ではさらに悪いことがあった。AIDS を患っていた兄弟、そして義理の姉妹がともにがんと診断され、大きな手術を受けた。空軍に入っている末の息子のアーニーは、米国が湾岸戦争に参加すれば、すぐ現地へ派遣されることになっていた。サムの上の息子も陸軍におり、やはり行くことになるだろうと確信していた。スーザンは、自分のことも心配だった。しびれは多くなり、今度は手や足だった。呼吸困難、めまいのほか、説明がつかず、恥ずかしい下痢の発作もあった。このような症状は、１週間に４～５回も波のように現れた。スーザンの医者は、MRI を使って多発性硬化症の検査を受けるよう指示した。結果は、異常なしだった。

６カ月後のある日、スーザンはショッピング・カートを押しながら、大型スーパー「ウォルマート」の騒がしい、混んだ通路を歩いていた。店内放送が大音量で流れ、スーザンは棚に積まれた商品が自分にのしかかってくるように感じた。すると突然、息ができなくなった。胸が締めつけられ、動悸が激しくなり、全身が震えて、じっとりと汗が出てきた。発狂する、とスーザンは思った。ここを出なければ死んでしまう。スーザンは向きを変え、他の買い物客を突き飛ばし、商品を半分ほど入れたカートを置いたまま、全力でドアへと走った。

スーザンは車に戻り、感覚が治まるまで数分間、ハンドルを握っていた。そして、自分を落ち着かせると、現実的になった。この６カ月、たくさんの問題を乗り越えてきたのだから、これも何とかなるだろう。「大丈夫」と、大きな声で自分に言った。「いいわ。ウォルマートには行かない。どうせウォルマートは好きじゃないし」

ウォルマートでの最悪の出来事から１週間後、スーザンは買い物リストを持って、別のスーパー「ケイマート」へと車を走らせた。同じことが起こった。混雑した店の真ん中で、スーザンは突然、理解できないパニックに襲われ、ドアへと走らねばならなかった。身体的な症状は同じ。寒気、震え、動悸、呼吸困難だった。後で車の中に座り、スーザンはきっぱりと言った。「ばかばかしい。ケイマートへ行かずに一生過ごせるわけないじゃないの」

スーザンは再び、医者を訪れた。医者は、発作の原因が低血糖にあるのではないかと考え、5時間にわたって血糖値を測定するグルコース耐性検査を行った。測定値を読む間隔に時間がたっぷりあったため、スーザンとサムは外を散歩し、大型ドラッグ・ストアに立ち寄った。突然、スーザンはまったく同じ症状に襲われた。下痢、呼吸困難、冷や汗、パニック、足に力が入らない、などである。サムはスーザンの手を引いて急いで医者のところへ戻り、医者はすぐに血液検査をした。スーザンはひどく震えていたので、検査技師が腕の内側から採血できず、指先から採血しなければならないほどだった。にもかかわらず、スーザンの血糖値は正常だった。

診察室に戻ってきた医者は、表紙に「不安疾患」と書かれた本を抱えていた。「スーザン、パニック発作ではないかと思います。この本を読んで、病気について知識を深めてください。それから、抗不安薬を出しておきます」と、医者は言った。

スーザンは、医者から借りた本のほか、不安とパニック障害に関する本を見つけられる限り読んだ。自分が経験したことは、すべてそれらの本に書かれていた。発狂したのでも、死にかけているのでもない。本に書かれている人と同様に、不安障害を患っている。同じ症状を持つ人が他にもいると知って気が落ち着いたのを、スーザンは皮肉なことだと思った。スーザンが最初、欠かさず飲んだ抗不安薬は、しばらく発作を緩和したが、徐々に効果がなくなっていった。薬の一般的な副作用は、ひどく不愉快だった。1日3回服用する錠剤を1個飲むたび、スーザンは45分間も立ち上がれないほどのめまいを感じた。

スーザンは結局、薬をあきらめたが、病気に降参することは拒んだ。読んだ本には、パニック発作がしばしば本格的な広場恐怖症に発展すると書かれていた。スーザンは、恐怖のために家に縛りつけられることには絶対なるまいと誓った。そして、家で暗いところに1人で座っていたいときでも、無理やり食料品店やケイマートに出かけた。こうしてパニックと闘おうとする努力にもかかわらず、スーザンの発作は依然として週４、５回もあった。発作は、職場、騒がしい混雑した場所、車の中などで突然起こるように見えた。刺激の種類はどんどん拡大していたが、その都度、スーザンは抵抗した。車を運転していて、喉が詰まるような感じがし、胸が苦しくなったときは、ラジオのボリュームを上げて、パニックが治まるまで思いきり歌った。深呼吸をし、運転を続けた。しかし、しびれと胸の痛みが心臓発作のように強くなると、あきらめて緊急治療室を訪れることもあった。

発作のあと何時間も何日も、スーザンは次の発作がいつ起こるか、どこで起こるかと気に病み、恐怖に圧倒されている自分を感じた。このパニック発作と予期恐怖は、パニック障害の最も象徴的な症状である。この症状は、次のパニック発作が起こることに対する恐怖が元々の恐怖を維持するため、パニック発作だけを治療するより難しい。多く人は、ちょっとした身体的な感覚だけでもパニック発作を起こすことがある。外部のストレッサーは不要である。自分の体の反応に怯えると、逃げ場がないと感じることもある。

スーザンは、バイオフィードバック、30日間の集中ストレス緩和プログラムなど、自分を落ち着けるために、さまざまなことを試みた。しかし、どれも効果はなかった。とうとうスーザンは医療保険を変更し、心理療法家のいる診療所を経営する健康維持組織に加入した。心理ソーシャル・ワーカーのジョージ・ダンは、スーザンに一連のテストをし（スーザンに不安とうつの症状があることがわかった）、過去の経歴を詳しく尋ねた。そのとき初めてスーザンは、竜巻の話をした。1984年だった。竜巻は、家を土台からもぎ取り、中身を地域一帯にばらまいた。スーザンの最初の夫は死に、幸せだった20年の結婚生活は突然の結末を迎えた。

スーザンは、ミズーリ州で育ち、「トルネード・ベルト」地帯で生まれ育ったすべての子どもたちと同様、話すことを覚える前に、嵐や、それと同時に起こることの多い竜巻について健全な恐怖を身につけていた。スーザンは、風が戦闘機の一団のようにうなり始めたら、まっすぐ地下室に走りこむことを学んだ。そして南西の角にしゃがむ。そこは通常、最初に竜巻に巻き込まれるため、竜巻が持ち上げて叩きつけてくる調理台、流し台、ソファ、ランプなどに骨を砕かれずにすむ。

1984年、スーザンと先夫のキースは、ウィスコンシン州のバーナヴェルトに住み、キースは地元高校の体育部長を務めていた。バーナヴェルトは、人口600人の静かな酪農地帯で、ウィスコンシンらしい緑の美しい山に囲まれていた。バーナヴェルトは、「ブルー・マウンズ」と呼ばれるその周囲の山のおかげで、昔から竜巻が来ないと言われていた。スーザン、キース、それに2人の息子は、1979年にコロラド州から引っ越してきたとき、念のためブルー・マウンズのすぐふもと、しかも消防署の隣に、新しい2階建てのコテージを買った。引越しトラックが引き上げるとすぐ、スーザンは地下室に下り、家の南西の角を確かめた。コロラドで生まれ育ち、竜巻を見たことのないキース、ジョエル、アーニーの3人は、それを笑顔で見守った。以降、3人は何度も同じ笑顔で見守ることになる。スーザンは、嵐が起こるたび、万一の竜巻に備えて「うちの男たち」を地下室に急き立てた。そんなとき3人は、スーザンをおかしがりながらも、おとなしく地下室に入った。

1984年6月7日は、蒸し暑く、風が強かった。スーザンは仕事から帰ると、キースにキスをして、アーニーに「ただいま」と言ってから、2階へ着替えに行った。そして3人で、町の中心にある「ビレッジ・レストラン」へ歩いて食事に出かけた。暑すぎて、調理する気にならなかったのだ。家に戻ってきたとき、風はまだ荒れ狂っていたため、スーザンはキースを説得し、空調のきいた2階の寝室をあきらめて、風のうなりが聞こえにくい1階の客間で寝ることにした。

午前0時50分、スーザンは雷の大きな轟きと稲光で目を覚ました。外は大雨だった。自分の状況を理解したとたん、口笛のような途切れのない低い音、風が軒下を吹いているような、十分に力のない車のクラクションのような音が聞こえた。ちょうどそのとき、アーニーが下着のままで客間に走ってきた。アーニーも、口笛のような音を聞いて目覚めたのだ。隣町からの竜巻警報だったのかもしれない。スーザンは、窓から真っ暗な外を見た。町の明かりはまったく見えない。隣の消防署の明かりさえない。口笛のような大きな音は竜巻警報ではない、竜巻そのものだった。

「キース、早く！　地下室へ行きましょう」と、スーザンは叫び、走り出した。アーニーもそれに続いた。キースも目覚めていたが、急いではいなかった。長年の習慣で、スーザンの竜巻過敏症（と、彼は思っていた）にしかたなく付き合う癖になっていたからだ。キースがズボンを手にとっている間に、スーザンは台所に駆け下り、ペットたちが寝ている地下室へのドアを開け放っていた。ネコは、食器を目指して猛スピードで走り抜けた。犬はまだ暗闇でひどく吠えていた。スーザンはそのとき、壊れつつある家の羽目板が割れる大きな音を聞いた。そのあと、何もかも真っ暗になった。

スーザンは気がついたとき、真っ暗闇でずぶぬれになっていた。そして家の南西の角で１メートル近い砂利に埋まっていた。雨はまだ強く降っていて、髪と薄いナイトガウンを流れ落ちていた。地下室のタンクが壊れて漏れたのであろう、暖房用の油のにおいが鼻をついた。階段はなかった。収納箱、古い荷物、地下室へ追いやられたがらくた類を高く積み上げた棚もなかった。上を見ると天井もなかった。家がなかったのである。

アーニーは、スーザンの近くにいた。キースはいなかったが、長年頼ってきた「第６感」で夫は大丈夫だと本能的に感じた。暗闇のどこかで、犬のサマンサがまだクンクン鳴いていた。

嵐が明けると、アーニーは砂利から抜け出し、かつて地下室だった穴からやっと這い上がると、助けを求めに行った。１人残ったスーザンは、サマンサの小さな濡れた体を抱きしめ、困難な状況で常にすることをした。現実的になったのである。まず、しなければならないことのリストを頭の中で作った。最初に、クレジット・カードを解約して悪用されないようにすること。次に、電気と電話を止めてもらうこと。それから家族全員の運転免許証を取り直すこと。スーザンの心は自動操縦に切り替わり、感情的な傷を無視して現実的なことに逃避した。

しばらくすると、明かりと足場の板を持った救急隊がやってきて、水と油でずぶぬれのスーザンは穴の外に出ることができた。救急隊員は、みな顔見知りだった。レスキュー隊が設置した緊急用の照明で見た光景は、ないものだらけだった。車も、家の壁も、床も、屋根も、家具も、配管も、電化製品もなく、個人的な持ち物もほとんどなかった。近所の家もやっぱりなかった。最悪なのは、まだキースが見えないことだ。

友人が来て、スーザンを車で雨宿りさせてくれた。その後、別の友人がスーザンと犬を泊めてくれると言った。スーザンはその申し出を受けた。アーニーはレスキュー隊を手伝いに行って、恐らく一晩中眠らないだろう。翌朝、アーニーはスーザンのために借りてきた服と靴を持ってきた。そして２人はバーナヴェルトに帰ろうとしたが、警察に行く手を阻まれた。

疲れた様子の警察官は、「すみません。誰も入れられないんです。ここで待っていてください」と言った。

「とんでもない！　私はこの町に住んでいて、夫が見つかっていないのよ。誰が何と言っても行くわ」

スーザンとアーニーは、町の中心に設置された災害本部へ警察の車で連れて行かれた。道中、２人は竜巻の被害を見た。ほとんど正視できないほどの惨状だった。すぐ近所の 11、12 軒の家がなくなっていた。時速 300 マイルの風で、３軒の教会、町役場、消防署、在郷軍人会ホール、ビレッジ・バー＆レストラン、「サウザンド・カールズ」美容院も倒壊していた。銀行のあったところには、金庫だけが立っていた。ルーテル教会は、鐘楼だけが残っていた。たった 20 秒でバーナヴェルトは「地図から消えてしまった」と後で「タイム」誌が評したほどだった[6]。

スーザンとアーニーは、災害本部に着くと地元の警察官のところへ案内された。彼の顔はやつれ、悲しげだった。

「スーザン、キースは亡くなったよ」と警察官は告げ、息子を見て言った。「アーニー、君が昨夜、お父さんを見つけたんだ。なぜお母さんに言わなかった？」

「あれがお父さんだって、し、し、信じたくなかったんだ」と、アーニーは声を震わせた。

スーザンは、驚きで目が大きく見開かれるのを感じた。「知ってたの？」。だから、アーニーは昨夜、友人の家に来なかったのだろうか。

「知ってたよ、お母さん」

知らされた現実が自分を打ちひしぐ前に、スーザンは再び自動操縦に切り替えた。「わかったわ。キースはどこ？　ドッジヴィル？　じゃあ、行きましょう。ドッジヴィルへ」。スーザンは、しっかりとした足取りで災害本部を出た。

ドッジヴィルの病院へ20マイルの道のりを友人が車で送ってくれる間、スーザンはさらに竜巻についての詳細を聞いた。バーナヴェルトで死亡した9人のうち、7人はスーザンのすぐ近くに住んでいた。一番仲のよかったジル、ジルの夫、8歳の娘も亡くなった。赤ん坊の息子は助かったが、一生、下半身不随となった。合計88人が重軽傷を負っていた。

病院に着くと、スーザンはキースのなきがらを見るために災害担当者を説得せねばならなかった。担当者は、キースの身元が正式に確認されており、スーザンが遺体を確認する必要はない、見ないほうがいいだろうと言った（キースは全身の骨が折れていた）。しかし、スーザンは聞かなかった。

ついに安置室のドアを開けると、そこには9人の遺体が全身を白い布で覆われて横たわっていた。1つの担架は布が少しずれて、男性のひじが見えた。いや、男性のひじではない、キースのひじだ。間違いない、と思ったとたん、スーザンは動揺し、それまでのエネルギッシュで気丈な顔が崩れた。だいぶん後になって初めて、スーザンは部屋にある8人の遺体がみな、友人や知り合いであることを認識した。

その後、日を重ねるにつれ、スーザンは落ち込んでいった。町は住民に開放されたが、スーザンは、残っているものを探したい気にならなかった。7月上旬、「ピープル」誌がバーナヴェルトの写真記事を載せ、復興に努める元気な市民が、以前と同様に結婚し、出産し、給料を受け取り、干草刈りの季節に合わせてサイロを建て直し、新学期に備えて学校を建設する様子が紹介された[7)]。スーザンは、記事を見て泣いた。「元気」な気持ちにはなれなかった。毎日、惰性のように生きていた。

悪いことに、スーザンの回復を妨げていたのは、スーザン自身の独立心だった。スーザンは、我が家の崩壊を無視し、しなければならないことに神経を集中させた。夫を失ったことにも同様に対処した。しかし、悲しむ時間を十分に取らず、息子のために生活を立て直さねばならなかったという理由もあって、心に癒えない傷を残してしまったのだ。スーザンは、その地域にあと丸１年、アーニーが高校を卒業するまで残ることにした。２人は、バーナヴェルトから 12 マイル離れたマウント・ホレブにアパート（地下室付き）を借りたが、めったにバーナヴェルトには戻らなかった。バーナヴェルトの友人や知り合いの助けもなく、スーザンは孤独に自分の道を開いていた。自分を理解し、同情してくれるだろう人たちと自分の恐怖や悲しみを見直さず、逆にそのような人との付き合いを一切断った。そして自分の所有物の持ち出しを終えた後は、将来のことだけを考えた。

しかし、天候は意地悪だった。６月、７月、８月にも多くの夏嵐があり、何度も竜巻警報があった。竜巻もあった（この竜巻は、スーザンとアーニーの新しいアパートから半マイルの場所を直撃した）。２人はほとんどの夜、地下室の南西の角に緊急用に備え付けたパレットの上で眠った。そして軒下を吹きぬける風が、あの竜巻を思い出してぞっとするような高い音をたてているのを無視しようとした。嵐が来るたび、スーザンは混乱し、抑制がきかなくなるような気持ちがした。繰り返し刺激にさらされても効果はなかった。嵐に伴う本当の安心感がなかったため、問題は逆に深まっていった。

バーナヴェルトの住人は全員、身近な人や物を失ったか、本当に運よく何も失わずにすんだかに限らず、心理療法を勧められた。スーザンは、医療保険の使える治療者に会うことにした。そして調子はどうかという治療者の質問に、嵐が怖く、高い風の音を聞くと動悸が激しくなると答えた。

「あなたは本当によくやられていると思います」と、治療者は言った。「治療は可能です。不合理な恐怖を感じる人には治療法があります。でも、あなたの恐怖は不合理ではないはずですね」

スーザンは微笑んだ。スーザンには、自分が喪失に正しく対処していると治療者が確認してくれたように思えた。今の仕事をこなし、必要なことをし、振り返らないことだ。何年も後になって初めて、スーザンはその治療者が恐らく自然災害の被災者を扱うトレーニングを受けておらず、自分の「対処」

がまったく正しくなかったことを知る。

アーニーが高校を卒業し、大学に入ると、スーザンは故郷に帰ろうと決めた。そこは両親が住み、キースと最初の14年間を過ごした地でもあった。故郷に引っ越して落ち着くと、生活はよくなった。スーザンは、防衛関連企業の経理担当者秘書という職を得、生活を立て直した。そして数年後、アイルランド系カトリック教徒の大家族で生まれ育ったサム・ラファーティと知り合い、結婚した。

ジョージ・ダンと悲惨な体験について話しているうち、スーザンは、10年前に人生を崩壊させた竜巻の後遺症が、今になって新しい混乱状態を生んでいることを理解し始めた。生活における極度のストレス、屋外の嵐といった要因の重なりは、スーザンの心のバランスを崩し、最初のパニック発作を引き起こすに十分だった。後は、恐怖がひとりでに成長し始めたのだ。スーザンは理解したが、その後何カ月もパニック発作は続いた。

ある日、スーザンは、レイプ被害者のパニックその他のトラウマによる症状が、EMDR療法によって見事に治ったという記事を読んだ。スーザンは関心を持った。もし、十分な洞察を得ることができ、しつこいパニック発作が少し緩和されれば、これまでの療法でももっと効果が上がるかもしれない。時は1994年9月、すでに4年半もパニック発作に苦しんでいた。スーザンはEMDR療法家を見つけ、療法家の見積もりどおり、1回90分のセッションで5、6回分の治療費をかき集めた（医療保険は使えなかった）。

スーザンのEMDR療法家は、ビバリー・シェニンガーという免許を持った専門のカウンセラーで、心理療法家として開業して6年だった。最初のセッションで、スーザンはビバリーに自分の経歴を語った。竜巻のところになると、スーザンは顔が紅潮し、過呼吸状態になった。スーザンは今にもその場でパニック発作になりそうだったが、克明に体験を話し続けた。語る途中、スーザンはかつて、自分の家が吹き飛べば保険金を得て、新しい生活が始められると思ったことがあることを思い出した。

ビバリーは、スーザンをパニック障害と診断した。EMDR療法家としてビバリーは、スーザンのパニックに対する信念を変え、感情と身体的な感覚に対処する適切なスキルを教えるだけでなく、パニック反応を引き起こした重要な出来事に対処する必要性を感じた。

最初の90分のセッションが終わるまでに、ビバリーはスーザンに心の中に安全な場所を作る方法を教えた。ここへ行けば、感情が高まったときに自分を静めることができるという場所である。スーザンは、かつて自分の小さな世界だった子どものころのベッドを思い出した。果樹材で作られたベッドは、スーザンが10歳のときに両親が与えてくれたクイーン・アン風の寝室セットの1つだった。ビバリーとスーザンは、寝室を想像し、安心感を得てから、眼球運動を連続して数セット行い、肯定的な感情を強化した。スーザンはすぐに自分でイメージを描き、それと共に肯定的な感情を抱くことができるようになった。これがあれば、セッション中にどんなに動揺を誘う感情が起こっても、やり過ごすことができる。また、面接室の外で何か悩みが起こったときにも使うことができる。

翌日の2回目のセッションで、ビバリーはスーザンにパニック発作だけに関するアンケートに答えるよう頼んだ。「最もひんぱんに起こる感情、感覚はどんなものですか？」という質問に対し、スーザンは「不安、喉の詰まり、ふらつき、めまい、ぼーっとした感じ、方向感覚の喪失、胸、首、肩の痛み、手や足のうずき。それから、非常に疲れている」と答えた。「どんなときに、最も自制心を失いそうになりますか？」という質問には、「理解できない何かが体内に起こり、説明できない痛みがあったとき。または、混雑した店や職場で」と答えた。

アンケートを終えた後、ビバリーはもう1度、安全な場所をイメージしながらの眼球運動をさせた。ビバリーは、眼球運動中にスーザンがパニック状態に陥った場合、スーザンが自分を静めることができるよう念を入れたかったのである。

２週間後、３回目のセッションは、再処理のターゲットを思い描くことから始まった。まず、ビバリーはスーザンに、竜巻から学んだ「悪い」教訓は何かと尋ねた。

「自分を抑制できない。自分が誰なのかわからなくなった。私は、自分が思っていたような人間ではなかった」と、スーザンは答え、クッションを手にとって頭の後ろを支えるよう慎重に置いた。

次にビバリーは、非常に優しく質問した。「キースに起こったことについて、罪悪感はある？」

「いいえ。罪悪感はないわ」

「そう、罪悪感を持つ人もいる。人が死んだとき、特に自分の愛している人が死んだときはよく、実際はそうではなくても、どこか自分のせいだと感じるものなの。そんなことがありえない場合でもね。心の奥深くを確かめてみて。頭ではなく、お腹の底にある答えを出して。自分のせいだったという感じを持っていると思う？」

「ああ！」と、スーザンは目を丸くした。長い沈黙の後、スーザンは言った。「お腹の底では、確かにそう感じているわ。自分のせいだ、自分がキースを死なせたんだって」。スーザンの頬を涙が流れた。

「いいわ。竜巻から学んだ否定的な教訓は『私のせいだ』ね。代わりに、どう信じたい？」と、ビバリーは尋ねた。

スーザンは少し躊躇してから「自分はできるだけのことをした、かな？」と言った。

「それでいい」

ビバリーがスーザンに、その言葉がどのぐらい真実だと感じられるかを１～７のスケールで答えるよう指示すると、スーザンは３だと言った（ビバリーは、本当はもっと低いだろうと思ったが、何も言わなかった）。出来事のイメージが与える苦悩の強度は、０～10のSUDスケールで８だった。また、否定的な感情は、悲しみだと特定した。体のどの部分で感じるかとビバリーが尋ねると、スーザンは胸と喉と答えた。

身体的な感覚に意識を集中することは、記憶ネットワークに入る最も簡単な方法であることが多い。機能障害の情報にアクセスするには、心的イメージと否定的な信念で十分であり、身体に注意を払うことで、言葉による表現や自己非難が過剰になって行き詰ることなく、速やかに処理が開始される。

また、パニック障害と恐怖症を扱う際には、クライエントが身体的な感覚に集中することが特に重要である。なぜなら、身体そのものが常に恐怖の源となっているからだ。スーザンは、心の中の安全な場所に逃げ込む練習をしたおかげで、比較的容易に身体的感覚に集中できた。しかし、治療はまだ始まったばかりだった。

スーザンとビバリーが最初に治療のターゲットとしたのは、竜巻の夜だった。２人は、スーザンが目覚めた瞬間からひとつずつ、記憶をたどることにした。

眼球運動を始めるやいなや、スーザンは泣き始めた。一瞬、一瞬をすべて追体験し始めたからである。雷鳴と稲妻に荒々しく起こされ、竜巻の恐ろしい音を聞き、キースを起こし、アーニーに話しかけ、窓へと走った。そして、地下室へ下りる階段の上に立ったところまでくると、スーザンの顔が一気にゆがんだ。

「どうしたの？」と、ビバリーは尋ねた。

「あの夜の私の第６感が間違っていたことが、今わかったの。第６感ではキースが無事だと思ったけれど、心の奥底ではそうでないとわかっていた。心の奥底では、夫が死んだとわかっていた。ただ、そう知ることに耐えられなかった」と、スーザンは泣いた。

「いいわ、それと一緒にいてみて」

眼球運動を何セットも重ねるうち、スーザンの感情はローラーコースターのように高ぶったり、治まったりした。胸が苦しくなるほど罪悪感を抱くこともあれば、疲れきって受け入れることもあった。「死んでほしくなかったのに」と、うめき、涙にむせぶかと思えば、「私が悪いのよ」と、胸の痛みを訴えた。しばらくすると「良くなったわ」と、楽に呼吸するようになり、また「なぜ、私も死ななかったの？」と嘆いた。

スーザンは、自分にイライラし、怒っていた。竜巻と一緒に生まれ育ち、竜巻のことをよく知っている自分が、キースを守るべきだったと考えていた。しばらくすると、新たな罪悪感が喉にこみ上げてきた。キースは竜巻で全身の骨が折れたのに、自分は無傷だったからである。

生き残ったことに対する罪悪感は、特にこのような悲劇で愛する者を亡くした場合に一般的な反応である。助けたかったが、自分の力では犠牲者を救えなかったという復員軍人や救急隊員にも、同様の罪悪感がある。どうにもできなかったと頭でわかるだけでは足りない。人間の感情は、私たちが望むほど論理的ではない。そして結局、優先するのは感情である。

その日最後の眼球運動の後、スーザンは「自分が無能な人間だという気持ちが、どこかにある」と言って、頭を振った。「おかしいわ。どこから自分が悪い人間だなんて考えを持ったのかしら」。眼球運動で罪悪感を処理するうち、スーザンは有害な核にたどりついていた。つまり、何か悪いことをしたというだけでなく、自分が悪い人間だという恥ずかしい感情である。

セッションの終わりごろ、スーザンの罪悪感の強度は、8から5へとかなり落ちていた。しかし、恥ずかしいという感情によって、「できるだけのことをした」という望ましい肯定的な信念を真実と思える度合いが3から2に落ちていた。EMDRを使うとほとんどの場合、否定的な感情が減るにしたがって、肯定的な信念が強くなる。しかし、スーザンの場合は違った。スーザンはこのとき初めて、「キースのためにできるだけのことをした」という長年の認識が見せかけだけにすぎず、これまでも常にそうだったと意識的に悟った。加えて、なぜ夫を死なせたかということに関する他の見方が浮上した。そのためかえって、セッションの最初に決めた肯定的な信念（「自分はできるだけのことをした」）を真実と思うレベルが落ちたのである。

これは、EMDRによって人に真実でないことを信じさせることはできない、という例である。人間が自然に治癒する経過の一環として、起こったことに対する適切なレベルの責任を感じ、それを処理するという作業がある。スーザンの場合、さらに処理が必要だったが、1回のセッションですべてをこなすことはできなかった。しかし、いったん処理が始まると、自然に変化を続けていく人も多い。

ビバリーは、2日後に次のセッションを計画した。苦悩のレベルが高い（「すべて自分が悪い」のレベルが5）、もしくは自尊心が低いままで長期間、放置したくなかったからである。しかし、次のセッションに現れたとき、スーザンは大幅に穏やかになり、最後にEMDRをしてから一度もパニック発作がなかったと報告した。
「前回の最後にたどりついた否定的な信念を覚えている？」と、ビバリーは尋ねた。
「ええ、『竜巻は自分のせいだ』ね。理性的な意識の上では、どうしてそんな感情を持ったのか見当がつかないの。そんな道理に合わないことを信じるほどバカではないのに。でも、確かにそういう感情があった」
「今、お腹の底にある感情を確かめて。どのぐらい強い？　1〜10のスケールで？」
スーザンは少しの間、目を閉じ、答えた。「2。そのことをよく考えて、かなり気分がよくなったから。まるで、ずっと処理してきたみたい」
スーザンはまた沈黙したが、今度は悲しい声で言った。「でも、私はキースが状況の深刻さを理解するようにしておくべきだった」。そして長い沈黙の後、「いつか私の言うことをちゃんと聞くように」
「だから、悲しいのね」
答えるかのように、スーザンの頬を涙が流れた。
「『キースに理解させるべきだった』という考えに対して眼球運動をしましょう」
眼球運動を終えると、スーザンの悲しみのレベルは8から9または10に増加した。
スーザンの肯定的な認知は、依然として2だった。スーザンは、悲しみとイライラを感じていると言った。「なぜ、私1人を残して逝ったの？」と、スーザンは泣いた。そして、その感情を胸と喉で感じた。
眼球運動を数セットすると、スーザンはやや落ち着いた。
「彼の選択だったのね。私とは関係ない。人間の心は選択するものだから」
「その気持ちと一緒に、私の指を見て」
そして1セットすると、スーザンは言った。「自分で何とかなるわ」。そして再び泣き出した。「でも、生きるか死ぬかは彼の選択だった。彼は死ぬ準備ができていたのよ」

もう１セット。

「私ってかわいそうね」

もう１セット。

「今､理論的に考えているの。私は家族に見放されたと感じているんだわ。皆、私に起こったことを、ほとんど気にかけていなかった」

スーザンの苦悩のレベルは､ここで２か３に下がった。そして言った。「お金をもらったことに罪悪感があるわ。住宅所有者保険でね」

もう１セット。

「確かに、夫はできるだけのことをしたんだわ。彼は、夢想家だった。『考えるな。そうすりゃ、行っちまうよ』って。私は、現実的な人間だけど」

もう１セットすると、スーザンは尋ねた。「私の何を信じたらいいの？何か残っている？」

「どういうこと？」

「私は、自分が思っていたような人間ではなかった。私は、何でもこなして、やり遂げるような有能な人間じゃない。それが基本的な私だと思っていたけど。今は……いったい私は誰？」。それは、意味深い質問だった。結局、人間は何もかも制御できるものではない、ということをスーザンは悟ったのだ。

最後の１セット。スーザンは､苦悩のレベルを０と答え､肯定的な認知(「自分はできるだけのことをした」）は、完全に真実、つまり７と感じられるようになった。

３日後、ビバリーとスーザンは追跡の意味で最後のセッションを 30 分行った。スーザンは、ほとんど浮かれて診察室に入ってきた。そして、小さなパニック発作が１度あったものの、すばらしい気分だと言った。「もちろん、店の中でね」と、スーザンは付け加えた。発作が混雑した店で起こるのは、自分が竜巻の中にいることを連想する複数の環境的な要因が刺激となって恐怖反応が起こるためだと、スーザンは明らかに理解していた。つまり、商品を積み上げた高い棚（地下室の壁に似ている)、騒音（竜巻の時速 300 マイルの風に家が吹き飛ばされるすさまじい音に似ている)、四方八方で同時に多くのことが起こっているという喧騒である。しかしもはや、スーザンを圧倒するような力はなかった。

「体の中で起こっていたようなことは、もう起こらない」と、スーザンは告げた。「２人分の仕事をしている職場でも、軽く受け流すことができる」

スーザンは、晴れやかに微笑んだ。「今でも大型店は嫌いだけど、嫌いになる選択肢がある。パニック発作になる必要はない」

暗闇を消すことはできないが、明かりを点けることはできる。

古いことわざ

6

夜を支配する恐怖：睡眠障害と子ども時代のトラウマ

EMDR とレム睡眠を結びつけるという私の当初の理論は、レム睡眠の乱れが PTSD の印と考えられていることを知って、さらに理にかなっているように思えた[1)]。被害者は、悪夢の真っ最中に目を覚ます。トラウマの原因となった体験の最中で大汗をかき、叫ぶことも多い。このような夢を見る人が、悪夢に対する生理的な反応（動悸）で目覚めるのか、それとも通常なら苦痛だった体験に打ち勝つために働く睡眠メカニズムが対応しきれずに目覚めるのかは、まだわかっていない。どちらにしろ、夢を見る人は先に進めないでいる。意識のある状態で急速眼球運動をするほうが、眠っているより回復を早めるようだ。

何十年にもわたり、さまざまな研究者が睡眠という生理的現象を研究してきた[2)]。研究の道具の 1 つに、脳の電気的活動を記録する脳波計（EEG）がある。EEG は、睡眠にいくつかの段階があることを示した。第 1 ～ 4 段階は、ノンレム睡眠（NREM）と呼ばれる。ノンレム睡眠と交互に現れるレム睡眠の特徴は、眼球が高速で左右に動くことだ。この現象を 1953 年に最初に発見したユージーン・アゼリンスキーとナサニエル・クライトマン[3)]は、先駆的な研究により、レム睡眠中に起こされた人の 80％が鮮明な夢を見たと報告することを発見した。ノンレム睡眠の場合、それほど鮮明な描写は見られなかった。実際のところ、ほかの段階で起こされた被験者は、夢を覚えていないと報告するのが普通だった。多少覚えている人も少数いたが、鮮明な、もしくは物語的なイメージはなかった。その後の研究で、夢のような活動がノンレム睡眠にも当初考えられていたより存在する可能性があることがわかったが、ノンレム睡眠の場合、私たちが通常、夢という言葉から連想するような豊かで個人的に思い当たる物語はない。第１～４段階に起こることは、どのような意味でも、いわゆる夢にはあたらない。

EEGの測定値は、レム睡眠中の脳波が、通常の目覚めている状態と非常に似ていることを示している。しかしレム睡眠は、脳が活性化され、敏感な状態にあるにもかかわらず、筋肉が弛緩しているため、「逆説睡眠」とも呼ばれる。この２つの発見は、EMDR療法中の所見を考えると興味深い。EMDRセッション中のクライエントは確かに目覚めているが、療法の効果の一因は恐らく、筋肉を弛緩させる生理的な副交感神経系とのつながりにあるだろう。研究によれば、レム睡眠中、中脳の働きによる断続的な眼球運動と網様体による筋肉の弛緩が、同時に起こっていることがわかった。この２つの組み合わせが、脱感作効果をもたらしているのかもしれない[4]。恐らく同じ２つの関連メカニズムが、EMDRという外部的に誘発したリズミカルな眼球運動によって刺激され、デイヴィッド・ウィルソンらがバイオフィードバック装置を使って発見した「強制弛緩反応」を引き起こしていると考えられる[5]。

EMDRの観点から考えて興味深いのが、この研究がレム睡眠と多様な心理的症状の間の接続を確立していることである[6]。レム睡眠と４段階のノンレム睡眠は、夜の間、90分周期で現れるが、夜が深まるにつれ、レム睡眠にあたる時間は比率的に長くなっていくように見える。人からレム睡眠を奪うと、神経過敏、不安の増大、見当識障害などの反応が現れる場合がある。夢は、非常に必要性の高い状態のようだ。睡眠剥奪の研究によれば、夢を妨害すると「リバウンド」効果が出る、つまり次の夜に夢の時間が長くなるという。トラウマによってレム睡眠中に目覚める人は、睡眠剥奪そのものがさらに不安を深刻にするという悪循環に陥っている可能性がある。

夢の目的は、何十年も議論されている。フロイトは、夢が無意識の願望であり、抑制のない眠りの間に出現すると理論づけた[7]。フロイトは、精神が暴力的でエロチックな願望の性質を和らげ、象徴で隠すことによって、夢がひどく心を乱さないようにしていると考えた。対照的に、夢は無作為な脳活動にすぎないと考える人もいる[8)]。そう考える研究者は当初、夢に現れるばらばらなイメージが皮質の各部分の無作為な活性化に起因すると考え、夢を見ている人の脳が、そのような無作為な現象を合成したり、意味を読み取ろうとしたりしているにすぎないと主張した。しかし、この理論は常識に矛盾するとしてまもなく修正された[9)]。つまり、夢が繰り返すということや、多くの夢が簡単に説明できる日常体験を含むということを説明できなかったからである。

EMDRの加速情報処理モデルと最も矛盾のない研究をしたのは、ジョナサン・ウィルソンという睡眠理論家[10)]である。彼は、哺乳類がレム睡眠中に、生存に関わる情報を処理すると考えている。ウィルソンの研究の大半は動物観察に基づくもので、動物が幸福や生存に関わる体験（餌をあさる、周囲の危険を確かめるなど）をしているときとレム睡眠中に、特定の脳活動（海馬のシータ波）が起こることを示した。ウィルソンは、動物がレム睡眠中に、昼間に体験したことを合成し、記憶に保存することによって、以降の生存に役立てると唱えた。

この理論をテストすることはできない（ウィルソンが研究した特定タイプのシータ波は、侵襲的な手続きが必要なために、人間ではまだ分離されていない）が、EMDRで使用するリズミカルな眼球運動が、他の哺乳類で観察されたリズミカルなシータ波と関連するプロセスを刺激すると憶測すると興味深い[11)]。この関連の可能性は憶測の域を出ないが、EMDRの間に感情的な処理と認知的な処理が起こっていることは間違いない。人間は、嫌な出来事（「自分は危険な状態にある」）に関する情報を処理することによって統合し、より適切な感情とともに保存する（「終わった。今は安全だ」）。

同様の情報処理がレム睡眠中に行われるという考えは、動物と人間の両方に対する多くの研究で支持されている。

このような研究では、特定のスキルを学んだ被験者からレム睡眠を奪うと、そのスキルを失ったり、学習が遅れたりすることがわかった[12)]。したがって、夢が一般に題材の適応的統合を示し、悪夢が十分に処理されていない出来事を占めるというのは、理にかなっている。トラウマは、明らかに睡眠に有害であり、記憶と最も関係があると考えられている脳の海馬を損傷する恐れもある[13]。逆に、EMDRの眼球運動がレム様の活動に対して重要とみられる窓を再開し、統合と学習を実行させると考えるのは興味深い。

研究では、急速眼球運動の量が夢における負の感情の強度に関係することも明らかとなった[14]。人間が怒り、悩めば悩むほど、発生する急速眼球運動が多くなる。考えられるのは、レム睡眠が感情的な処理を可能にするということであり、この点で確かにEMDRに似ている。クライエントは、羞恥感や罪悪感から出発し、怒り、受容、許しへと進んでいく。またEMDRがレム睡眠と同様、経験的な情報を処理することも明らかである。そのため、夢のイメージはEMDRのターゲットとして完璧と考えられる。たとえば、洞穴の中を怪物に追いかけられる悪夢に悩む女性がいた。私たちがそのイメージをターゲットとし、眼球運動を何セットか行うと、夢の象徴的な覆いは外れた。「ああ、あれは子どもの頃の家で私を追い回している継父だった」と、その女性は言った。繰り返す悪夢のイメージをEMDRのターゲットとすると、クライエントは通常、悪夢に関係する実際の体験を見つけ、その出来事を処理する。そして、夢を繰り返さなくなる。

EMDRとレム睡眠のもう1つの類似点は、非常に短い時間に大量の学習が起こることである。レム睡眠は、1回に20分から1時間しか続かないが、夢を見ている人はまる1日を過ごしたように感じる。同様に、EMDRでも処理は速く進む。そして1セットごとに無数の出来事が現れる。台風や自動車事故をターゲットとするクライエントは、通常、出来事全体を回想しなくても、体験の中で顕著な要素から別の顕著な要素へとジャンプする。夢の中と同様、体験は高速で進み、個人によって異なる。

このように憶測することは興味深いが、証明ではない。神経生物学が進歩するにつれ、レム睡眠中に起こることが、EMDR中に起こることと、よく似ているにすぎないことがわかるかもしれない。少なくとも予想されるのは、EMDRは眼球運動だけで構成されていないため、1つの理論だけですべての治療効果を説明できないことだ。しかし、EMDRについて一つ明らかなのは、あらゆる年齢におけるトラウマ被害者の睡眠障害に大きな効果があることである。

レム睡眠の正確な機能についてはまだ議論が続くだろうが、乳児は睡眠時間の 50％近く、すなわち 1 日約 8 時間をレム睡眠で過ごすことが知られている。成人は、1 夜のレム睡眠が約 2 時間しかないことから、多くの研究者は、乳児の長いレム睡眠が神経の成長を刺激し、正常な発育を促していると推測している[15)]。海馬が十分に成熟し、明確な記憶を保存できるようになる 2 歳ごろになって初めて、成人のレム睡眠パターンが出現する。乳児の場合、海馬が十分に機能していないため、一部の研究者は、子どもは過去の体験のほとんどを記憶できないと憶測している。また、乳児の頃の体験は後の発育に影響しないと考える研究者もいる。

しかし、そのような解釈は、乳児の頃のトラウマと欠乏状態に関する臨床データと矛盾する[16)]。深刻なストレスが脳の発育を阻害するばかりか、幼い頃のひどい体験が大人になっても続く機能障害パターンを作ることもある。ひどい体験によって、誰も自分を恐怖から救ってくれないと子どもが学習することもある。大半の人にとって、子どものひどい夜泣きほどイライラするものはないが、親が子どもの苦痛を除いてやろうとしなかったり、できなかったりする場合もある。そのようなときに子どもが味わう恐怖は、精神に有害な影響を与える可能性がある。感情記憶の基質を研究しているジョセフ・ルドゥのような神経生物学者は、視覚もしくは言葉の記憶に保存されないにもかかわらず、感覚もしくは感情レベルで保存される出来事もあると証明している[17)]。赤ん坊の頃の欠乏状態や苦痛は、視覚的に記憶されたり、言葉で表現されたりしないかもしれないが、深刻かつ壊滅的な感覚をもたらす場合がある。

本章および以降の章では、子どもが辛い体験にどのように反応し、EMDR でどのように治療できるかを考えてみたい。最初の例では、子どもが表現もしくは定義できない恐怖によって夜、歩き回る。この例を見れば、子どもが体験を言葉で表現できないからといって、影響されていないわけではないことが明らかにわかる。昼間の恐怖は、多くの場合、無視したり軽くあしらったりできるが、夜中に愛情と慰めを求める赤ん坊の特殊な泣き声は、あらゆる動物にとって強力で抵抗できない吸引力を持つ[18]。両親といえども、ゆっくり眠ることは必要だ。親は自分の休息が妨害されるために、赤ん坊の問題の解決策を見つけざるをえない。これは恐らく、赤ん坊（および種族）が命を守るための性質であろう。

クレア・チベットは、病院の待合室に座り、古びたリノリュームの床で足を小さく踏み鳴らしながら、落ち着こうと努めていた。夫のジャックは、そばに座っていた。突き当たりの部屋では、自分たちの息子として育てている１歳２カ月の孫が、幼くして２回目の大手術である口蓋裂の手術を受けていた。クレアは、持ってきた文庫本を慎重に閉じ、ハンドバッグに入れた。心は本のストーリーを追えなくなっていた。今のこと、つまり手術とデイビーのことばかりが気になった。

10カ月前、クレアとジャックは同じ部屋に座り、自分たちの養子が初めての形成外科手術である口唇裂の手術を終えるのを待っていた。生後４カ月のデイビーは、出て来たとき、両方の手を固定され（傷を触るのを防ぐため）、U字形の金属のマウスガードをはめ、唇は血で固まっていた。それを思い出しただけで、クレアは目に涙がたまってきた。３人の子どもたちがやっと育った今になって、なぜ新たに子どもを引き取るのか、しかも先天性異常のある子どもを、と尋ねる人もいた。答えは簡単だったが、説明するのは難しかった。デイビーは、いくつかのハンデを背負って生まれてきたが、愛情豊かな子だった。生後４カ月でも、クレアが優しく話しかけると抱きついてきて首に顔をぴったりつけた。クレアは、ジャックの表現が好きだった。「デイビーは、与えたよりもずっとたくさんを返してくれるね」。デイビーが家族の一員となったことが、どんなにうれしく、驚きだったことか！

「チベットさん」。看護師の緊張した声が、クレアを回想から現実に引き戻した。

「はい」。クレアは驚いて立ち上がったので、ハンドバックを倒してしまった。ジャックは、ゆっくりと立ち上がり、クレアの腰を抱いた。

「回復室へついて来てください。デイビーのことで、お手伝いをお願いしたいので」

デイビーは、麻酔から覚め、ひどく怯え、震えて、泣き叫んでいた。点滴は、自分で足から抜いてしまっていて、看護師たちはデイビーを静められないでいた。クレアは息子に近づくと、優しく抱き上げ、背中をたたいてやった。デイビーはクレアの首に抱きつき、下ろそうとすると全力でしがみついた。クレアの腕が疲れると、ジャックが代わった。デイビーは眠るように大量の鎮静剤を与えられていたが、うつらうつらしてクレアやジャックがベッドへ下ろそうとすると、そのとたんに起きて泣き叫んだ。クレアとジャックに助けられても、デイビーを移動用のベッドに載せて部屋へ帰ることはできなかった。結局、クレアは自分でデイビーを抱いて部屋へ帰ったが、その間もデイビーはますます強くしがみついた。

デイビーは、何が気に入らないのか「ママ」や「パパ」に伝えられないでいたが、何かあることは間違いなかった。デイビーは、完全に怯えきっていた。ジャックとクレアは病院に泊まり、デイビーが手術の疲れから回復するまで、72時間連続で腕の中で寝かせた。やっと安心して眠っている、とクレアは思った。家へ帰れば、よくなるだろう。

家へ帰って最初の夜、デイビーは添い寝しなければ眠らなかった。そして30分後、起きて泣き出した。クレアとジャックはデイビーのところへ行き、抱き、あやしたが泣き止まなかった。デイビーは、２人を見たり聞いたりすることも、認識することもできない様子で、自分の中で何が起こっているのか表現することもできず、恐怖に泣き叫ぶばかりだった。１時間近くたって、デイビーはやっと静まり、２人に背中をたたかれながら眠った。これがあと何カ月も続く試練になろうとは、クレアとジャックはこのとき思いもしなかった。

デイビーは、夜驚症だった。夜驚症は夢遊症と似ていて、症状を持つ人は起きているように見えるが、そうではない。デイビーはベッドの上に座り、目を大きく開け、泣き叫んだ。ジャックとクレアはデイビーが起きていると思い、泣き止ませようとしながら、どうしていいかわからず悩んだ。２人は知らなかったが、子どもの頃に夜驚症を経験した人によれば[19)]、子どもを拘束し、落ち着かせようとすることが、子どもにとって恐怖となることがある。なぜなら、両親が恐ろしい夢の世界に入ってくるからである。痛みを眠りで癒し、両親に触れてもらうことに慰めを見いだしたりすることなく、皮肉にも間違った発達プロセスをたどってしまったデイビーは、何度も何度も心に傷を負っていた。

夜驚は、悪夢よりも強烈で長時間にわたる。夢と違い、夜驚はレム睡眠の間に起こるのではないため、子どもは朝になると覚えていない。レム睡眠で処理されるべき認識内容が、間違った睡眠状態に流れ込む障害ではないかという説がある[20]。実はEMDRの効果により、研究者たちは夜驚症患者が体験する恐ろしい感情に対して考えられる説明を見つけた[21]。夜驚の恐怖がそれほどまでに強い理由は、レム睡眠中には急速眼球運動（筋肉の弛緩と結びつく）がもたらすと考えられる脱感作作用が情報処理を助けるが、夜驚が起こるときにはそれがないためではないだろうか。

夜驚症の原因については、有力な雑誌においても専門家の意見が割れている[22]。しかし、はっきりした治療がないため、通常、両親は子どもが５～12歳になって夜驚症を「卒業する」まで待つようアドバイスされる。しかし、ほとんどの子どもの夜驚が10～30分で終わるのに比べ、デイビーの場合は１時間近く続いた。ジャックとクレアが触れて安心させようとしても、小さな手足を振り回して払いのけ、両親ではなく心の中にいる怪物を見ているようなこともあった。これは、子どもにとって異常ではないと雑誌に書かれているような、よくある症状ではなかった。クレアは、緊急に対応が必要だと感じ、デイビーを小児科医に診せると、何か身体的な痛みによって夜中に泣き出すのではないかと尋ねた。しかし、デイビーの発作に身体的な原因を見つけることはできなかった。

数週間が過ぎ、クレアは他の問題に気づいた。デイビーは、眠ることを恐れるほか（昼寝にも添い寝が必要だった）、ひとりになることも怖がった。２回目の手術の前、クレアはデイビーを居間のベビーサークルに入れたまま、台所で後片付けや食事の支度ができた。デイビーは、クレアが動き回っている音さえ聞こえれば平気だった。しかし今は、クレアが視界から消えた瞬間に泣き叫ぶ。さらに、昼寝から覚めたり、夜中に目が覚めたりすると、両親の姿を狂ったように探し、ベビーベッドの縁に体重をかけて床に転がり落ちるのだった。それは、外へ出るためにデイビーが唯一知っている方法だった。結局、ジャックは床と同じ高さのベッドを作り、転がり出てもけがをしないようにした。

デイビーは、暗闇や見知らぬ人をも怖がるようになった。どちらも、口蓋裂の手術の前には特に怖がらなかったものである。もっとひどいことには、壁に自分の頭を打ちつけるようになった。デイビーは、はっきり言えない部分もあるが、非常に多くの点で変わってしまったように見えたため、手術の３週間後、クレアは外科医の１人に思わず言った。「違う子をもらったんじゃないかと思うほどです。次には何が起こるんでしょうか？　何とは言えませんが、全部です。とにかく変わってしまいました。暗闇を怖がります。突然、眠るのを怖がるようになりました」。外科医は、デイビーが手術中に少し目を覚ましたかもしれないが、何であれ成長すれば治るだろう、と言った。

クレアは、その後何カ月も多くの医療専門家にデイビーのことを相談したが、どれも似たような不親切な意見ばかりだった。「考えすぎですよ」「過保護でしょう」「そういうことは（デイビーの症状は）信じられません」「大げさに言い過ぎです」「お母さんが何度も言うから、余計にひどくなるんです」とまで言われた。そのためクレアは、困惑し、情けなく、かわいい息子のことが本当に心配になった。

翌年、デイビーの夜驚症の頻度は、毎晩から週に２、３回に減ったが、他の症状は続き、新しい症状も出てきた。ある日、クレアはデイビーの写真を撮ってもらおうとショッピングセンターへ連れて行った。カメラマンが照明を点けた瞬間、デイビーは泣き叫んだ。また、衣服に強く包まれると怖がることもわかった。デイビーの恐怖が始まって約１年後、家族はジョージアからコロラドへ引っ越した。コロラドに着いたのは１月で、デイビーは初めて雪を見た。そして、ほかの子どもと同様、見とれているようだった。しかし、クレアが初めてのスノースーツを着せようとするやいなや、デイビーは泣き叫んだ。引っ越して見知らぬ場所に来たせいか、夜驚症も悪化した。夜驚は、毎夜１、２回起こるようになった。

クレアは後になって、すべての症状が口蓋裂手術とはっきり結びついていることがわかったが、当時は誰も状況の全体像が見えなかった。クレアはずっと、デイビーに何が嫌なのか尋ね続けたが、デイビーは言おうとしなかったし、言うこともできなかった。（手術の後しばらく、デイビーは話すことができなかった。これは、手術をした非常に幼い子どもにとって珍しいことではない）。クレアも、相談した医療専門家も、何が悪いのかわからなかった。２歳半となったデイビーには、説明の必要な症状がたくさんあった。

たとえば、デイビーは時々、頭を打ち付けて宙を見ているときがあり、医者はデイビーに自閉傾向があると診断した。心理学者はデイビーをテストし、発達遅延がある、つまり言語の取得や他の能力において他の子どもより丸１年遅れていると告げた。もう１人の医者は、デイビーが多動であり、視線を合わせることが苦手で、極度の注意欠陥障害があると言った。そして、デイビーの生みの母親が妊娠中にアルコールや麻薬を使っていたかと尋ねた。クレアは、10 代の娘が妊娠中も酒を飲んでいたと認めたが、どれだけ飲んでいたかは知らなかった。デイビーの口唇口蓋裂という先天性異常と母親の飲酒を考慮し、デンバー小児病院の神経科医は、デイビーに胎児性アルコール効果、つまり軽い胎児性アルコール症候群があると診断した。この診断は正しく、デイビーの行動や発達における多くの問題を説明したが、夜驚症、極度の恐怖、頭の打ちつけに対する説明にはならなかった。

しかしクレアは、ジョージアの外科医が言ったことを忘れてはいなかった。クレアは、あらゆる手を尽くしてデイビーが手術を受けた病院から手術記録のコピーを手に入れた。とうとう手に入れたとき、知り合いの元外科看護師は、コピーをめくりながら、さまざまなモニター機器の数値を慎重に解説していった。

「ここに何かあるわ」

「何？」と、クレアは急き立てた。

「目が覚めたの」

「何ですって？」

「デイビーが、手術中に意識を取り戻したのよ。子ども、特に多動の子どもには珍しくないわ。子どもは麻酔の代謝が大人と違うし、そのぐらいの月齢の子どもにはあまり強く麻酔をかけないの。覚めるのが難しくなるから」。元看護師は別の表の下段を指して言った。「そう、ここでまたデイビーに鎮静剤を使ったの」

クレアにとっては、これが過去16カ月の苦痛と困惑の説明となった。デイビーが見知らぬ人や明るい光を怖がるのも当然。布にきつく包まれること、見知らぬ新しい場所へ行くこと、ひとりになることを怖がるのも当然。眠らされるのを怖がるのも当然。原因がわかって、クレアは必ずデイビーに恐怖を克服させることができると確信した。

この時までに、家族はコロラドの新しい家に落ち着いていた。デイビーの夜驚はまだ深刻な問題だったが、クレアは何とか対処できると感じていた。しかし、それは間違いだった。ジャックはまもなく、アラバマへ８週間の出張研修に行くことになっており、ジャックが家を離れた時から、事態はもっともっと悪くなっていった。ジャックがいなくなって、デイビーの夜驚症は再び悪化した。今度は１夜に２、３度だった。震え、意味のわからないことを言い、ベッドの上を転げ回り、せいいっぱいの大声で叫ぶ。「いや！　だめ！　やめて！　離して！」。通りかかった近所の人は、幼児虐待だと警察に通報した。

その数日後の夜、クレアは危うく限界を超すところだった。クレアは、夜驚を起こしたデイビーを押さえ、けがをしないようにしていた。18キロ弱という年齢にしては軽い体重を考えれば、簡単そうに思えた。そのとたん、デイビーが振り回したこぶしが、クレアの顔面を直撃した。クレアは顔に青あざを作り、暗澹たる気持ちだった。何をしても、かわいい息子を助けることはできないように思えた。

青あざと感情的なショックに加え、クレアは疲れきっていた。デイビーの１回の夜驚は約45分続き、その後再び寝つかせるには、さらに30～45分かかったからだ。それが毎夜２、３度ずつあり、おまけに休ませてくれるジャックは留守で、クレアは耐えられなくなっていた。夜驚があまりにひどくて、まったく眠れない夜が続いたある日、クレアはついに助けを求めた。

「精神病院を覚悟していたわ。医者の診察室で泣き崩れ、何もかも話した」と、クレアは振り返った。

この結果、クレアは精神科医を紹介された。精神科医は、クレアから手術中に起こったことを聞き、デイビーの諸症状を手術中に目覚めたことによるPTSDと診断した。

デイビーの例で最も悲しいことの１つは、無数の症状の原因を診断されるまでに、18カ月という長期間にわたって苦しまねばならなかったことだ。悲しいが、驚くことではない。デイビーの恐怖のターゲットの幅広さに加え、胎児性アルコール効果による行動は、助けようとした人たちにとって判断しにくかったに違いない。暗闇に対する恐怖と明るい光に対する恐怖は、どうつながるのか？　デイビーが怖がるスノースーツ、昼寝、見知らぬ人は、どのような関係があるのか？

デイビーの恐怖のターゲットの幅広さも、刺激が一般化される例である。人間は、いわゆる主な体験に対する恐怖だけでなく、トラウマを受けたときに存在したすべての刺激に対して恐怖を感じるようになる。デイビーの場合、刺激の一般化によって、手術（実際にはなかったが、もしあれば確実に怖がっただろう）に対する恐怖だけでなく、大きな明るい照明、両親の不在、見知らぬ人の存在、布にきつく包まれている感触（病院のベッドに体を固定するシーツのように）などに対する恐怖が生まれた。

刺激の一般化の影響は、PTSDの症例の多くで見られる。レイプされた女性は、食器を洗っているときに夫が突然後ろから近づくと驚いて跳び上がる。知らない人にとって、この反応は極端に思えるが、女性の神経系に組み込まれた刺激の一般化を考えれば、完全に意味を成す。

刺激の一般化に救いがある点は、クライエントの数々の症状が中心にある１つのトラウマから派生しているため、治療が比較的簡単なことだ。中心となる出来事とそれに伴う感覚を治療すると、一般化によって現れた諸症状は消えることが多い。消えないものがあれば、次のセッションで残っている刺激をターゲットとすればよい。私たちは、EMDRを使ってトラウマを持つクライエントを治療する上で、このパターンに何度も遭遇する。症状が広範囲にわたるというだけで、症例が複雑だということにはならない。

しかし、デイビーの問題を診断することと、解決することは別問題だった。スーザンが竜巻に関連する刺激に自動的に、そして生理的に反応したのと同様、デイビーは手術に関連する刺激に反応していた。しかし、デイビーはまだ論理的に考えることができなかった。刺激を避けるよう自分で選択することも、問題を伝えることもできなかった。自分のパニックと恐怖を、叫び、泣き、しがみつくことでしか表現できなかった。デイビーは、トラウマを受け、睡眠困難と分離恐怖を発症した子どもの古典的な例だった。頭を打ちつけることも、説明できる。研究によれば、そのような自己破壊行動は、恐怖と孤立感に伴うことがわかっているからだ[23)]。心理療法が効くこともあるが、デイビーは遊戯療法には幼すぎた。２歳９カ月という年齢より発達的にも言語的にも遅いことを考えれば、なおさらである。精神科医は夜間鎮静剤を使おうとしたが、薬は夜驚の開始を遅らせただけで、頻度を少なくすることはできなかった。その精神科医は、家族を救うために緊急に何とかする必要があると悟った。養母は疲れきっていて、睡眠のない生活にもう長く耐えられそうになかった。追いつめられた医者は、以前に会ったことのある、EMDRのトレーニングを受けた小児心理学者を紹介した。ひょっとすれば、本当にひょっとすればデイビーに効くかもしれない。

心理学者のロバート・ティンカー博士は、1993年８月、デイビーとクレア・チベットに会った。このときデイビーは、PTSD、胎児性アルコール効果、注意欠陥多動性障害（AD/HD）、発達性言語障害という多数の重い診断を受けていた。ティンカー博士は、1970年代前半から小児を担当し、３年近く前から極めて幼い子どもたちにEMDRを使っていた。

ティンカー博士は、デイビーをひと目見て、にこやかに微笑んだ。大きな目、上向きの鼻、黒くてまばらな前髪、長くて太いまつ毛のデイビーは、本当にかわいらしかった。クレアはデイビーの生育歴を説明し、ティンカー博士はデイビーと話そうとした。失敗。デイビーは答えない。次に、デイビーの注意を引き、視線を合わせようとした。失敗。デイビーは、不機嫌でも頑固でも非協力的でもなかった。しかし、その注意力は母親の顔にひんぱんに向けられるほかは、部屋のあちこちを飛び回っていた。

ティンカー博士は、デイビーがかわいそうになった。この言語的な問題、多動性、時間の短い注意力では、EMDRを使うのは無理だろう。注意を集中できなければ、どうして目で指を追わせるというのだ？　しゃべらなければ、トラウマを受けた瞬間のことを考えているかどうか、どうしてわかる？　その日、後で博士はデイビーを紹介した精神科医に電話した。「デイビーとクレアに会ったところだが、当面、あまりできることはないと思う。EMDRを使うには、あと1年ぐらいかかるだろう。視線を合わせ、注意力を長く維持できなければ無理だ」

「お気の毒に。症状が治まらなければ、デイビーを入院させてクレアに睡眠をとらせることを考えるつもりだ。クレアはもう限界で、長く耐えられそうにない」

このころEMDRはすでに、無数の臨床報告で子ども、最年少では2歳という幼児にさえ、非常に効果が高いと実証されていた。もちろん、子どもが言語を使えず、大人ほど長く注意力が続かないことを考慮して、手続きが調整されていた。EMDR臨床家は、指人形やおもちゃで子どもの注意を引きつけ、左右交互のパターンで左右に動かす。ティンカー博士は、発達的に遅れ、多動で注意欠陥障害のあるデイビーの注意を引き、維持するために、何らかの方法を自分で考えねばならなかった。

ティンカー博士は、大急ぎで考え始めた。EMDRトレーニングの中で、子どもの治療に関すること、眼球運動ができない人のために手を軽くたたくとか、音を使うとかいう方法があったはずだ。博士は、この代替策を試すため、次の予約をとった。そして、クレアに何をしようとしているかを説明した。クレアはジャックと相談し、ジャックの回想によれば、2人は少し奇妙だと思ったが「その時点では、何でもやってみようと思った」

ティンカー博士の反応は、特殊なニーズを持つクライエントのために眼球運動の代替方法を考案した他の創造力豊かなEMDR臨床家と同じだった。そのような臨床家の先駆けとなったロビー・ダントンは、学習障害のために目で手の動きを追えない生徒と、内気もしくは非協力的で目を上げようとしない子どもたちにEMDRを使おうと試みた。プリシラ・マーキスなど他の臨床家も、目の見えないクライエントに使うために同じ方法を考案した。両方の療法家が最も効果的と認めたのは、クライエントの上向きの手のひらを交互に手で軽く叩くことと、音を左右の耳に交互に聞かせることだった[24)]。

ティンカー博士は、どちらの方法も試したことがなかったが、そのような代替方法が効果をあげる理由については、脳がどのように情報を処理するかについての研究で解明されつつあると、EMDRトレーニングで聞いていた[25)]。ある研究では、神経心理学者のグレゴリー・ニコシアが、多数のEMDRクライエントを定量脳波解析（QEEG)、すなわち脳のカラー・マッピングで調べた。これは脳の電気的活動を調べるもので、療法家はクライエントが辛い出来事を思い出しているときにどのような脳波が生成されているかを知ることができる。ニコシアは、EMDRの後、脳の右半球と左半球の脳波が前よりきれいに整合していると報告した。そして、辛い出来事の最中に放出されるノルエピネフリンというホルモンが、REM睡眠を抑制し、左と右の同期化を妨げるのではないかと述べた。また、この左右の不整合によって、脳が辛い出来事を処理できないのではないかと推測した。EMDRでは、リズミカルな反復眼球運動が、皮質にある「ペースメーカー」メカニズムに類似しているため、右半球と左半球を再び同期化させるのだという。

この再同期化説は、確信するには研究された被験者が少なすぎるが、興味深い研究分野ではある。また、10年前に始まった別の一連の研究を思い出させ、それを多少支持しているように思える。EMDRトレーニングでティンカー博士は、米国とオランダの研究者が脳の両半球の機能についての比較研究で、視線操作を調べたことを知った[26)]。この研究で、人は右側にある物体（自然を撮影したカラー写真など）を見たときに、左側にある物体を見たときより、正の反応をすることがわかった。この研究で実証しようとした仮説によれば、通常の右利きの人が右を見たときに活性化される優勢な側の半球が正の情報を処理し、同じ人が左を見たときに活性化される優勢でない側の半球が負の情報を処理する。この研究結果を実際に使うとすれば、誰かに好印象を与えたい場合、その人の右側に座ればいいことになる。この研究は、クライエントの視線をEMDRで左から右に交代させれば、両半球が活性化されることも示唆している[27]。

研究者らは、聴覚的、身体的な操作も同じ効果があることを発見した。たとえば、被験者は右のヘッドフォンから聞いたことに正の反応を示す。同じことを左のヘッドフォンから聞くと、負の反応を示す。つまり、使用する刺激の種類は重要でなく、人の注意を片側からもう片側へ交代させる動作が重要であるらしい。この研究を念頭に置き、ティンカー博士は、よく知られた子どもの遊びと自分の臨床的な直感をもとに、デイビーにEMDRを使い始めた。

デイビーは、3歳の誕生日まであと3カ月というときに、最初のEMDRセッションを受けた。短い生涯の半分以上、激しい夜驚を繰り返してきたことになる。

ティンカー博士とデイビーは、博士の面接室の床にあぐらをかいて座った。周囲には、車、お城、家、それに黄、青、オレンジ色の跡を引く飛行機など、おもちゃが山と積まれていた。デイビーは、びっくりした様子で座り、ティンカー博士から体を半分そむけながら、目の前にあるおもちゃの山をじっとながめていた。

ティンカー博士は、飴玉を手に取り、デイビーの顔から30センチぐらいのところで見せた。「これ、見て」と、博士は陽気に言った。「これ、何かな？見て」。デイビーは、博士の手にある飴玉を見て、1秒もたたずに顔をそむけた。デイビーは、大きな茶色の目を黒々と見開き、夢を見ているようだった。口は、わずかに開いていた。

博士は、うながした。「デイビー、これ、見て。これ、何かな？」。デイビーはまた、飴玉をちらりと見てから視線をそらした。「よーし」と、博士は優しく言った。

そして、今度は飴玉をデイビーの顔の前で左右に動かしてみた。「デイビー、こっちを向いて。これ、見て。どこへ行くのかな？　ほら！」。デイビーは、またちらりと見た。「よーし」と、博士は褒め、デイビーに飴玉を与えた。しかし、これでは足りない、と博士は思った。

ティンカー博士は、デイビーの肩に軽く手を置いた。この方法がうまくいくためには、デイビーと向かい合わねばならない。「デイビー、こっちを見て。もう少し、こっち側を向いて。そう、こっちだ」。デイビーは、小さな体を金縁めがねのおじさんの方へ向けた。これで２人はしっかりと対面した。ティンカー博士は、デイビーの左手をやさしく持ち上げ、手のひらを下に向けさせ、上向きにした自分の手のひらを叩かせた。

「ほら、デイビー！　やってごらん」

デイビーは、床のおもちゃに目を落とした。そして、どうにかこうにかまたティンカー博士から体をそむけた。博士は、デイビーの小さな手を両手で１つずつ取り、手のひらを上向きにした。そして「今度は、こうやって手を出して。ゲームをしよう」と、デイビーの左の手のひらを自分の手で軽く叩いた。

「よし、今度はデイビーの番だ」。デイビーは不器用に叩こうとし、博士の広げた手のひらを半分かすった。「それでいいよ！」

デイビーは、にっこりと笑い、少し離れて座っていた母親をうれしそうに見上げた。そして再び床を見た。EMDR セッションが始まって、これで２分である。

ティンカー博士は、ぎくしゃくしつつも、何とかデイビーに簡単な手遊びをさせるように仕向けた。博士は自分の手をじっと出しておき、デイビーは片方ずつ順番に叩く。１分ほどすると、デイビーはこつを飲み込んだ。叩くたびに、博士は「いいぞ！　今度はこっち」と叫び、反対の手をあごで指した。「いいぞ！　今度はこっち」「いいぞ！　今度はこっち」。デイビーは徐々に遊びに集中し、博士の手を右、左、右と叩きながら満面の笑みを浮かべ、叩く音は大さくなっていった。デイビーは、叩くときに出る音を喜んでいたが、自分の口からは何の音も、つまり何の言葉も笑い声も出さなかった。

８回か９回続けて叩くと、デイビーは他に気を移し、よそを向いた。博士は慎重にデイビーを引っ張って自分の方を向かせ、手を取り、再び同じ遊びを始めた。次にデイビーの注意がそれたとき、博士はバリエーションを思いついた。叩くごとにデイビーの手をつかみ、「つかまえた！」と叫ぶのだ。

デイビーは、ぱっと顔を輝かせ、大きな声をたてて笑った。今度の遊びは、本当に気に入ったようだった。「いいぞ！」と博士は叫んだ。「速く！」「速く！」。デイビーは全力投球だった。腕全体を使って叩き、大きな笑い声をたてながら、叩く度に体全体を前後に動かし、博士につかまえられないよう必死で速く手をひっこめた。「速く！　つかまえた！　速く！　つかまえた！　いいぞ、いいぞ！　つかまえた！」

２人が一緒に座ってから５分間でEMDRセッションは終わった。デイビーは手遊びを覚え、短時間ではあったが、注意を左右交互に動かすことができた。「すごいぞ！　よくやった！」。博士はデイビーを励ますように背中をなでた。「よし、もう遊んでいいよ！」

この最初のEMDRセッションで、ティンカー博士はターゲットとする出来事をデイビーに考えさせようとはしなかった。ただ、手遊びをするのに必要な筋肉の動きを教え、遊びと博士自身に対する肯定的な印象を持たせることに神経を集中させた。この準備作業は、デイビーの場合、特に重要だった。発達が遅れているために、左右交互の遊びを覚えるまでに普通より長い時間が必要だったし、デイビーが処理するのに必要なスキルを学ぶまで、（手術を口に出すことで）ブロックされているトラウマを開く危険を冒したくなかったからである。

EMDRは通常、大人より子どもに対して迅速に効果を発揮する。たとえば大人が90分のセッションを必要とするところを、子どもは10～30分で恐ろしい記憶を引き出し、処理してしまう。これは恐らく子どもが大人ほどいろいろな体験を重ねておらず、元々の恐怖とそれに対する反応を強化していないためであろう。暴行を受けた体験が複数あった場合でさえ、そのうち１つの出来事に集中するだけで、子どもの症状は緩和されることが多い。私はかつて、何度も身体的に虐待された5歳の女児を治療したことがある。私とその子は、一番最近の出来事と「言うな」という言葉に意識を集中した。その言葉は、警告として何度も聞かされたものだった。彼女はまもなく笑い出し、EMDRを「魔法」と呼んだ。さらに重要なこととして、通常、子どもの場合はEMDRの効果があったかどうかをすぐに知ることができる。症状が急速に消えるからだ。たとえば悪夢や夜尿は、1回のEMDR治療で消えることもある。

デイビーの場合、左右交互に注意を移すことは、治療において情報処理モデルの働き方を示す良い例である。不安にさせる出来事を慎重にターゲットとすることにより、処理が元々のトラウマを受けた時に強かった感情を引き出し、解決する。最初のセッションでデイビーが見せた興奮が、トラウマの結果（注意欠陥多動性障害の症状ではなく）であったとすれば、博士の手遊びは、その興奮を通じて、トラウマを引き起こした体験の他の側面にも直接影響を与えただろう。それが本当なら、デイビーの夜驚と他の恐怖にもすぐに改善が見られていいはずだ。

10日後、デイビーとティンカー博士は2回目、そして最後となるEMDRセッションを迎えた。今回2人は、博士の面接室で、気を散らすおもちゃから遠く離れた椅子に座った。クレアは、最初のEMDR治療の後、デイビーの夜驚の頻度が少し減り、何となくデイビーが変わった、たぶん静かになったと告げていた。博士も違いに気づいた。デイビーは依然として元気で、いたずらそうな瞳をキラキラさせていたものの、前より静かだった。大人用の椅子の端に静かに腰掛け、背中を伸ばし、頭を上げ、短い足をぶらぶらさせていた。

ティンカー博士は、ほとんど問題なくデイビーに手遊びをさせることができた。デイビーが博士の手のひらを交互に叩く間、博士は「こっち！　こっち！　強く！　強く！　そうだ！」と叫んだ。デイビーは静かに微笑み、母親を振り返ったが、手は叩き続けた。「いいぞ、デイビー！　見てごらん」。博士はデイビーの注意を引き戻した。

デイビーは、はっきり何かはわからないが、何かが起っていることを悟っているかのように、当惑したような表情を浮かべていた。２、３分すると再び注意をそらし、遊びを止めて後ろの本箱にある物について博士に尋ねた。博士は短く答え、遊びを再開した。デイビーは今度、遊びに真剣になった。腕を整然と動かし、口を一文字に結んで集中している。目の焦点は合っていなかったが、熱心な目つきで博士の胸をまっすぐに見つめていた。デイビーは、自分の世界に入っていた。

２分間過ぎたころ、博士は少しの間、遊びを止め、デイビーの手を取った。
「言えるかい……デイビー、こっちを向いて」。デイビーは母親の方を見ようとしていた。「こっちを見るんだ。『明るい光』と言えるかい？」
「明るい光」と、デイビーは小さいが、うれしそうな声で繰り返した。
「いいぞ。手を叩いて！」。デイビーは、ぎこちなく叩いた。「そうだ！　もう一度、言ってごらん」
「大きい光」と、デイビーは少し大きな声で言った。そして、手を叩いた。博士は仰天した。「明るい光」と言うように言ったのに、「大きい光」と答えたのだ。デイビーは小さな頭のどこかで、すでにこの部屋で起っていることと手術での辛い体験を結びつけているようだった。
「『明るい光』と言ってごらん」と、博士は繰り返した。
デイビーは従った。「明るい光」。手を叩く。
「『大きい光』と言ってごらん」
「大きい光」。手を叩く。
「いいぞ、手を叩いて」。手を叩く。「大きい光」
「大きい光」と、デイビーは再び言った。手を叩く。また言う。叩く。言う。叩く。デイビーの顔は、真剣な、ほとんど決然とした表情に変わっていた。博士は「大きい光」を７、８回繰り返し、デイビーが注意をそらしたところで繰り返すのを止めた。セッションを始めてから３分半が経過していた。
「デイビー、『痛い』と言えるかい？」
デイビーは、にやりとした。「痛い」
「手を叩いて」。叩く。「手を叩いて」。叩く。「そうだ」。叩く。「そうだ」。叩く。「そうだ」

デイビーは考え深げな表情だった。リズミカルに腕を上下させ、努力と集中力は明らかだった。

「よし。『唇が痛い』と言ってごらん」

「唇が痛い」と、デイビーはすぐに答え、博士の手を叩いた。

「そうだ。もう一度」

デイビーはにっこりした。「唇が痛い」。手を叩く。

「そうだ。今度は『口が痛い』と言ってごらん」

「口が痛い」。手を叩く。

「そうだ」。叩く。「そうだ」。叩く。「そうだ」。叩く。「よし」。叩く。「よし」。叩く。「よし」。叩く。「強く！」。叩く。「強く！」。叩く。「強く！」。叩く。「強く！」。叩く。「そうだ！」。叩く。

しかし、デイビーの速度は落ち始めていた。デイビーは母親を見やり、ぼんやりしていた。

「今度は『お医者さん』と言えるかい？」。博士は強く言った。デイビーはやはり、大きな目で母親の方を見ていた。「こっちを向いて」。反応なし。「こっちを向いて」。反応なし。

ついに博士は、デイビーの顔を優しく自分の方に向けた。そして、指を２本立てた。「この指を見て」。博士は、デイビーの目の高さで手を横に動かした。

デイビーは博士の奇妙な動きを少し見て、今度は別の方向へ頭を向けた。博士は、デイビーの注意を再び自分に向かせようと、何度か試みねばならなかった。デイビーの注意が向いたとき、博士は同時に両方の手を立て、左右の人差し指を交互に上下させた。「これを見て」と、博士は誘った。デイビーは、この新しい遊びを見て笑ったが、すでに足で椅子を交互に蹴って体をゆすっていた。そして、目がよそを向いた。飽きてしまったらしい。

ティンカー博士は、セッションを終えることにした。そして８日間が過ぎた。博士は、デイビーが長い間ブロックされてきた手術のトラウマを処理し始めただろうと思ったが、確信はなかった。手を叩いてEMDRを使った経験がなかったし、デイビーには自分の感情を説明できる言語能力がなかったからである。確かにデイビーは、前向きの兆候を見せた。たとえば「唇が痛い」「口が痛い」などと言ったが、それで十分だろうか？　博士にはわからなかった。クレアには、デイビーの変化に注意するよう頼み、様子を見てから次のセッションの日程を決めようと話していた。

数日後、クレアから電話があった。クレアは驚いた声で、デイビーの夜驚がなくなったと告げた。その時点まで、夜驚は再発していなかった。

デイビーは、合計 13 分の EMDR 治療を受け、その間に子どもの心に起こったことについては、誰も確かなことを言えなかった。ジャックは当時を振り返り、「あれだけの時間で EMDR が起こした変化には、まったく唖然としてしまった」と言う。

ティンカー博士も同感だ。「セッションの間に、さして重要なことは起こらなかった。重要なのは、その後に起こった行動の変化だ」

クレアは、驚きを込めて回想する。「あの夜は二度と忘れないわ。翌朝、目を覚ましてパニックになったの。文字どおり、ベッドから飛び起きたわ！　ジャックは『どうした？』って尋ねてから悟ったの。『デイビー！　デイビーが泣かなかった』って。２人ともデイビーの部屋へ走っていって、デイビーが大丈夫かどうか確かめた。そのぐらい怖かったの。デイビーが一晩中眠って、私たちも一晩中眠った。問題があるに違いない！　でも、デイビーはぐっすり寝ていた。本当にほっとしたわ」

クレアとジャックは、ほぼ２年間の睡眠剥奪、そして怯える子どもに何もしてやれないという辛い心痛に耐えた。デイビーにしてみれば、手術中に目が覚めて、自分の体が手術台に縛られ、手術室の照明に目がくらみ、口に耐え難い痛みを感じ、両親がいなかったという恐怖をついに克服した。

EMDR 治療の後、デイビーはさらなる手術を受け、父親はまた長い研修に出かけたが、夜驚は再発しなかった。デイビーはお話を読んでもらって、おやすみのキスをすると眠りにつき、朝まで目覚めない。ひとりでいることも怖がらなくなった。スノースーツにくるまれることは今でも好きではないが、これは他の子どもも同じだ。子どもによくあるとおり、EMDR 治療のプラスの効果は、手術という主なターゲットから、刺激の一般化によって発生したほとんどの連想恐怖に般化された。

デイビーは今、胎児性アルコール効果から派生した発達の遅れを他の専門家に診てもらっている。スピーチセラピーを受け、養護幼稚園にも通っている。これらすべてによって、デイビーが多動を抑える一方、両親は多動の子どもを育てるためのカウンセリングを受けている。「デイビーは、もともとのデイビーに戻ったみたい」と、クレアはうれしそうに言う。そして、家族は平常に戻りつつある。

EMDR 治療は、デイビーの恐ろしい体験を消したわけではない。５歳になったデイビーは、その日、手術で何が起こったかを話すようになった。デイビーは、ティンカー博士がセッション中に言った言葉を繰り返し（「明るい光」など）、自分がベッドに寝ていて口が痛かったと母親に告げる。カウンセラーの一人がおもちゃの手術室を与えると、デイビーは完璧に状況を再現した。そして、手術着を着た人形を小さな手術台に寝かせ、「彼」が患者だと言った。

最近、デイビーとクレアがソファに一緒に座ってテレビを見ていたとき、手術室のシーンが現れた。クレアは少し緊張しながら、息子がどう反応するかを見守った。デイビーは、つぶらな瞳を母親に向け、そでを引っ張りながら、静かに尋ねた。「あの人の口も痛いの？」

デイビーの眠りも両親の眠りも、EMDR セッション以来、妨げられていない。眠りの中で、親として、子どもとしての日常的な悩みを正常に処理しているのである。

人は自分のためだけには生きられない。私たちは、無数の繊維で仲間とつながっている。そのような繊維の中で糸が共振するように、自分の行為が原因として伝わり、結果となって戻ってくる。

ハーマン・メルヴィル

7

人と人の絆：愛着障害

EMDRは、生まれと育ちのどちらが重要かという昔ながらの論議に、新しい窓を開いた。人間の肉体的、精神的な発達は、遺伝子と環境という２つの要因によって決まる。２つの要因の相互作用は、科学者たちを何年も魅了してきた[1)]。たとえば、知性がもともと遺伝に由来することには、たくさんの証拠がある。しかし、環境要因も重要な影響を及ぼすことを否定する者はいない。生まれつき頭のいい子どもでも、学習や教育を否定する家庭で育てられた場合、協力的な家庭で育った平均的な知性の子どもより、一般に低い能力しか発揮しない。遺伝子が到達可能なレベルを決めることはあるかもしれないが、人の実際の行動は環境的経験によって決まるように思える。

幼少期の経験を処理するEMDRは、どの心理的な問題が遺伝もしくは有機的な要因によるもので、どの問題が環境に起因するものかを、より深く理解する可能性を与えてくれる。この意味でEMDRは、遺伝的と思われた牢獄から人を自由にできるかもしれない。たとえば、昔の研究では統合失調症が遺伝性であると結論づけられたが[2)]、今の研究では環境、ストレス、対処技能が重要な役割を果たすと明確に示されている[3)]。統合失調症の両親を持つ子どもでも、温かく、前向きで、安定した環境で育てられれば、病気を発症せずにすみ、そうでなければ機能障害を起こすことが多いことは、証明されている[4)]。重要なのは、そのような子どもが機能障害を起こした経験によって受けるマイナスの影響を、EMDRを使って逆転させられるかどうかを調べることだろう。EMDRが遺伝（生物学的な性質など）の影響を逆転させることはできないが、障害を発現させる環境ストレスを処理することは可能かもしれない[5)]。遺伝が運命である必要はないのだ！

もちろん、生まれか育ちかの問題におけるすべての側面に、EMDRが決定的な答を与えるわけではない。特定の傾向、機能障害、行動などの原因を判断することは難しい。人の経験は、妊娠時に始まっている。研究によれば、子宮内で母の声を繰り返し聞いていた赤ん坊は、生後のテストで、その声を他の女性の声と区別できるという[6)]。胎児期の環境も、子どもの肉体的な発達に重要な役割を果たす（第6章では、デイビーの神経システムが母のアルコール摂取によって損なわれたことを説明した）[7)]。

原因が子宮内の経験であれ、遺伝子であれ、生化学的な条件は、子どもの能力に大きく影響する可能性がある。たとえば、AD/HDを持つ子ども（デイビーのような）の場合、非常に幼い時期から明らかに集中が困難である。また、気の散りやすい生化学的な傾向も、常にあったかもしれない。しかし、薬物治療（有効であることがわかれば）と、さらに重要なことだが、正しい教育と支援があれば、子どもは障害に対処することを覚え、充実した人生を送ることができる。一方、AD/HDを持つ子どもが長く放置された場合、自分の欠点を悪化させる経験を重ね、自己イメージを損なうことになる。トラウマと失敗に対する不安が、集中をよけい困難にし、問題は複合化する。そして「失敗の経験」が、期待を低下させ、成功の可能性を低くするという悪循環に陥る。救いがあるのは、環境と経験のもたらす悪影響をEMDRで治療可能な場合が多いことだ。しかも、早ければ早いほどよい。

デイビーの場合、状況を好転させるのに、たった2回のEMDRセッションで足りた。しかしデイビーは、大きなトラウマが1つあっただけで、献身的な両親と幸せな家族生活を送っていた。いったんトラウマが治ると、デイビーは良好な人間関係を築き、すばらしい人生を送るために、知らねばならないことをすべて学び始めた。しかし、幼少期のトラウマが治療されないまま放置された場合、その人の人生だけでなく、次の世代にまで害を与える場合がある。トラウマを持つ親は、現在の出来事によって解決されていない感情が刺激されると、荒々しい感情を爆発させることがある。また、感情的に閉鎖したり、孤立して人づきあいを拒んだりすることもある。意図的にそうする親はいないだろうが、子どもに対する影響は壊滅的なものがある。

次に挙げる話は、親と子どもがどれほど緊密に結びつき（しかも無意識に）、EMDR が効果を発揮するためには、臨床治療全体に EMDR を組み込む必要があることを示している。この症例では、症状がわかりにくい行動の数々として現れているため、臨床家は探偵のように適切なターゲットを探す必要があった。この例は、生まれと育ちの相互作用の強さも示している。人間の体に遺伝子として組み込まれている生存メカニズムに直接反するような経験は、極めて無秩序で衰弱的な影響を精神に及ぼす可能性がある。母と子の絆は、自然の最初の掟の 1 つであり、明らかに種の生存を目的としている。自然の掟が破られ、相互の愛情が発生しなかったら、いったいどうなるのだろうか？

ジョーン・ロヴェット博士は、深く息を吸い、ゆっくりと吐き出した。そして、今聞いたばらばらの症状を 1 人の少女の形にまとめ上げようとした。何とひどくもつれてしまったのだろう。目の前にいる疲れ切った女性は、小児科医として 20 年の経験の中で、最悪の状態ではないにしろ、それに近かった。

博士は、ノートを閉じて頭を上げ、ひどく怯えたような目をのぞき込んだ。わかった、どうにかしなきゃね。少女の名は、アシュリーといった。かわいらしく、金髪で、5 歳の幼稚園児だった。母親は、彼女が麻薬中毒者になるだろうと思っていた。祖母は、孤児院にやるべきだと思っていた。弟は、姉が自分を殺すと思っていた。恐らく、それは事実だろう。

「兄弟間の競争意識」という言葉では、アシュリーが弟のチャーリーに対して抱いている感情を説明できなかった。チャーリーは、アシュリーのわずか 11 カ月後に生まれたのだが、アシュリーはチャーリーに驚くべき敵意を抱いていた。よく殴り、腕や胸に青あざを作らせたし、目を指で突くこともあった。最近では、弟を２段ベッドの上から突き落とした。４歳児が落ちるには、かなりの高さである。弟が、重い喘息の発作で病院へ運ばれたときには、「死ねばいいのに」と言った。

アシュリーは、母親も嫌いだった。抱かれようとしなかったし、目を合わせもしない。寝る前にパジャマを着るといった単純なことでも、大騒動になった。成りあがりの独裁者のように癇癪を爆発させ、１回につき 30 分も物を投げ、わめき、泣き、吐いた。そして、自分の手を食いちぎる動物、知らない怖い人、恐ろしい事故といった悪夢を、繰り返し見ていた。最近のことでは、ベビーシッターの家からブレスレットを盗み、嘘をついた。自分の唇が腫れあがるほど噛むことも、よくあった。一度は、ゴミ箱から剃刀を拾い、自分を傷つけた。それから、犬と閉じようとするドアに対して、ひどい恐怖症を持っていた。アシュリーの母親が郵便を受け取ろうとドアを開けても、泣きわめきだすほどだった。

母親の辛抱がついに限界を超え、心理療法を受けようと思うきっかけになったのは、６週間前、幼稚園で開かれた感謝祭のパーティーだった。その日は、親たちが招待され、子どもたちが給仕を務めることになっていた。アシュリーは、七面鳥と詰め物を盛った皿を持って、すばやく母親に近づき、ぶちまけた。「ここにいてほしくないわ！　大嫌い！」

ロヴェット博士は、診察室に座っている女性に同情を禁じえなかった。モーラ・サリバンは、怯え、事態に圧倒され、疲れきっていたが、決心は固かった。33 歳のシングルマザーとして、わずかな収入で２人の幼児を育てながら、何とか生活を立て直そうとしていた。彼女は、アルコール依存と薬物依存から回復しつつあり、アシュリーの暴力的な行動に責任を感じていた（妊娠早期にヘロインを使ったことにも）。チャールズという元夫は、俳優で、結婚期間中によく失職し、頻繁に薬物を使っていた。彼女に精神的な虐待も加えた。アシュリーが生まれた夜、チャールズは警察に捕まり、モーラはひとりで出産に臨まねばならなかった。生まれたばかりの娘がベッドに連れて来られたとき、モーラはあまりに疲れて、頭がぼんやりして、どうしていいかわからなかったので、赤ん坊をあまりかまおうとしなかった。彼女は当時を振り返り、アシュリーが生まれた直後に互いの絆を強めるチャンスを逃してしまったので、今では遅すぎるのだろうと感じていた。

アシュリーが、どさくさの間に生まれた11カ月後、2番目の子が生まれた。それでも、楽観的だったモーラは、父親にちなんでチャーリーという名をつけた。しかし、チャーリーが1歳、アシュリーが2歳のころ、仕事をしたりしなかったりで、精神的な虐待ばかり与えていた父親は、完全に家族を捨てて戻って来なかった。当時の光景を、モーラは忘れられない。アシュリーが、太くて短い足を慎重に踏ん張り、父親に手を伸ばして、無言で「抱っこして」という万国共通のジェスチャーをしたときのこと、父親は背を向けて立ち去り、ドアをバタンと閉めたのだ。

モーラは語った。「あの時代は、本当に大変だったわ。精神的に崩壊する寸前だった。夫の問題もあったし、私は2～3年間使ったメタンフェタミン（ヒロポン）の中毒から立ち直ろうとしていた。アシュリーにとって、母親はいなかったも同然なの。もちろん、食べさせたり、おむつを替えたり、物理的な世話はしたわ。ただ、感情的にはアシュリーをかまってやらなかった。本当に、頼る人が欲しくて……。アシュリーも同じ気持ちだったと思うわ！母親がいなかったも同然なんだもの」

モーラは、そわそわと座りなおした。「ロヴェット先生、私、死ぬほど怖いんです。アシュリーをどうしてやったらいいか、わからない。本当に手に負えないときがあるんです。アシュリーが泣いて、チャーリーも泣くと、自分も泣いてしまって。どっちの子どもも手に負えなくて、自分の部屋にこもって気を静めないといけないときもあります」。モーラの口からは、話したくてしかたがなかったと言わんばかりに言葉が次々と流れ出した。「いい母親になろうとしています。子どもたちが大好きです。体にいい食事を与えてやり、清潔にして、予防注射は全部打ってもらっています。2人をいつも公平に扱います。でも、それだけでは十分じゃない。うまくいっていない。ほかにどうしたらいいのか」

「公平に扱うってどういうこと？」と、ロヴェット博士は尋ねた。

「ええ、一人がお腹を空かせれば、両方におやつをやります。一人が眠くなれば、両方に昼寝をさせます」。博士は、モーラの声がわずかに教訓的になったのに気づいた。「一人に靴を買わなければいけなければ、両方に靴を買うお金ができるまで待たせます。一人の誕生日には、両方にプレゼントをやります。一人だけに何かを与えたことはありません。不公平だからです。これは、とても重要だと思います」。モーラは、ほとんど強引に結論づけた。

「つまり、『公平』というのは、２人の子どもたちをまったく同じに扱うということね」

「そうです。子どもたちは皆、まったく同じに扱わなければいけません」。モーラは口を閉じ、博士の反応を待った。博士は、励ますように見つめたが、何も言わなかった。

　気まずい長い沈黙の後、モーラは続けた。「もし、私の両親が私たちをみんな公平に扱っていたら、あんなに問題がたくさん起きることはなかったでしょう」

　博士は静かに立ち上がり、部屋の奥にある戸棚へ歩いていって、紫色のベルベットの小袋を取り出した。そして、椅子へ戻ってきてモーラにそれを差し出した。

「『棒と小石』のゲームを使って、ご家族について話していただけますか？

　袋の中に色のついた小石がたくさん入っています。家族の一人ひとりにあたる小石を選んでください。石を紙の上に並べ、印をつけて、それから線を引いて、家族間のつながりを示してください」

　モーラは、袋に手を入れ、きれいに磨かれてすべすべした小石を触った。そして、一つずつ６個の小石を取り出し、紙の上に並べた。母親、父親。どちらもアルコール依存症だった。長女の自分。３歳年下の妹、サラ。さらに３歳年下の妹、ステファニー。最後に、10歳年下の養子の弟、ビル。モーラは、太い線で強い関係を示し、波線で薄い関係を示した。博士は、興味を持って見守ったが、何も言わなかった。モーラは作業を終えたように見えたが、また袋に手を入れ、そわそわと指で石をまさぐった。

「実は、もう1人、養子の弟がいたんです。ビルの前に」。長い沈黙。「いなくなっちゃったんですけどね」。声に感情はなかった。モーラは、ゆっくりと話し始めた。8歳のとき、両親は、生後6カ月の男の赤ん坊を養子にすることに決めた。シャノンと名付けた赤ん坊に、モーラは8歳の少女としてありったけの愛情を注いだ。シャノンは、まるでモーラの赤ちゃんだった。シャノンは、大きな青い目とトウモロコシの毛のような髪をしていた。そして、いつも笑っていた。モーラは、シャノンが世界で一番かわいい赤ちゃんだと思っていた。モーラは、あやし、哺乳瓶でミルクを飲ませ、おむつを替え、どこへでも連れて行った。

シャノンが家へ来て2週間ほどたったころ、家族が台所にそろって夕食の片付けをしていた。父親が鉄のフライパンを片付けようとしたとき、うっかり手を滑らせ、フライパンが大きな音をたてて床に落ちた。一瞬、全員が赤ん坊に目を向け、泣いたらあやそうと身構えた。しかし、シャノンは、びくりともしなかった。父親はフライパンを拾い、赤ん坊を注意深く見ながら、騒々しく鍋と打ち合わせた。それでも、反応はなかった。シャノンは、じっと座ってながめていただけだった。モーラの母親は、泣き出した。

翌日、シャノンは小児科病院で検査を受けた。診察した医師は、シャノンの聴覚に障害があると判断し、さらに検査を奨めた。そして数週間の間に、シャノンは脳性麻痺と診断された上、消化に深刻な問題があり、チューブで栄養を摂らせる必要があると告げられた。長期間の介護が必要で、それでも3、4歳以上は生きられないということだった。モーラの両親は、この知らせを子どもたちに告げないことにした。

台所での出来事から2週間ほど後、モーラは学校から帰ってきてシャノンがいないことに気づいた。「両親は、養子あっせん機関に戻すことにしたんです」と、モーラは無感情に言った。「シャノンは一生、外出は許されず、うちでは面倒を見られないからだと言いました。あっせん機関が、面倒を見られる家庭を探してくれるだろうと。そして私は二度とシャノンに会いませんでした」

「それで、どう思った？」と、博士は尋ねた。

「もちろん、両親にとっては適切な判断だったでしょう。当然じゃありませんか？」。モーラは、首を振った。「あれから、一度も考えたことはなかったのに」

「どう感じるか、もう少し教えてくれる？」

「何も感じないわ」と、モーラはきっぱり言った。しかし、すぐにわっと泣き始めた。25年間も痛みを抑えてきた壁が、ついに崩れ、粉々になってしまったようだった。

8歳の少女が「自分の」赤ちゃんを奪われたショックと、心を閉ざしてしまうほどの深い悲しみは、想像するしかない。明らかにシャノンを失ったことで、モーラは大事な人と結びつくことができなくなってしまったのだ。何年も後に持つことになる自分の娘も含めて。母の愛着を感じられないアシュリーも然るべき行動をとった。アシュリーは、前向きの感情を一切示さないし、周囲の誰に対しても愛情を見せない。

しかし、シャノンを失ったことだけが、この世代を超える複雑なパターンを作り出したわけではない。原因は、モーラの家族の経歴にもあった。アルコール依存症の両親、自分では予想も管理もできない家庭環境、与えられたり与えられなかったりする不安定な両親の愛情など。この感情的な混乱の中で、モーラにとって養子の弟のシャノンだけが安定した愛情の対象だったにもかかわらず、奪い去られてしまった。モーラの反応は、次世代にも引き継がれた。その結果が、アシュリーの怒りに満ちた行動だ。子どもは、両親の欠点を自分のせいにする傾向がある。自分が求められていないと感じるだけでなく、自分はその待遇を受けてもしかたないと感じる。生まれながらに求めている絆が得られないと、子どもは誰も信用できないと感じ始め、その状況はどうにも変えられないと思い込む。

事態の全体像からうかがわれるのが、生まれと育ちの複雑な相互作用である。アシュリーの両親も祖父母もアルコール依存症だから、性格の一部は遺伝だという医者もいるだろう[8)]。母親の妊娠中の飲酒とヘロインの使用が、生物学的にアシュリーの性格を決定したという医者もいるだろう。どちらの分析も、アシュリーの感情的健全性を悲観的にとらえている。幸運なことに、ロヴェット博士のようにEMDR臨床家は、環境の役割を重視する。例えば、モーラがシャノンを奪われた経験から、感情を解離させることを学んだということは、アシュリーが、心理的問題を発生させる可能性の高い育て方をされたことになる[9)]。感情的に応えない母親を持つ影響は非常に大きく、多数の研究によって、そのような状況下の赤ん坊の死亡率が高いことが証明されている[10)]。

このようなトラウマを受けた子どもは、受動的もしくは反応的となる。そして空虚さを、恐怖、怒りのいずれか、もしくは両方で埋めようとするかもしれない。その結果、暴力的で不適切な行動の繰り返しによって、周囲の人から疎外されてしまう。行動すればするほど孤立し、自分が愛されず、愛されることができないのだという自己認識を強める。また、アシュリーの自傷的な傾向（唇を噛む、自分を切る）も、解離的な人によく見られる。そのような人は、「何かを」感じ、生きていることを思い出す手段として、痛みを使う[11)]。自傷行為は、絶好の気晴らしでもある。新しい痛みによって、昔の痛み、今の痛みから気をそらすことができ、エンドルフィンの放出によって幸せを感じることができるからである。

弟のチャーリーに対するアシュリーの敵意には、恐らく複数の原因がある。第1に、アシュリーは、母親がしてやることのできたわずかなことでも、弟と共有せねばならなかった。第2に、父親に放棄された痛みを行動で示していた可能性がある。第3に、モーラが無意識にチャーリーを、何年も昔に失ったかわいいシャノンの代用としていた可能性がある。チャーリーをえこひいきし、自分の息子と認めることで、アシュリーを一層傷つけていたかもしれない。

この家族におけるすべての問題の原因が、モーラが弟を失ったことだとは言えない。しかし、弟を失ったことと、モーラの全般的な発育環境が、親としての愛情や情緒の欠乏を生む下地となり、アシュリーが家族との愛情の絆を築けない結果となったことは確かである。

モーラは、シャノンを失った記憶を処理し、それに伴うすべての感情（悲しみから、罪悪感、怒りまで）を通過してから、愛するという能力を取り戻す必要がある。この感情の移り変わりは、モーラの悲しい出来事の時点で狂ってしまった自然の治癒プロセスを反映したものである。

モーラが泣いている間、ロヴェット博士は、弟を失ったことがモーラに与えた壊滅的な影響について考えた。幼少期の喪失が、25 年も後になって、自分の子どもを育てることを妨げている。アシュリーの治療を始める前に、モーラに残っている傷を処理する必要があると思った。博士は、子どもの問題行動を専門とする小児科医だったが、子どもだけでなく両親にも対応することの大切さを感じていた。親自身の未解決の問題が、子どもに反映されるケースをたくさん見てきたからである。

モーラが静まると、博士は EMDR の説明をし、次のセッションで EMDR を使ってシャノンにお別れを言いたいかどうかを尋ねた。モーラは、シャノンの話をしたことに対する自分自身の反応の強烈さに衝撃を受けていたため、EMDR の使用に賛成した。

モーラは、次のセッションにやってきたとき、シャノンに最後のお別れを告げる手段として長い詩を書いてきていた。モーラは、前回の 1 回目のセッションの後、自転車に乗りながらシャノンのことを考えていて涙を止められなかったと話した。「いい気持ちだった」と、モーラは驚いていた。「先生が、あの小袋を出して家族の一人ひとりに小石を当てはめるように言わなかったら、自分がシャノンのことをどう感じていたかに気づかなかったでしょう。シャノンのことを言うつもりはなかったんです」。しかし、シャノンのことを話し、気持ちが落ち着いただけでは十分でなかった。モーラと娘の関係を悪くしている根本的な感情は、変わっていないからである。

ロヴェット博士は、シャノンを失ったときに学んだ苦しい教訓を言葉にしてほしいとモーラに言った。モーラはすぐに「誰とも二度と親密になりたくない」と答えた。この言葉に伴う感情的不安の強さは、0 〜 10 のうち 9 だった。次に、どう感じたいかを表現する前向きな表現を尋ねた。モーラはしばらく目を閉じて考え、自信なげに、まるで質問をするように言った。「みんなが弟を愛するのと同じように、私はシャノンを愛していた。そして、また愛することができるようになった」。この表現がどれだけ真実と感じられるかと尋ねると、モーラは首を振って１～７のうち２と答えた。

「台所のシーンから始めましょう」と、博士は言った。「当時の光景を思い出しながら、目で私の指を追ってみてください。いいですか？」

モーラは、深くうなずいた。博士が手を左右に動かし始めるとすぐ、モーラの目は涙でいっぱいになった。突然、８歳の少女に戻ったのだ。モーラは、フライパンが床に落ちる音を聞き、部屋の中に高まる不安を感じ、母親の顔が悲しみにゆがむのを見ていた。最初の１セットが終わるころ、モーラは涙ながらに言った。「両親は、シャノンの面倒を見きれないと感じていました」

「その感情と一緒に」と、博士は優しく言い、２セット目を始めた。

「シャノンがいなくなって、とても寂しくなった。両親は、ほっとしてもいたけど。母は泣いていて、寂しく、悲しがっていたけれど、ほかの誰もシャノンのことを話さなかった。ちょうど、私が学校から帰ってきて祖父の死を聞いたときみたい。どうして誰も泣いていないの、って思ったわ。私の家族は、悲しむ方法を知らなかったのね」

もう１セット。

「何かを深く好きになるのは、二度とやめようと思ったわ」。モーラは、上半身全体を震わせて泣いていたが、固く握ったこぶしは、少女のようにきちんとひざに置いていた。「そして、本当にそうした。ずっと後まで、ビルが来てずっと後までね。ビルは多動だった。覚えているのは、母が父にビルにミルクをやってくれるよう頼んで、父が母を殴ったの。父は酔っ払っていた。私は母と一緒にソファで寝たわ」。モーラの顔には、まだ涙が流れていた。モーラは頭を前後にゆさぶり続け、黒い髪が頭よりわずかに遅れて動いていた。「シャノンのことは、私が悪いのよ。学校から帰っていたら、もしそこにいたら、両親はシャノンを連れて行くことなんかできなかった。止めることができたのに」と、モーラは惨めな口調で言った。

EMDR治療のこの時点で、モーラの情報処理システムは、もう１度、てこ入れが必要だった。必要以上の責任感で、行き詰まるのは珍しいことではない。モーラを助けるため、ロヴェット博士は、眼球運動と一緒に、前向きな考えを引き出す質問を使うことにした。EMDRでは、これは「認知の編み込み」と呼ばれる手続きのバリエーションである。目的は、新しいプラスの考えと、クライエントの脳に保存されていた古いマイナスの（機能不全の）情報を絡み合わせ、処理を可能にすることである。治療者が適切な質問をすれば、プラスの情報を持っている記憶ネットワークが刺激され、ターゲット・ネットワークに接続することができる。前にも述べたとおり（特に、エリックがベトコン捕虜の死が自分のせいではないことに気づいたとき）、前向きでより適応的な情報は、すでに内在している。苦しんでいるクライエントが、それに自動的にアクセスできないだけだ。

博士は、もう１セットを開始した。そして、モーラが目を左右に動かしている間に尋ねた。「シャノンを返すというのは、誰の決断？」

「両親。だけど、私が止められたかもしれない」

もう１セット。

「８歳の女の子が、赤ちゃんを置いておくという決断を本当にできるかしら」

「いいえ」

もう１セット。現実的な情報が処理中のターゲットにつながったとたん、モーラの過剰な責任感、そして罪悪感が消えた。

モーラは怒り始めた。こぶしを白くなるほど強く握り、ももの上に押しつけ、あごを緊張させながら、なおも指を目で追った。「シャノンを返すなんて、両親は不公平だった。実の子どもだったら、あきらめるなんてことはないだろうに。どうして返してしまったの？　私たちと同じに扱うべきだったのよ。不公平だわ！」

もう１セット。モーラの怒りはおさまり、シャノンをひざに抱いていると想像しながら、昔、望んだとおりに話しかけ始めた。モーラは、詩に書いたことの一部を語り、最後のお別れを言った。「いつも、あなたの笑顔を覚えているわ。あなたはいつも、私の心の中にいる。星を見たら、１つにあなたの名前をつけるわ」

もう１セット。モーラは泣くのをやめた。そして、深呼吸し、普通に呼吸をした。モーラは、気が静まったと言い、同時に、椅子の肘掛けの手触り、外を走る車の音などが、鋭敏に感じられると告げた。そして目を閉じ、「みんなが弟を愛するのと同じように、私はシャノンを愛していた。そして、また愛することができるようになった」と言った。

「それと一緒に」。もう１セット。

モーラは、やはり静かだった。博士は尋ねた。「台所の光景を思い出して、どのぐらい不安になる？　０から10の数字で言うと？」

「ゼロ」と、モーラは答えた。そして、自分の答えに少し困惑したようだった。

「『みんなが弟を愛するのと同じように、私はシャノンを愛していた。そして、また愛することができるようになった』という表現は、どのぐらい真実？　１～７で」

「７。絶対に」と、モーラは微笑んだ。

「これで、あなたは自分の子どもたちに必要なものを与えてやれるわ。罪悪感ではなく、守りたいという感覚に従って子どもたちの必要を満たしてやれる。これまでは罪悪感でやってきたけれど、もう罪悪感なしでもりっぱな親になれる」

シャノンに関する最初で最後のEMDRセッションは、60分で終わった。ロヴェット博士は、モーラの外見にも、失った弟のことを語る口調にも、変化を感じた。モーラは、すでに少し明るく、陽気だった。しかし、このセッションで本当に恩恵を受けるのは、アシュリーだろう、と博士は思った。絶望的な怒りと孤独に満ちた少女の母が、やっと温かい心を取り戻したのだから。

１月下旬にあたる翌週、ロヴェット博士は初めてアシュリーに会った。アシュリーは、金髪でとてもかわいらしかったが、とても不機嫌だった。２人きりになると、博士は自己紹介し、アシュリーを一緒に床に座らせた。アシュリーは、ドスンと座ると、周囲をじろじろと眺めた。プレイルームは、カラフルなプラスチックの玩具、絵の具、粘土、ぬいぐるみ、積み木、人形でいっぱいだった。

博士にとって、アシュリーとの最初の対面は記憶に残るものになった。「悪夢のような1時間だったわ。アシュリーは、プレイルームの物を全部触ってみていた。本当に全部。粘土をちぎっては『だめね』、水が欲しいといって水を出してやれば『水なんかいらない』、人形に服を着せて、脱がせては『だめね』、ゲームをすれば『退屈なゲームね』といった具合。母親に会いたがったと思えば会いたがらず、絵を描かせれば投げ捨てる。もう1枚描かせると破く。遊びと呼べるものはなかった。ぐちゃぐちゃいじくっては、次の物に移るだけ。アシュリーは、あるもの全部をいじくった。何が何やらわからなかったけれど、この最初の1時間でアシュリーの気持ちがわかり始めたような気がした。アシュリーにしてみれば、世界の中で満足できるものは何もなかったのね。何もかも失望。まるで、『私は失望なのよ。これもできない、あれもできない、何もできない。意味のあるものなんてない』って言っているみたいだった。それが、アシュリーの感じ方なの。ひどいものね」。誰も一緒にいたがらないのも不思議ではなかった。

アシュリーが誰にも愛情を感じず、誰も信用しないことを考えて、博士はアシュリーが安心できる関係を築くのに、かなりの時間がかかるだろうと予想した。この安心感は、EMDRを含め、どのような心理療法にも重要である。安心しない限り、人と結びつく、気遣う、世話する、といった、アシュリーに悲しいほど欠けている技術を、博士から学ぶことはできないだろう。迅速で容易なEMDR治療とは、なりそうになかった。アシュリーは、デイビーのようにトラウマが1つだけではなかった。前向きの選択肢として使えそうな経験を豊富に持った大人でもなかった。アシュリーは、生まれてからずっと続けてきた行動や人間関係のパターンから引き離す必要があった。アシュリーには、具体的な例を通じて、世の中に原因と結果という原理があり、自分が世界で1人の大切な存在で、幸せな人間関係につながる形で自分を表現でき、安全に愛し、愛されることができることを示さねばならない。前向きな選択肢を持たない限り、アシュリーの否定的で機能不全の態度は代わらないだろう。つながるべき、プラスの適応的な情報がないからである。

2回目のセッションで、アシュリーは次から次へと絵を描き始めた。頭にあたる円を描いたかと思うと「だめね」と言って投げ捨てるだけだったが。

3回目のセッションで、アシュリーは人形が泣いている赤ん坊だと言い、博士に泣きまねをするように頼んだ。泣き声を立てると、アシュリーは、赤ん坊が泣くのが非常に気に入った様子だった。次にアシュリーは、赤ん坊をあやす母親になってほしいと頼んだ。これは、それまでの中で一番遊びらしかったが、まだ本当の遊びではなかった。本当の遊びとは、子どもが登場人物やシーンを考え出し、お話を作るものだからである。この時点で、アシュリーはまだ解離しており、慈しむという感情はまったくない。幸せな家族に関する話を聞いたり、テレビ番組を見たりしたことはあったかもしれないが、共感できない。だから、博士に赤ん坊の泣き声を出させたり、母親の真似をさせたりさせねばならなかった。1、2回目のセッションでも、このセッションでも、アシュリーは常に傍観者であり、自分で赤ん坊をあやしたり、快適を感じたりすることはなかった。

2月下旬、ロヴェット博士はアシュリーに雑誌を何冊か与え、切り取ってコラージュを作るように言った。アシュリーは、赤ん坊を抱いている母親の写真を切り抜いた。そして、母親を切り離し、小さく切り刻んでから言った。「お母さんなんて大嫌い。赤ちゃんは、1人のほうが好きなことができて喜んでいるわ」

3月、アシュリーは、また赤ちゃんごっこがやりたいと言い、博士に赤ちゃんになって泣くように頼んだ。博士が「うわあーん」と言うと、アシュリーは真っ直ぐに博士を見つめ、泣かせたままにした。そして、用事で出かけなければならないと宣言した。博士は、母親が来てくれないので困惑して怒っているふりをした。アシュリーは、それを面白そうに見ていた。

これは、アシュリーに人間関係を教える第一歩だった。アシュリーの両親が見せた、解離した、もしくは虐待的な関係とはまったく違うものである。博士はアシュリーに、怒って感情を表現してもかまわないということを教え始めていた。後のセッションでは、アシュリーに怒り、悲しみ、罪悪感を表現する新しい方法を教え、アシュリーがそのような感情を初めて他の人間に見ることができるようにした。モーラは、子どもたちに自分の「悪い」感情を決して見せないよう教えられていた。安全な人間関係という快適な環境で、ゲームやごっこ遊びを通じてのみ、アシュリーは徐々に自分の感情や苦痛に触れ、暴言を吐かずに表現することができるようになるだろう。

翌週、アシュリーは少し、遊び始めた。アシュリーと博士は、交代で絵を描き、違う色のクレヨンで描き足していった。その途中、アシュリーは尋ねた。「もし、お母さんが待ってなかったら、私はどうなるの？」。答える代わりに博士は尋ねた。「どうなるの？」。するとアシュリーは答えた。「死ぬのよ」。この答えは、アシュリーが幼児として見捨てられたと感じ、母親との絆を感じられないことを示しているようだった。非常に初歩的で進化的なレベルで、この感情は完全に当たっていた。幼い子どもは誰でも（哺乳類の子どもなら）、愛してくれる親の庇護がなければ死んでしまうからだ。

４月になると、アシュリーは遊び始めた。ルールに従ってボードゲームをすることも習いたがった。これは、ロヴェット博士に期待を抱かせた。アシュリーが「正しくやりたがった」からである。次にアシュリーは、ピンクの粘土で大きなお母さん星と小さな赤ちゃん星を作ってほしいと言った。星ができるとアシュリーは、赤ちゃんが好きでお母さんは嫌いだと言い、お母さんの星を壊してしまった。博士は、お母さん星と赤ちゃん星がアシュリーにとって重要なシンボルだと感じ、再び遊びに出てくるのを待った。博士は、そろそろ EMDR を始めてもいいころだと決断した。

博士は、すでに約３カ月を費やして、アシュリーとの EMDR ができるほどの関係を確立してきていた。EMDR は子どもに対して優れた効果を短時間で発揮するが、慈しみにあふれた治療者との良好な関係が必要である。EMDR は、強い感情を呼び起こすため、クライエントが４歳であろうと 40 歳であろうと、安全な「拠点」、つまり信用でき、安定していて愛情に満ちた場所を提供する人間と一緒に行う必要がある。クライエントはそこから、感情の支配する強力なテリトリーに足を踏み入れ、いつでも戻ることができる。この安心感は、デイビーにとって簡単だったが、アシュリーにとっては非常に難しかった。目標は、EMDR を始める前に、アシュリーとの間に前向きで適応的な関係を構築することだった。

５月上旬、アシュリーは、再びお母さん星と赤ちゃん星を作るように頼んだ。博士は、星を作った後、お母さん星をつまみ上げ、何も言わずにアシュリーの顔の 30 ～ 40 センチ前で左右に動かし始めた。アシュリーは、しばらく星をじっと見ていたが、やがて星をもぎ取り、壊してしまった。博士は、お母さん星が全部ぐちゃぐちゃになるまで、この「遊び」を続けた。その後のセッションで、アシュリーは星を描く練習に長い時間を費やした。アシュリーは宇宙ができるほどの星を描き、自分の新しい技能が至極誇らしげだった。

アシュリーの心理療法が進むにつれ、博士は、通常の遊戯療法の中に、EMDR セッションをはさみ始めた。そして、さまざまな人形、玩具、粘土を使って、アシュリーは自分の重要な問題を表現した。アシュリーはさまざまなレベルで、母や弟とのうまくいかない関係、剥奪された幼少期、孤独で疎外された経験といった具体的な状況を、物体から連想できるようになった。連想さえできれば、その物体を使って、アシュリーの不安の原因となる保存された経験を刺激できた。

ロヴェット博士は、EMDR の間、多様な玩具やシンボルを焦点として使い、アシュリーの脳の中で重要な人間と状況に関する適切な情報が保存されている場所と、意識の間にリンクを作った。例えば、アシュリーの母親を示す大きな星をシンボルとして持って眼球運動をさせれば、理論的には、機能不全の領域（母親との関係）とアシュリーの生まれ持った情報処理システムをリンクする治療的効果があるはずだった。

時間が経つにつれ、博士は、自分とアシュリーとの間、それにシンボルと問題の間に安全な関係を構築し、EMDR 治療ができるようにした。そしてアシュリーは、徐々に落ち着き、受容的になっていった。受容的になるにつれ、重要なリンクが形成され、アシュリーに多大な苦痛を与えてきた主な領域を１つずつ対処することができる。

５月半ば、アシュリーは、粘土でお母さんアヒルと赤ちゃんアヒルを作ってほしいと言った。博士が作ってやると、アシュリーは熱心に見ていたが、壊さなかった。このときアシュリーの心理療法は３カ月半に入り、やや変則的なEMDR処理セッションを1回終えていた。

すぐ後に行った親との面接で、モーラはアシュリーの家での態度が少し良くなり、「お母さん、手伝おうか？」と言うようになったと報告した。「ほとんど私を好いているように見えることもあります」と、モーラは恥ずかしげに驚きを告げた。

7月、アシュリーは粘土で犬を作ってほしいと言って、博士を驚かせた。アシュリーは犬をひどく怖がっていたからである。博士は、すぐに作り始めた。頭と体を作り、アシュリーに足を作らせた後、全部の部品を組み立てると完全な犬ができた。アシュリーは、犬をこぶしで叩きつぶした。2人は、また犬を作った。アシュリーはそれもぺちゃんこにした。3匹目の犬を作った後、博士は、犬をアシュリーの顔の前に目の高さで保持した。そして、犬を左、右、左、右とジャンプさせ、動きに合わせて唱えた。「犬と……遊ぶか……どうか……決めても……大丈夫……犬と……遊ぶか……どうか……決めても……大丈夫」。アシュリーは目を見開き、目の前で揺れる粘土の犬に集中していた[12)]。手を止めると、アシュリーは犬を叩きつぶした。後でアシュリーは黒板に、「お母さんが好き。お母さん、いや、いや、いや」と書いた。

具体的なプラスの表現を与える（通常は眼球運動の前に）のは、認知の編み込みの一形態である。この編み込みは、アシュリーにすぐに大きな変化を与えはしなかった。しかし、理論的には、編み込みによってアシュリーの犬に対する恐怖が保存されている記憶ネットワークが開かれ、セッションの後の行動に長期的な変化を与えるはずだった。

2、3週間後、アシュリーはプレイルームに来て、「キャベツ畑人形」と呼ばれるボードゲームを見つけた。色鮮やかなボードには、廃坑、病院など、さまざまな目的地が描いてある。ゲームの駒は、さまざまなキャベツ畑人形の顔の描かれた小さな円盤だった。悲しそうなのもあれば、うれしそうなの、怒っているのもある。ゲームは、回転盤を回し、出た絵の指示に従うというものだ。例えば、ある絵で針が止まれば、人形を廃坑へ持っていく。また別の絵で止まれば、人形を救助し、病院へ連れて行く。コウノトリが出たら、もう1人の人形を養子にするといった具合である。

アシュリーが遊び始めると、ロヴェット博士は、キャベツ畑人形になったふりをして話した。「やめて！　どうしてこんな暗くて冷たい廃坑に捨てられるの？　悪い子だから？　みっともないから？　言うことをきかないから？　みんな、私たちが嫌いなの？」。ゲームが終わったとき、アシュリーは5人の怒った赤ちゃんと1人の笑った赤ちゃんの合計6人の赤ちゃんを「養子」にしていた。

「赤ちゃんを持ってくれる？」と、博士はアシュリーの駒を拾って言った。アシュリーは、うなずいた。「いいわ。手を広げて。そうね。怒った赤ちゃんを1人、ここへ載せましょう」。博士は、使い古されて汚れた駒をアシュリーの左の手のひらに押し付けた。「それから、もう1人、怒った子を反対の手に載せましょう。いいわね？　これでよし。それから、私が笑っている子を持つわね」。アシュリーは、熱心に博士の動作を見ていた。博士は、笑っている赤ちゃんの駒でアシュリーの左手と右手を交互に軽く叩き始めた。そして、動きに合わせて、こう繰り返した。「もう安全で……大丈夫……悲しんでも……怒っても……いい……もう安全で……大丈夫……悲しんでも……怒っても……いい」。それは、アシュリーに使おうと計画したプラスの認識で、このゲームにぴったりだった。

8月30日、博士が診察室の入口でモーラと話していると、アシュリーが弟を押し倒した。チャーリーが立ち上がろうとすると、アシュリーは再び押し倒した。数分後、セッションが始まると、アシュリーは男の子の人形を拾い、博士の手に押し付けた。そして女の子の人形を拾うと、誇らしげに言った。「この子は男の子が大嫌い！」。次に、おもちゃとして使っていた古い電話を手に取ると、それで男の子の人形を叩いた。そして男の子の人形をボードゲームの2つ折のボードにはさみ、部屋の反対側に向かってほうり投げた。アシュリーが怒ったことは何度もあったが、今回はどこか違っていた。アシュリーは殺意を持っていた。

アシュリーの怒りは、徐々に静まり、別の人形を拾い上げた。そして、それをお父さん人形だと博士に言った。お父さんが帰ってきたので、大丈夫になったと。ここにも、生まれと育ちの相互作用が見られる。アシュリーの父親が、どんなに冷たく、虐待的で、自分を捨てていっても関係がない。父親を求める気持ちと父親への愛情が、すべてを上回ってしまう。弟のチャーリーは、アシュリーの痛みが癒されるまでスケープゴートにされるだろう。

ロヴェット博士は、片手に女の子の人形を持ち、もう片方の手に男の子の人形を持つよう、アシュリーに頼んだ。アシュリーは、言葉に従った。博士は、アシュリーが注目するに違いないお父さん人形を手にし、キャベツ畑人形で行ったのと同じ EMDR の遊びバージョンを始めた。「お父さん……人形が……言っている……感情を……見せても……大丈夫……感情を……持っても……見せても……大丈夫」。この手をたたく遊びは１分弱、博士が肯定的な認識を５、６回繰り返すまで続いた。アシュリーは何も言わなかったが、後で女の子の人形と男の子の人形を結婚させた。

博士は、それから何カ月も、アシュリーの幼少期の経験を和らげ、発育の図の中に新しい糸を織り込む努力を続けた。人を信用してもいいこと、感情を表現し、傷つけたり傷つけられたりすることなく人に近づいていいこと、など。そして、愛情を持ってアシュリーを受け入れ、プラスの認識と感情を遊びの中の物体に結びつけた。

９月半ば、アシュリーは幼稚園に再び行き始めた。博士とモーラは、アシュリーを以前と同じ年齢の組に入れることに決めた。先生がすばらしかったし、前の年はアシュリーの怒りや異常行動によって、さまざまなスキルを発達させる機会を失ってしまったからである。

11 月上旬、博士がアシュリーと会ってから約 10 カ月後、アシュリーの行動に目立った変化が現れた。あるセッションでは、アシュリーがまる１時間も落ち着き、自制心を保っていた。アシュリーはルールに従ってゲームをし、自分の番が終わるごとに博士に電話をかけるふりをし、博士の番だと告げた。博士にも電話をかけるふりをしてもらいたがった。

翌週、博士とアシュリーは、ちょっと変わった「いないいないばあ」をした。アシュリーが本棚の１番下の段に隠れ、博士がアシュリーから見えるところと見えないところを行き来しながら「アシュリーはどこ？　アシュリーはどこ？」と大きな声で尋ねるのだ。博士は、従来のEMDRと違って、肯定的な表現を一切このゲームに持ち込まなかったが、アシュリーの注意を繰り返し引くことによって、アシュリーに自分の存在を確認させようとした。

同じセッションで、ロヴェット博士はアシュリーに、赤ちゃんが生まれる前、誰も赤ちゃんが見えないうちから、赤ちゃんがお母さんのお腹の中にいることを話し始めた。アシュリーは、この話が気に入って、何度も何度も聞きたがった。博士は、振り返って語った。「私はアシュリーに、『あなたは生まれるべくして生まれたのよ』というメッセージを伝えたかった。アシュリーには空虚感があり、自分が望まれたことも好かれたこともない、生まれるべきではなかったと感じていた。いないいないばあの遊びで『アシュリーはどこ？』と尋ね、見つけることで、『あなたが見えるわよ。あなたはここにいる。存在する』いう意味を暗示した」

12月、アシュリーは、扁桃腺を切除することになった。博士は、手術前にモーラと話す機会を持った。「前に、アシュリーが生まれたときに自分がよくかまってやらなかったとおっしゃいましたね。だったら、これがいい機会です。手術の前後で、アシュリーを思い切り赤ちゃん扱いしてあげてください。アシュリーが眠るまで必ずそばにいて、起きるときにはそばにいてあげてください。子どもは手術から目覚めるとき、一時的に赤ちゃんの状態に戻っているので、アシュリーの寂しい出生の経験をやり直す一番いいチャンスなんです」。モーラの目が輝いた。博士は続けた。「アシュリーが生まれたときに言えなくて、本当は言いたかったことを、全部言ってやるチャンスです」

博士が次にモーラに会ったとき、モーラは満面に笑みを浮かべていた。「やりました！　アシュリーは大喜びでした。それに、すごく楽しかったんです。手術の後で看護師さんがアシュリーを連れてくると言うのを聞いて、外科の先生の話の途中なのに駆け出してしまって、先生の気を悪くしてしまったぐらいです」

手術後初めてのセッションで、アシュリーは冠を作りたがった。1つは自分に、1つはお母さんにである。アシュリーは自分の冠をかぶり、自分を「シャノン王女」と呼んだ。博士は、不思議だった。知っている限り、アシュリーは母親の弟の話を聞いたことがないはずだったからだ。

ある日、モーラはロヴェット博士に電話し、アシュリーの幼稚園の先生が書いたコメントを読み上げた。「アシュリーは、すばらしい幼稚園生活を送っています。アシュリーが開花するのを見るのは、とてもうれしいです」

アシュリーが魔法の杖で遊びたがると、博士はアシュリーと一緒に何本か作ってやった。博士は、杖を使ってアシュリーに願うこと、望むこと、そして、たとえ望むものが全部得られないとしても、願ったり望んだりしていいことについて教えたかった。最初、アシュリーはどうやって願い事をしていいかわからないようだったが、覚えは早かった。

「ダイヤモンドの指環がほしい！」と、アシュリーは宣言した。

「大きくなったら？」

「違うわ。今よ」

そこで博士は、紙でダイヤの指環を作ってやり、その後しばしば、魔法の杖を使って願い事ゲームの最中に起こった思考や感情について EMDR を行った。

モーラからの報告では、家庭の状況も良くなりつつあった。アシュリーはチャーリーをかばうようになり、母親に捨てられることをさほど恐れることもなくなった。しかし、ドアを閉めることについては、まだ怖がった。モーラは、子どもたちが手におえないときでも、自室にこもらないようになっていたが、アシュリーにとっては、やはり過去に母に自室にこもられた経験や、父親との関係にドアを閉められた悲しみを、もう一度処理する必要があった。その後、ある日、アシュリーはプレイルームに入ってきて、ドアの前で立ち止まり、「出口」という札を裏返して「入口」にした。博士はこれを見て、アシュリーのドア閉め恐怖症に EMDR を使ってみようという気になった。きっかけにちょうどいい手遊びもあった。

「アシュリー、『ひらいて、とじて』っていう歌を知ってる？」

「知らない」

「こういうのよ」と、博士は優しく歌い始めた。「結んで、ひらいて。結んで、ひらいて。手を打って、結んで。またひらいて、結んで。その手をひざに！」。博士は、４つの音で構成されたメロディーを繰り返し、もう少し歌詞を続けた。アシュリーが後から歌い、覚えると一緒に歌い始めた。

「すごいわ、アシュリー。今度は、こうしてみましょう。前に、砂入れの下のちょっと引っ込んだ場所に隠れたことがあるのを覚えている？」。アシュリーはうなずいた。「あれをやってみましょう」

博士の言葉が終わるやいなや、アシュリーは、小型の砂入れを載せてあるキャスター付きのテーブルの下へもぐり込んだ。アシュリーは、ごそごそしてから博士の顔を見た。この隠れ家に入るのは、アシュリーのお気に入りだった。

「いいわ。始めましょう」。博士は、あざやかな花柄のついた大きなクッションを持って歌い始めた。「結んで、ひらいて……結んで、ひらいて……」。博士は歌に合わせてクッションを動かし、アシュリーが隠れている「隠れ家」の入口をふさいだり、開けたりした。それから、自分で作った歌詞を付け加えた。

「結んで、ひらいて……結んで、ひらいて……中に入って大丈夫……結んで、ひらいて……結んで、ひらいて……中に入って大丈夫」。博士は、これが「いないいないばあ」の別バージョンになってくれればいいと願っていた。うまくいけば、アシュリーにドアを怖がらせている障壁を取り除くことができるだろう。博士は、この恐怖が、父親に捨てられた経験から来ているのではないかと考えていた。ただし、確信はなかった。

結果として、それはどちらでもよかった。アシュリーと博士は、「結んで、ひらいて」をしばらくの間、本当に楽しみ、別のことに移った。モーラは後で、アシュリーがもうドアが閉じるのを怖がらなくなったと報告した。

５月、アシュリーの幼稚園の先生は、電話で博士に、アシュリーの自信が大きく高まり、いろいろなスキルを身につけるとともに、たくさんの友達ができたと話した。「どちらかというと、友達と言い争うことが多いのですが、それはアシュリーが安心して人と違う意見を言えるからだと思っています。アシュリーは、とても楽しそうです」

1994年6月14日、アシュリーは本を作った。アシュリーが文章を口で言い、博士が書きとめた。「ジョーン（博士）と砦を作るのが好き。ジョーンと学校ごっこをするのが好き。ジョーンとバービー遊びをするのが好き。ジョーンと塗り絵をするのが好き。ジョーンと泳ぎに行くのが好き。ジョーンと動物園に行くのが好き。ジョーンとディズニーランドに行くのが好き」。博士は、せっせとアシュリーの言葉を書きとめながら、心を打たれ、とてもうれしかった。今やアシュリーは人を好きだと感じることも、それを表現することもできる。それに、アシュリーの話の一部が完全にフィクションであることを考えれば、願うことと望むことを習得したのは明らかである。博士は、自分もアシュリーと遊ぶのをいつも楽しみにしていたことに気づいた。

家庭では、カウンセラーにもかかっていたモーラが、アシュリーが喜んで目を合わせるようになったと報告した。アシュリーは、母親が自分に触れることも受け入れるようになった。モーラが本を読んでやると、アシュリーはひざの上に座る。抱かれることも好きで、抱きしめてほしい、キスしてほしいとせがむ。チャーリーには、まだ競争心があるようだが、普通の程度で、ベッドから突き落としたり、青あざを作らせたりはしない。ドアが閉じることへの恐怖症もなくなり、犬に対する強烈な恐怖も単に用心深いという程度になった。最近、叔母の家に泊まったときには、グレートデーンのレックレスがアシュリーのベッドのそばで眠ったほどだった。

モーラは、振り返ってアシュリーと自分の変化に驚いている。「助けを得られることができて、本当によかった。本当に絶望して、悲しくて、孤独な状態から、愛情でいっぱいになった。私たちは、幸せな家族です」

さらにモーラは、付け加えた。「EMDRによって、シャノンに関する寂しさがなくなったわけではありません。でも、それがアシュリーを育てるのを邪魔することはなくなりました。私はアシュリーを本当に愛することを恐れていました。シャノンのように失うのではないかと思ったからです。自分で自分を娘から切り離していたことに気づきませんでした。でも、アシュリーはそれを感じていて、たぶんそれで、なかなか私を愛してくれなかったんだと思います。私が、アシュリーを愛することを自分に許していなかったからです」

アシュリーの事例で最も重要なのは、博士がまず母親に対処したことだろう。モーラの問題に気づかなかったら、アシュリーがどう進歩しても無駄になったに違いない。子どもは母親とつながることができず、行動を変えるために安全で愛情に満ちた環境を得ることができなかっただろうから。

「EMDR の後、私は本当に自由になりました」と、モーラは話す。「たくさん悲しんだだけでなく、心の中が平和になりました。たとえアシュリーが私と一緒にいたくなくても、私は一緒にいたいと感じるようになりました。強要はしませんでしたが、いつもアシュリーに心を開いて『アシュリー、こっちへきて一緒に座らない？』『本を読んであげようか？』『手伝ってほしい？』と、尋ねるようになりました。アシュリーも最初は変化に応じませんでしたが、だんだん本当に効果が出てきました。今は、アシュリーを片時も手放すことができません。これまでの時間を埋め合わせなければ！　アシュリーは本当に心を開いていて、私の愛情を感じてくれるんです」

1994 年 12 月、４歳のアシュリーが感謝祭の七面鳥料理を幼稚園で母親に投げつけた悲惨な日から２年と少し経った日、アシュリーの年少組は、クリスマス食事会を開いて親たちを招いた。モーラは少し緊張して参加し、他の母親たちと一緒に温かい料理を並べ始めた。誰かがバタバタと走ってくる音を聞いて、モーラは驚いて目を上げた。それは、アシュリーだった。「お母さん、早く並ぼうよ！　お腹がすいた！」。モーラは心から幸せだと感じ、本当に感謝すべきものを与えられたと思った。

EMDR は、子どもと大人の両方に多く使用されており、自然と進化的な生き残りのプロセスに定められた適切な愛情と世話を得られないことによる欠陥を埋め合わせるのに役立つと、臨床的に報告されている。重要なのは、EMDR によって情報処理を加速すると、学習速度も上がることである。虐待の結果を緩和し、臨床家との養育的な環境の中で、新しいスキルと適応行動を習得できるようになるのだ。しかし、愛着障害がすべて、生涯にわたる剥奪と混乱によるわけではない。そして、治療がアシュリーほど長く必要となるわけでもない。

たとえば、トッド・ロングは、典型的な愛着障害を持つ14歳の少年だった。目を合わさず、触られたり抱かれたりすることを嫌い、社会的に孤立して回避的だった。トッドの両親に対する怒りをターゲットとしてEMDRを使ったとき、トッドは3、4歳のころの出来事を思い出した。託児所で、まったく惨めな日を送ったのだ。それ以降10年間、トッドは他人との関係を避けようとしてきた。その日、自分が両親について行かず、託児所に残ると決めたことも思い出した。しかし、トッドは当時、両親が迎えに来ないのではないかと非常に恐れていた。たぶん、自分が両親を「捨てた」のだから、両親も自分を捨てるだろうと考えたために、怖くなったのだろう。

この記憶を処理すると、トッドの態度と行動は完全に変わった。トッドの両親は、「息子は、私たちとばかり一緒にいます。目も合わせるようになりました。私たちのそばに座って、抱きしめてもらいたがります。こんなに変わるなんて信じられません」

もちろん、多くの愛着障害は、片親を失ったり、孤児院を転々としたり、両親に問題があったりすることが原因である。しかし、困った結果になると想像できないようなことが、子どもにとって深刻な心的障害となることもある。無数の子どもたちが、毎日託児所に行っていて、何の問題もない。それがトッドにとっては、トラウマとなり、捨てられることに対する当時の恐怖を処理し、自分が託児所に行くと決めたことを思い出すまで回復しなかった。こんなに単純なケースもある。

EMDR治療が、深刻な問題を持つ子どもに3回のセッションで効果を発揮したとしても、新しい現実感を少しずつ積み上げて3年かかったとしても、関係はない。重要なのは、回復するということである。早く始めれば始めるだけ、早く子どもの人生が始まる。

真冬になって初めて、私は自分の内に不屈の夏があることを悟った。

アルベール・カミュ

8

レイプによる傷を癒す

EMDRの研究を続けてきて、私はEMDRがレイプ被害者のPTSD（心的外傷後ストレス障害）治療に最も効果的であることを知った。退役軍人と同様、レイプ被害者は、否定的な感情、思考、行動から、身体的感覚の再発まで、さまざまな症状を「ドミノ倒し」のように進行させる。EMDRは、これら4種類の後遺症すべてに総合的に対処することにより、レイプ被害者がトラウマの原因となった経験から回復するのに効果を発揮する。

現代では、性的暴行の影響がひどいことは一般に認められている。しかし、1970年代の心理学関係者は、レイプ犯罪者の分析を優先し、被害者を無視する傾向にあった。緊急治療を除き、レイプ被害者の治療は存在しなかった。社会的には、レイプ被害者は自身に何らかの原因があり、レイプ後の問題はレイプ以前からあった人格的問題に起因すると見なされていた[1]。

1970年代前半の女性人権運動が始まって初めて、心理学関係者はレイプが感情に与える影響に注目し、治療法を考え始めた。そして、レイプ被害者に対する聞き取り調査とその結果が、心理的プロセスへの関心をさらに高めた。一定のパターンに沿った反応は、「レイプ・トラウマ症候群」と名付けられ、特有の影響に関する真剣な研究が始まった[2]。

前にも述べたとおり、多数のベトナム退役軍人の流入は、トラウマの治療に対する認識を高めた。臨床家たちは、戦争に関するPTSDの症状とほぼ同様に、レイプの症状もまとめ始めた。1980年、ついにレイプは、治療者のバイブルとされる *Diagnostic and Statistical Manual of Mental Disorders* の第3版で、正式にPTSDを引き起こす可能性のある原因の1つとして認められた[3)]。このように、レイプが心理的な問題を引き起こす重大な原因として認められるところまでは明らかに進歩したものの、レイプ被害者の治療法に関する最初の比較研究は、10年以上後まで現れなかった[4)]。

現在、性的暴行の被害者は、PTSD被害者の中で最も多数を占める。警察に訴えるレイプ被害者は全体の5分の1から半数と推定されているが、性的暴行の数は増え続けている。1980年代の米国におけるレイプの蔓延率は、女性人口の5～22%と推定されていた[5)]。10年後、調査によれば、任意に抽出した女性の24～53%が性的暴行を受けたと報告した[6)]。この蔓延率に関係なく、レイプの影響はすさまじいものがある。ある調査では、被害者の20%近くが自殺未遂を起こしており、最近の調査では80～97%がPTSDの症状を進行させるという[7)]。

言葉、感情、身体的な暴行も被害者に傷を残すが、多くの女性にとって性的暴行ほどひどいものを想像するのは難しい。人間は、他人との関係において一定の安全感と境界を確立するために、身体的な距離感を必要とする。そして、知らない人が、前や横に近く立ちすぎると不快に感じる。人間の皮膚は、身体的な自分という感覚を示す境界の役割を果たす。したがって当然ながら、別の人間が強引に体の中へ入ってくることは、事実上、誰にとっても限界点を超すことなのである。

女性が、レイプのような悲惨な出来事を経験すると、そのときに経験した生理的な状態が固定されてしまうことがある。レイプに関する強迫的な思考が、不快感と恐怖を伴って絶えず頭を離れないこともある。戦争関連のPTSDと同様、レイプによって生じる恐怖反応には、侵入的な症状（フラッシュバック、悪夢、レイプに関する反芻、薬物乱用）、暴行を思い出させる状況および心理状態の回避（社会的な孤立、感情麻痺、薬物乱用まで）、過剰な覚醒（不眠症、過剰な警戒心、時間が経ってもおさまらない過剰な驚愕反応）などがある。

このような特定の出来事に結びつく恐怖が、攻撃されることに対する一般的な恐怖に拡大することもある。知らない人にレイプされた女性は、見知らぬ男性をすべて恐れるようになるかもしれない。デートに誘われてレイプされた女性は、一般に男性の友達を誰も信用できなくなる。時間が経つにつれ、この恐怖によってほぼ完全に隔離された人生を送る可能性もある。レイプされたある女性は、家のドアに鉄格子を付け、番犬と一緒に家にこもり、仕事に行くときしか家を出なかった。近所の駐車場やアパートの共同洗濯部屋といった、まったく安全と考えられる場所でレイプされた女性は、自分自身と自分の認識を信用できなくなることもある。とにかく隠れるしかない、と感じることもある。

レイプ被害者にEMDRを使った結果を見てきて、私は多くの被害者が、不必要に長く苦しみ続けていると思う。適切な治療がなければ、レイプの後遺症は何年も続きかねない。調査によれば、治療を受けなかった被害者の33～63％が、強いPTSDの症状のために日常生活に支障をきたしていると言われる[8)]。女性の社会的生活、仕事の能力、親としての能力がすべて害を受ける。生理的に常に警戒態勢にあり、小さなストレス因子で恐怖と不安を感じていたのでは、精神的に落ち着いて作業に集中することなど不可能だろう。さらに悪いのは、時間がたってから自然な回復が逆行する場合があることだ[9)]。もう症状がなくなったと思っても、ある日突然、再びひどい苦しみに襲われることがある。

EMDR以前、レイプ被害者に対する主な治療法は、「暴露」と言われる行動療法の一種だった。この方法は、いくつかの手法で構成されている（フラッディングと呼ばれる手法など）。被害者に、最も辛かった瞬間を思い出させ、その記憶と記憶によって生じる強い感情を1回に45～90分間、維持させる。それを7～15セッション行い、家でも日常的に行わせる。目的は、単に強い感情と身体的な感覚に対して耐性をつけさせることだ。治療が成功すれば、時間が経つにつれて、レイプに関する強い感情にさほど苦しまなくなる。しかし、多くの治療者は暴露療法を使いたがらない。恐怖に怯える被害者に、長時間、最悪の状況を思い出させたくないからである。

また、被害者が耐えねばならない苦痛にひきかえ、この方法で回復が保証されるとは限らない。レイプ被害者の暴露療法に関して発表されている唯一の比較研究では、被験者の45％が、長時間にわたる暴露を7セッション行い、家でも毎日暴露を行った後も、なおPTSDの診断基準を満たす症状を訴えているという[10)]。重要なのは、「誰が実験を終えたか」ということだ。被験者の約30％は、恐らく治療があまりに苦しいので途中でやめている。これは、最終的な結果に反映されていない。

暴露療法のもう1つの短所は、被害者の否定的な自己認識、たとえば自分が悪いとか、自分が傷ものになったとかいう思い込みに対処しないことである。一般社会がそのような認識を強化するので、これは特に重要な点である。今でも時折、レイプの公判で、被告側の弁護士が被害者の衣服、歩いていた場所、以前の性的行動を指摘している場合がある。そのような要素は、「いや」という答えを受け付けない相手にとっては何の関係もないものであり、弱く怯えている被害者にマイナスの影響を与える可能性がある。

性的暴行の被害者に対処することは、もっと複雑である。繰り返し起こる侵入的な光景、感情、身体的な感覚に対処する必要があるだけでなく、恐らく被害によって砕かれてしまった少なくとも3つの基本的な信念に対処することが欠かせない。つまり、個人的な不可侵性、人生の意味深さ、自分の価値に関する信念である。これらの信念は、ロニー・ジャノフ＝バルマン博士[11)]によって初めて列挙され、暴行の後、何カ月、何年後でもひどく揺らいでいる場合があるとされた。被害者は、自分が無価値であるという感情、汚れているという強迫観念、自分が人から管理されたり利用されたりする対象にしかすぎないという認識に圧倒されることがある。

EMDR治療と治療者が、性的暴行の被害者からよく耳にする否定的な自己信念には「私は一生、傷ものになってしまった」「私は無力だ」「私はだめだ」「私は無価値だ」などがある。女性がこのような言葉を口にするときは、理性的に考えているのではない。暴行のことを考えたり、暴行の記憶がよみがえったりしたときに感じる感情を口にしているだけだ。友人や家族がもう安全だと元気づければ、頭では理解できるのだが、自動的な身体反応は変わらない。退役軍人と同様、被害者は、多数の心理療法セッションに参加し、さまざまな自己啓発本を読んでも、自分に役立つ情報を感情的に受け入れることができない。高い感情的不安が神経システムに固定され、過去の出来事に連結するからである。

自己啓発本は、レイプ被害者が不安にどう対処するかを教えてくれるが、それで十分ではない。EMDR 療法の目標は、被害者の感情的混乱を完全になくすことである。レイプ犯の顔、レイプ犯に触られた感触、顔にあたるレイプ犯の息づかいといった、侵入的なイメージに悩まされる女性は、そのような情報をすべて処理する必要がある。EMDR を行えば、身体的な感触もそれに伴う否定的な感情も、レイプに関する記憶ネットワークに保存されなくなる。レイプは、事実として記憶されるが、感じられることはない。EMDR では、治療の一環として、「自分をコントロールできるようになった」「私は大丈夫だ」「できるだけのことはやった」「私は価値ある人間だ」「今は選択肢がある」といった肯定的な自己信念を感情的に受け入れるよう促進する。これら全部が終われば、過去との結びつきは基本的に壊れ、被害者は現在において適切な居場所を見つけることが可能となる。

EMDR 治療は、トラウマに関するすべての情報をターゲットとするため、クライエントがレイプ以上のものから回復するのを助けるときもある。第４章のエミリーで見たように、レイプの後遺症はレイプと同じぐらい苦しい。暴行を受けた妻を夫が扱いきれず、どれだけの結婚が破綻しただろう？　いつまでも苦しむ被害者に疲れた友人が、どれだけ去っていったことだろう？性的暴行の被害者に関する研究が、被害者の失ったものに対する悲しみ、自分の脆弱性に関する不安、暴行に対する自責の念、攻撃に対する継続的な恐怖感などのテーマを、繰り返し扱っているのも不思議ではない[12)]。完全な回復には、すべての要因に対処する必要がある。

暴行の影響が非常に小さい場合もあれば、女性だけが被害者とならない場合もある。ある男性のクライエントは、人との親密な関係を維持できないといって療法を希望した。彼は、企業の重役として成功していたが、怒りの暴発を抑えられないと感じていた。EMDR セッションを通じて、彼は現在の問題と、幼少時代に聖職者から受けた性的暴行の関係を見いだした。信頼が裏切られ、自分を保護すべきはずの人間によって純潔を奪われたことによって、彼は誰とも近づきすぎることを避けていた。記憶を処理すると、そのような反応はなくなり、数カ月後には親密な関係を築けるようになった。

重要なのは、EMDR において内的な情報処理システムが刺激され、人間に内在する健全性が前面に現れることだ。女性がレイプされた場合、ショックを受け、体が震えたり、出血したりすることがあるが、適切な医学的治療を受ければ数週間で回復する。EMDR が求めているのは、これなのだ。心がレイプによりショックを受けると、被害者は何度も暴行を追体験する場合がある。しかし、適切な心理的治療を受ければ、心も体と同じ速度で回復しうるのである。

何年も心理療法に通ったりする必要はない。もちろん、性的、感情的、身体的な暴行が、何年にもわたって繰り返し起こった場合は、治療も短くはならないだろう。幼少期に虐待を受けて育った大人の場合は、特にそうである。それでも EMDR は、基本となる回復システムが同じため、従来の療法より一般に早く効果を発揮する。脳とその情報処理システムは、体の一部であり、体と同じ因果関係の法則に従っている。医者が膝を叩くと、反射的に膝が跳ね上がる。心も、外部からの圧力や経験に対して同様の反射を起こす。健全で役に立つ反射もあれば、そうでない反射もあるが、変えることは可能である。

本章では、いろいろな要因が重なったために、誰にも対処しきれないようなレイプの例を見てみよう。被害者が EMDR によって短期間で回復できたのは、人間が生まれつき持つ回復力のおかげだ。暴行の罪を軽くするものでは、まったくない。責任を取るという道徳的な義務を不要にするものでもない。苦痛を軽減することもまったくない。ただ、人間が最終的に、悪とその後遺症に打ち勝つことができることを示している。

２人の男が恐ろしくなかったら、むしろ哀れに思えていただろう。痩せて、薄汚く、くさい臭いがした。極貧であることは、明らかだった。一人は、中古のズボンをはいていて、ズボンが大きすぎるので立ち上がるたびにずり落ちた。彼は、左手でズボンを引き上げ、右手はナイフを握っていた。

シングルマザーのドーン・バウムガートナーは、1993年2月10日の真夜中を少し過ぎたころ、キッチンナイフを喉に押し当てられて目を覚ました。パナマのオールブルック空港にある自宅でのことだった。ドーンは米国軍の下級軍曹で、朝6時から午後3時までの勤務時間に航空機に給油する仕事をしていた。近くのハワード空軍基地に4年間の任期があり、その半分はすでに終えていた。急いでパナマを離れるつもりはなかったが、この夜まで、その任務は楽しい夢のように思えていた。

ドーンは、中米の熱帯気候がとても好きで、できるだけの時間を野外で過ごした。海に魅せられ、ヤシの木に縁取られた誰もいない海岸で、よく乗馬を楽しんだ。ジャングルへのハイキングにも参加したし、片言のスペイン語を使って基地外で地元の住民と交流したりもした。長身の美人で、外向的なドーンには、パナマ人の友人が多くできた。ドーンは幸せだった。ドーンの子どもたち、5歳のアマンダと3歳のトミーも生活に満足していた。

そのすべては、20分で一変した。2人の地元の男がトイレの窓によじ登り（ネコ用トイレのにおいをこもらせないために、細く開けてあった）、5歳の娘を殴り、脅し、縛り上げて、クローゼットに閉じ込めた揚げ句（大きな泣き声が響くのを抑えようとしたらしい）、ビデオデッキ、ステレオ、貴金属、その他の貴重品を布袋に詰め、ドーンをレイプしたのだ。幸運にも、幼いトミーはずっと眠っていた。

恐ろしい夜を振り返ってみると、自分がレイプされたことか、娘を守ってやれなかったことか、どちらが最悪かドーンには判断できなかった。確かにドーンは、アマンダをクローゼットから出してやれば泣き止ませることができると、2人の男を説得することに成功した。アマンダが泣きながら走り寄ってきたとき、ドーンは娘の顔と腕に生々しいあざを見て背筋が寒くなった。一人の男は強い力でアマンダの口を押さえつけ、男の指で娘のほおにあざがつくのが見てとれたほどだった。クローゼットのコンクリートの壁に頭を叩きつけられたせいで、片方の耳の上にも大きなこぶができていた。また、小さな柔らかい手首をドーンの靴ひもで縛られたために、ひもが皮膚に食い込み、指が紫色になっていた。

ドーンは、ネグリジェと下着だけの姿でナイフを喉に当てられたまま、ベッドの上でアマンダをひざにのせ、しっかりと抱いてゆすりながら、赤ん坊のころによく歌ってやった「Hush, Little Baby」という子守唄を歌った。ドーンは、アマンダに言った。「悪い人たちなのよ。悪い人たちの言うとおりにしなきゃ」。この瞬間、感情がすべて停止したのを、ドーンは覚えている。ドーンは、何も感じなくなった。泣くことすらできなかった。唯一、できたのは、アマンダに意識を集中し、頭をそむけさせることで、男が自分の喉にナイフを突きつけながら、空いた手で太ももに触れているのを見せないようにすることだった。

ドーンは、アマンダの紫色になった手を自由にしてやるよう男に懇願した。男が合意したとき、ドーンは、ナイフの刃先が娘に向くのを見て動揺を抑えられなかった。もし、男が娘を殺したら！　ドーンは、頭の中で叫んだ。手首を切ったら！　しかし、男はさほど凶暴ではなく、そうはしなかった。

明らかに首謀者らしいもう一人の男は、凶暴だった。ドーンのクローゼットから２枚の布袋を取り出し、家中から金目の物を探していた。男は戻ってくると、ベッドに近寄り、ドーンを横向きに転がして後ろ手に縛り上げた。もう１人の男は、猿ぐつわをはめた。そして、凶暴なほうの男がドーンをレイプした。

その瞬間、ドーンが考えることができたのは、アマンダのことだけだった。自分についての悲しみ、怒り、恐怖は、何も感じなかった。ただ、アマンダに母親の姿を見せてはいけないという固い決意だけだった。アマンダは自分のほうを向いて、すぐそばに横になっていた。ドーンは、右側を下に転がされたまま、左の肩で娘を覆い、しっかりと視線をさえぎった。そして、他の感情を圧倒するほどの強烈な意志をもって、その姿勢を維持し続けた。それは何時間にも思えたが、レイプが終わったとき、ドーンは自分が失禁しているので恥ずかしく感じた。失禁は、強烈な恐怖の際に起こる一般的な身体反応である。ドーンの心は恐怖を感じていなかったが、体は死ぬほどの恐怖を感じていたのである。

３日後、空軍は、ドーンと子どもたちを、コロラド・スプリングスのパターソン空軍基地の近くにあるドーンの母親の家に送り返した。ドーンは、正気を失っていた。パナマにある自分の家に入ることができず、激しい感情の嵐とパニック発作に襲われた。目にするパナマ人は皆、自分を襲った男に思えた。空軍の精神衛生担当者は、ドーンを苦痛の根源から遠ざけ、安全だと感じる場所へ移動させたほうがいいと考えた。しかし、ドーンの苦痛の根源は、もはや外部にはなかった。レイプは終わり、男たちは3,000マイルも離れていた。苦痛を与えていたのは、ドーンの内的世界、つまり２人の男が精神に残した痕跡だった。

家に戻っても、ドーンのパニックはおさまらなかった。黒い髪の配達員が家に近づくのを見ると、配達員が去るまで、動悸が激しくなり、恐怖で半狂乱になって物置に隠れた。裸になることが耐えられず、水着を着ないとシャワーを浴びられなかった。両親は、ドーンをどうすればいいのかわからなかった。ドーンは、家を出ることを恐れるあまり、すぐそこの店までも行けなかった。知らない人間の顔を見ると、危険を感じた。

それに加えて、ドーンはしばしば自制できないほど泣き出してしまい、夜になると怖くて眠れなかった。キッチンナイフを見るとフラッシュバックに襲われ、自分の子どもが自分に触れてさえパニックに陥った。あるとき、ひどいパニック発作に襲われた後、ドーンは基地の診療所に連れて行かれた。女性の医師は、気分を落ち着けるために深呼吸するやり方を教えた。ドーンは、翌週も診療所に連れて行かれた。深呼吸は、まったく焼け石に水だった。医師は、パニック発作に精神安定剤を処方した。「必要に応じて」服用するためだった（ドーンの場合は毎日）。薬でパニック発作の回数は減ったが、なくなりはしなかった。それに、他の症状には何の効果もなかった。

両親の家に帰ってから３週間後、両親はドーンにカウンセリングを受けるよう強く勧め、カウンセリングを受けるか、精神病院に入るかのどちらかだと迫った。基地の教会の人に紹介状を書いてもらい、ドーンは「家庭内暴力防止センター（Center for Prevention of Domestic Violence）」という地方機関を訪れた。パターソン空軍基地には、女性のカウンセラーがおらず、ドーンが男性のカウンセリングを受けられるはずがなかったからだ。女性のカウンセラーから従来の心理療法を受けるようになって、状況は少しずつよくなった。人と話すことは、効果があった。ドーンは、デスクワークをもらい、職場にパートタイムで復帰した。しかし、同僚たちはドーンの状態について「近寄ったり、触れたり、おどかしたりしないこと」と、説明を受けていた。抗不安薬を置いている場所も知らされていた。ドーンは、何度かパニックに陥って同僚に抱えられ、薬を飲まされることになった。ドーンは、問題を起こした子どものように扱われているようで、恥ずかしく感じた。体は暴行という身体的な悪夢の状態に固定されているのに、心の一部は自分を厳しく裁いている。これは、ほとんどの被害者に見られる特徴である。とにかく暴行は終わったのだ。どうして、忘れられないのか？　どうしてなくならないのか？

勤務時間は、１日の４分の１に減らされた。ドーンは、非常に神経質で、臆病で、不安定だった。物事に集中できず、机で泣き出してしまうこともあった。同僚や上司は理解があったが、ドーンは自分の仕事ぶりが軍隊の基準に達していないことを知っていた。まだ基準を満たさなくてもいいことはわかっていたが、皆が自分の問題に好奇心を抱いているのが感じられた。

ドーンは、職場だけでなく、家庭でも悩みが絶えなかった。自分も子どもたちも我が家に帰ったはずなのに、よき母親でいることができないと感じ、子どもたちに十分な注意を払うことができなかった。アマンダやトミーに腹を立てたり、叱ったりすると、パニック発作が起こり、子どもたちは怖がって走り回るはめになった。ドーンの体は、現在の正当な理由で起こる強い否定的な感情と、レイプの記憶から起こる感情を区別できなかった。ドーンは、どちらかが刺激されることを恐れたが、それは正しい判断だった。体が生理的に過去の時点で凍結している状態で、ドーンにできるのは、なるべく感情を刺激しないようにすることだけだった。自分を落ち着かせていることに全神経を払っているため、以前のちょっとした厄介ごとは、深刻な問題になった。以前の大きな問題は、自制心を失わせるほどになった。

ドーンは、子どもたちに影響を与えないよう努力したが、それは不可能だった。子どもたちは境界線の欠如を感じとり、それぞれの感覚で自制心を失うようになっていた。愛情深い母親の抑制によって守られていた安全な世界が、閉ざされてしまったのだ。その空白を埋めるため、それぞれの感情が膨らみ始めていた。

アマンダは、夜驚と夜尿に悩まされるようになったが、それを母親に黙っていた。トミーは、夜中にチョコレートシロップを家具、カーペット、犬にかけてまわった。また、冷蔵庫から卵を1ケース出し、年齢にしては驚異的な力で天井にぶつけた。

ドーンが早くよくなろうとすればするほど、症状は悪くなるようだった。暴露療法について聞いたことがあったので、自分で試してみようと、恐怖を感じるものに勇気を出して立ち向かうことにした。たとえば店に行くのが怖かったが（知らない人に会うかもしれないので）、無理にでも行こうとした。そのような外出をするときは、ひどいパニック発作を起こした場合のために、いつも誰かと一緒に行かねばならなかった。そして、何度かは実際にパニック発作を起こした。パニック発作を起こす都度、ドーンはますます無力感を募らせ、問題を複雑にしていった。常に、抗不安薬を持ち歩いたが、薬に頼っているような気がして嫌だった。

6カ月後、ドーンは心理療法を受けていたにもかかわらず、相変わらず身体的にも感情的にも衰弱していた。そして、うつ状態が深刻化しつつあった。怒り、無力感、悲しみ、恐怖、孤独感、罪悪感にさいなまれた。まだ、夜は眠れなかった。男性と出かけることもできなかった。身体的には、無数の問題があった。くつろぐことができない。水着なしでシャワーも浴びることができない。パニック発作に加え、突然泣き出してしまったり、怒りを爆発させたりしてしまうことがあった。

そのような発作は、人ごみ、見知らぬ人、人に触れられることが刺激となって起こり、時には男性を見ただけで起こることもあった。なぜ発作が起こったのか、ドーン自身にわからないこともあった。ある日、ドーンが子どもたちと乗馬に出かけたとき、トミーがドーンの手を後ろから引っ張った。その瞬間、ドーンの体はパニック状態となり、子どもたちに向かって叫んだため、子どもたちもドーン自身も仰天してしまった。落ち着いた後、ドーンは思った。これは子どもにとって不当だ。自分にかかった災難が、子どもたちを苦しめている、と。

ドーンは、決死の覚悟で次のカウンセリングに行った。「もっと治療が必要です。誰かに話をするのもいいけれど、それだけでは問題の根源を解決していません。私は、ちっともよくなっていないんです。これ以上、長く我慢できそうにありません。精神病院に、2、3週間入ったほうがいいかもしれません」。彼女の治療者は、最後の手段としてドーンにEMDRを試すよう提案した。そして2日後、ドーンは今度こそ治ってほしいと祈りながら、ある女性の診察室に入った。

サンドラ・ウィルソンは、資格を持ったコロラド・スプリングスの心理療法家だった。ドーンに会ったとき、彼女は、90分3回のEMDRセッションでトラウマによる症状が治るかどうかという大規模な研究を行っていた。サンドラは、被験者候補に対する初期的なスクリーニングと生育歴に関する聞き取りを、すべて自分で行っていた。そして被験者に選ばれた患者は、5人の治療者のうち1人にランダムに割り当てられ、3回のEMDRセッションを無料で受けられることになっていた。

ドーンは、サンドラに自分の経歴とパナマでのレイプの話をどもりながら話した。次に、症状を判断し、症状の深刻さを測るために、いくつかの心理テストを受けた。サンドラは、ドーンの話を聞きながら、トラウマの非常に多くが身体的に現れていることでとまどいを受けた。嘔吐、腰痛、めまい、便秘、しびれ、頭痛。ドーンの体は、レイプの最中と同様の苦痛で、ドーンがかかえている圧倒的なまでの感情を証明していた。

サンドラは、ドーンを被験者として受け入れ、ローラ・ナットソンという、デンバー出身の資格を持ったソーシャルワーカーの担当とした。ローラはEMDRのトレーニングを受け、この研究にボランティアで参加していた。最初のセッションの前に、ローラはドーンの生育歴を読み、ドーンの無数の症状が、正式に心的外傷後ストレス障害と呼ばれる所見であることを認めた。

ローラとドーンは、1993年9月23日、最初のセッションを持った。レイプから、7カ月と2週間後のことだった。自然回復期は過ぎていた。症状は、効果的な治療がなくてはなくならない。ローラは、ドーンのトラウマと症状に関する初期スクリーニングの資料を読んでいたが、ドーンにもう一度、声に出して経験を話すよう求めた。

「私は、パナマにいたとき、2人の男にレイプされました。そして、レイプされている間、娘がベッドの上で私のそばに横になっていました。私は子どもたち、特に娘のことが本当に心配です」

「わかりました」と、ローラは優しく言った。「私とのセッションで、どうしたいですか？」

「落ち着きたいです。不安をなくしたい。日常的な小さいことでいちいち半狂乱になりたくない。恐怖を感じずに、シャワーを浴びたいです」

ローラは、療法の概要について話し、レイプの中で最悪の記憶を抜き出すことから始めると説明した。

「簡単です。私は寝室にいました。真っ暗です。アマンダの泣き声と、2人の男がアマンダに怒鳴り、暴力をふるっている音が聞こえます。娘をクローゼットに閉じ込めたんです」

この光景に伴うドーンの否定的な認知は、「私は無力で、自分たちを守れない」だった。認知がもたらす感情は怒りと恐怖で、ドーンは喉をしめつけられるように感じた。感情の強さは、0～10の尺度で10。代わりに持ちたいと思う肯定的な認知は、「自分で状況を制御できる。もう安全だ」だった。それが真実と感じられる程度は、1～7の尺度で4だった。

2人は、まず、ドーンが最初に異変を感じた瞬間に的を絞った。眼球運動のセット数を重ねるうちに、ドーンはその夜に戻り、一瞬一瞬を再び体験しているように見えた。ドーンは、叫び、もがき苦しみ、足を震わせ、加害者を呪い、自分の痛みとともに、アマンダが痛めつけられているのをどうしようもないという怒りを感じていた。4セット。6セット。8セット。10セット。再体験は続き、ドーンのこわばった発作的な動作が、言葉では言い表せない物語をローラに語っていた。ある時点で、ドーンは、まるで両手首がまだ縛られているかのように手首を合わせた。そして次の瞬間、縛りを引きちぎるかのように、拳を勢いよく離した。しかし、ドーンは何も言わなかった。レイプは、ほとんど沈黙の状態で行われ、EMDRに刺激された再体験もやはり沈黙に終始した。

ドーンは、手を上げて「止めて」と合図すれば、しばらく休憩できることを知っていた。このセッションで、ドーンはひんぱんにこの合図を使ったが、それでも記憶の最悪の部分までやり遂げようとかたくなな意志を持っているようだった。非常に長い11セットだった。ドーンは90分間、ほとんど物を言わず、「まるであの場所にいるみたい」「あいつらが見える」「あいつらの嫌なにおいがする」「アマンダが震えている」「なんてこと､私の娘が」「ろくでなし」といった、叫び声や短い言葉をときどき吐き出すだけだった。

最後のセットを終えると、ドーンは言った。「本当に怖かった。実際に起こったのと、本当に近かった。あの体験をもう一度しているようだったけれど、それより悪かった。レイプされたときの私は、まるで自分の体を抜け出て映画を見ているようだった。自分に起こっている出来事ではなく、映画だった。それが一番の対処方法だったから」
「だけど、今回は自分だった。恐ろしかったけれど、自分で対処するしか逃げ道がないみたいだった」

ドーンが語った体験、つまり自分が体を抜け出て映画を見ているという感じは、「解離」と呼ばれる。性的暴行に際してよく起こる反応で、被害者はその瞬間の圧倒的な痛みから逃れることができる。しかし、悪いことに、この自然の生存メカニズムは、トラウマ後の症状から被害者を守ることができない。逆に一説によれば、体験が解離されているために、全体として記憶に残らず、イメージ、思考、感情の断片が独立して記憶に保存され、回復が難しくなるという[13)]。

EMDRでは、トラウマのすべての側面が再びつなぎ合わされるため、その人の体験が完全に処理される。眼球運動の間に問題の記憶に出たり入ったりできること、そして必要であれば手を上げて臨床家に中断を告げられることにより、レイプ被害者は記憶に「ひたる」量を自分で調節できる。EMDRの最中に、苦痛がひどすぎると感じれば、しばらく休んだり、感情的な強度を下げたりすればよい。被害者の目標は、レイプの処理中に起こることに対応し続けることだ。

暴行の体験に出たり入ったりすれば、被害者がトラウマより自分が上だという認識を強めることにもなる。恐ろしいイメージは、作ることも壊すこともできる。感情は、感じることも距離を置くこともできる。こうして被害者は、自制心と大局観を取り戻し始める。EMDRでレイプを処理するのは楽しい体験ではないが、出来事をすべて再び体験しても実際の暴行より時間がかかることはない。しかし、１回のセッションですべてが解決するとも限らない。

セッションの最後に、ローラはドーンの自己信念の強度に変化があったかどうかを確認した。ドーンは、無力感が弱まったものの、さほど大きく弱まってはいないと言った。レベル10から７～８という変化だ。肯定的な認知（「自分で状況を制御できる。もう安全だ」）は、さらに変化が少なく、４から５（７のうち）になっただけだった。ローラは、目覚ましい結果ではないと思った。

１週間後、２度目のセッションがあった。

「元気？」と、ローラは尋ねた。

「まあまあ。変な気分。この間、あんなに苦しかったのに、もう一度頑張ってみたいの。理由はわからないけれど、効果があるような気がするわ」

「今日、特にターゲットにしたい部分はある？」

「シャワーを浴びて、あいつらが私を見ていること。なぜだかわからないけれど、シャワーを浴びたとき、あの２人が見ていたような気がするの。換気扇がなかったから、いつも風呂場の窓を開けていたわ。今は、水着を着ないとシャワーが浴びられない」

「いいわ。そこから始めましょう」

このセッションで、ドーンの否定的な認知は、「あの男たちが私を見ている。私は安全でない」だった。感情は恐怖であり、「叫びたいような冷たさ」を胸に感じると言った。感情の強度は、10のうち８か９だった。持ちたいと願う肯定的な認知は、「私は安全だ。自分を守っている」で、それを真実だと感じる程度は非常に低く、１～７の尺度でわずか２だった。

２人は、ドーンがコロラド・スプリングスの自宅でシャワーを浴びているシーンから始めた。ドーンはまもなく叫んだ。「あいつらが見ている！」。そしてレイプの夜に戻り、あたかも「映画」の前回見終わった部分から見始めたようだった。今回、ドーンの再体験は、２人の男が去った時点を過ぎた。ドーンは、暴行の後の部分を再体験していた。家の逆側に寝ていた家政婦を起こし、手首をほどいてもらい、寝巻きのままで隣人の家へ走り、軍警察に電話し、警察が来るとレイプ犯の性器をちょん切ってやりたいと息巻いた。

今回のセッションも前回と似ていた。ドーンの体はレイプを再び体験し、呼吸は浅く、速くなり、筋肉は硬直し、顔は痛みにゆがんだ。半分ほど過ぎたところでドーンは急に手を上げ、トイレはどこかと尋ねた。そして戻ってくると「すみません」と言った。

「大丈夫？」と、ローラは尋ねた。

「ええ。あんまり怖かったから、あの夜のように失禁したかと思ったわ」

「それで？」

「していなかったけれど、たぶんその寸前」。ドーンは、少しではあったが心から笑った。顔には安堵の表情が見えた。

ローラとドーンはその午後、さらに７セット行い、合計 14 セットを終えた。終盤になって、休憩中にドーンは言った。「私ね、ちょっと自分が誇らしく感じるわ。だって、アマンダを傷つけられないようにしたんだもの。あいつらを説得して、アマンダをクローゼットから出させて、手をほどかせたのよ」。ドーンの自分の力に対する感覚は、回復しつつあった。自分が持てる力を全部使って、その状況でできるだけのことをしたと悟り始めたのだ。

セッションの最後、ドーンの恐怖の強度は８または９から２に下がった。自分が安全であるという認識は、最高値の７になった。ローラは、安堵のため息をついた。残りあと１セッションとなって、ローラは、この日、ドーンが大幅な進歩を遂げることを祈っていた。

最後のセッションで、ドーンは、触れられることに対する強烈な恐怖と、強盗の最中に一人の男が太ももをさすっていた記憶に取り組みたいと言った。ドーンはレイプ以降、取りつかれたように自分の太ももをさすっていた。これも、トラウマを受けたときに体験した身体的な感触が体に固定されていることを示す兆候だった。もちろん、このような感覚がドーンの脚の細胞に保存されているわけではない。保存されている場所は、トラウマとなった体験に関するすべての情報（感触、思考、感情）を保存している脳の神経生理的ネットワークだ。これと似たことは、つま先を突き刺したときにも起こる。痛みはつま先にあるようだが、痛みの中枢は脳にある。つま先からの神経線維が痛みの信号を脳に伝え、脳が局所的な感覚を引き起こす。つま先からの神経が切断されれば、何度突き刺しても痛みを感じることはない。

トラウマの原因となる体験の場合、脳は身体的な感覚をその時点で引き起こすだけでなく、継続する場合がある。EMDR の際、人は感覚を再び体験し、さまざまなレベルで苦痛を感じる。なぜなら、その情報が脳に保存されていて、処理によって刺激されるからだ。トラウマが完全に処理されてしまえば、記憶はやはり保存されるが、苦痛を伴う身体的感覚は保存されない。感覚は「代謝」もしくは「消化」され、生まれ持った健康が再び現れる。

ドーンは、レイプ犯が脚をさすったことによる否定的な自己信念を「触られることに耐えられない」とした。感情は恐怖、怒り、不安であり、すべてが脚の感触に結びついていた。苦痛の強度は、10 だった。信じたいと願う肯定的な自己信念は、「触っても触られても大丈夫」で、それを真実だと感じる程度は１～７のうち１だと、ドーンはすぐに答えた。

11 セットの眼球運動で、体験の前半部分と脚と手の動きによる感触をさらに再体験した後、ドーンの恐怖、怒り、不安のレベルは４に下がった。これは改善ではあったが、目標とする０からはまだ遠かった。「触っても触られても大丈夫」という言葉の真実度は、７のうち５または６にまで上がった。ドーンの顔には安堵が見えたが、ローラは落ち着かなかった。「ドーンはまだ終わっていない」と、ローラは思った。「あと１、２回セッションが持てればいいのに」。しかし、研究の条件が厳しいために、延長は不可能だった。幸運なことに、EMDR がいったん情報処理システムを起動すると、治療が終わったからといって処理が止まるとは限らない。つまり、後に起こる効果を予測して対応する必要があることになる。また、治療者との作業が終わっていなくても前向きの変化が継続する場合もある。

90日後、サンドラ・ウィルソンは、研究に参加した男女一人ひとりに追跡インタビューをした。ドーンは、喜んでサンドラと再会した。

「すばらしいわ。パニック発作は一度もなし。ぐっすり眠れるし、本当に心が休まったと感じる。部署の男性と普通に仕事をして、クリスマスには同僚の一人とデートもしたわ。子どもたちもずっとよくなった。子どもたちに冷静に対処できるし、前ほど怒らなくなった。子どもたちに親密に接して、助けてやることも多くなったわ」。ドーンは、専門的な研修を終え、昇進し、ローンも申請していた。家族や同僚は、「いったい何があったの？」と尋ねるという。

「セックスについての冗談を言い始めたとき、よくなっていると実感したわ」と、ドーンはにやりと笑った。それでも上司は用心深く、部署の新入りにはドーンに触ったり、脅かしたりしないよう注意し、ドーンの薬の置き場所を教えていた。しかし、ドーンは研究に参加する2週間前から薬を飲んでおらず、二度と飲まなかった。

研究の次のステップは、15カ月後の追跡インタビューでEMDRの効果が続いているかどうかを確認することだった。サンドラは、1994年12月、ドーンに連絡を取った。ドーンは、何もかもすばらしいと語った。「レイプ前よりずっといいぐらい。元の自分に戻った上にプラスアルファがあるわ。たぶん前よりずっと陽気になったせいね。すごく元気なの。人生について、ずっと前向きに感じているわ」。ドーンは、最初にパナマから戻ったときに職場で会った男性と婚約したと語った。そして、結婚後、また海外に赴任することを楽しみにしていると言った。「婚約者は黒人でね。家族は、私が二度と肌の黒い男性に近づかないと思っていたから、びっくりしていたわ。本当のことを言うと、私も二度と近づくとは思わなかった」

ドーンは、レイプについて公にも話していた。「私が襲われたとき、空軍がほとんど助けてくれなかったことについて、どうにかしたかったの。だから、ピーターソン基地と隣接基地の軍曹が集まるダイヤモンド・カウンシルという委員会に行ったわ。30人ぐらいがいて、ほとんどが男性だった。私は、そこで自分の体験を全部話して、基地で誰も私の対応を知る人がいなかったと訴えたの。もちろん、大勢の人に話したのは初めてだったので、途中で泣いてしまったわ」

「『軍隊の誰にも、こういうことが二度と起こってほしくありません。皆さんは、特に男性の皆さんは心配するかもしれませんが、こんなことが起こったらどうすべきかおわかりですか？』って、言ったの。そうしたら、基地内でレイプされたという女性の報告があったとき、私に一緒に行ってくれるかと頼んできたわ。私は、もちろん喜んで行くと言った。だから今は、誰かがレイプされると一緒に病院へ行き、最初のカウンセリングにもついていき、何でも必要なことをしてあげるの」

「アマンダにもEMDRを受けさせたら、夜驚と夜尿がなくなった。アマンダは、あのときのことを私に話してくれるようになったわ。実際、私だけでなく信頼できる人になら誰にでも話すと思う」と、ドーンは笑った。「友達のお母さんたちは、驚いたみたい。もちろん、アマンダは『レイプ』の意味はよくわかっていないけれど、悪い人が家に押し入って私たちを傷つけたことはわかっているの」。家族全員が、通常の生活に戻っていた。

その前の夏、ドーンは自分の受けたEMDR療法と、サンドラ・ウィルソンの研究について記者に語ることに同意していた。その結果、PTSDの診断を受けた患者の84％について、たった3回のEMDRセッションで、その症状が消えていた[14)]。被験者80人の研究に参加した女性の多くが、ドーンと同様に反応し、トラウマを受ける前よりよくなっていた。元気が出て、職業を大きく変えたり、初めて大学に通うようになったりした女性もいた。PTSDを治療する他の方法で、このようなプラスの効果が得られたという研究はない。この初の大規模なEMDR研究の結果は、アメリカ心理学会が主催する専門的なニュース会議で報告され、多くの新聞がその記事を掲載した。

全国的なニュース雑誌の女性特派員がドーンにインタビューしたとき、特派員は、ドーンからアマンダの体験を聞いて、居間のソファの上で泣き崩れたという。

「休みましょうか？」と、ドーンは尋ねた。特派員を取り乱させてしまったことに、罪を感じたのだ。人の反応を予測することは、本当に難しい。
「どうして、そんなに落ち着いて座って体験を話すことができるのですか？」と、特派員は尋ねた。
「これが今の状態だからです。私たち２人にとっては、ただの体験談に過ぎません」と、ドーンは答えた。

声を放って泣けよ。嘆きを封じ込んだりすると思いばかりが胸に籠って張り裂けるぞ。

ウィリアム・シェイクスピア（『マクベス』*より）

9

悲しみに安らかな眠りを

古い説話がある。ある女性が、自分の子どもの亡骸を聖人のもとへ運んできた。彼女は、どうぞ慈悲によって子どもを生き返らせてほしいと頼んだ。聖人は、村で一度も葬式を出したことのない家から辛子の種を持ってくれば、その願いをかなえてやろうと言った。簡単な条件だと思って、女性は喜んだ。しかし、どんなに探してもそのような家はなく、辛子の種は得られない。彼女は徐々に、死は誰にでも訪れるものだという聖人の教えを理解した。そして静かに、子どもの亡骸を抱いて帰り、埋葬した。

どんな家族にも死は訪れるが、それでも、愛する者を失った悲しみより辛いものは、ほとんどないだろう。学問的に言えば、悲しみによるトラウマは、愛する者が暴力によって死んだ場合や、予期不能な死に方をした場合を除き、PTSD とは診断されない。しかし、悲しむ者にとって、診断名は関係ない。辛いものは辛いのであり、EMDR は、症状の如何や、死の原因を問わず、そのような悲しみを安らかな眠りにつけるのに高い効果がある。

死に対して特に厄介な反応は、罪悪感の継続である。人間は、自分が言っ

---

* 岩波文庫、木下順二訳

たことや、言わなかったことについて、責任を感じる。自分が亡くなった人を傷つけるようなことをしたかもしれないと、思い返しては苦しむ。心の中で、死に臨む人の枕元へ行き、苦悩の声を聞く。このような反応はすべて、人の死に際しては普通のことであり、時間がたてばゆっくりと消え、解決するものである。しかし、回復プロセスが止まってしまう場合もある。このような場合に、システムを再開させるのが EMDR である。

悲しみは、個人的な死別によるものだけではない。多くの警察官、消防士、列車の機関士、救命士の生活が、殉職などの悲劇によって強く影響を受ける[1]。このように苦しむ人の多くは、起こったことに対して罪悪感を持ち、自分の感情を持て余してどうしようもなく感じる。もし、もっと迅速に動いていれば、死ななくてすんだかもしれないのに、と思うわけである。EMDR は多くの場合、このような道理に合わない考えや感情的な反応が固定してしまうのを防ぐ。相棒が職務中に撃たれるのを見たり、自分で人を殺さなければならなかったりした警察官にも、EMDR は有効である。このような人は、大きな衝撃を受け、悲惨な場面を何度も何度も思い描いてしまうことがよくある[2]。

医療関係者でさえ、喪失によるトラウマに苦しむ。ある 55 歳の男性は、TWA800 便の事故（訳注：1996 年 7 月 17 日、トランスワールド航空ボーイング 747 型機がジョン・F・ケネディ空港からパリへ向けて離陸後 12 分にロングアイランド沖 15km 地点で燃料タンクの爆発によって墜落。乗員乗客 230 名全員が死亡した）後、1 週間休みなく、血にまみれ、検死室で働いた。彼は、「家族が納得できるよう、早く遺体を返してあげられなかった」という罪悪感で打ちのめされてしまった。また、ある救急治療室の看護師は、医療チームの一員として、自動車事故でひどい怪我をした赤ん坊を担当した。赤ん坊が亡くなった後、看護師は、自分の 2 歳の子どもが死ぬという恐怖に悩まされた。彼女は、取りつかれたように強烈な過保護になった。EMDR の治療中、彼女は救急治療室の光景をターゲットとし、死んだ赤ん坊の顔に自分の子どもの顔が重なると言った。眼球運動を続けるうち、重なった子どもの顔のイメージが、死んだ赤ん坊の顔から持ち上がった。2 つの顔が重なっていたことを、彼女は意識の中で認識していなかったのだ。認識していたとしても、恐らく彼女にはどうしようもなかっただろう[3]。問題に関して観念的に認識したり、真相を理解したりしているだけでは、ほとんどの場合、問題を解決して自分の行動を変えるには至らない。変化は、感情的なレベルでも起こる必要がある。

人の死（または苦しみ）を聞いた人が、それを体験してしまうこともある。これは、代理受傷と呼ばれる。人は、物理的に存在しないトラウマにも強い影響を受け、辛い光景を夢で見たり、強迫的な思考に悩まされたりすることがある。ある警察官の妻は、夫の相棒の死について聞かされてから、自分の夫が血だまりの中に横たわっている光景を見続けるようになった。このような状況にある人を平常に戻すにも、EMDR が効果を発揮する。

別の症例では、あるイスラエル人の心理学者が、自分が発狂しつつあると思って助けを求めてきた。彼は、ホロコースト時代のアウシュビッツでガス室に入れられるフラッシュバックと悪夢を繰り返し見ていた。当時、生まれてさえいなかったのに、である。EMDR セッションの半ばになってやっと、彼は、自分の心が 30 年前になくなった叔父の昔話をリプレイしていたことを悟った。子どものころ、叔父に共感する余り、「記憶の中」の死のキャンプに自分の顔を見ていたのである。EMDR の最中、彼は本当に体験したかのようにブルブル震えた。身代わりとしてトラウマを受けただけだったにもかかわらず、彼の苦痛と感情は 30 年間も神経システムに固定されていた。

EMDR は、愛する人を失った後で、自分が危険にさらされる恐怖に悩む人々にも有効である。人は皆、心の奥底で人生が予想可能で普遍的な形で続くと思い込んでいるが、愛する人の死はそれを脅かす。深く愛する人を失うと、自分自身も安全と考えられなくなってしまう。人は毎日、人生における出来事をある程度、制御できると思い込んで生きている。そして、誰かを失うと、自分が何か失敗したかのように感じる。悲しみと恐怖を消すために薬物やアルコールに手を出す人も多い。そうなると依存性が増し、さまざまな苦しい感情に対してますます弱くなるだけだ。薬物やアルコールは、一時的に苦痛を鎮めるかもしれないが、悲しみのプロセスを妨害するとも考えられる[4]。

感情が深く埋められてしまっているために、自分で不安の根源がわからないときもある。しかし、最もひどい苦しみの1つは、他人の助けを受けるために手を伸ばしたり、他人に自分のニーズを見せたりすることに対する恐怖である。人は、そうすべきだと思っていたり、他人が苦しみを乗り越えるのを助けたりするために、苦痛を隠すことがある。しかし、これは悲しみを見えないところに押しやるにすぎない。死の後には絶好のタイミングがある。自分の悲しい感情に集中できないと、苦痛に対して壁を作ることはできるかもしれないが、苦痛をなくすことはできない。その結果、解決されない悲しみが、将来の関連する出来事に際して強烈な過剰反応として現れる場合がある。たとえば、ある若い女性は、警察官である婚約者が、以前に撃たれたことがあることを知って、婚約を解消すると迫った。EMDRセッションの途中で、彼女は、自分の兄弟が亡くなったときに十分悲しんでいなかったために、将来の夫も同様に失うことを恐れていたことを悟った。ある意味で、EMDRは、解決が行われる絶好のタイミングを再び作るように思える。つまりEMDRを受けた人は、自分の感情を押し殺したり、誰かを守るために偽ったりしなくていい保護された環境で、人の死を悼み、悲しむことが可能となる。

愛する人を失ったときのプロセスを理解するすばらしいフレームワークを提供したのは、心理学者のテレーズ・ランドー[5)]である。彼女は、「bereavement（死別）」という言葉が、「rob（奪う）」という言葉と同じ語源から来ることを指摘した。価値あるものを不当に、しかも強制的に奪われたことに対して、予想される自然な反応は、悲しみと被害感情である。悲しみの反応に際して、人は自然に苦痛や不安を示す行動や表現を使い、死を元へ戻してほしいと願ったり、死なかったものと思い込んだりして、死に神経を集中する。シンプルな死別の場合、人は徐々に哀悼の第2段階に入り、内的ニーズと社会的ニーズに積極的に集中することによって喪失に適応し、新しい自己意識を発達させていく。第3段階では、死んだ人がいなくても健全な生活をすることを学ぶ。死んだ者、自分、外部世界へと焦点が移り変わるのが自然な回復プロセスだが、このプロセスがときどき止まることがある。

ここで回復の再開を助けるのがEMDRである。

悲しみのプロセスは、時間の経過で進むことが多いが、どのぐらい待ってから助けを求めるかについて、簡単に決めることはできない。深い信仰を持った人で適切な状況にある人は、死によって愛する人が解放されたと考えるかもしれない。死に対して、自分や世界を何カ月も責め続ける人もいるだろう。また、悲しみがずっとずっと続く人もいる。死のイメージが過去の経験と相互作用を起こし、時間が経っても苦痛が癒されない。不断の苦痛を除き、人生が停止したように感じる。さらに複雑なことには、この反応が正常だと思い、苦痛が少なくなることは死者を侮辱することだと思い込む人もいる。しかし、絶え間なく苦しみ、最も辛かった記憶についてばかり考えることは、死者にとっても、生き残った者にとっても、正当とは言えない。生き残った者が、悲しみを建設的に処理しようと努力することも多いが、そうでなくても死別について語ったり、「悲しみと共に歩む」よう頑張ったり、もう少し時間をかけたりするだけで十分である。

臨床家の中には、悲しみのプロセスがどんなに長く、苦しくても、それに介入することは、経験から最大限に学ぶ機会を奪ってしまうと考える人もいる。しかし実際のところ、時間がすべての傷を癒すわけではない。もしそうなら、心理療法の必要はないだろう。回復が止まり、進まなくなった場合、EMDRが、学ぶプロセスに近道を作る。つまり、時間を短縮するだけだ。プロセスが進むと、洞察が生まれ、パターンが認識されるが、愛する者との絆は残る。なくなるのは、平静に死者のことを考えるのを妨げるほどの強烈な苦痛である。この平静さえ得られれば、生き残った者は人生そのものを再開することができる。

この点を示すのが、子どもを失った母親との3回のEMDRセッションの記録である。ミア・ルッソの回復プロセスは、セッションが進むにつれて彼女自身の言葉で語られており、多くの人がEMDRセッションの最中に体験する自然な成り行きを表現している。

ビリー・ルッソは、12歳の誕生日の10日前、ニューイングランドの自宅から２ブロックも行かない場所にある鉄橋で亡くなった。通勤列車は、制限速度内の時速 70 マイルで北向きに走っていた。そして機関士は、２人の少年が前方の線路を横切ろうとしているのを確認した。１人は渡りきったが、もう１人は途中でかがみ、硬貨を線路上に置いて逃げようとするかのように見えた。

その少年は立ち上がりもせず、脇へ飛び退くこともなかった。彼は、その場から動かず、かがみ、友達を呼んだ。仰天した機関士はブレーキを踏み、警笛を鳴らしたが、停止は間に合わず、列車は少年をひいた。後でわかったことだが、ビリー・ルッソは軽率だったのでも、いたずらをしようとしたのでもなかった。黒いハイカットタイプのスニーカーが、線路に引っかかってしまったのだ。

事故は、暑い盛りの７月下旬、午後４時に起こった。母親であるミア・ルッソは、４時 15 分ごろに昼間の仕事から帰宅し、鉄橋のあたりに人だかりがしているのを見た。ミアは、３階建ての３世帯住宅の正面ドアを開け、１階にある両親の家に息子を迎えに行った。ミアの仕事中、退職後、ミアの仕事中にビリーの面倒を見ていたミアの父親は、ビリーが友達のジェリーの家に遊びに行ったと言った。ミアは５時まで両親の家で過ごしてから、ビリーと一緒に住んでいる３階の家にゆっくりと上っていった。息子がまだ帰宅していないで、ミアは少し驚いた。普通なら、２人で夕食をとった後、33 歳で働き者のシングルマザーであるミアは、兄弟の経営する酒店で夜間のレジ係として働くために出かける。

５時 15 分になって、ミアは少し心配になった。ビリーは、時間に正確な子だった。ミアは兄弟とその家族が住んでいる２階に寄ってから、１階の両親の家に行った。ビリーは、やはりいない。ミアは、ジェリーの家に歩いて行って、ビリーがまだいるかどうか確かめることにした。玄関の階段を下りる途中、ミアは実の姉妹と義理の姉妹が用事をすませて帰ってくるのに出会った。２人は、線路で事故があったらしいと告げた。

ミアは急いで角を曲がり、ジェリーの家に行ってドアをノックした。答えはない。ミアは、ドアを強く叩いた。やはり答えはない。ミアは叩き続けた。

誰かがいるはずだ、と思っていた。

　とうとう、隣の家の人が出てきた。

「息子のビリーを知りませんか？」と、ミアは尋ねた。「ジェリーと一緒だったんですが、誰も家から出て来ないんです」

「ジェリーと一緒に救急車に乗って行ったわ」と、女性は答え、表情をこわばらせた。

「どういうことですか？」

「気絶したの。家に駆け込んできて、おばあさんに何か言って、そのまま気絶してしまったわ。そして、救急車が来たの。鉄橋へ行ったほうがいいんじゃない？」

「でも、どこに……？」

「警察に聞いて。あとは知らないわ」

　ミアは躊躇した。

「行きなさいったら！」

　ミアは、鉄橋に向かって走り始めた。緊急車両、パトカー、近所の人たち、野次馬が混み合う中で、ミアは制服の警官を見つけた。息を整え、動悸を静めようとしながら、ミアはやっと言葉を絞り出した。

「息子を探しているんです。名前はビリー・ルッソ。このあたりにいましたか？事故に巻き込まれたんですか？」

　警官は、答えるかわりにそっとミアの腕を取り、パトカーに向かって歩き始めた。

「息子を見たんですか？　11歳で、明るい茶色の髪をして、目は茶色です。大きなえくぼがあります」。ミアの声は緊張し、言葉ごとに上ずっていった。「髪は硬くてまっすぐです。長いまつ毛をして、緑の半ズボンと緑のTシャツと、黒と白のハイカットのスニーカーを履いています。息子はどこですか？」

　ミアは、恐怖で蒼白になり、過呼吸になりながら、パトカーの後部席に抱え込まれた。ドアがバタンと閉められると車が少し揺れ、ドアのロックがかかった。

ビリーの葬儀は、その4日後に行われた。ミアはまだショック状態で、ほとんど話すことができなかった。ビリーは、ミアのすべてだった。ミアには、もう何も残っていなかった。仕事を掛け持ちする理由は、もうない。朝起きる理由もない。何をする理由もなかった。ミアは、ビリーの死が自分のせいだと思い（「私が家にいさえすれば……」）、子どもがもう1人欲しいと切実に願いながら、もう10年間も妊娠できずにいることを考えて、さらに悲しみを募らせた。ミアは、数年前に受けた子宮頚部がんの手術のせいで不妊になり、もう子どもが産めないのではないかと思っていた。

数日が過ぎ、ミアのショックは悲しみ、そしてうつ状態に変わった。絶望の中で、わずかな気休めは、家族全員のひどい悲しみようだった。みんなにかわいがられていたビリーの死は、家族全員にショックを与えた。ミアの祖母が7カ月前に亡くなったばかりだったので、なおさらだった。

事故から1週間ほどたったある夜、ミアは毎度のことながら悪夢を見た。ミアは事故現場にいて（実際には、まだそこへ行くことは許されていなかった）、ビリーの頭、胴体、手足が線路に散らばっているのを見ていた。そして、すすり泣きながら目覚めた。1日か2日して、警察からの手紙がミアの母親宛てに届いた。ミアは、うっかり開いてしまった。それは、ビリーの死に関する警察の報告書で、ビリーが列車にひかれた後、ビリーの体の各部分がどこにあったかを正確に示した事故現場の図が入っていた。ミアは、打ちのめされた。夢で見たのとそっくりだったからである。

悪夢は続いた。列車がミアを追いかけてくるのもあれば、ビリーの体が散らばった事故現場を見ているのもあった。ミアは、倉庫での昼間の仕事に戻ったが、魂が抜けたように仕事をするだけだった。時々泣き出し、集中力は続かなかった。夜の仕事は辞めた。3世帯住宅は、あまりにも強くビリーを思い出させたので、ついに出て行くことにした。

ミアは、毎日事故のことを考え、「なぜ？」と自問し続けた。どうして、あの子にそんなことが？　ミアは敬虔なカトリック教徒だったが、数カ月間、教会へ行こうともしなかった。ビリーを失ってから、ミアの信仰はひどく揺らいでいた。事故の夜、ショックで担ぎ込まれた病院の司祭が訪ねてきた。

司祭が神について語り始めると、ミアはさえぎった。「神については、何も言わないでください。なぜ、無垢な子どもをあんなに恐ろしい形で奪ったのですか？　神については、何も知りたくありません。神の名前すら、聞きたくありません」

ミアの強烈な苦悩は、１年間続き、さらに悪化した。ビリーの１年目の命日が近づくと、さらに取り乱し、唯一の前向きなことであった婚約もこじれ始めた。ミアと婚約者は、嫉妬、大量の飲酒、身体的な暴力について、ひどい口げんかを繰り返していた。ビリーがいなくなり、恋愛関係もまずくなって、ミアは生きていく理由があるだろうかと思い始めた。ミアは心の中で何度も繰り返した。「人生がずっとこんなふうなら、私がここにいる意味は何もない……私がここにいる意味はない……意味はない……」

ビリーの命日の６週間後、ミアは、不安を和らげるために服用していた鎮静剤のアティバンを、推奨量の約 20 倍も飲んだ。婚約者がミアをいち早く見つけて病院へ運んだおかげで、ミアは胃洗浄を受け、精神科病棟に３日間入院した。そして退院した。

「あなたは、本当はここに来るべきではありません」と、病院の精神科医は言った。「精神病患者ではありません。ただ、辛いことがたくさんあっただけです。乗り越える方法が必要なだけです」

しかしミアは、一時的労働不能休暇を取らされ、資格を持った精神科医のもとへ毎週通っていた。アティバンのほかに、強力な抗うつ剤であるプローザックも服用していた。薬を飲めば気は静まったが、ミアは薬を飲んだ後の気分が嫌いだった。何もかもぼんやりするように思えたからだ。何にも集中できず、考えることもできないと思った。加えて、心理療法を続けることはできないと決心していた。医療保険で治療代の 80％は出たが、残りの 20％を払うために借金がかさみつつあった。ミアがもう来ることができないと言うと、精神科医は、PTSD の研究をしている治療者に連絡を取るよう勧めた。そこなら、無料で治療が受けられるかもしれない。

自殺未遂の２週間後、ミアは、スティーヴン・ラズローヴ博士の治療を受け始めた。博士は、外科医から転身した精神科医で、エール精神医学研究所に勤めていた。EMDRのトレーニングを受けたラズローヴ博士は、慢性的なPTSDを持つ少数のクライエントを被験者とし、EMDRがもっと深い研究に値するかどうかを判断する情報を集めようとしていた。もし研究に値すれば、EMDRの方法論に関する大規模で正式な研究プロジェクトを計画するチームに参加するつもりだった。ミアは、博士の予備研究の条件に合うよう、紹介状でPTSDと診断されていた。しかし、上級の研究者の多くは、ミアを被験者に加えることに異論を唱えた。症状が重すぎて（大うつ病、心的外傷後ストレス障害、自殺衝動）、EMDRで効果を上げることが現実的に期待できず、ひょっとすると有害かもしれないと言うのだ。博士は納得しなかった。「これこそ本当の現実。私たちは、こういう人たちを救えると言っているのだ」。博士は、ミアの最初の精神科医とミアの状態について詳しく話し合い、２人とも、EMDRを継続しても安全だろうという結論に至った。

ミアが研究所の簡素な面接室に座ると、ラズローヴ博士は、ミアに対して直角の向きに、30センチも離さず自分の椅子を置いて座った。ミアと博士は１週間前にも会い、ビリーの死とその後のミアの問題について話し合っていた。ミアにとっては辛いセッションだった。今回は、ミアが初回に博士に語った内容を書いたものを、ミアが朗読することから始まった。ミアはまっすぐ前を向き、悲しみに満ちた深い声でゆっくり読み始めた。

読み終わると、博士は尋ねた。「今、読んでみて、１から10のレベルで言うと、どのぐらい辛いですか？　１はまったく平気、10は想像しうる限り最悪の経験とします」

「10です」と、ミアは即答した。

「一番辛いのは、どの部分ですか？　辛さが顕著なところは？」

「体の部分のところです」

「その情景が心に浮かびますか？」

「はい」

「その情景と一緒に、どんな言葉が浮かびますか？　自分に関する言葉は？」

「怖い、恐ろしい、信じられない」

「あなた自身については？」

「今でもときどき信じられません。心にいつもあって、消せないんです。たぶんこれからもずっとあると思います。頭に浮かぶのはいつも同じ情景です」

「その情景を見て、自分についてどう思いますか？」

ミアは消え入るような声で答えた。「罪。たとえ働いていても、やっぱりビリーに責任があるのは私です。ビリーは11歳で、鉄橋はたった1ブロック向こうで、そこへ一度も行ったことがなかったんです」

「どう感じたいですか？」

「事故だった、と」

「感情を詳しく説明していただけますか？」

「胸の痛みです。空虚。自分の一部が奪われたような、心の一部が奪われたような感じです。私の人生は、ひっくり返ってしまいました」

ラズローヴ博士はミアに、体の部分に関する情景に神経を集中するよう言い、眼球運動を始めた。

1セット終わって、博士は、サングラスをかけたミアの目が涙でいっぱいなのに気づいた。博士はティッシュの箱を手渡したが、ミアは使わなかった。博士は、ミアが純粋に意志の力だけで、涙が頬にこぼれないように押し留めていると思った。博士はミアが話すのを待ったが、ミアは何も言わなかった。

「心に浮かぶものは、そのまま浮かばせてください。情景を見て、そのまま流してください」

2人は、眼球運動の2セット目を始めた。終わると、ミアは長い間沈黙し、口を開いた。「情景がときどき空白になるんですが、また戻って来ようとします」

「続けましょうか？」

「はい」

3セット目は、2、3分になるほど長かった。終わると、博士は尋ねた。「どうなりましたか？」

「情景が変わりつつあります。線路の情景が消えていきました。行ったことがないのに、私の心はいつも線路の上にあったんですが。その後、パトカーの中にいたときの情景になりました」。情景は移り変わりつつあった。いい兆候だった。

４セット目も非常に長かった。ミアは、自発的に時系列で出来事をたどり始めた。そして、１セット終わるごとに情景の変化を報告した。これは、EMDR セッションでよく起こることだ。情報処理が始まると、辛い記憶の物語が最悪の部分で止まることなく、自然に終了する。

「私は家族と一緒にいました……。みんな母の家に集まって泣いていました」

「あなたもいましたか？」

「いました」

「そのまま行きましょう」

５セット目が終わると、ミアは言った。「母の家を出ました。そして、お葬式にいました。私は車から出たくありませんでした。でも、しばらくして出ました。自分がそこに座っているなんて信じられない気分でした。ひつぎが運んで来られたとき、その上には私と息子の写真がありました。それから目が離せませんでした」

２人は、６セット目をした。

「母の家の裏にいました。３階に行って、自分の荷物をまとめました」

そして、７セット目をした。

「職場にいて、荷物を梱包していました。仕事に戻ったんです。みんな私を助けようとしていました」

８セット目が終わった。

「感謝祭でした。祝日です。私と息子は、初めて２人だけで感謝祭をするつもりでした。でも、息子はいませんでした。次にクリスマスが来ましたが、プレゼントもツリーもありませんでした。ただ普通の１日でした」

「それは悲しいですね。その悲しみと一緒にいてもらえますか？」

ミアはうなずき、９セット目をした。

終わると、ミアは言った。「息子の墓に花を供えました。もう二度と帰って来ないと思いながら」。ミアの声は、まだ消え入るように小さく、顔は苦痛をこらえようと硬直していた。

10 セット目が終わった。もう 28 分も眼球運動を続けていた。

「前に見た夢の中で、息子を抱きしめていました。ただ抱きしめて、もう少しいてほしいと頼んでいました。本当に息子を抱いているような感じでした。でも、目を覚ますと息子はいませんでした。でも、本当にリアルだったんです。本当に息子を抱いていました」

そして 11 セット目。

「また列車ばかり見えました……。ただ列車が見えるばかりで、近づけません……。列車……列車が、夢の中のように見え続けます。私のそばを本当に速く通り過ぎていきます」

12 セット目。

ミアは、握りしめた拳を開き、椅子の肘掛けをつかんだ。「いろんなことが起こっています。教会にいて、息子のミサが行われていて、私がキャンドルの火を点けています。でも、私には息子が見えます。まったく消えません。本当にはっきりしています。とにかく見えるんです。私の心は、息子の姿をどこかへやってしまいたくないんです」

「どこかへやってしまったら、どうなると心配しているんですか？」

「息子が行ってしまう」。どれだけの人が、そんなふうに感じた経験があるだろう？　その情景、もしくは苦しみをどこかへやったら、その人を永遠に失ってしまうと怖くて？

「それと一緒に」

13 セット目が終わると、ミアは言った。「その情景をやり過ごすには、少し時間がかかりました。その情景は、とどまり続けて、どこへも行きませんでした。それから、自分がひとりで歩いている姿が見えました。もう息子は一緒にいませんでした」

14 セット。

「レイ（婚約者）と一緒にいました……最初は私ひとり、それから彼と一緒になって『ミセス・ダウト』（訳注：ロビン・ウィリアムズ主演のコメディー）という映画を観ていました。私たちは大笑いしていて、私は幸せでした。悲しみが少しなくなっていました」

15 セット。

「柵が作られているのが見えます……息子が死んだ線路の脇です。何もかも、本当に起きていることのように、順番に心から消えていきました。何もかも、本当に起こったとおりに心に入ってきました。私は、柵のところで立ち止まりました」

「その柵は、今そこにありますか？」

「柵はあります。春に作られました……頭がすごく……頭が痛いです。頭が痛くなってきました」

「最初の情景に戻ると、どう見えますか？」

「どう見える？　ちょっとぼやけています。まだ覚えていますが、色あせてきました」

博士は、0から10のレベルで強さを尋ねた。

「５です」

「なぜ、それより下がらないのですか？」

「一部がまだそこにあるからです」

「どの部分ですか？」

「ばらばらになった体です」

「それを治療しましょう。心に浮かぶままにして、次にどうなるか様子をみてください」

16セット。

「同じ場面でした。息子に、どうしようもないと言い聞かせていました。『助けられないわ。元通りにはくっつけられない』と」

「そのままで」

17セット。

ミアは、途切れ途切れに言った。「息子が見えました。息子は『母さんは僕を元通りにできない。神様なら僕を元通りにできる。僕は今、天使だからね』。そして元通りになりました」

「それと一緒に」

18セット目が終わると、ミアは鼻をすすって言った。「息子が祖母と一緒に空の上にいるのを見ました。２人は高いところにいて、見下ろしていました」

「どう感じましたか？」

「前よりいい気分です」

「それと一緒に」

非常に短い19セット目の後、ミアは長い間、沈黙していた。「祖母に、ビリーをよろしくと頼むと、祖母は了承してくれました。ビリーは祖母と一緒にいます」

「どういう意味だと思いますか？」

「ビリーが面倒をみてもらっているということです」

20セット。

「ビリーは、大丈夫だと言いました。『元気を出してよ。僕は大丈夫』と言いました」

2人は21セット目を始めた。ミアが眼球運動をしている最中に、ラズローヴ博士は尋ねた。「つまり、元気を出してもいいということですか？」

21セット目が終わると、ミアは言った。「ビリーに、別れたくないと言いました。ビリーなしで幸せになるのは難しいからです。ビリーは、努力すべきだと言いました。私が努力するしかないと思います」

「それでいいですか？」

ミアはうなずいた。

22セット目が終わると、博士は尋ねました。「元の情景はどう見えますか？」

「悪くありません。確かに起こったけれど……」

「0から10のレベルでは？」

「0です」

「どう感じますか？」

「前よりいい気分です」

「しばらく目を閉じて、体がどう感じているかを感じてみてください。変わったことはありますか？」

「楽になりました。重い荷物がなくなったように快適に感じます。考えてみると、前は本当に辛くて、本当に苦しかったと思います。でも、今はそう感じません。苦しい部分がなくなりました」

「幸せになろうと努力しても大丈夫ですか？」と、博士は尋ねた。

「はい」

「これで最後にしましょう」

２人は、一緒に座ってから１時間と11分に及ぶ、その日の治療の締めくくりとして、23セット目をした。この日、最初の３セットで、博士とミアはビリーの無残な死に方に焦点を絞った。人の死を悼む多くの人と同様、ミアは、EMDRによってこの部分を比較的早く通り過ぎた。これは、どのような死に方をしたかは関係ないと、嘆く人が悟るせいである。重要なのは、その人がもはや存在しないことである。詳細は関係ない。博士は、複雑で苦悩を伴う死別を体験した人のためにプロトコルを作成し、ミアとの次のセッションでは、ビリーがいないことの結果に焦点を絞った。

１週間後、ミアは２回目のEMDRセッションに訪れた。

「どうですか？」と、ラズローヴ博士は尋ねた。

「ずっととても良かったのですが、ちょうど昨日、ビリーを思わせるような男の子に会ったんです。それ以来、また考え続けています」

「元の情景を思い浮かべると、どう見えますか？」

「最初、ずっと０でした。とてもいい気分でした。でも、今は２のレベルです。その男の子に何かあります……」

博士は、いい兆候だと思った。治療の一部を終え、それでもまだ治療が必要な場合、人は、治療の直前まで自分を守るものだ。そして突然、何かが起こったり、何かを思い出したりする。それは、治療を続ける準備ができたことを示す。また博士は、ミアの身振りがまだ「うつ」を示しており、顔が蒼白で無表情なのにも気づいた。ミアは、額に垂れ下がる濃い茶色の髪を押しやった。

「２レベル」の感情をターゲットとすると、ミアは、前のセッションで繰り返し見ていたビリーの体の散らばった情景ではなく、現場で息子の体を見ようと必死に線路に上ろうとし、家族や警察に引き止められている情景に戻った。その記憶についてEMDRを行うと、まったく違ったイメージが浮かび上がり、ミアは静かに泣き始めた。

「息子の顔が見えました。とても幸せそうです。ビリーは微笑んでいます」。そう言うと、ミアの顔も和らいだ。「息子が行ってしまうようで、その情景を心から消すことができませんでした。息子は『僕は行くよ。行かなきゃ』と言いました。『どうしてあなたが行かなきゃならないの？』と言うと、『ただ、そうなることに決まってたんだ。僕は行かなきゃ。戻っては来られない。また会えるよ』と言いました」

「息子さんを行かせられますか？」

「わかりません。努力しますが、できるかどうかわかりません」

「それでは、それと一緒に、何が起こっても起こるにまかせておきましょう」

　次のセットで、ミアは声を出さずに誰かと話しているように唇を動かした。そのセットが終わると、ミアは涙をぬぐった。

「ビリーは行こうとしていて、私が引きとめるので怒っていました。『行かせてよ。行かせなきゃいけないんだよ』。そして、行ってしまいました。もうビリーは見えませんでした。でも、ビリーは怒っていました」

「どういう意味ですか？」

「行かせなきゃいけないということ……でも、息子がいなくなって毎日、そういう状態で生きるのは辛いことです。息子には私の気持ちがわかっていません。ひょっとすると、わかっているかもしれませんが。それはわかりません」

「それと一緒に」と、博士は言い、もう１セットを始めた。眼球運動の途中、博士は言い足した。「息子さんを行かせることと、忘れることの違いがわかりますか？」。この質問の目的は、よくつまずくポイントの処理を助けることだった。

「いいえ」

「息子さんが、自分のことを忘れるように頼んだと思いますか？」

「いいえ」

「何か違うことを意図しているのではないですか？」

　もう１セット。

「確かに何か違うことを言っているようです。２つのことは、本当に違うことなのですね。息子を行かせて、それでも忘れないでいることはできます。だって、どのみち息子はいつもそこにいるんですから」

もう１セット。

「ビリーは、行かせることと忘れることは違うと言っています。『僕たちの生活を忘れないでね。だって、いつも思い出は母さんと一緒にあるんだから。誰も取り上げることはできないよ』。息子に起こったことではなく、息子のかつての姿を思い出して、私は本当に息子を行かせることができました」

次のセットの最中、博士は尋ねました。「今度は大丈夫ですか？」

「ええ、大丈夫です。息子は行きました」

「それで？」

「大丈夫です。息子の体は行ってしまいましたが、息子が行ってしまうことは決してありません」

「そうですね」

「思い出の中にある限り、いつも息子はいます」

「その気持ちを持ち続けることができますか？」

「はい。何とか頑張ります」

「それと一緒に」と、博士は言い、非常に短い眼球運動をもう１セットした。

「状況は変わるような気がします」

「どうして？」

「起こったことに関して、気持ちが変わったからです。でも、息子が私と一緒にいることには変わりありません。何が変わっても……仕事だとか家だとかが変わっても。やっぱり一緒にいるでしょう」

「どう感じますか？」

「いい気分です」

「元の情景に戻ると、どんなふうに見えますか？」

「ちょっとぼんやりしています。もう、あそこ（ビリーが死んだ線路）へ上がろうとも思いません。本当を言うと上がりたくありません。起こったことは忘れたくありませんが、どんなふうに起こったかは忘れたいと思います。

息子は、行ってしまったほかの人たちと同じように行ってしまいました。でも、決して忘れられることはありません」[6)]
「0から10のレベルではどうですか？」
「0です」
「事故だったというのは、どのぐらい真実に感じられますか？」
　ミアはしばらく考え、言った。「本当に真実です。ただの事故でした。祖母が死んだのと何も変わりません。祖母はとても年をとっていました」
「あなたの祖母？」
「祖母は、ビリーの面倒を見るために逝ったんだと思います。ビリーの世話をするために、先に逝ったんでしょう」
「あなたの責任だと今は感じますか？」と、博士は進捗を確かめるために尋ねた。これは、最も辛い壁であることが多い。
「いいえ……」。ミアの声は小さくなった。
「その気持ちと一緒に」と、博士は眼球運動を非常に短時間だけした。
「私は、息子がいたとき、せいいっぱいのことをしてやりました。本当に、私はすがりつくことができませんでした……それは、ある意味で行かせるということでした。息子は、もう私の責任のもとにはありません」
　もう1セット。
「今度は変わりました。もう、あのことすべてについて考える状態ではなくなりました。罪悪感はなくなりました。何もかもなくなりました。ただ起こる運命にあったんです。何もかもなくなりました」。すべてが変わると、今度はその後の自分を受け入れねばならない。この受け入れに至ると、自分に対する新しい認識が生まれるのが普通である。ミアはもはや、ビリーの母としての人生を定義することはできなくなった。自分が何を生きがいにし、何を捨てるかに関して、感情的に折り合いをつけねばならなかった。
「それは、あなたが生きがいにできるものですか？」
　ミアはうなずき、わずかに微笑んだ。
「頑張れますか？」と、博士は尋ねた。
「努力します」

　また、非常に短時間の１セット。

「その認識を持ち続け、そのように受け入れるよう努力します。そして、前進するよう努力します」

「『前進する』とは、どういう意味ですか？」

「仕事に戻るよう努力します。あの仕事に戻りたいかどうかは、わかりません。あそこにいたときにビリーが死んだので、あそこにいるのは辛いです。何か違う仕事ができるかもしれません」

「その気持ちと一緒に、様子を見ていただけますか？」

　もう１セット。

「あそこに戻った自分は見えません。私は子どもの面倒を見てきました。週に２、３日、甥の子守もしています。そんなことができるかもしれません。子どもたちのそばにいたほうが、気分がいいんです」

「それと一緒に行きましょう。深呼吸して」

　もう１セット。

「自分が子どものそばにいるのが見えます。甥っ子たち、婚約者の２人の男の子たち。その子たちと一緒にいる自分が見えます。別の生き方だと思います。ビリーの世話をするのではないが、子どもの世話をするという責任を持っていて。養子を取るかもしれません（ミアは医者に、子どもを産めないかもしれないと言われていた）。親を必要とする子どもたちはたくさんいますから」

　もう１セット。

　ミアは微笑んだ。「でも、子どもたちが自分のものであってほしいと思います。それに、また子どもを奪われたくもありません。でも、そのためにどうすればいいかはわかりません。私に努力できることかもしれません」

「ある日の午後というのではなく、人生に何が起こるか予測するのは難しいことです」と、博士は優しく言った。

「ええ。もし子どもがいたら、自分が前と同じ人間でいられるような気がします。だからだぶん、そんなふうに考えるんでしょう。自分で 12 年間、自分の人生の大半をかけて、小さい男の子を育てて、奪われました」。これは、その日、ミアの最も長い返答だった。「もしかしたら、その部分を取り戻せるかもしれません。ビリーを通してではなく、他の子どもを通して。ビリーを行かせるよう努力したいと思います」

　また、非常に短い1セット。

「ビリーは行ってしまいました。ビリーを忘れることはできません。ビリーは、私に忘れてほしくないと思っています。覚えていてほしいと思っています。そうするよう努力し、ビリーを行かせるよう努力すべきだと思います。誰も、私の代わりにそれをする人はいません。難しいことです。やらねばなりません」

「本当に努力すべき時が来たのかもしれません。前は、そんなに努力していなかったと思います。まだすがりつこうとしていました。ビリーを生き続けさせると感じることすべてに。でも、もうそんなことはできません。そうすれば、ビリーが安らかに眠れないからです。ビリーが気分を害してしまうでしょう。私は、ビリーに安らかに眠ってもらうよう努力する必要があります」

　もう1セット。

「『行ってしまったが、忘れられてはいない』という言葉ばかり見えます。その言葉ばかりが頭に浮かびます」。涙がミアの頬を流れ落ち、拳は膝の上できつく握り締められていた。

「悲しくないようにしてあげることは、できません。それに、悲しくあるべきなのだと思います。悲しいというのは、思い出すことの一環ですから」

「そうですね。悲しくなければうれしいでしょうが、それでは何かが間違っていると思います」

「そのまま生き続けられますか？　大丈夫ですか？」

　また、非常に短い1セット。

「大丈夫だろうと思います」

「まったく真実でないを1とし、まったく真実であるを7とすると、どのレベルに感じますか？」

「まったく真実です」

「その気持ちを維持してください」。そして、その肯定的な認識を強めるために。さらに短い１セットをした。
「心から重荷が降りたように感じました。たぶん、これまでで一番心が休まっていると思います。物事について前向きに考えられます」
「心はどのように感じますか？」
「やはり辛いですが、これまでとは違います。辛いのは、これからもずっとだと思います。ぽっかりと穴が空いたようです。そこを埋めるものは何もありません。そこはビリーの場所なので、そこを埋められる人はいません。思い出をすべてそこにしまっておこうと思います」
「今日、やり残したことはありませんか？」
「いいえ。『行ってしまったが、忘れられてはいない』を持ち続けようと思います。そう考え続けて……その考えとともにいるよう努力するつもりです」
この言葉で、セッションは終了した。
１週間後、ミアが３度目（最終）の治療に訪れたとき、ラズローヴ博士は、ミアの顔色がよくなり、髪にウエーブがかかっているのに気づいた。鮮やかな紫色のブラウスなど、服の色も明るかった。博士は、研究の最後のセッションで、何か未解決のこと、ミアの嘆きと回復のプロセス完了を妨げる恐怖、否定的な信念などがあれば、見つけようと考えていた。
「具合はどうですか？」と、博士は尋ねた。
「いいです。とても。『行ってしまったが、忘れられてはいない』という、この間の気持ちを持ち続けています。そして、ずっとそうしていこうと努力しています……辛い日もありました。ビリーの出てくる夢を見たんです。ビリーは椅子に座っていました。夢が役に立たない場合もありますね」
「よく眠れますか？」
「前よりは。最初の情景（息子の体が線路に散らばっている）は、ほとんどぼやけています。以前、その情景を思い浮かべると、いつも拡大されていました。本当に、本当に最悪でした。でも今は、さほどひどくありません。その情景が頭から離れないことはなくなりました」
「何が離れないと思いますか？」
「死そのものだけだと思います……列車や現場といった具体的なものではな

く。たぶん、泣きたいときは泣く必要があるんだと思います」。ミアの腕は、椅子の肘掛けの上にあった。話すとき、ミアは頭を動かし、顔に表情があった。これは、以前にはなかったことだ。話す声も大きくなっていた。

「先週は泣きましたか？」

「昨日、夢のせいで泣きました。１週間で初めてのことでした。前は毎日泣いていたんですけどね」

「起こったことは変えられません。死そのものは、これからも、いつもそこにあります。みんないつかは死ぬのだ……と、私は考え続けています。ただ、地上に生きて、最善を尽くし、いい人間でありたいと思います。息子は天国にいるとわかっているからです。もし、そう考え続けたら、いずれまた息子に会えると思います。いつか、天国で息子に会えると考えるのが、私の救いです」

「前に、薬を飲んだとき、早くそこへ行く道があると思ったのではないですか（博士は、ミアの深刻な自殺未遂を指していた）？　今でもそういう気持ちがありますか？」

「はい、正直なところ、少しあります。でも、そうするのは正しくないと思います。そのように命を終えるべきではないからです。神様はとても怒るでしょう。私はたくさんの人を傷つけることになります。私の家族は、（ビリーの死でも）辛い時期を過ごしましたから」

「家はどうですか（ミアとビリーが住んでいたミアの母親の家）？」

「悪くありません」

「耐えられますか？」

「はい。でも、両親が引っ越せばいいと願っています。あそこだと私も家族も辛いですから。でも、ただ荷物をまとめて出て行けるアパートではないんです。家族が所有しているので」

「元の情景を思い浮かべて、０から10のレベルではどうですか？」

「０です。前とは違ったふうに見えます。とてもぼやけています。あれは事故でした。偶然でした。息子はもうあそこ（線路の上）にはいません。行ってしまいました。お墓に眠っています。だから、会いたくなれば、お墓へ行きます」
「あの情景を思い出そうとすると、どうですか？」
「今、あの情景を思い浮かべても、そんなに辛くありません。胸に感じていた痛みはなくなりました。情景は、本当に曖昧です。前には、何もかも鮮明だったのに」
「その情景の中で、今でも辛いものがあるとすれば、何ですか？」
「列車、人、パトカーの中の自分は、大丈夫です。息子の体だけ」
「それ１つに対してEMDRをしたいと思いますか？」。ミアはうなずいた。「それ（ビリーの体）を思い浮かべてください。どのような思いがありますか？」
「悲しみです」
「その情景に最も合う、自分に関する言葉は何ですか？」
「それを考えるとぞっとします。不信です」
「最初のセッションでは、罪悪感でしたね。それはどうですか？」
「もうありません。自分を責めてはいません。働かねばならなかった２つの仕事のほうを責めています」
「その責める気持ちと、残っている情景を思い浮かべると、体にどんな感情を感じますか？」
「本当に、私の罪ではありません」
　ラズローヴ博士は右手を上げ、この日最初の眼球運動を始めた。このセットは、非常に長く続いた。その後、ミアは１分間ほど沈黙した。
「責める気持ちはなくなりました。本当のところ、誰も責める人はいないからです」
　もう１セット。
「自分たちは、ただ事故にあったんだと思います。事故なら、責めるものはありません。意図して起こったことは何もないからです」
「どのぐらい、そう確信していますか？」
「完全に確信しています」
　もう１セット。
「あれが事故だったという気持ちだけです。ただそれだけです。誰の罪でもありません」

「あなたの罪でも？」

「ええ。働いていましたし、家にいたとしても、たった1ブロック先ですから……息子が絶対そこへ行かないとは限らなかったでしょう。ビリーを連れて行った子どもを責めるかもしれません。でも、子どもを責めることはできません」

非常に短い1セット。

「責める気持ちは、まったくなくなりました」。ミアは、夢の中のようにゆっくりと話した。「誰も責める人はいません。あの少年も」

「仕事はどうですか？」

「いいえ。働かねばならなかったんです。ビリーが理解していたかどうかに関係なく。ビリーを育てて、望むものは何でも買ってやろうと思っていました。でも、ビリーが本当にそれを理解していたかどうかは、わかりません。私が働くのを嫌がっていましたから」

「出来事全体を考えて、何がまだ辛いですか？」

「柵を作っていなかった鉄道を責める気持ちがあります。線路に上った息子も悪いが、設備の安全性を確保しなかった鉄道も悪い。事故だけれど、ビリーは子どもで、好奇心がありました。何でも知りたがっていました。そんな子どもにとって、たぶん列車はすごいものだったのでしょう。『わあ、大きな列車だ！』って」

「彼を許せますか？」

「誰を？」

「息子さんです」

「やっぱり……それについては、まだ息子に腹が立ちます」

亡くなった人への怒りは、通常、認めるのが辛いものだ。さらに罪悪感が募る場合もある。しかし、これはまったく自然な反応である。

もう1セット。セッションが始まって30分が経過していた。

「息子に私が怒っていると告げている情景が見えます。息子は、私に多くの痛みと苦しみを与えたのですから。息子はそれを望んだわけでは決してありませんでした……許してやるよう努力しなければならないと思います」

もう１セット。

ミアの頬を涙が流れ、博士はティッシュを手渡した。「息子はいつも言っていました。『ママを置いてなんか行かないよ』って。その言葉と、息子が行ってしまったことを思い出して……息子は私を傷つけるつもりがなかったのに、行かなければなりませんでした」

「それを受け入れることができますか？」

「受け入れるのは辛いですが、やってみます」

もう１セット。

「故意に私を傷つけたのではないと認めるよう努力する、と息子に言いました。何が起こるかわかっていたら、息子は決して線路に上らなかったでしょう」

「責める気持ちはもうありませんか？」

「ありません」

「責める気持ちが少しでも残っているとしたら、何についてですか？」

「鉄道です。愚かな悲劇です……息子の足のことが、まだ頭から離れません。もし引っかかっていなければ、息子は逃げられたでしょう。現場にいた女性は、息子が足を引っ張っていたと言っています。息子は何とかしようとして、できなかったのです」

もう１セット。

「自分があそこで息子を引っ張って助けてやれたらよかったのに、と思います。そして、あの少年に、なぜビリーを助けなかったと尋ねたい……でも、彼は怖がっていました」

もう１セット。

「息子の姿が見えます。息子と話しました。息子は『ママ、誰のせいでもないよ』と言いました。息子は決して私と別れたくはなかったのです。でも、私は努力して生き続けねばなりません。息子はずっとそう言っています。そのほうがいい。その部分を感じることができます。そのほうがいい」

「ご自身の内部を深く、深く降りていって、『彼はいなくなった』という言葉を完全に真実にするのを妨げているものは何ですか？」

「息子がいなくなったことが、真実であってほしくありません」

　非常に長い、3分間になろうかという1セット。

「息子が行ってしまった情景が浮かびます……人生のあるべき形ではありません。自分の子どもを埋葬するなんてことが、あってはならないからです。でも、事実、息子はいなくなってしまいました。それが結論です。息子は本当に行ってしまって、私が何をしてもそれを変えることはできません。ただ、努力して受け入れ、努力して私の残りの人生を何かに役立てるしかありません。頑張って生きていくしか」

「ミアさん、元の情景に戻ると、どんなふうに見えますか？」

「何もないみたいです。起こったけれど、起こらなかった、みたいな。息子が行ってしまって、それだけです。あの情景が私を傷つけることは、もうありません。何も変えることはできないのだから、それに傷ついたりすまい、と思います。前はいつも、その情景の中に息子を思い浮かべていたので、辛かったのだと思います。でも、息子はその場面にいないのだと頭に叩き込みましたから……私が息子をその場面から連れ出し、天国に入れました」

「あの日の出来事をすべて、頭の中でいろいろと考えてみて、何か辛くなる部分があれば、目を開けて教えてください。それを治療しましょう」

　ミアは長い沈黙のあとで言った。「病院から帰してもらって、母の家に戻ったときのことです。家族の様子を見て（ミアの両親、兄弟姉妹、その配偶者と子どもたちは皆、ビリーの死を悲しんでいた）、辛く感じました。当時、私は本当に辛かったですが、みんなの辛さを和らげてあげたいと思いました」

　もう1セット。

「みんなに、悲しませたくないと言いました。でも、みんな少しの間、悲しまねばならないと言いました。そうしなければならないと」

「それを受け入れることができますか？」

　もう1セット。

「みんなは、嘆くのも生さねばならない人生の一部だからかまわない、と言いました。でも、私のことについて、もっと心配していました。兄弟姉妹、両親、甥っ子たちは、みんな落ち込んでいまいた。私は、状態がひどく悪いときもありましたが、そんなときでも、みんなを楽にしてあげようとしました。今日まで、ビリーが私を助けて、そうさせてくれたんだと思います。なぜって、自分にどこからその力が出たのかわからないからです」
「今、両親の家にいる情景を思い浮かべて、どう見えますか？」
「悪くありません。前よりよくなりました」
「0から10のレベルでは？」
「半分ぐらいです」
「それより下がらないのは、なぜですか？」
「その苦痛です。ただ、苦痛なんです」
もう1セット。
「私の家族が、大丈夫だと言っているのが見えます。家族には、それぞれに辛い時期があるのでしょう。あの情景は、もうさほど苦痛ではありません」
「その情景の自分を表現する言葉は何ですか？」
「みんながとても好きです」
「家族が苦しむのは、自分のせいだと思っていたのではないですか？」
「ええ。みんなの苦しみを和らげようと努力していました」
「今、それをやってみましょう。みんなの苦しみを背負って、どうなるか」
もう1セット。
「みんな、あの状態を乗り越える必要があったんだと思います。必要だったのです。それは人生の一部なのだから、私が取り去ることはできませんでした。他人の苦しみを取り去ることは、誰にもできません。できればいいと思うのですが、できないものです」
「あの情景は、今、どう見えますか？」
「非常に普通です。みんな、それぞれに必要なことをしていて、私も自分に必要なことをしていました」
「0から10では？」
「0です」
「出来事をすべて振り返って、やはり引っかかるところはどこですか？」。3

回目のセッションが始まって、このとき１時間が過ぎていた。

「たぶん、息子にちゃんとさよならを言わなかったことです」

「それをしましょう」

　もう１セット。

「あの場面やあの日には、さよならを言いませんでしたが、前の日の夜、息子が寝る前のことを思い出しました」と、ミアは言いかけ、涙で声を詰まらせた。「毎晩、息子を抱いて、お休みのキスをして、いつも愛していると言っていました。息子も同じように言いました。『僕もいつも愛しているよ』。そして最後の朝は、息子に会いませんでした。仕事に行ったとき、まだ寝ていたからです。ですから実際……最後にお互いに言った言葉は『愛している』でした」

　非常に長い１セット。博士は、自分の目にも涙を浮かべながら手を動かした。

「本当のところ、私は息子にさよならを言いました……あれが、生きた息子に会った最後でしたから。たぶん、さよならのようなものだったのに、そのときは気づかなかったのです」

「それでいいですか？」

「いいです」

　もう１セット。

「事実上、私は息子にさよならを言いました。息子は、あの夜のことを思い出させてくれました。そして、あれが最後に交わした言葉でした。息子を埋めたときにも、さよならを言いました」

「あの情景は、どう見えますか？」

「いいです。ずっといいです」

「そのように見えていいですか？」

「はい」

　もう１セット。

「前より気分がよくなりました」

「ほかに何かひっかかったり、行き詰ったりするところを探してみてください」

「いいえ、ほかには何もひっかかりません。頭にあること、気になっていたことは、自分ですべて治したと思います。悩んでいたことにも答えが見つかりました。もう悩むことはありません」

これは、EMDR 治療において重要な結果である。ミアは、自分で回復させたとわかっているのである。博士は、その処理を手助けしたにすぎない。博士は、最後のセッションの終わりに言った。「あなたの回復をお手伝いできたことを名誉に思います」

8カ月後、フォローアップセッションでミアに会ったとき、ラズローヴ博士は、ミアの調子がいいことを知った。ミアは、問題の多かった婚約を解消し、家族の家に戻り、同じ倉庫で働き始めていた。もう過去から距離を置く必要はないと感じていた。よく眠り、悲劇的な事故の記憶に悩まされてはいなかった。その上、うれしいことに妊娠していた。結局、医者は間違っていたのだ。15 カ月後のフォローアップセッションで再び研究所を訪れたとき、ミアは赤ん坊のニコラスを抱いていた。

博士は、ビリーを失ったことについてどう感じているかと尋ねた。

「本当に辛いことではありましたが、やはり生き続けねばなりませんし、できるものです。人間はみな、そうしなければなりません。人間の命は重要なものだからです。親の命も、子どもの命も、まったく同様に重要です」と、ミアは言った。

「神様が、２度目のチャンスをくれたように思います」と、ミアは涙をためて語った。それは、うれし涙だった。

ビリーの死がもたらした悲しみの波紋は、ミアとその家族に限られなかった。人間の人生とは、悲劇に遭わない限り思いもしない形で、絡み合っているものである。ビリー・ルッソを轢いた列車の機関士は、その後、トラウマで入院した。退院すると仕事に戻ったが、その５カ月後、退職する前日の夜、彼は心臓発作で亡くなった。

自身も苦しみの真っ最中にあっても、ミアは機関士に申し訳なく思った。ミアは、彼の責任ではなかったと言いたいと思った。「自分か、彼か、どちらに同情すべきかわからなかった」と、ミアは言った。

ミアのような心優しい反応は、普通ではない。「ほとんどの人の第一声は、『どうして止まらなかったの？』だった」と、ベテランの機関士で労働組合長であるジム・デュックは語る。「でも、高速で走っている列車を、半マイル以内で止めることは不可能なんだ。方向を変えることもできない。機関士が何をしても、しなくても、前方に突然現れたものを列車が轢くという事実は、絶対に変えられない。機関士は、状況にどう反応するかは選択できるが、状況を変えることはできないし、後で感じる恐怖、悲しみ、罪悪感を抑えることもできない」

「ただ、見守るだけだよ」と、ジムは振り返った。「隠れる場所もないしね」

1973年1月、30代前半の機関士、ジムは、鉄鉱石を積んだ貨物列車を運転し、ミシシッピ川の西岸沿いを走るミズーリ・パシフィック鉄道の一路線を北へ走っていた。セントルイスの約25マイル南で急カーブを曲がったとき、ジムは右手に、何艘かのボートや小船が係留された小型船舶用のマリーナがあるのを確認した。このマリーナからの道路は、踏切をはさんで、線路の西側にある集落に続いていた。平面交差踏切に近づいたときの通常の手順として、ジムは右手で警笛を鳴らした。そのとき、前方に問題が発生した。

踏切のすぐ北には2本の橋があって、1本はその小さな集落から北向きの道路、もう1本は列車用の線路だった。しかし、道路のある橋は浸水していて、4人の少年が自転車を押して線路の橋を渡っているのを、ジムはようやく発見した。列車より320メートルほど前方だった。

少年たちを見つけた瞬間、ジムは緊急事態の操作をした。左手でブレーキを一番右に倒すと、機関車と全貨物車にブレーキがかかり、エンジンはアイドル状態になった。右手では警笛を鳴らし続けた。1人の自転車が補助レールに引っかかり、自転車をゆすって外そうとしていた。そのとき、少年たちが列車の音を聞きつけたのを見て、ジムはほっとした。4人とも、はさまった自転車を置いて橋から逃げ出した。助かった、と思ったのも束の間だった。少年の１人が自転車を取りに引き返したのだ。

ジムは、必死に警笛を鳴らしたが、時速50マイルで走っている162トンのディーゼル機関車に加え、めいっぱい鉄鉱石を積んだ半マイルにもわたる貨物車の列が、少年と自転車を押しつぶした。ジムが最後に覚えているのは、自分の息子とそっくりな７歳の少年が自転車に向かって走ってきて、運転席のすぐ左にある死角に突っ込んできたことだった。そして、衝撃があった。ジムは何もかもわからなくなった。ジムが少年たちに気づいてから衝撃まで、わずか30秒の出来事だった。

ジムが我に返って、最初に気づいたのは、列車が半マイルほど行ったところで完全に停止していたことだった。次に、ディーゼルエンジンの単独ブレーキを、自分が手動で外したに違いない、ということだった。このブレーキを制御するバルブは閉まっていて、自分が自動装置に優先し、二次ブレーキを無効にしたことを示していた。ジムは、息が詰まった。いったい、なぜそんなことをしたんだ？　いつ？

そのとき、ジムは衝撃のことを思い出し、運転席から飛び降りて、線路に沿って戻り始めた。少年たちにもう大丈夫だと告げ、鉄橋を渡っていた理由もわかると言ってやるつもりだった。明らかに自転車を壊してしまったのだから、新しいのを買ってやるとも言うつもりだった。

貨物列車に沿って270メートルほど歩いたとき、ジムは列車の下に自転車のタイヤを１本見つけた。そして、それ以上進めなくなった。轢いたのは自転車だけではないことに気づいたからである。運転席に戻ると、車掌が最悪の事態を告げてきた。少年の遺体を見つけた、というのだ。

1973年当時、ジムの症状は「トラウマ」とは見なされなかった。鉄道で働いていて列車に轢かれた人を見た、というわけで、縄張り意識で処理されたのである。事故の後、非番になったジムに同僚は言った。「何があっても明日は働け。明日は休むな。明日休んだら、もう戻って来たくなくなる。明日だけ働いたら、必要なだけ休め。でも、明日だけは働け」

ジムは、その忠告を受け入れ、通常の生活に戻った。ただし、もう通常ではなくなった。酒量が増えた。多くの人と同様、ジムは苦しみから逃れるためにアルコールを使ったが、それは一時的な逃げにしかすぎなかった。遅かれ早かれ、苦しみは戻ってくる。夜は、２、３時間ごとに驚いて目を覚まし、眠り続けることができなくなった。事故に関する侵入的な思考や感情が繰り返し現れ、少年が橋に戻ってくる姿に悩まされた。どこかで列車事故があったという知らせを聞くと、強迫観念に取り付かれた。同じ路線を走れという指令があったとき、ジムはやっとの思いで耐えた。橋を渡ると事故のフラッシュバックに胸を締めつけられた。そしてついに、橋を渡らなくてもいいよう、別の路線に配属を変えてもらった。

ジムの悲しみ、強迫観念、大量の飲酒は、その後19年間も続いた。結婚は破綻した。再婚したが、やはり離婚に終わった。息子たちは成長したが、１つ年齢を重ねるごとに、ジムはあの少年を思い浮かべた。もし生きていたら、今ごろ８……９……10……15……21……26歳だったかもしれない、と。罪悪感は容赦なく襲いかかった。何か別の方法をとることができたのではなかったか、とジムは考え続けた。無効になった二次ブレーキについては、職場の誰にも言わなかった。罪悪感が強すぎたのである。機関車のブレーキを外さなかったら、あと１、２秒でも時間が稼げて、少年は逃げられたかもしれない。１秒や２秒など何の役にも立たなかっただろうと頭ではわかっていたが、ジムには、自分が少年の頭に拳銃を当てて、引き金を引いたかのように思えていた。

1990年、ユニオン・パシフィック（ミズーリ・パシフィックと合併ずみ）は、「危機的な出来事」と呼ばれるようになった出来事に遭ったことのある従業員に対し、同業者サポートグループによる支援を開始した。ジムはそのころ、50代前半になり、機関士組合の地方支部長として広く尊敬されていた。ジムは、２日間にわたる同業者サポートカウンセラーのトレーニングセッションに参加した。このプログラムを作成、実施していたのは、スタッフカウンセラーのティム・カウフマンだった。自身も資格を持つ機関士のティムは、自分の経験から、ジムにとって、生々しい光景と胸の悪くなる音を言葉にし、自分の感情を表現することが、どんなに難しいかを理解した。

ティムは、トレーニングを始めるにあたり、少なくとも１回の「危機的な出来事」を経験したという少人数の男女に、こう語った。「銃はドアのところに置いてください。組合や経営のことを話し合うのではありませんから。このワークショップに来るために、皆さんは、辛い出来事に巻き込まれるという高い代償をすでにお支払いになりました。あとは、他の人とその出来事に敬意を払い、他の人から聞いたことを必ず秘密にするということで、支払ってください」

いいだろう、それならできる、とジムは思った。でも、何もかも話すことはしないぞ。解除したブレーキのことなんかとんでもない。とんでもない。

参加者が順番に辛い物語を語り出すと、部屋の中の感情レベルは一気に高まった。死、四肢切断、悲しみ、そして必然的に、胸を締めつける罪悪感が、グループの前で語られた。こんなに多くの男が同時に泣くのを見るのは、ジムの人生で初めてだった。そして、自分も泣いていた。ジムが話す番になると、ジムは迷わず何もかも話した。

後でティムは、当時、ワシントン州警察に勤めていた心理学者のロジャー・ソロモンを紹介し、EMDR についての説明を頼んだ。ロジャーは、危機的な出来事に巻き込まれた警官に対し、EMDR を使って成功していた。一般に保守的で、懐疑的で、男気があり、心理療法のような当てにならないことにはまったく関心を示さない鉄道労働者たちが、どう反応するか、ティムは確信が持てなかった。

「どうぞ EMDR にもチャンスを与えてやって、どんなにばかなことに思えても、ここで決めつけるのはご遠慮ください」と、ティムは言った。

EMDR の説明が終わると、ティムとロジャーは、ワークショップの参加者にボランティアの形で治療を行うと言った。ジム・デュックは、やってみたいと申し出た。内心は、疑っていた。そんなプログラムは知らなかったし、ロジャーのことも知らなかった。でも、やってみると言った限りは、やってみようと思った。

ロジャーとジムは、少年が自転車を取りに線路に駆け戻ってくるという侵入的なイメージをターゲットとすることに決めた。ジムの感じた感情は、悲しみ、罪悪感で、それを表現する言葉は「少年が死んだのは自分のせいだ」だった。信じたいと思う肯定的な認知は、「できるだけのことはやった」だった。

ロジャーは、眼球運動を始めた。

ロジャーの動く指を見て、ジムの心に最初に浮かんだのは「なんだ、冗談だろう」だった。だが、効果は出てきた。ロジャーの手が左右を３往復するころ、ジムは、事故の一瞬一瞬を再体験していた。ジムは機関車の運転席に座り、警笛を鳴らし、線路の上の少年たちを見つけ、緊急装置を作動させ、少年が鉄橋に戻ってきたのを見た。次に、ジムは何かを轢いた音を聞いたが、今度は正気を失うことはなかった。周囲の状況をはっきりと認識し、左手はブレーキを握り、右手は警笛を引っ張っていた。

洪水のような安堵、喜びと言ってもいいほど強烈な安堵の中で、ジムは、少年が自分の怠慢で死んだのではないことを知った。事故が起こってから、二次ブレーキを解除したことがわかったからである。そんなことができたわけはなかった。空いている手はなかったのだから。ジムは、罪悪感が物理的な重荷になっていて、その重荷が下りたかのように、全身がまっすぐになるのを感じた。

ロジャーは、まだ指を動かしながら、ジムの深刻な顔が、ぱっと明るくなり、目に涙が浮かぶのを見た。この大男の表情は、驚き、安堵、幸せに満ちていた。
「これまで何年間も、自分がブレーキ弁を閉じなかったら、少年が生きていたのではないかと疑ってきました。しかし、それは事実ではなかった。ブレーキを解除したのは、事故の後だったのです。私はできるだけのことをしました。あれ以上のことは、できなかったのです」

その後、ティムはジムに電話で、どうしているかと尋ねた。ジムは、よく眠れ、酒量も普通になったと答えた。時には、まだ事故のことを考えるが、少年の姿が頭を離れないことはなくなった。ジムは、やはり人身事故に巻き込まれた鉄道関係者に支援を提供するようになっていた。何よりも、ジムは軽率で道理に合わない悲劇を防ぎたいと思ったのだ。ジムは言う。「みんなが、列車を運転しているのも人間なんだと理解してくれれば、いいだろうにね」

歴史、それがどんなに苦痛をもたらすものでも、元に戻すことはできないが、勇気をもって向かい合えば、生き直す必要はない。

マヤ・アンジェロウ

10

中毒の泥沼から抜け出す

治療とは、どんな種類のものでも、人が過去の体験に対する制御力を取り戻し、苦痛を健全な方法で処理する方法を学ぶためのものである。しかし、苦痛に直面した人の最初の反応は、非常に多くの場合、立ち向かうのではなく、逃げることである。たとえば、PTSDに悩む人は、一般人口の８倍の頻度で自殺を試みる[1)]。したがって、トラウマを経験した人が、麻薬やアルコールを乱用しがちなのも、驚くことではない[2)]。一般の人々の４分の３が、人生のうちでいつか、トラウマを受けるような体験をすると推定されている。これなら、化学物質への依存が伝染病のように広がるのも、不思議ではない。

EMDRは、ただ苦痛を抑えるだけでない。まだ正式な研究は完成していないが、アルコール中毒者や麻薬中毒者の臨床治療に効果があったという報告もある。EMDRは、トラウマであろうとなかろうと、根底にある悩みの原因を敏速に特定し、再処理を促す。中毒の原因の１つが、幼少時代の出来事であることも多い[3)]。犯罪の犠牲者となったり、身体的虐待を受けたり、暴力を目撃したりした子どもたちは、将来、薬物を乱用するリスクが高い。また、ネグレクト（養育放棄）や言葉による暴力などの心理的虐待を含め、育児に問題のあった子どももやはりリスクが高い。このような子どもたちは、自尊心を築く適切な基礎のないまま育つため、自分を慰める手段としてさまざまな薬物乱用に傾きやすい。

社会的に孤立している、トラウマを受けている、無神経、というような親を持ち、親自身もアルコール中毒や薬物中毒であるような場合、混沌とした環境で育った子どもは、特にリスクが高い。このような場合、家族生活はアルコールや薬物に支配されており、子どもはしばしば独力で生き延びるしかない。このような子どもたちは、両親の薬物乱用を特別じゃないと考えたり、否定したり、弁解したりして秩序感を維持しつつ、常に自分が見捨てられたと感じ、安全感は欠いている。そして、いつなんどき、虐待の対象となったり、呼び出されて親を保護したり「救出」したりするはめになるかもしれないことも、理解している。比較する基準がなく、自分の状況を普通だと考えている場合でも、辛い経験は、子どもの精神や発育に壊滅的な影響を与える可能性がある。家族の中での立場を維持するためには、独立した自己意識を捨て、偽りと機能不全に加担するしかない。トラウマの忌まわしい循環によって、一生にわたる闘いが始まるのである。

EMDR 治療では、薬物乱用者は、悩みの種となっている過去だけでなく、現在の状況を再処理する。悩みとは、逃げるのではなく、環境を認識し、行動を起こすきっかけなのだ。クライエントは、将来に役立つスキルも習得する。アルコールや薬物なしでストレスに対処する方法、薬物乱用に走らせる既存の誘因（ウイスキーボトルを見ることなど）に耐える方法などだ。また、元のトラウマから派生し、薬物乱用を悪化させる可能性のある、成人としての無能感など、人の内的な誘因にも対処する。

人によって遺伝的に中毒に弱い場合もあるかもしれないが[4)]、遺伝は運命ではない。薬物を使用するかどうかは、遺伝と過去もしくは現在の経験の相互作用で決まる[5)]。学んだことが何であれ、それは変更できる。簡単ではないかもしれないが、経験したことは一般的に再処理が可能だ。遺伝的な成分があったとしても、やはり EMDR は臨床的に有効な選択肢のように思う。そのような場合は、他の要因を緩和することも特に重要である。

前にも述べたが、EMDR は決して単独で使用すべきではなく、クライエントが安全で支援されたと感じるよう設計されたシステムの一部として使用すべきである。グループ療法、Alcoholics Anonymous（AA：無名のアルコール依存症者たち）、Narcotics Anonymous（NA：無名の薬物依存症者たち）など、育成的な雰囲気を提供するカウンセリンググループと組み合わせた場合に、最も効果が高くなる。このようなグループでは、人の孤立感がコミュニティ意識に変わる。1人が自分の辛い経験を話せば、他の多くの人も、たとえ自分の体験が異なっていても、思考や感情を発見することができる。グループのメンバーは、それまで長年の間、もしくは一度も体験したことのなかった、人との絆や共感を覚えることができる。

薬物乱用がすべて、乱交パーティーや暗い路地で始まるわけではない。エイミー・クワバラにとっては、産婦人科の若手看護師として働いていたカンサス州の病院で始まった。エイミーは出産を助ける自分の仕事が大好きだったが、新入りとして辛い夜勤ばかりを割り当てられた。昼間、なかなか眠れないエイミーは、すぐに疲れ果てた。ある日、エイミーは、他の看護師たちが、日勤から夜勤に変わるときに睡眠薬を飲んで体を適応させると話しているのを聞いた。エイミーも薬を試すことに決め、薬を手に入れるのが簡単であることを知った。病院は、薬をパレット単位でたっぷり保管していたからである。薬はよく効いた。それから数年間、エイミーは、ときどき薬を使って眠った。薬を飲むといい気分になったが、必要なときしか使わなかった。

1987年、日本人を両親としてハワイで育ったエイミーは、カンサスを離れ、さまざまな州の病院で3カ月ずつ働く移動看護師として働く契約を結んだ。エイミーは、南北カリフォルニアからアラスカまで、あちこちで働いた。エイミーは仕事が好きだったし、いつも孤独が好きだったので、1カ所に長くいて同僚と仲良しになったり、親密な友人関係を作ったりしなくても平気だった。エイミーは、社交性の求められる状況で落ち着いていられた試しがなく、26歳になっても3人としかデートをしたことがなかった。

ある意味で、移動看護師の仕事はエイミーに向きすぎていた。少なくとも無意識下では、恐ろしいほど慣れた状況だった。エイミーは、子どものころ、自分が家族の除け者だと感じていた。ある夜、ポーチに座って、どのぐらい時間がたったら家族が自分のいないことに気づくか待っていた記憶がある。家族は、いつになっても気づかなかった。移動看護師として、他人の領域でよそ者の立場に立つと、子どものころに感じた強烈な孤独感と疎外感がよみがえった。職場でひとりぼっちになり、その苦痛がぶり返すと、エイミーは幸福を得る手段として薬に手を出した。

その薬は、スタドールと呼ばれていた。合成麻薬で、エイミーの感情的な痛みを和らげ、眠らせただけでなく、気分さえよくしてくれた。エイミーは驚いた。そんなに気分がよくなったことはなかったからだ。モルヒネ、デメロール、フェネルガンなど、病院に保管されていた他の鎮痛剤も試したくなったエイミーは、痛みに苦しむ他の人が使って気分をよくしているのだから、と自分に言い訳をした。自分だっていいではないか。

1年もたたない間に、エイミーは、ときどき薬を使うだけでは、心の痛みに耐えられなくなっていた。そして、禁断症状も加わると、もう中毒はひとりでに進行し始めた。まず、慢性疲労の症状が現れ、それと診断されたことはなかったが（実は禁断症状だったかもしれない）、うつと自殺衝動で2週間入院した。精神科の医者は治療を試み、抗うつ剤まで処方したが、エイミーの苦痛はいっこうによくならなかった。

27歳になったエイミーは、退院すると、家に戻ることに決めた。ホノルルの両親の家の古い部屋を借り、フルタイムの看護師として仕事を見つけ、普通の生活をしようとした。慢性疲労の症状があったばかりというのに、両親は思春期にある弟妹の面倒をすべてエイミーにまかせ、洗濯をさせ、時には食事も作らせた。エイミーは、14歳に戻ったような気がした。当時、両親は共働きで、エイミーは学校へ行きながら幼児の妹と赤ん坊の弟の面倒をすべてみていた。エイミーは、うつで入院したことなど両親に一言も言わなかった。精神衛生上の問題について話すことは、日系人の家族にとってタブーだった。

再び看護師として働き始めたエイミーは、必要になると、名前を書いて鍵のかかった麻薬の戸棚からスタドールを取り出した。「必要」は、ますます頻繁になっていった。ある夜、エイミーは、働きすぎて足が痛いから麻薬を使うのだと自分を納得させた。地獄のような精神生活からただ逃げたいというときもあった。エイミーは、あの強烈に苦しい感情を再び味わい始めていた。その感情は（禁断症状と重なって）、どこからともなく突然現れるように思えた。ほんの小さな出来事でも、エイミーは泣き出すことがあった。家にいるときは自分の部屋へ走り、枕に突っ伏して泣いた。子どものときにそうしたように。

エイミーのように育てられた女性には、看護師が理想的な職業のように見えた。４人兄弟の長女として、３人の弟妹の世話をし、弟妹が悪いことをすれば責められるほどだった。また、禁欲的であるよう求められ、悲しみや怒りを表現することはなかった（感情を見せれば、父親が激怒し、殴ったり、蹴ったり、木製ハンガーで叩いたりした。１、２回叩くのではなく、連続的にである）。母親は、エイミーを無視していた。両親は、エイミーが何をしても、どんなによくやっても、褒めたことはなかった。両親ともに、男の子を望んでいたのに生まれたエイミーが「間違い」だと言い切っていた。このように一貫して見下した扱いを受け、エイミーは、自分が人目につかず、重要でないと感じ、疎外感を持っていた。看護師としても、常に他人のニーズを重視し、評価されることはほとんど、もしくはまったくなかった。

まもなくエイミーは、スタドールを常用するようになった。錠剤の形で飲むこともあれば、一晩に数回、筋肉注射をすることで、すぐにハイな気分になり、激しい苦しみから逃れて眠ることもあった。１年半後、エイミーは棚のいいブツに完全に手を染めていた。

病院は、そんなにたくさんの麻薬がなくなっている理由を調査し始めていた。エイミーは、自分だけが薬を盗んでいるのではないことを知っていた。他の看護師や医者もしていたからである。しかし、エイミーの名前は、最も麻薬をたくさん取り出した人物としてリストに挙げられていた。病院の調査当局は、エイミーを呼び、治療を受けなければ解雇され、恐らく看護師の免許も失うだろうと告げた。エイミーは、治療に同意した。妊産婦の世話をする仕事が好きだったし、もっと重要なことは、免許を剥奪されるという辱めに耐えられる気がしなかったからである。両親の恥となり、自殺しなければならないだろう。

1990年11月、エイミーは停職処分となり、3カ月の集中外来治療を開始した。週に1度、カウンセラーに会い、カウンセラーの指導するグループ療法にも週に1度通い、AAの会合には週に3回出席した。このグループ会合は、エイミーにとってほとんど耐えられないものだった。会合に行くと、自分の知っている唯一の他のグループ、つまり家族に関する経験が感情的によみがえるからだ。エイミーにとって、グループ内にいるということは、厳しく批判され、拒絶され、身体的に虐待を受ける危険があることを意味した。初めてAAの会合に来たとき、エイミーは、他の参加者がいい身なりをしているのに威圧された。司会者が休憩を告げると、エイミーは立ち上がって逃げ出した。心臓の鼓動は激しく、指は石のように冷たかった。AAの会合が誘因となって、エイミーの子ども時代の経験に埋め込まれた恐怖と苦痛の感情が現れたのである。

エイミーは、治療プログラムに参加している間でさえ、薬を使い続けた。薬を使うのが好きだった。気分がよくなるからだ。スタドールは手に入らないので、睡眠薬を飲んだ。両親の薬箱に入っていた、コデイン入りの咳止めシロップが、よく効くことも発見した。その後、弟がやはりコデイン入りのタイレノルを買ってきたので、それも使った。

3カ月が終わって、エイミーに外来治療の効果がないことは、病院当局に明らかだった。職員のカウンセラーは、女性専用の入院プログラムを推奨した。エイミーは、看護師の免許を維持するために従うしかなかった。

エイミーは、カトリック系病院内の女性治療センターに送られ、昔の尼僧用の寮に部屋をあてがわれた。毎朝、誰かが6時半に起こしに来る。そして、AAの会合に行く時間になると、また誰かが迎えに来て、車で送迎をした。薬を手に入れる方法はまったくなかったので、エイミーは自然としらふになった。身体的な禁断症状はあったが、耐えられないほどではなかった。しかし、他人に対する根深い恐怖と不信は、まだ彼女の回復を妨げていた。

治療センターで、エイミーは週に5日間、グループセッションに行かねばならなかった。カウンセラーは２人で、直面（confrontation）という方法を使って、中毒者に自分の問題を見つめさせようとしていた。カウンセラーはすぐに、エイミーのお高くとまった態度、つまり自分は資格のある看護師で、ほかのみんなは生活保護を受けていると見下す態度に目をつけ、直面させた。エイミーは自分の態度を認めたが、ほかには何も言わなかった。何が言えただろう？　自分に助けが必要なことはわかっていたが、どうやって求めればいいのかわからなかったのだ。

プログラムが始まって６週間後、グループカウンセラーの１人がついにしびれを切らし、エイミーを厳しく叱責した。「あなたは、もう会合に来なくてよろしい。どうやって助けを求めればいいかわかるまで、廊下に座っていなさい」。エイミーは、すっかり落胆して廊下のベンチに腰を下ろした。どうすべきかわからなかったので、そこに座り続け、やはり除け者のままだった。１、２日後、エイミーはプログラムをやめるよう言われた。

１週間後、エイミーはやっとのことで再びプログラムに受け入れられた。その週、エイミーは薬に手を出さず、AA の会合にきちんと参加し、カウンセラーたちも喜んで２度目のチャンスを与えようとした。10 日後、エイミーは自分の意志でプログラムをやめた。治療センターの厳格さが嫌いだったからだ。よかった点は、看護師の仕事を差し止められ、自身も生活保護で生きてはいたが、まったくしらふだったことだ。免許を維持するために、彼女は何としてでもしらふを保つ必要があった。AA の会合だけでは十分でないことも自覚していた。薬物乱用への EMDR 使用を専門とした心理学者のシルケ・ヴォーゲルマン＝サイン博士への紹介状を得たのは、ちょうどそのときだった。エイミーは、1991 年８月５日、博士の診察室を訪ねた。31 歳のときだった。最初のセッションで、エイミーは自分の薬物乱用の経歴と現状について話した。薬びんを見ると、薬を使いたい誘惑にかられるとも告げた。博士はエイミーに、家族と子ども時代について尋ねた。そして、エイミーを治療するための条件を説明した。まず薬を使わないこと、AA の会合にきちんと参加すること、プログラムへの参加を支援するスポンサーと協力すること、そして週に１回、博士の心理療法を受けることだった。難しい条件にエイミーの心は沈んだが、やはり承諾した。博士がエイミーのために作成した治療計画は、エイミーに薬を使わせないことを目的としていた。これは、いかなる物質乱用治療においても第１条件である。しかし、この具体的な計画には、もっと深い理由もあった。エイミーの話を聞いて、博士は、回復を妨げている最大要因が、子ども時代からの他人不信にあると考えていた。AA スポンサーと緊密に協力するという条件がきっかけとなり、他人との人間関係を学んでもらえると期待したのだ。スポンサーと協力しながら「AA の 12 ステップ」を実行することにより、エイミーは心を開き、感情を表現せざるをえなくなるだろう。エイミーにとって非常に恐ろしい他人の批判や拒絶を受ける危険を冒しても、だ。

もう１つ、エイミーが他人に対して根深い不信感を持っているということは、まず博士に安心しなければ、治療が大きく進歩することはないことを示していた。治療の最初の２、３カ月は、安心できる関係を作ることが大きな目的だった。それを過ぎれば、エイミーが子ども時代に学んだ重要な教訓、それは不正確（「自分は無価値だ」）で不適切（「危険を冒してはならない」）であるだけでなく、ほとんど自己実現に有害な教訓を、元に戻すよう治療できる。

治療が始まって数週間、エイミーは博士との約束を守り、治療計画を忠実に守った（ただし、やはりグループセッションは嫌いだった）。エイミーにとって、禁欲的で冷たい子どもの世界から、感情的で予測不能な大人の世界への橋を渡ることは、幼少期の教訓のおかげで、勇気のいることだった。大きな問題の１つは、エイミーの幼少期の認識が真実だったことだ。エイミーにとって、感情を見せることは危険を意味した。見せれば殴られたからである。現実に対処する最も安全な方法は、見えないように感情を閉じ込めることだった。治療では、感情を表現させることで自由への道を開く。しかし、エイミーの恐怖と危険に関する反射はすべて、それを妨げるよう働いていた。

PTSD では、トラウマの原因となった出来事で体験した精神状態が、患者の神経システムに固定しているように見える。子ども時代の経験を話すとき、子どもの口調やしぐさになる人もいる。虐待されたときより 90 センチも背が高くなり、30歳も年をとっても、現在の危険が過去と同じ精神的苦痛をもたらすからだ。EMDR治療のセッションでは、記憶をターゲットとして活性化することにより、もともとの生理的状態を発現させ、そして解決する。幸運なことに、EMDR治療において時間はさほど重要な要因ではない。ずいぶんと昔の出来事でも効果的に処理できる。しかし、処理を起こすためには、患者がやる気を持つ必要がある。エイミーはまず、それが安全であることを認識する必要があった。

エイミーの子ども時代の経験が、養育放棄と虐待であるため、エイミーの治療は長期的な心理療法として扱う必要があった。EMDRは急速な変化を起こすことができるが、他の療法と同じく、やはり患者個人のニーズと準備に応じてカスタマイズすることが重要である。エイミーの自分に対する否定的な信念（「自分は無価値だ」）と、対処しようとする試み（薬の使用）は、EMDRですぐにターゲットとできる単独の辛い出来事の結果ではない。子ども時代の下地そのものから生じている。人生における無数の出来事から、同じ否定的なメッセージを受けていたとしても、いくつかの代表的な出来事をEMDRのターゲットとすればよい。肯定的な結果は、一般化されて他の記憶にまで広がり、前とは異なる色と模様の下地を作り出す。ヴォーゲルマン＝サイン博士は、EMDRによってエイミーの辛い記憶が一気によみがえり、自分の首を絞めるとわかっていても、心地よい薬物乱用に戻っていかないよう、ゆっくり治療を進めなければならないと考えていた。博士またはAAネットワークとの関係を通じて、エイミーが十分なサポートを得られるようになってから、辛い部分の治療を行うのが重要だろう。それまで多少の時間がかかると思われた[6)]。

10月のある日、エイミーは新たにトラウマを受けた。病院の調査当局が、エイミーの家に電話をし、薬を盗んだ疑いで告発すると告げたのだ。エイミーは、恐怖に押しつぶされてしまった。薬物乱用者を対象としたEMDR治療では、通常、古い記憶を先に治療するが、現在の辛い状況の重圧を和らげることを優先すべき場合もよくある。博士は、この新しい出来事が、EMDRに最適のターゲットだと考えた。博士は手続きを説明し、エイミーは、やってみることに同意した。エイミーは、調査を思い浮かべると、「私は悪い。落ちこぼれだ。無価値だ」と感じていた。そして、「私は病気だった。私は状況に対処できる」と感じたいと思っていた。エイミーは、それが真実と思えるレベルを、１から７のうち２とした。また、調査のもたらす不安のレベルは、10のうち10、つまり考えうる限り最悪の苦悩だった。

眼球運動を始めたとき、エイミーは、博士の指に神経を集中すると、ターゲットに集中できなかった。これは、EMDRを始めたばかりのころによく起こることなのだが、エイミーは自分を責め、失敗することを恐れた。博士は、とにかく目を動かすようエイミーを元気づけた。エイミーは徐々に泣くのを止めたが、心は真っ白なままで、調査について考え続けることができなかった。博士は、眼球運動を続けた。

すると、まるで心の中の何かが突然開いたように、エイミーは声を上げて泣き始めた。涙が丸い頬を流れ落ちた。エイミーは、底なしのブラックホールに落ちるように感じていた。「自分の部屋に隠れたい」と、エイミーは細く甲高い声で言った。子どものころの精神状態が、本格的によみがえっていた。「誰にも見られたくない。死にたい。有罪になったら、両親は私をどうするかしら」。エイミーは、涙が止まると、最初に調査のことを聞いたときも、まったく同じ感情だったと言った。「とにかく直面しなければ、行ってしまうと思っていた」と、エイミーは言った。

眼球運動を続けると、「いやー！」という苦痛は、「あ、そうか」という夜明けのような悟りへと、ゆっくり変化した。エイミーは、病院の調査当局が、自分を子どものころと同じように感じさせたことに気づいた。つまり、自分はろくでなしで、誰にも望まれず、無価値だという感情である。次の１セットで、エイミーは、そのように感じると、辛い感情に打ち勝つために薬を使いたいという強い衝動が起こることに気づいた。処理が進むにつれて、エイミーは自然に前向きな考えを持つようになった。つまり、薬を盗んだとき、自分は弱い状態にあったのであり、自分の行動が引き起こす影響を十分に認識していなかった、ということである。子どものころの恐怖が処理されると、健全で認識力のある大人の考えになっていた。

最初のEMDRセッションが終わるころ、博士の見たところでは、エイミーは自分の生い立ちと、調査に対する反応の間につながりを見いだしていたが、そのつながりを追及する準備はできていなかった。しかし、このセッションでエイミーは、行動計画を立てることができた。まず弁護士に電話すること、次に裁判が終わるまで毎日、AAスポンサーと話し合うことだ。エイミーと博士は、それらの行動を実行するイメージに対してEMDRを行い、エイミーに心の準備ができていることを確かめた[7]。治療は、教育、禁断、自分の意見を言うスキル、危険の合図を認識することなど、多くのレベルで行われねばならない。

２回目のEMDRセッションでは、再び具体的な現在の問題に焦点を絞った。セッションの当日、エイミーは泣きながら、パニックに近い状態で面接室に入ってきた。全身を震わせながら、エイミーは、薬を使いたくてたまらないと訴えた。この感情的連鎖の引き金となったのは、エイミーがやっとサポートを求めることができるようになったAAスポンサーとの意見の食い違いだった。スポンサーは、エイミーが腹部手術の後、麻薬様の鎮痛剤を処方してもらって飲んでいたことを発見し、再び薬を使ったことを責めたのだ。エイミーは、ショックを受けた。確かに、医者に依存性のない鎮痛剤を頼むことに考えがまわらなかったのだが、エイミーはスポンサーが不当だと考えた。

エイミーと博士は、「スポンサーが私を裏切った」という強度10の感情をターゲットとした。２、３セットすると、エイミーの心の中では、スポンサーの反応と、子どものころ、自分の父親が不当に自分を責めたことが結びついた。エイミーは再び、自分の部屋へ駆け込み、ドアの前にバリケードを築いて、自分がどんなに悲しんでいるかを誰にも見られないようにしたいと思った。さらにセット数を重ねると、裏切りという同様のテーマを持つ子ども時代の辛い出来事が思い出された。その古い記憶の一つひとつについて、エイミーと博士は、辛いと感じなくなるまで眼球運動を続けた。その後、博士はエイミーに、スポンサーとの出来事を思い浮かべるよう言い、それについてセット数を重ねた。しばらくして、博士は尋ねた。「今、何が思い浮かびますか？」

「スポンサーは、厳しすぎると思います」と、エイミーは答えた。
「いいでしょう。それと一緒に」
　もう１セット。
「自分がどう感じているかを、スポンサーに言わなければならないと思います」と、エイミーは言った。
　もう１セット。
沈黙（エイミーは、感情を言葉にするのが不得意だった）。
　もう１セット。
沈黙。
　もう１セット。
　博士は尋ねた。「いったい、どんなふうに思いたいの？」
「自分が精いっぱいやったと。正直な間違いだったと思いたいです」
「いいでしょう。それを心に止めて」。もう１セットした後、博士はまた尋ねた。「どうして正直な間違いなの？」
「医者に自分の乱用の問題を話すべきだということに、気づかなかったんです」
　これこそ、博士が待っていた進歩だった。実行計画の始まりである。「お医者さんにどう言うつもり？」
「私には乱用の問題があります」
「いいでしょう。お医者さんにそう言っている自分を想像しながら、指を追ってください」と、博士は言った。
　もう１セット。
沈黙。
「何が心に浮かぶかしら？」と、博士は尋ねた。
「大丈夫です。先生は理解しました」
「他にお医者さんに言いたいことは？」と、また博士は尋ねた。
「たぶん、次回は乱用性のない鎮痛剤をください、と頼みます」
「それを心に止めて」。もう１セット。
「どんな感じ？」

「いいです」
「スポンサーについてはどう？　どうするつもり？」
「私が正直な間違いをしたと言います」
　もう１セット。
　博士は尋ねた。「もし、スポンサーの意見があなたと食い違ったら？　どう対処しますか？」。エイミーが、スポンサーの落胆、ひょっとすると拒絶にも耐えられるようにしておくことは重要だった。
「わかりません」と、エイミーは答えて目をそらした。
「自分がスポンサーに言っているところを想像できますか？」。エイミーはうなずいた。「そして、スポンサーが納得しなかったら？」。エイミーは何も言わなかった。
「指を見てください」
　もう１セット。
沈黙。
　博士は尋ねた。「何がありますか？」
「ええ、彼女はまだ納得していません。でも、それは彼女の問題です」
「ほかには？」
「はい。彼女に、私が薬をやめ続けていくと言います」
　こうしてセット数を重ねるうちに、エイミーはゆっくりと自分の状況に対処する現実的な実行計画を少しずつ構築し、決意を固めた。不安のレベルは、10から2.5に下がった。信じたいと思うこと（「私には価値がある、それはスポンサーの考えだ､私は状況に対応できる」)は､ほとんど真実(７のうち５）と感じられた。エイミーは、100％真実と考えられなくてもかまわないと感じていた。まだ、スポンサーとの対峙を経ていなかったからである。何といっても、人と直面しようとするのは、エイミーにとって初めてのことだった。
　最終的に、エイミーは誇ることのできる進歩を遂げた。薬によって強烈な苦悩を麻痺させ、和らげるのではなく回復したこと、スポンサーの責めに対しての対応で、上手に問題解決ができたこと、そして、自分が犠牲者であるという現在の感情が、子ども時代の低い自尊心につながっていることを再び認識した。

この後6カ月、ヴォーゲルマン＝サイン博士とエイミーは、トークセラピーと現在の問題をターゲットとしたEMDRを1週おきに交互に行った。薬を使いたいというエイミーの継続的な衝動に対しては、さまざまな面をターゲットとし、続けて4回のEMDRセッションを行った。エイミーの衝動は、薬びんを見ることで誘発されていて、看護師としての地位を取り戻すには明らかに不利だった（どのような薬物使用の場合でも、薬に関係する用具一式が、条件づけによって薬物を使用する誘因となる可能性がある）。エイミーは、薬を使いたいという衝動の背後にある感情を、不安と認識していて、その強度を10のうち8.5としていた。誘発されたときの感情は、「必要だ。欲しい。私は弱い。薬なしではやっていけない」だった。この反応はさらに、薬がまだ欲しいということに対する羞恥心を誘発した。「こんなに長く薬を使っていないのに、なぜこんな感情を持つことがやめられないのだろう？」。EMDRの理論によれば、もちろん、反応が神経システムに固定されているのである。状況を見抜く力があっても、認知的な決意があっても、反応を止めることはできない。エイミーは、苦しい反応に連続的に襲われていた。薬びんを見れば、薬が欲しいという考えに取り付かれ、薬が欲しいことを認識すると、自己嫌悪に襲われ、また薬を使うだろうという絶望を感じた。エイミーは、「私は自分の感情を何とかできる。状況に適切に対応できる」と思いたかった。

4回のセッションの1回目、エイミーは、過去の苦痛に直面したり、困難な状況に直面したりしたくないと言った。何らかの感情を持つことは、両親の最も強い教えに直接反することになるため、失敗すると条件づけられていたからである。人に注目されたり、気にされたりするのに慣れていない、とも言った。エイミーは、回復するにつれて、人に気にかけられるようになっていたが、それが怖いのだった。セッションの最後で、エイミーは眼球運動をし、怖がっている自分の子どもじみた部分に話しかけるところを想像した。「一緒にいてあげるわよ。あなたを助けて、切り抜けさせてあげる。私たちは自分の感情に対処できるのよ」。エイミーは大人として、もっと自分が状況を制御できることを悟りつつあった。

エイミーの誘因に関する３回目のEMDRセッションは、現在から過去へと急速に切り替わった。エイミーの最初の反応は、「薬は私の気分をよくする。私には心配が何もない」だった。次に「それは逃避だ。孤独から逃げるのと同じように」となった。そして、「これまで私には友達がいなかった」となった。それが、子ども時代の記憶のドアを開き、博士とエイミーが眼球運動をする間、エイミーは７歳のとき、病気であるにもかかわらず家に１人で置いていかれ、非常に強い孤独を味わったことを話した。エイミーはすすり泣きながら、両親が自分を強い子と見なし、母親は自分が１人に耐えられると考えていたと言った。病気になるたび、エイミーは家に１人だった。何があっても妹は母親と一緒にいたがり、母親もそうした。エイミーは、何も言わなかった。

このセッションでエイミーは、父親による多数の身体的虐待も処理した。エイミーは、虐待を自分のせいだと考えていた。エイミーの悲しみは圧倒的とも言える強さだったが、眼球運動を続けることで、「私はいい人間だ。機能不全だったのは父のほうだ」と言えるまでに到達した。ほとんどの児童虐待被害者におけるこの健全な考え方の発達は、無数のEMDRセッションで見られる。最初の段階は、加害者からの分離を可能にする重要な発達段階として、クライエントが虐待者の行動が自分のせいではないことを悟る。第２段階は、現在において安全であるという認識である。虐待の生理的な反応が体に固定されている限り、現在も危険であるという感覚がある。加害者が病気であったり、死んでいたり、外国にいたりすると頭でわかっていても、子ども時代の恐怖は残る。最後の第３段階では、虐待が過去のことであると認識し、自分の将来に何が起こるかを自分で選択できるという意識を取り戻す。

その後８～９カ月間、ヴォーゲルマン＝サイン博士は、ほぼ10日に１度、エイミーに会い、EMDRを使って、薬を使いたいという欲望を引き起こすような状況に対処する方法（友人や新しいスポンサーに電話する、セルフコントロール法を使う、誘因となるものからすぐに離れるなど）を、エイミーに思い出させ続けた。そして、薬を使わないでも辛い感情を処理できるという自分の能力に自信をつけさせた。1992年8月、博士による治療を始めて1年後、エイミーは危機的な状態で博士の面接室を訪れた。その前日、昼寝から覚めて突然、中学2年生のときに一度、叔父に性的虐待をされたことを思い出したのだ。性的虐待のことは前にも覚えていた。ホノルルに戻る前、うつ状態で入院したときの面接でも話したぐらいである。しかし、その後は思い出さないようにしていた。それが突然戻ってきて、エイミーは、自分が汚れ、無価値だという気持ちに圧倒されていた。

エイミーは、孤独な生い立ちによって、薬物乱用に最も陥りやすい状態にあった。性的虐待を受けた経験は、それにさらに拍車をかけていた。性的虐待の被害者は、一般人の4倍も精神障害を起こしやすく、3倍も薬物乱用者になる可能性が高い[8]。

エイミーは、性的虐待を思い出して以来、たまらなく薬が使いたいと博士に訴えた。洪水のような苦しい感情を止めるには、それしか方法がないと思われた。博士は、その記憶にEMDRを使ってみたいかどうかと尋ねた。エイミーは、やってみたいと言った。

ターゲットとしたのは、エイミーがベッドに寝ていて、触られているという記憶だった。感情は恐怖、その強度は10だった。その出来事による否定的な自己信念は、「私は弱い。私は被害者だ」という、よくあるものだった。そしてエイミーは、「終わったことだ。あれは過去だ」と思いたかった。しかし当面、その真実度は、1から7のレベルで1.5に感じられた。

眼球運動を始めるとすぐ、エイミーは泣き始め、最後まで激しくすすり泣き続けた。セット数を重ねるごとに、恐怖、迫害感、見捨てられたという感情が、エイミーを襲った。

最初のセットが終わったとき、博士は「何がありますか？」と尋ねた。

「怖いです」と、エイミーは答え、両手で腹部を押さえながら体を前後に揺らした。

2セット目が終わった。

「今何がありますか？」と、博士は優しく尋ねた。

「叔父がいるのに気づいて、怖いです。何をしているんだろう。ここに来るはずではないのに」。エイミーは、さらに体を揺らした。

もう１セット。

「まだ叔父が見えます。どこかへ行ってしまうように見えます」

もう１セット。

「目が覚めました。服がたくし上げられていて、お腹がむき出しになっています。胸が痛みます」。エイミーは、激しいすすり泣きで体を震わせ続けた。

もう１セット。

「ショックを受けています。信じられません。どうしてこんなことが起こるの？　私が何をしたからなの？」

もう１セット。

「話す人がいませんでした。誰も家にいません。両親には話せませんでした……話すところはどこにもありません。誰にも話せません」

もう１セット。

「誰もいません。誰も家にいませんでした。話す人は誰もいません」

このとき、もう時間がなかったので、博士はエイミーにそのシーンを中断させ、想像上の箱の中に感情をしまうのを手伝ってやった。苦しい感情は次に会うまでその中に入っているから、また一緒にふたを取って作業を続ければいいわ、と博士は言った。そしてセッションの最後に、万が一、苦しい感情がぶり返してきたときのために、EMDRを使い、健全な対処方法（友人やスポンサーに電話するなど）を強化した。まずエイミーは、「私には助けてくれる人がいる」という肯定的な信念について、眼球運動をした。そして博士は、その信念と、性的虐待のシーン（および、見捨てられたという感情）を結びつけるよう言った。

もう１セット。

「こんな状況に対処するために、どんな助けが必要ですか？」と、博士は尋ねた。

「（新しい）スポンサーに電話するとか、AAのホームグループで話すといったことです」と、エイミーは答えた。

「それを心に止めて」。もう１セット。

「どうですか？」と、博士は尋ねた。

「大丈夫です」

「ほかにできることはありますか？」

「電話できる女友達が２人ほどいます」

「いいでしょう。そうしている自分を想像してください」と、博士は言い、また１セットした。ここでも博士は、薬の誘惑に負けずに辛い感情に対処する方法を練習させようとしていた。セッションの最後に、エイミーの恐怖のレベルは 10 から６に下がっていた。

エイミーは翌日、やって来た。恐怖のレベルはまた下がり、4.5 になっていた。まだ犠牲者だとは感じるが、事実、自分は犠牲者だったのであり、それはどうしようもないことなのだ、とエイミーは博士に告げた。EMDR の効果は、すでに出ていたのである。

処理を始めると、恐怖はおさまり、エイミーの感情は悲しみから怒りへと変わった。「叔父は私の部屋で何をしているの？」と、エイミーは眼球運動の途中で言った。「押しのけてやりたい」

もう１セット。

「叔父はまだあそこに立っている。怖い……叔父の写真を持ってきました」。エイミーは、麦わらで編んだ大きなかばんの中を探した。「これです」。きちんとした肖像写真には、アジア系アメリカ人の男性が２人写っていた。熱心で真面目な表情をして、少し時代遅れのスーツを着ていた。

「どっちの人？」と、博士は尋ねた。

エイミーは目を閉じ、首を振った。「見れません」

「右の人？　左の人？」

「わかりません。覚えていません」。エイミーの全身は緊張し、すべての筋肉が攻撃に耐える準備をしているようだった。

博士は、眼球運動を始めた。

「怖いです。叔父は、何かひどいことをするかもしれません」

もう１セット。エイミーは泣き始めた。

博士はエイミーが静まるまで、眼球運動を続けた。

「もう写真を見られるかしら？」。博士は尋ねた。

エイミーはうなずいた。「右側の人です」

「元々の情景を思い出すと、今、どのぐらい辛いですか？　0から10のレベルでは？」と、博士は尋ねた。

「6.7です」

もう1セット。

「どうしてこんなことができるのかしら？」と、エイミーは腹立たしげに言った。

もう1セット。

エイミーは、まるで叔父が部屋にいるように話し始めた。「どうしてこんなことができるの？」。そして、拳を握りしめた。

もう1セット。

「何がありますか？」と、博士は尋ねた。

「何も」

「写真を見てください。1から10のレベルで、どう感じますか？」

エイミーは少し考えた。「3.5です」

もう1セット。

「叔父は最低の人間です」

もう1セット。

セッションの締めくくりに、博士は、「叔父は最低の人間」という信念と写真を結びつけるようエイミーに言った。次に博士が確認すると、恐怖のレベルは1.5まで落ちていた。エイミーの顔に生気が戻っていた。

次のセッションで、博士は叔父に対するエイミーの恐怖のレベルを確認した。1.2だった。

1992年12月、エイミーは、フルタイムで看護師の職に復帰し、回復も一段落を迎えた。まだ、3～4週間に1回、博士のもとを訪れていたが、恐怖が再発して危機状態になることはほとんどなかった。博士は、EMDRを使って、エイミーが徐々に自分の問題、つまり、低い自尊心、人間関係に対する恐怖、非難や虐待を避けるための引きこもり、孤独になりがちな癖、拒絶に対する極端な繊細さ、三十数年に及ぶ感情の否定と抑圧、といった問題を、家族と結びつけられるようにした。

また、EMDRのおかげで、エイミーは子どものころから押し殺していた感情を、ゆっくりと感じることができるようになった。怒ったり、悲しんだり、落胆したり。それに、回復しようとする固い意志も持つようになった。それに伴い、エイミーは変化し、動き、成長し始めた。エイミーは、これまで怖がっていたものが、世界ではなく、自分の両親だったことを悟った。そして、母親から感情的に見捨てられ、父親の絶え間ない怒りと憎悪に耐えた少女の勇気を、深く尊敬するようになった。1995年初め、エイミーはついに両親の家を出て、アパートに引っ越した。

心理療法を始めて5年後の今、エイミーは、まだホノルルで助産婦として働いているが、心理学の課程を受けて、心理療法家になることを考えている。病院で、医者たちに下級市民のように扱われるのにうんざりしてきたのだと言う。必要に応じてヴォーゲルマン＝サイン博士のもとを訪れ、AAの会合に参加し続けるとともに、乱用問題を抱える看護師のためのサポートグループに参加している。エイミーは、ずっと薬を使っていないが、それを達成しているのは、エイミーの参加した入院プログラムでは3人に1人だけである。ほかの12人の女性は、薬の使用を再開している。

衝動がまったく起こらないわけではない。1996年1月、エイミーは危機状態になって、博士に電話をしてきた。粘液嚢炎の痛みを和らげるためにヴァイコダンの錠剤を処方され、4錠飲んでしまったというのだ。エイミーは、ハイな気分になって、また乱用が再発するのではないかと怯えていた。博士は、その日の午後にエイミーと会った。そして、ある計画に2人は同意した。2時間後、エイミーは、右手にヴァイコダンのびんを持って戻ってきた。そして、博士と一緒にトイレへ行き、中身をトイレに空けた。そして、流した。

薬物乱用者にEMDRを使う目的は、乱用を永続させる原因となる否定的な感情を見つけ、処理することである。ほとんどのアルコール依存症、薬物乱用者は、自分が悪い意味で他人と違うため、どこにも居場所がないと感じている。12ステップのプログラムは、支援と再出発の基礎とはなるが、AA

のあるメンバーは語る。「平和と静けさという反対側の世界に到達するには、いくつかのことを処理せねばなりません。それには、助けが必要なこともあります。アルコールや薬物は症状であって、問題そのものではないのです」

しらふになることはできるが、その状態を維持できない人の場合はどうだろう？　薬物乱用の再発は、回復しつつある依存症者を待ち伏せていることがある。長い間、しらふを通して、禁欲を強く誓っている場合でもだ。再発の最も一般的な危険信号は、明確に考えられないこと、記憶に関する問題、感情的な過剰反応から麻痺に至る気分の揺れ、睡眠障害、不器用になったり、事故を起こしやすくなったりするなど身体的な協調の問題、ストレスに対する極度の過敏症である。このような症状は、依存症者がアルコールや薬を止めてから6～18カ月後によく現れるが、2年後でも現れることがある。個人的なストレスを多数経験しているときに、現れることが多い。

回復途中の依存症者はみんな、このような症状を多少なりとも体験する。乱用を再発させることなしに、症状をやり過ごす人もいる。1回か2回は乱用を再発させるが、再発の原因によく対応して、徐々に回復する人もいる。しかし、一部の人は辛い症状（どの症状でも、特に気分の揺れは、治療なしでは悪化する）に、再び（そして、何度も何度も）薬を使うことで反応してしまう。乱用への逆戻りが始まると、さらに苦痛、混乱、挫折感が依存症者とその家族を襲い、それをさらに薬やアルコールで紛らわしてしまうことになる。「慢性的再発」と呼ばれるこの状態には、EMDR療法の効果が期待できる。

ロス・ビラトは、12歳のとき、祖母が死んで、大きな家に父と祖父の3人きりになってすぐ、麻薬を使い始めた。ロスの両親は、6年前に離婚していた。ロスの親権を得た父親は、ロスを母親に会わせないようにした。実際のところ、ロスは母親に一度も会わず、音信も不通だった。母親が送った手紙、カード、プレゼントは全部、開けられないままに捨てられた。21歳のとき、ロスは母親を探し始めたが、母親はその前年に亡くなっていた。

ロスの祖母が生きていたときでさえ、少年の家庭と呼べるようなものはなかった。祖母はロスが悪いことをするはずがないと思っていたが、祖父は父親と同様、ロスがろくなことをしないと思っていた。祖父はロスが、馬鹿で、無能で、反抗的で、つまらない人間だと言った。ロスは、出来の悪い息子の、そのまた出来の悪い息子だった。祖母が死んだとき、祖父は祖母の死がロスのせいだと言った。

ロスの祖父は、社会的にも職業的にも目立った人だった。レバノン移民として、若いころに米国に来て、造船所の労働者からゴールデングローブボクシングのチャンピオンを経て、優秀な歯科医で教会のリーダーという現在の地位についた。このような業績の影には、支配者、権力志向の完璧主義者、サディストという姿があった。祖父は、小さい孫にあらゆる歯科治療をした。虫歯の穴を埋め、歯冠をかぶせ、歯の根管を作った。すべて、麻酔なしである。祖父はいつも、ドリルを使う前に補聴器を外した。「私は痛みのない歯科医だ」と、祖父は自慢した。「私に聞こえなければ、痛くないということだ」。しかし、実際は恐ろしく痛かった。ロスは、自分の手で口を覆って、祖父を止めようとしたが、無駄だった。今でも、ロスの手の甲には、高速ドリルで切られた傷跡がいくつもある。

この間、ロスの父親は何をしていたのか？　グレッグ・ビラトは、ナルシストで感情的に空虚な男だった。そして、両親の家に戻ってからは、母親の大事なお坊ちゃまという立場に引っ込み、ロスを兄弟のように扱った。実際、ロスを自分の兄のように扱ったのである。ロスは、父親の愛情を得ようと必死で、その役目を果たした。ロスこそが、責任者であり、世話係であり、みんなのいい子であり、父親のニーズを満たし、祖父のかんしゃくを抑えるためなら、何でもした。

ロスが成長するにつれ、麻薬との関係も大きくなった。マリファナだけでなく、覚醒剤も使うようになった。自分の使う麻薬を買うために少し売買をしていたのが、７つの「店」（家やアパートを借り、家具を揃え、従業員を置いたもの）でコカインとマリファナを売買し、１週間に１万ドルも動かすようになった。ロスは、自分が個人的に使わない麻薬を売れば、利益を全部自分の麻薬につぎ込んでしまうというディーラーの一般的な落とし穴に落ちないと考えた。しかし、麻薬中毒は知的な戦略より上手だった。そして20

代前半には、大規模に麻薬を売買するだけでなく、深刻な中毒に陥っていた。

そのころロスは、５オンスのコカインを所持していた現行犯で逮捕された。ロスは抵抗しなかった。まったく正当な逮捕だったからだ。有罪となったが、刑務所には入らなかった。白い粉末状の証拠の半分は、裁判の前に消えてしまい、そのせいで連邦裁判所ではなく、州裁判所で初犯として裁かれたからである。裁判官は、ロスを執行猶予とし、３年間の監察処分とした。

ロスは、逮捕されたことで、神が恐ろしくなった。アパートの荷物をまとめ、市街地から遠い郊外に引っ越し、正規の職を得て、まったくしらふの新しい生活を始めた。引っ越した初日、ロスは、ドアや窓に恐ろしく厳重な鍵をつけた。そして、引っ越すたびにそれを繰り返した。ロスの仕事は、個人患者専属の看護師だったが、まもなく自分が精神病患者に向いていることを発見した。そして、自身も精神病患者になっていった。

ロスは、現実との接点を失うという精神病の症状が出始めた。妄想に襲われると、不安のレベルは際限なく高まった。乗り切れるときもあったが、入院させられるときもあった。ロスは、躁の傾向の強い躁うつ病（正式には双極性障害）と診断された。つまり、極度にエネルギーの高い時期（睡眠不足、細かく途切れ途切れの思考、危険性の高い行動、誇大な感情に示される）と、暗く沈んで、紛れもなく憂うつな時期が繰り返し現れた。躁うつ病は、化学的な不均衡によって起こるが、その状態にストレスが加わった場合に、精神病の症状が出ると考えられている。もちろん、ロスの深刻な麻薬中毒が、それに似たような症状を引き起こした可能性もある。したがって、この診断が適切だったかどうか判断するのは難しい。それでも、躁うつ病と精神病的な症状のため、ロスは３種類の強い薬を処方された。中でも炭酸リチウムは、躁状態を抑えるために、毎日、大量に服用した。

ロスは、知り合いの麻薬ディーラーやディーラーが誰もいない郊外に引っ越したにもかかわらず、麻薬を止めることができなかった。結局、コネを見つけ、覚醒剤を再開した。そして、自分の薬を買うために、少しだけ売買にも手を出した。

20代後半になって、ロスは再び、中毒にけじめをつけようと思った。自分はこんなくだらない人間ではない、とロスは自分に言い聞かせた。もう、こんなことはやめよう。ロスは、覚醒剤をしばらくやめたが、また使い始めた。やめても、やめても、1カ月もせずに中毒は再発した。そのころハルに出会い、ロスにとって人生で最も長い、波乱に満ちた関係が始まった。

ロスは、7歳のころから男性との性的関係があった。最初、ハルとの関係は上々だった。愛し合い、どちらも麻薬を常用していた。付き合い始めて1年ほどしたころ、ハルはロスに、誕生日に何が欲しいかと尋ねた。ロスは迷わず、「きれいにしらふになりたい」と答えた。そこで2人は、麻薬リハビリクリニックに行き、いいカウンセラーにつき、麻薬をやめた。ロスは、まだ時折、中毒を再発させたが、まったく手に負えないと感じるほどではなかった。

麻薬をやめるといつも、ロスの精神にとって感情的な苦痛から逃げるための方法がなくなった。麻薬をやめる前は、強いストレスがかかったり、不安になったりして（これは、精神病の症状が出つつあることを意味していた）、吐き気のするような無力感の谷底へ落ち始めると、ロスは家を飛び出し、覚醒剤を1袋手に入れた。この小さい袋が、20時間だけ乗り物に乗せてくれて、戻ってきたときには悪い気分も失せていると知っていたからである。しかし、麻薬と縁のない生活になると、その精神的な均衡作用において、覚醒剤の代わりになるものを見つけなければならなかった。何か、力を与え、心を静めてくれ、苦しみを忘れさせてくれるようなものが。ロスは、食べ物に向かった。すでに大男だった（ナイトクラブで警備員と間違われる類の体格）が、さらに体重が増えた。2、3年後には32キロも増え、糖尿病の体質にはかなり危険だった。

ハルとの関係は年々悪くなり、長く一緒にいればいるほど、深刻な亀裂が入った。2人はけんかし、口をきかなくなり、小さな嫌がらせをした（ある日、ハルはロスのアンティークの銀食器を金属たわしで磨いた）。2人は、それぞれ子どものころに叩き込まれた役割に戻った。ロスは、恋人の世話役になり、愛情を得ようとしたが無駄だった。ハルも糖尿病を患っていて、ロスより重症だった。ハルの病状は、急速に悪化していた。

ある夜、ロスは州立の精神病院に車で乗りつけ、半狂乱で入れてくれと頼んだ。1週間ほど前からひどい精神病の症状が現れそうに感じていて、もう耐えられないと感じたからだ。不安のレベルは急上昇し、心は無数の方向に一気に飛び散りそうだった。その上、薬はなくなりかけていた。病院で、ロスは精神安定剤と地元のカウンセリングセンターの一覧表を渡され、家に帰らされた。

幸運なことに、精神病の症状は起きなかった。もっと幸運なことに、ロスは一覧表のクリニックの1つに予約を入れることができた。それはロスの人生において皮肉な出来事となったが、結局、病院のそっけない対応のおかげで、自分に必要な治療を受けられるようになったのである。

ボブ・キッチンに会ったとき、ロスは36歳で、体重154キロだった。ボブは、結婚と家族と子どもを扱うカウンセラーで、カリフォルニア州ヘイワードの出身だった。また、中毒と再発防止の専門家だった。ロスはボブに、躁うつ病、精神病的な症状、麻薬中毒の経歴について話し、協力することに合意した。トークセラピーのセッション5回で、どんな療法にも必要な信頼関係と個人的な絆を確立した後、ボブはEMDRについて説明し、やってみたいかどうか尋ねた。2人は、まず小さなこと、つまりロスがプライバシー侵害と感じたハルとの最近のいさかいをターゲットにすることにした。

「いいだろう。やってみよう」と、ロスは元気に言った。

「始める前に、注意しておくことがある。EMDRの後で、麻薬をまた使いたいという衝動が起こるかもしれない。これは、EMDRが古いこと、古い感情を刺激するからだ。思い出したことが誘因となって、麻薬を使いたいと強く思うかもしれない。あまりあることではないのだが、万が一、そう思ったとしても、あなたが悪いからではない。ひょっとすると、そのような衝動が起きるかもしれないということだけ、知っていてほしい」と、ボブは言った。

この注意は、薬物乱用にEMDR療法を使う場合に、常に重要である。辛い記憶をターゲットとすると、その人にとって最初の対処メカニズム、つまり麻薬やアルコールの使用が誘発される可能性があるからだ。これが自動的な生理反応とわかっていれば、自分を責めずにすむ。これが重要なのは、自責の念が下方スパイラルを強めるだけだからだ。

ボブとロスは、ハルとのやりとりをターゲットとしてEMDRを始めた。しかし、ボブの言ったとおり、「EMDRでは、何をターゲットにしたいかに関係なく、必要なものに作用する」だった。ロスにとっては、最初の眼球運動のセッションが、まっすぐ子ども時代へのドアを開いた。当時ティーンエイジャーだったロスと父親が、小さなアパートに住み、寝室を共有していたころの記憶が現れた。ロスはまだ、みんなのいい子、世話役の立場を演じていて、それでも父親の愛を得られないでいた。そこで突然わかったのだが、ハルはロスに父親を思い出させたのである。ハルも父親も、似たようなナルシストの傾向があり、感情的に空虚だったため、本当の人間関係を維持することは不可能だった。

治療が進むにつれ、EMDRはロスを子ども時代へ引き戻した。ロスとボブは、数セッションにわたり、祖父が歯科治療に見せかけて行った驚くべき身体的、感情的虐待をターゲットとした。EMDRを通じて、それらの出来事を再体験したロスの恐怖は強烈なもので、それに関する怒りもやはり強烈だった。もう亡くなって20年になる祖父が、現在のロスの人生において決定的な役割を果たし、依存、恐らく躁うつ病の根源ともなっていることは、ボブの目に明らかだった。一方、ロスの仕事は、埋もれた感情を掘り起こし、その間、しらふを保つことだった。ロスは、まず麻薬、そして食べ物を使って、無意識に恐怖と怒りにふたをし、自分の苦痛を和らげていたことを、悟り始めた。

ボブは、1週間ごとに回復するロスを見ながら、そのスタミナと決意に感心した。しかし、もう1つ、待っていることがあった。療法を開始して約6カ月後のEMDRセッションで、そのときは来た。

ロスは、精神病的な症状が来そうだと感じていた。非常に不安でストレスを感じていたが、ボブと話し合っても、現在の出来事で原因になりそうなことは何も見つからなかった。

「じゃあ、試してみよう。その不安を最初に感じたときに戻ってみたら」と、ボブは一呼吸おいた。「何を感じる？」

ロスは、まる1分も沈黙した後、静かに話し始めた。「あの男たちがドアを壊したときだ」

「何歳だった？」

「5歳」

「何があった？」

「あれは両親が離婚する前で、母は僕を連れて父から逃げていた。父とは別居していて、僕らはしょっちゅう引っ越した。父が僕を探していたからね。ある夜、母が僕を起こして、服を着せ始めた。『静かに、静かに。逃げなきゃ』ってね。母は窓をのぞいて、とても怖がっていた。そして突然、2人の男がドアを蹴破ってきたんだ。1人が入ってきて、1人は戸口に立っていた。顔は見えなかったけれど、廊下の明かりで体の輪郭が見えた。何が起こったのかわからない間に、僕は枕カバーをかぶせられ、車に引きずって行かれ、後部席に放り込まれた。そして車が走り出した。あいつは、一言もしゃべらなかった」

「その後、どうなった？」と、ボブは尋ねた。

「ああ、男が僕を車から引きずり出したのを覚えている。ガレージみたいなところで、立っていたコンクリートがすごく冷たかったのを覚えている。まだ、枕カバーをかぶせられたままだった。はずそうともしなかったんだ。僕は、体が固まってしまって、何もできなかった。男は何も言わなかったが、僕は死ぬんだと思っていて、それをどうすることもできなかった。その後のことは、何も覚えていない。生きていた、ということ以外は。でも、母親のところへは戻れなかった。離婚まで、孤児院に入れられたよ」

この手の記憶こそ、ボブが求めていたものだった。その前年、ボブは、再発を繰り返す多くの依存症者が、生命を脅かされる、もしくは脅かされたと感じる何らかの経験をしている、という研究成果を読んでいた[9)]。このような経験は、強い不安と耐えがたい無力感の津波を引き起こす。この感情を避けるためなら（そして、それと自動的につながる死を避けるために）、回復中の依存症者は何でもする。何年もしらふで過ごした後でさえ、麻薬に再び手を出すことがある。

中毒再発を慢性的に繰り返す男性と女性を多数治療してきて、ボブは、その理論が当てはまると思った。そこで、依存症者に対しては、過去に生命を脅かされた経験を探し、EMDR のターゲットにしようと決めた。結果は、大成功だった。その後数年間で、慢性的に依存症を繰り返す患者の 80%が、EMDR 治療の後、まったく依存症を再発させなくなった。アルコール依存症者は全員、麻薬中毒者もほとんどだった。治療の後でも再発を続けたのは、アンフェタミンもしくはアンフェタミン系の薬物中毒者だけだった。最近の研究によれば、この結果は、眼窩前頭皮質における代謝異常が、情報処理が活発に行われるのを妨げることと関係があるかもしれない[10)]。幸運にも、ロスはしばらく麻薬を使っていなかった。

ボブとロスは、その誘拐事件を、31 年前の夜に起こった順を追って、詳しくターゲットにすることにした。最初は、ロスの母親が部屋を歩き回り、何度も窓の外を見ている場面だった。２人の男がドアを蹴破った場面にくると、ロスの再体験が始まり、当時の身体的、感情的な感覚がすべてよみがえった。ロスの全身を、恐怖が突き抜けた。

「1 人が部屋に入ってきて、もう 1 人が戸口に立っている」と、ロスは言った。「僕は死ぬんだと思う」

ロスの心臓は高鳴り、呼吸は浅くなった。体が麻痺したような当時の感覚は、36 歳の体をも麻痺させた。ロスは、まったく体を動かせず、声も出せなかったが、心は速いスピードで動いていた。何が起こっているんだ？　男たちは誰だ？　母に危害を加えるのだろうか？　どうしてドアを壊したんだろう？

ロスは突然、戸口にシルエットが見える２人目の男を認識した。ビジネス風のフェルト帽の形、小柄な体格、古風なボクサーの体型は、間違いようがなかった。その男は祖父だったのだ。

ロスは泣きながら、ボブの指を追っていた。そして、悲しみのプロセスに伴う感情の移り変わりを一歩ずつ体験していた。否定（『祖父であるわけがない』）、落ち込み（『どうして僕にそんなことができるんだ？』）、怒り（『そんなことをしたら殺してやる』）、取引（『僕がもっといい子だったら……』）、そして最後に受容である。ロスの体も感情につれて移り変わり、数々の劇的な瞬間には、無意識のうちに体の緊張を物理的に発散させた。あるときには、腕を上げないままパンチを食らわすように肩を揺らした。右の肩が前に傾き、左は後ろに下がって背中の筋肉が緩んだ。

ロスにとって、誘拐者が祖父であったと知ることは、暗号の鍵を見つけたようなものだった。ささいなことから奇妙なことまで、人生における多くのことに、突然、納得がいった。これまで引っ越すたびに、すべてのドアや窓に鍵をつけたのも当然だ、と、ロスは振り返った。恋人が裏切るのではないかと恐れたのも当然。自分の心の奥深くに、祖父が裏切りの種を植え付けたのだから。成人してからの環境では、このような感情が容易に触発された。最も重要なのは、この出来事が、自分の長年の怒りの根源の１つとわかったことだ。どうしようもない怒りに、前の恋人の体を持ち上げ、壁に投げつけて壁を壊し、隣の部屋に落としたこともあった。

誘拐事件の最後まで処理し終わったとき、ロスの感情と態度には、顕著で恐らく永久的な変化が現れていた。３年後、ロスは振り返って語った。「あの出来事は、本当に恥ずべきことだが、僕の責任ではなかった。実際、僕には何の関係もなかったのだから、これ以上、影響を受ける必要はない。僕には、大きな怒りがあった。いつも、本当に怒りっぽい人間だったが、そうなりたいわけではなかった。ただ、その怒りがどこから来るのか、わからなかったんだ」

EMDRから３カ月後、ロスの調子がすこぶるよかったので、ボブは、躁うつ病の薬を減らしてもらうよう医者に言ったらどうかと提案した。

「ああ、それなら」と、ロスは言った。「もう２、３カ月飲んでないよ」

躁うつ病という診断は、有機的な状態が原因と考えられ、神経の塩のバランスを保ち、人の感情レベルを平常に維持するために炭酸リチウムが処方される。したがって、何年も症状が現れないということには、２つの意味が考えられる。つまり、ロスが、子どものころのトラウマを処理したことによって化学的なバランスを取り戻し、現在のストレス因子に対応できるようになった、もしくは、トラウマによる症状が、有機的状態が原因と推定される症状と非常に似ていた、ということである。どちらにしろ、ロスは自由を味わうことになった。

ロスは子ども時代の後遺症について、ボブの治療を受け続けているが、対処すべき事項は少なくなりつつある。麻薬は、ずっと使っていない。精神病的症状は、まったくなくなった（薬を飲まなくなったにもかかわらず)。躁の症状も止まった。体重は45キロも減り、糖尿病は寛解した。

「いろんなことに対処する新しい方法ができた」と、ロスは言う。「自分で問題を解決できる。ストレスは一時的なものだと思うし、今、問題に対処すれば、後でメリーゴーラウンドに乗らなくてすむ」

ロスは結局、自分の入院を拒んだ精神病院に深く感謝している。「実際のところ、あの病院はいいことをしてくれたよ。あそこのシステムにはまっていたら、今でもあそこにいるだろう。僕は今、本当に自分の人生があると感じている。まだ完全に正常ではないかもしれないが、その方向に努力していると自分でわかっているから」

「問題の解決」は、知的レベルにおいてだけ起こるのではない。EMDRの目的は、すべてのレベルで問題を解決し、人間の「膝蓋腱反射」が、知的にも、感情的にも、身体的にも必然的に健全なものとなるようにすることなのである。

なりたかった自分になるのに、遅すぎるということはない。

ジョージ・エリオット

11

最後の扉：病気、障害、死に直面して

私たちは普通、人生において、自分を知的能力や身体能力の点から認識している。「私は法律家だ」「ランナーだ」「画家だ」「大工だ」といったように、目立った事実一つの上に、自分のアイデンティティをそうっと載せているような場合もある。この一つの事実が、自分の錨であり、混沌として変化の激しい世界において、たった一つ確信できるものとなる。それでは、画家が視力を失い、大工が関節炎で両手が利かなくなったら、どうなるのだろう？　弁護士ががんにかかり、仕事ができないほど重症になったら、どうなるのだろう？　その人は突然、身体的な障害による不便を味わうだけでなく、元々のアイデンティティの死に直面することになる。それまで当然と思っていた体が思うように動かなくなり、ちょっと動くことさえ苦痛になったら？　私は、クライエントと接触する中で何度も、そのような喪失が、PTSDの症状に酷似した感情的、心理的影響をもたらすのを見てきた[1)]。幸運なことにEMDRは、人が障害、病気、もしくは死そのものと直面しているときでさえ、持てる限りの能力を発揮するよう助けることができる。

リチャード・ウェブスターは、精神科医のデイヴィッド・マッカンの診察を受けたとき、砕け散った人生の残骸の中で、にっちもさっちもいかない状態だった。リチャードは、1980年代前半、鉱山で悲惨な事故に遭った。そして、両腕を失い、顔など露出した部分にひどい傷を受け、聴力を失い、歩くには義足が必要な体となった。リチャードは、事故の後8年間、毎日、「生き地獄のような」フラッシュバックと悪夢に悩まされた。彼は、マッカン医師に、全長244メートルの坑道を9メートルほど降下したところで、ガス爆発による火の玉に包まれてしまった体験を話した。そして、毎晩、眠ろうとするたびに、頭に火がついたように感じ、抗し難い恐怖に飲み込まれると訴えた。テレビで事故や爆発の映像を見ると、自分の体験した事故が侵入的な思考となって現れ、うつ状態になった。毎年、爆発のあった日が来ると、症状は最悪になった。リチャードは、まだ41歳にしかならないのに、24時間の介護が必要な状態だった。

マッカン医師とリチャードは、最初のEMDRセッションで、ターゲットを決めた。リチャードは、自分が炎に包まれている姿を思い描き、当時の感情（「なんてことだ、自分に火がついている！」）を思い出すとともに、恐怖が体を突き抜けるのを感じた。眼球運動の1セット目で、リチャードは「もう死ぬんだ」と思い、息苦しさにあえぐのを感じた。処理が進むにつれ、最初のイメージと感触はぼやけ、今度はあたかも自分の体を抜け出したかのように、炎に包まれた自分が地上で仲間に取り囲まれているのを見下ろしている状況を思い出した。リチャードは、保護スーツが焼け、自分の皮膚の上で溶けていた感触を思い出した。そして、自分が涙ながらに「神様、何とかしてくれ！」と叫んだのを思い出した。

情景は突然、もう一つの記憶に変わった。それは、石油掘削用のリグにはさまったときの体験で、やはり臨死体験だった。当時、彼は「自分は死ぬ」ということしか考えられなかった。そして、処理を続けるうち、自分が雲の上に浮かび、自分の意識の中で「自分は生きている」という言葉がこだましているのを感じた。「今になってわかった気がする」と、リチャードは涙ながらに語った。彼は信心深い人間ではなかったが、その瞬間に「この宇宙には別の次元がある」ことを悟ったと、後で説明している。

翌週のセッションまでに、リチャードの症状はすべて消えていた。新しい目標は、できる限り自立することだった。8年間で初めて、リチャードは自分と自分の家のことを自分でするようになり、毎日８時間は介護なしで過ごすようになった。彼は、EMDRセッションのおかげで「自分の上にあった岩がのけられた」ようだと話した。翌月になると、義手を付けて運転免許の試験に合格し、「仮釈放になった」ような気分で街をドライブした。「一生、普通に動けるようにはならない」という考えには、うんざりだった。自分でできるようになることは無限にある、とリチャードは宣言した。３カ月後、リチャードは、車を運転して故郷を訪れ、国立公園で気ままな１人旅を楽しんだ。そして１年後には、手足を切断された他の人たちを積極的に助け、義手や義足を必要とする子どもたちを支援するプログラムで役員を務めていた。

２年後、リチャードは、EMDRセッションを次のように振り返った。「あれは、想像を絶する驚異的な体験だった。自分の最悪の体験に神経を集中していたら、それがすべて消えた。あの治療で、私は自分の存在を深く、非常に深く掘り下げて考えるようになった。そして、人間の命のもろさと、自分にとっての意味をはっきりと悟った。今までより、自分の感情に注意を払っている。人生の一瞬、一瞬をいとおしく感じる」。多くの意味で、リチャードの言葉は、EMDRの研究において私が大切に思っていることを象徴している。つまり、「重要なのは、起こったことではない。それに、どう対処するかである」

身体的な苦痛は、確かに適切な医者に判断してもらうべきだが、EMDRも、多くの病気や身体反応に悩む人たちのために役立ってきた。身体的苦痛の原因が、神経システムに保存されたトラウマ性の記憶であると、EMDR臨床家が発見することもある。たとえば、ある男性は、長年悩んでいる運転恐怖症について助けを求めてきた。自動車事故の記憶を処理している最中、彼の背中と肩は痙攣を起こし、長年、毎週のようにカイロプラクティックに通って治そうとしてきた痛みと同じ痛みを感じた。EMDRの最中、彼はその痛みを最初に感じたのが、右側から衝突された事故の最中だったことを思い出した。治療が進み、事故の記憶が処理されると、右の肩は完全に弛緩した。そして、それ以降、痙攣（と恐怖症）に悩むことはなかった。

純粋に心理的な原因（記憶に保存された痛みなど）による身体上の問題と、

純粋に組織（手足の切断など）の身体上の問題の間には、身体と心の相互作用に起因するさまざまな症状や病気がある。精神神経免疫学者は、がんなど多くの病気の進行が、遺伝、環境、心理的要因といったさまざまな要素の相互作用に影響を受けることを発見した[2)]。これは、病気になるのは自分が悪いという意味ではない。特定の性質を持つストレスが大量にかかると、身体的健康に悪影響を与えることがあるという意味である。EMDRは、そのようなストレスの多くを軽減することができる。

どんな出来事でも、成長のきっかけになりうるものだ。EMDRセッションを受けたリチャードは、夢にも思わなかった形で、事故による身体的限界を超越してしまった。がん患者にとっては、予後診断の如何にかかわらず、EMDRが理解の窓口を開いてくれる。命を脅かす病気になった人の体験は、皆それぞれ異なるが、誰でも痛みを乗り越え、行き詰まりを打開する可能性を持っている。

ある女性は、乳がんで乳房切除が必要となり、自分の体が醜くなることを想像して恐れおののいた。その恐怖を処理するまで、彼女はまったく動けなかった。医師が提示した治療の選択肢さえ、理解できなかった。彼女は、EMDRの助けを借りて治療方法を選び、自分の体より自分がもっと価値ある存在であることを、落ち着いて理解した。そして、生きる価値が十分にあること、何があっても自分の人間性が常に輝いていることを悟った。

もう1人の女性は、がんの手術を非常に恐れていた。彼女はEMDRセッションで、手術自体よりも、自分が死んだら夫と子どもがどうなるかを恐れていることを悟った。そして、自分がすでに家族の強い基盤を与えたことを理解し、自分が死んでも家族が何とかやっていけるだろうと思うようになった。手術から回復した彼女は、以前より支配的でなくなり、落ち着いているようになった。

また別の女性は、悪性で致命的ながんがあると診断された。夫とは何年も前に別れており、彼女は1人で苦しみながら死ぬことを恐れていた。EMDRの最中、彼女はすでに亡くなった両親や他の家族に囲まれている自分をイメージし、きっぱりと言った。「死ぬときは、尊厳を持って死にます」。そして、この経験を後で語った。「あれで大丈夫になった。苦しむ必要はなくなった……誰かが私の手を握っていた」。彼女は自分の命に責任を持ち、周囲の人すべてに感動を与えた。

人間は皆、遅かれ早かれ死ぬ。死に直面するときには、選択肢がある。残された時間を大切にするか、嘆いて無駄にするかである。多少でも常識か精神的な理念があれば、どちらを選ぶかは明白だ。しかし、恐怖が論理や信念を上回ってしまうこともある。最も固い信仰でさえ、失わせることもある。したがって、病気と死の可能性、もしくは確実な死に対処する際には、恐怖そのものをターゲットとすることが、EMDR の最も建設的な用途の 1 つである。

ヤン・デグルート、愛称「ジョニー」は、1988 年 11 月、65 歳のときに、前立腺がんと診断された。前立腺がんは、当時、あまり知られていない病気だった。やっとその 7 年後、『Time』誌の 1996 年 4 月 1 日号が前立腺がんを特集し、米国男性の 5 人に 1 人がかかる病気だと発表して人々を恐怖に陥れた。その記事によれば、ボブ・ドールも、ノーマン・シュワルツコフ将軍も、それから俳優のジェリー・ルイスもシドニー・ポワチエも、この病気だった。1996 年になると、前立腺がんは皮膚がんを上回り、米国男性において最も多いがんとなった。兆候が現れる平均的な年齢は、72 歳だった。

1988 年当時は、医療関係者でさえ、前立腺がんの危険について現在ほど警戒せず、情報も持たなかった。実際、ジョニーが所属した巨大な健康管理機関の医者は、前立腺にあるがん性の腫瘍を、死直前の最終段階であるステージ D [3)] になるまで発見できなかった。

ジョニーの前立腺がんは、すでに転移していた。胡桃ほどの大きさの生殖腺の壁を越え、下肢を除いて体内のすべての骨に広がっていた。放射線療法や化学療法では手遅れだった。がんの専門医にできたのは、がん細胞の成長を刺激する男性ホルモンのテストステロンの流れを止め、がん細胞の広がる速度を遅くするだけだった。この治療では、睾丸を外科的に摘出する。その後は、テストステロンが副腎でも作られるため、その生成を止めるホルモン療法を行う。ジョニーは、この治療を開始した。

ジョニーは、友人たちが「超頼りになる」「スーパーナイス」と表現するほど、静かで控えめな男性だった。オランダ生まれで、才能もあり、研修も積んだエンジニアだった。若いときは、大学を卒業したら、デルフトで成功している家族経営の会社に加わるものと、誰もが思っていた。相続するのは兄になるはずだったが、ジョニーは気にしなかった。それは、伝統的なことだ。

第２次世界大戦が、すべてを変えた。ジョニーが 18 歳で、アムステルダムで工学を勉強していたとき、1940 年５月 10 日、ナチスがオランダに侵攻した。学校に残ることはできたが、ドイツによる占領を憎んだ。ナチスが、兵隊にする若者を定期的に集めるときは、隠れねばならなかった。ドイツ占領時代の５年間は、ジョニーにとって決して忘れられない、そして死ぬまで決して語らない悪夢だった。

戦争が終わると、ジョニーは最愛のオランダについて考えが変わり、留まる理由を見つけられなくなった。ジョニーは、４歳のときに脳出血で亡くなった母親を深く愛していた。しかし父親は、家の家政婦とすぐに結婚した。ジョニーも、兄も、２人の姉妹も、この家政婦が大嫌いだった（この２番目のデグルート夫人は、ジョニーについて悪い印象を根強く持っていた。その力動が、EMDR の途中に現れる）。

25 歳のとき、ジョニーは工学部を卒業し、オランダを出た。彼は、「ダッチ・マーチャント・サービス」に加わって世界を巡り、旅が好きになった。そして 1950 年代前半、アメリカに移住した。ニューヨークに居を定め、眼鏡会社の製図工として働き始めた。1956 年、33 歳のときには市民権を取得した。ジョニーは、新しい祖国が好きになり、うまく適応することができた。名前は少し変えねばならなかった。アメリカ人は「ヤン（Jan)」と発音できないようだったので、「ジョン（John)」に変え、すぐに「ジョニー」が通称となった。

1957 年冬、ジョニーは、スキー旅行先でマーサと出会った。彼女は、ニューヨークで保護監察官として働いていて、２人はすぐに意気投合した。マーサは、７歳年上のジョニーのヨーロッパ的な几帳面さ、独特の魅力、優しさ、大人っぽさに魅かれた。２人は、その年に結婚した。

２人の結婚は、情熱的とは言えなかったにせよ、愛情に満ちた幸せなものだった。ジョニーは仕事を辞め、夫婦でアメリカ中をわたり歩き、それから「ミダス・マフラー」のフランチャイズ店を自分で経営するようになった。２人の娘も生まれ、ジョニーは娘たちを溺愛した。しかし、ジョニーの事業は成功しなかった。２、３年後には売却せざるを得なくなり、地位も収入も低い郵便配達員として臨時的に雇用された。そのため、専業主婦だったマーサが保護監察官として復職し、その後、トレーニングを受けて心理療法家となった。

前立腺がんであると知らされたとき、ジョニーは65歳だった。結局、20年間勤めることとなった郵便局を退職したばかりで、バークレー・ヨット・ハーバーに置いてある24フィートのボートに乗ったり、修理したりするのんびりした生活を楽しんでいた。ピアノとフルートのレッスンも受け始めていた。ジョニーのがんは進行していたが、致命的な病気を持っているように感じたり、振る舞ったりすることはなく、他人からもそう見えなかった。ジョニーは、そのような状態が好きだった。だからこそ、ジョニーは心理療法を受けると決心した。病気に悪影響を及ぼす何かが、自分の性格にあるのではないかと思ったからだ。

私がジョニーに会ったのは、1989年５月の下旬だった。最初のセッションでは、ジョニーの経歴を聞き、現在の精神的状態と結婚生活について話し合った（ジョニーいわく、半年前に診断を受けてからどちらも悪化しつつあった）。ジョニーは、手術によって永久的に性的不能となり、それ以来、自分の周囲の人間、特にマーサが死ぬという空想に取り付かれていた。短気になり、ちょっとしたことで悩むようになった。これは、深刻な病気と診断された人に一般的な反応である[4]。人間のすべてが、将来に対する恐怖を抑えるためにつぎ込まれているおかげで、日常生活の小さな問題にも耐えられなくなるように見える。いつも繊細で、面倒見がよくて、「いい人」だった人でさえ、突発的な怒りを経験する。

ジョニーと私は、ジョニーの失望と後悔について話し合った。ジョニーはそれらが、「成功できない」という言葉にまとめられると言った。私は、

EMDRについて説明し、次のセッションで、その自分に対する信念にEMDRを使ってはどうかと提案した。ジョニーは同意し、私は、次のセッションまでに「成功できない」から連想する過去、もしくは現在の考えを箇条書きにしてきてほしいと頼んだ。次のセッションで、ジョニーはきちんとたたんだ紙を取り出して言った。「いいですか。私は成功するのが怖い」。沈黙。「妻を失うかもしれない」。沈黙。「自分の感情をつかむのが難しい。幸福は危険。人の言うことを聞きたくない。これは、私の人生でずっとあったことです。本当に魅力的な話題でない限り、聞きたくないんです。ひょっとすると、これは私の継母に関係あるかもしれません。私は継母の言うことに耳を傾けませんでした」。沈黙。「ピアノやフルートが吹けるようになれない。本当に行き詰まっているのですが、それでもやれば好きになるかもしれないと思っているんです。変ですね」

ジョニーは60歳を過ぎていて、前に精神分析を受けたことがあったにもかかわらず、まだ子どものころに受けたメッセージに悩まされていた。ターゲットとしたのは、がんに対する感情であり、マーサとうまくいかない現在の状況だったが、現在のストレスと価値観の欠如のほとんどは、子どものころの家族に起因していた。多くのがん患者と同様、ジョニーは、なかなか怒りを表現できなかった。私たちは、周囲の人が死ぬという空想に対処することを通じて、この問題にも対処することにした。

「死に関する空想で、何が起こるのですか？」と、私は尋ねた。

「はっきりしません。とても速く流れるんです。そして、悲しくなり、落ち込みます。空想は、私の気分が悪いときや、悪くなりたいと考えているときに起こります。マーサが死ぬことを考えます」

これを聞いて、私は、この症状の中の重要な要素をEMDRで突き止め、できる限り苦痛を緩和しようと考えた。ジョニーはいつ死ぬとも知れないのだから、長期的なアプローチは使えない。私はまず、ジョニーの内的処理システムをさまざまなターゲットに向けて働かせ、後で個別のターゲットに集中しようと決めた。

「マーサが死んだほうがいいと思ったときに戻ってください」

「私たちはスキーをしていました」と、ジョニーはすぐに答えた。「私たちは楽しく過ごしていました。スキーの全国大会でした。でも、私はゴールへ行く道がわからず、マーサはとてもいらついていました。私がばかだと言いました。それが大観衆の前のことで、とても恥ずかしかった……私もイライラしました。マーサは、本当に私を嫌っているような態度をとりました。私は、彼女に自分の立場をわからせることができませんでした。すごく嫌な雰囲気でした」

「いつのことですか？」

「1984年ぐらいです」。５年前の出来事なのに、悩みは続いていた。表現されない感情は、そういう傾向がある。

「今はどう感じていますか？」

「とても嫌な気分です」。多くのがん患者と同様、ジョニーは当時の感情を怒りと認識できなかった。このような患者は、過去を振り返ってなら怒りと認識できることもあるが、たいていの場合、「悩み」「嫌な気分」と認識する。一般に、その感情を自分のせいだと思い、決して表現しない。多くのがん患者は、大人になってから、自分を守るために声を荒らげたことがない。

「体のどこで、それを感じますか？」

「腹部です」

EMDRを１セット。

「まだそこにあります」

もう１セット。

「私の反応は間違っていました。怒る代わりに、冗談にしてしまえばよかったのです。そこが失敗だと思います」。ジョニーが怒りを表現できないことは、彼が子どものころの経験から、それが危険だと学んでいるからだった。

「怒りはどうですか？　怒って何が悪いのですか？」

「何も……怒りは、重いものを連想させます。私がとても幼いころ、６歳か７歳のころの経験から来ています。継母を殺そうと思いました。怒りを解放したら実行するかもしれませんでした。だから怒ってはいけなかったのです」

「『怒ってはならない』という、さっきの感情に戻りましょう。それが継母と関係していますか？」
「はい。兄も姉妹たちも同じように感じていました。戦争中、どうして爆弾が彼女の上に落ちなくて、いい人の上に落ちるんだろうとよく考えました。彼女から逃げ出したかったのですが、子どもだったのでできませんでした」
「継母のことを考えてください。体のどこで感じますか？」
「お腹です」
１セット。
「継母はいつも意地悪で文句を言っていました」
もう１セット。
「私は非常に腹を立てました。彼女を殺す代わりに、何かの形で彼女が死んでほしいと願いました」
もう１セット。
「誰かをどこかへやってしまいたい」
「押しのけるのではなく、継母を心に思い描いてください」と、私は言った。
「この思い出については、これまで誰にも話したことがありません。食卓で朝食を食べようと、ちょうど座ったときのことです。継母が隣に立っていて、本当に意地悪にわめいています。『靴下を洗濯かごに入れなさい！』。とても怒っています。私を叩くんです。父が継母を止めました。でも、継母は無視して、わめき続けます。父が私に言いました。『お願いだから、出て行ってくれ。家を出て行ってくれ。出て行け！』。私は本当に、何も悪いことはしていなかったのに」
「その感情は、どのぐらい強いですか？」
「10のうち９です。お腹の中とみぞおちのあたりに感じます」
１セット。
「すごく昔の話ですが、彼女にはどうしようもなかったんでしょう」と、ジョニーは言った。苦痛は和らぎつつあったが、まだまだ先は長かった。
もう１セット。
「気分は少しよくなりましたが、まだ私の奥深くにあります。すごく鮮明に覚えていて、私の人生に深く食い込んでいます。マーサか誰かが死んでいて

（4歳のときに母が死んだように）、それは5で、胸の上あたりで感じます」

もう1セット。

ジョニーは言った。「わき腹と腰のあたりに、虫のようなものを感じます。兄は、17歳のときに家を出て行きました」。ジョニーの継母、死、失敗という感覚は、すべて絡み合っていた。

もう1セット。

「私は兄ほど成功できません。父がそうさせてくれないからです。どうして父は私を外へ出してくれなかったんでしょう？　兄と同じぐらいやる気があったのに。外へ出してもらえなくて残念です。出ていたら助かったかもしれません」

「今はどう感じますか？」

「継母が存在しなかったらよかったのにと思います。強さは4です。苦しい気持ちがまだあります。下腹のあたりです」

もう1セット。

「兄は家を出るのに成功して、私は成功しません……これは成功についてです。私だって成功する可能性があったのに、それは問題外でした。小さすぎたのです。頼みさえしませんでした。まだ胸の上が締めつけられます」

「胸の上あたりと『成功できない』という締めつけられる感じに神経を集中してください」

もう1セット。

「7です。私にとっては不当だと思います」

「その感情と一緒に」

もう1セット。

終わったとき、ジョニーは長い沈黙の後で言った。「私は今、ここにいます。過去、この過去をわきへ置いておくことができます。過去なんですから。ずっといい気分です」

もう1セット。

「いい……いい……いいです。胸と上半身はよくなりました。でも、少し目まいがします。継母は、かわいそうな人でした。病的、本当に病的でした」

もう１セット。

「私にはどうにもできませんでした。最初のころから、継母の何かがおかしいと感じていたかもしれません。空想です、忘れましょう！」。ジョニーは、髪の薄くなった頭に手をやり、首の後ろを手で支えると、考えを現実に戻した。「妻にも、私と同様、欠点があります。歯磨き粉の絞り方が下手な女性は、ほかにもたくさんいるでしょう。私の不満は、本当に小さいことばかりです」

「お母さんのことを考えてください。何が浮かびますか？」。その記憶には、喪失の苦しみがかなり閉じ込められているはずだ。

「最初はお葬式です。２番目、いや、こっちが最初のはずですが、母が居間のソファに横たわっていて、ひどく気分が悪そうです。父は、母の面倒をとてもよく見ました。父は、母の病気が悪いことを私たちに告げました。次は、母の臨終でした。鮮明に見えます。母は、愛情深く、面倒見のいい人でした。何か白い軟膏を鼻の上に塗っています。父が『母さんから小銭をもらって、隣の薬局で甘草を買ってきてくれないか』と言いました。私は行ってきて、母からお駄賃をもらいました。でも、母はほとんど話せませんでした。私を見ただけです」

「どこで感じますか？」

「胸と喉です」

１セット。

「泣きたいです。泣けないので、代わりに悲しくなり、落ち込みます。そのほうがいいんです。昔は、『泣くな。そのうちなくなるから』でした。泣くことは許されませんでした。締めつけられるように感じます。今度は、チクチクします」。怒り、悲しみ、恐怖など、感じてもよかったあらゆる感情は、何年もたった後で人を苦しめることがある。

もう１セット。

「私を見て、私に注意を払ってくれることも重要です。なぜか、私はこれまで、注意を払ってほしいときに人が私を見てくれないと感じてきました」

「今、継母を思い浮かべると、どう感じますか？」

「悲しいです。死んでしまったので」

「『成功できない』という言葉を思い浮かべてください」。この信念を処理しない限り、ジョニーが残りの人生を楽しみ、ましてやがんを治すことなど、ほとんど期待できない。私は、ジョニーの処理システムを動かしながら、恐怖の異なる側面を引き続き探っていくことにした。そして、セッションの間に、適切な記憶をそれぞれ完全に処理できないかもしれないと思いながら、ジョニーの内的システムが治療室を出た後も回復を進めてくれると任せるしかなかった。

「お母さん。私は母を治すことができません。でも、私は家を出ることができません。人の注目を得られません。もう少し年をとると、私は非常に反抗的になりました。窓に石をぶつけて、注意を引こうとしました。常に人の注意を引きたかったのです」

もう１セット。

「うまく注意が引けません。助けが必要です。でも、助けを得られず、注意も引けません。だから成功できません」

もう１セット。

「だいたい気分がよくなりました」

「『成功できない』に戻ってください」と、私は言った。

「ピアノとフルート。ばかげています。できるようにならないんです」

もう１セット。

「うまく楽しめません。あんな状況では楽しくなれませんよ……成功の喜びを見せたり感じたりしたら、落ち込んで注意を引こうとする目的がなくなってしまうから、できないのです。永遠に得られないでしょう。得られそうになったら、残念な気持ちになるからです。人に助けてほしい、ピアノを教えてほしいと思うと、恥ずかしく感じます。助けてほしいと、人に言いたいのです。いつもです。レッスン１回ではなく、毎日レッスンが受けたい！　６時間！　自分ではとてもできないから。成功して幸せになれば、注意を引くという目的を克服できるでしょう」

「どう感じますか？」。ジョニーは、感情的な真実に到達してうれしそうだった。苦痛が治まるとともに、人生の罠と自分を動かしていた力がはっきり見えつつあった。

　ジョニーは笑った。「いい気分です！」

「『成功できない』という言葉を思い浮かべて、どうですか？」

「ばかげていますが、やはり本当です。不可能なのだと、人生ずっと確信してきました。すごく昔からです……小学校ぐらい。１年生……２回やらなければなりませんでした。友達はみんな進級したのに、私は落第でした」

　もう１セット。

「成功しようとすると、失敗するんです。これは、非常によくあることです。普通は克服できますが、いつもその可能性があることはわかっています。また少し目まいがして、あきれた気分です」

「『成功できない』という言葉は、どうですか？」私は、何度も質問することで、保存された情報を刺激し、情報処理システムにリンクしていた。

「ピアノに成功できません。フルートを吹くことにも成功できません。学校でも、仕事でも、両親との関係でも成功できません」

「体のどこで感じますか？」

「内臓の一番下です」

　もう１セット。

　ジョニーは笑ったが、何も言わなかった。

「もう一度、『成功できない』という言葉を、どう感じますか？」

「ばかだ！　成功できないなんてばかげている。成功したいと望まなければ。成功したいと望んでいるだろうか？　うーむ」

「成功しているのを想像してみるとどうですか？」。何か前向きな宿題を与える時間だった。

「本当にいい気分です……本当は対処できません……目的に反するからです」

　もう１セット。

「本当は、弾きたいです。自分がうまく弾いているのを想像できます」

「今週、ピアノを弾いているのを想像してみてください。少しずつ、そして私の指を追ってください」

「はい、まず部屋に入ります」。ジョニーは言いながら、目で私の手を慎重に追った。「ピアノの椅子に座り、ピアノのふたを開きます……」。ジョニーは、まるで咀嚼するように沈黙した。「楽譜を出して、鍵盤の上に手を置きます」

眼球運動は続いた。

「楽しめません！　誰にも聴かせられません……でも、いい気分ですし、やってみようと思っています」

「どうして楽しめないのですか？」

「そうしたくないんです。怖いから」

「どこでそれを感じますか？」

「下腹です。成功できるかもしれませんが、それが怖いんです」

「その恐れを感じてください」。私は淡々と言った。

そして、私たちは治療を続けた。

以降のセッションでは、ジョニーを悩ませている記憶と現在の状況を直接ターゲットとした。加えて、そのころ取り組んでいた視覚化に時間を割いた。カール・サイモントンとステファニー・サイモントンは、精神神経免疫学の分野におけるパイオニアだった。２人は、がん患者を重点的に研究し、同じ診断を受けていても、一部の患者が他の患者より長く、生き生きした人生を送ることができる理由に関心を持った[5)]。サイモントン夫妻は、患者の自分自身に対する考え方に差があることを発見した。そして、患者が、自分の免疫システムががんよりも強いと感じるイメージを持つべきだと提案した。免疫システムが強い軍隊で、がん細胞が弱い敵だとイメージすることが効果的な人もいる。しかし、平和主義者もいることから、私は、患者が自分に適したイメージを作るのが一番よいという結論に達した。キリストの心臓が自分の免疫システムに光を投げかけているイメージを持つ人もいる。

ジョニーは、恐らく工学の知識を持っているからであろう、電気が自分の体内を走り、がん細胞を破壊するイメージを作り上げた。私たちはEMDRを使ってイメージを強化し、「免疫システムが私の回復を助けてくれる」という前向きな認識と結びつけた。この組み合わせは、自分を管理し、支配できるという感覚をジョニーに与えた。ジョニーは何の保証もないことを知っていたが、私とともに自分の持つすべての能力を発揮しようとした。ジョニーは、治療でしたことを、家でもして、結果を私に報告した。「流れが見えるんです」と、ジョニーは頭からつま先まで手で示しながら話した。「火花が骨を突き抜けていくんです。白血球が火花を散らしているのを想像します。それを、1日6回やっています。とてもゆっくり、頭、頬、肩、腕、体、膝の関節、脚、つま先までやります」

ジョニーは、合計4回のEMDRセッションを受け、マーサによれば、人生において初めて知った表現の自由を楽しみつつ、残りの人生を生きたという。マーサいわく、ジョニーはEMDRセッションの後で明らかに変わり、以前より愛情豊かで、活気にあふれ、マーサに対しても他の人に対しても、よく意思疎通をし、社交的になったという。失敗するのを恐れなくなり、ピアノも楽しんだ。最後の2、3年間は、夫婦であちこち旅行し、タイ、中国、フランス、スペイン、アラスカを訪れたほか、コロラド川で急流下りをする13日間の旅行にも出かけた。ジョニーは、友人たちとともに、カリフォルニアからアラスカまで3カ月間の航海もした。一緒に行った友人たちも、ジョニーの違いに気づいたという。もはやジョニーは、「ミスター・ナイスガイ」である必要もなければ、みんなを喜ばせようと苦心する必要もなかった。そして、自分の意見を積極的に主張するようになっていた。友人たちに「ヤン」という自分の正しい名前で呼んでもらいたがり、正しい発音も教えた。「本当のアイデンティティを取り戻したみたい」と、マーサは言う。

ヤンは私と編み出した方法、つまり電気が体を走り、がん細胞を殺すという視覚化を、眼球運動をしながら前向きな認識を繰り返す処置の間に挟むという方法を続けた。1991年末、ヤンは、前立腺の腫瘍が小さくなったと医者に告げられ、大喜びして帰宅した。

「マーサ、がんに勝ったよ！」と、ヤンは笑みを浮かべて言った。

しかし、がんは、まだ骨の中にあった。1992年1月、ヤンは家族内の問題を抱えるようになり、それが急速に体をむしばんだ。5月には、体が弱るのを感じ、医者に相談した。前立腺がんは、肝臓に転移していた。ヤンは最後の旅行として、生まれ故郷のオランダに行くことを決め、そこで宿泊設備付きのヨットを借りて2週間、運河を行き来した。その後、1週間、家族と過ごしてから米国へ戻った。ついにさよならを言うときがきたと、彼は悟っていた。

家に戻ると、ヤンの痛みは増した。そして６月末には、意識がもうろうとし始めた。このとき69歳だったヤンは、その目的でオランダから持ってきた薬で自分の命を絶つことに決めた。ヤンは、EMDR治療を受けてから３年間、すばらしい時間を過ごし、自分の死に方を選びたいと願った。そして、マーサに見守られ、静かに逝った。

多くのがん患者が、それぞれ違った方法でEMDRを使用し、自制心を取り戻したり、医学的治療に耐えたりしている。たとえばドナは、乳がんと診断されてから、３夜も眠れなかった。朝３時になると、恐怖でドキドキし、目が覚めるのだ。彼女は、治療者に、この苦しみを乗り越えるために、必要に応じてEMDRを使ってほしいと頼んだ。最初のターゲットは、「私は死ぬ」というドナの恐怖だった。セッション中、ドナは自分の宗教的な信仰と感情を通じ合わせ、そのあと「まだ死ぬ準備ができていない、生きたい」という言葉が心の中で強く響いた。多くのがん患者にとって、これは重要なステップである。病気によって無力感にとらわれると、クオリティ・オブ・ライフが台無しになり、免疫システムも低下する可能性もあるからである。

２回目のセッションでは、圧倒されているというドナの感情をターゲットとした。多くのがん患者と同様、ドナは、治療の問題や痛みによってだけでなく、仕事でしなければいけないことや、周囲の人のニーズなど、他の負担によってそう感じていた。EMDRは、患者が現在の問題を大局的に捉えるのを助け、不安や恐怖を抑えつつ、解決策を見つけるのを容易にする。

次にドナは、EMDRを使って、乳房切除手術後の反応に対処した。最初は、鏡に映った自分自身を正視できないほどだったが、EMDRを続けるうちに自分の体を再び大切に思うようになり、外見が変わったことに動揺しなくなった。医者は、ドナの回復の速さに驚いた。ドナは、４週間後、仕事に戻ったが、心理的な回復はまだ完全ではなかった。ドナは、手術前の感情的な準備をするのにEMDRを使っていなかったが、数週間後になってその結果を悟ることになった。ある日、車で仕事へ行く途中、渋滞にはまっていたとき、ドナは危険の感情に圧倒され、死が迫っている恐怖を感じた。後でEMDRを行うと、そのような感情は、手術当日の出来事に直接関係していることがわかった。ドナは、夫にさよならを言い、もう二度と会うことはないかもしれない、もしくは、障害者になったり、麻痺したり、脳に損傷を受けたりして目覚めるかもしれないと恐怖を感じていた。ドナにとって、身体上の深刻な問題は初めてではなかった。20年前にも、首を骨折しそうになり、背骨を固定したことがあった。がんの手術は、そのときに受けたあらゆる未解決の苦痛も再活性化していた。

がんは多くの人にとって恐ろしい病気だが、AIDSほど強い脅威を感じる病気もあまりないだろう。AIDSの流行は、多くの人にとって、存在を無視したいと思うほど恐ろしい。しかし、ヒュー・ロジャーズは、AIDSのことを考えないわけにはいかなかった。もう3年間、長年の伴侶であるブレイディが厳然たるAIDSの症状に悩まされていた。ブレイディは、ヒューの人生すべてだった。この2人の男性は、深く愛し合い、幸せに、将来を誓い合って、9年間近くを過ごしてきた。2人は、一緒に家を買い、子犬を育てて喜び、他の多くの夫婦と同様、未来の希望や夢を語り合ってきた。

ブレイディは、ヒューより7歳年上で、2人の関係においては強い役割を果たし、症状の深刻さを常に軽視していた。そうしてこられたのも、当時、ヒューもブレイディも周囲にAIDSで死んだ人を知らなかったからである。自分たちの運命がどうなるのか、考えてもいなかった。

1992年の終わりごろ、それがついに無視できなくなった。ブレイディは、39度の熱があるにもかかわらず、仕事に行くと言い張った。そして道中で意識がもうろうとなり、別の車に追突した。誰もけがはしなかったが、ブレイディのポルシェが壊れた。ブレイディは二度と運転せず、仕事にも戻らなかった。病気を真剣に考えるべきだと、ヒューが説得したのである。

ブレイディがそれに納得しても、状況はどんどん深刻になった。ある日は、シャワーを浴びていて失神した。またある朝、ヒューは仕事に出かけようとして、ブレイディが呼吸困難に陥り、顔が紫色になっているのを発見した。ブレイディの意識はあったが、考えることも、何かすることも、話すこともできなかった。ヒューは、救急車を呼び、病院に付き添った。そこでブレイディは、サイトメガロウイルス（CMV）と呼ばれる悪性の血液感染症と診断された。

ヒューは、家でブレイディの面倒を見ようと決意していたが、小売業の激務をこなしながらでは大変だった。1992年末から1993年末までの1年余りの間に、ブレイディは、知性豊かで、決断力があり、活動的なビジネスマンから、病んだ5歳児程度の認識力しかない人間になってしまった。最初、ヒューは、HIVが脳細胞を冒すことによるAIDS痴呆だと知らなかった。しかし、痴呆は悪くなるばかりだった。「気分はどう？　痛い？　何かしてあげようか？」といった、ヒューの簡単な質問にさえ答えられないほど、思考が明瞭でない日もあった。ブレイディは、もごもごと何か言い、欲求不満のあまりカウンターを叩いた。ブレイディは、つじつまが通るよう話ができず、それを自分でも自覚していた。

ヒューが堪忍袋の緒を切らしたのは、ある日の午後だった。帰宅すると、ブレイディがソファとテーブルの間に挟まり、手を振りながら、自分で起き上がれないでいた。絨毯の上で失禁していて、数時間もその体勢でいたのは明らかだった。ブレイディは明らかに、自分がどこにいるか、自分に何が起こったのか、わからない様子で、まったく自失していた。愛する人がそんな姿になったのを見て、ヒューは悲嘆に暮れ、泣き出した。そしてブレイディを洗って着替えさせながら、ブレイディの介護をする人を昼間だけ雇おうと決心した。残りは自分でやるつもりだった。そして、仕事のプレッシャーと否定によって恐怖と悲しみを抑制し、その時期を乗り切ろうとした。ヒューは、現実的なことに神経を集中した。仕事に行く前にブレイディの朝食と昼食を作ること、時間どおり家に帰ること、ブレイディに必ず薬を飲ませること、時には友人たちを招いて息抜きをすることなど。

しかし、それは問題の半分に過ぎなかった。ヒューは、ブレイディと付き合い始めたとき、18歳だった。10代前半から同性愛を自認してはいたが、誰とも性交渉を持ったことはなかった。最初の性交渉で、ヒューはブレイディに安全かどうかと尋ねた。ブレイディは安全だと言ったが、実は違ったのである。

1988年、ブレイディがAIDSの症状を見せ始めたころ、ヒューは自分も検査を受けた。その結果、HIV陽性であり、T細胞は500前半だった[6]。ヒューは、AZTという薬を処方された。そして、栄養に気を配り、十分に休息をとり、運動をし、ストレスのかかる生活をやめるなど、生活に十分気をつけて免疫システムをすぐに強化するよう指導された。1993年後半、診断の5年後、ヒューの生活にかかるストレスは最高潮に達した。ブレイディが日に日に、着実に弱っていくのを見るのは、心の痛むことだった。もっと悪いのは、AIDSによってカップルの役割を逆転せざるをえなかったことだった。

その年、ブレイディは寝たきりになり、ヒューはついに最後が来たことを実感した。愛情に満ちた安定した関係のおかげで、人生に何があっても大丈夫だと信じてきたのに、もうその大黒柱が揺らいでいた。ヒューは、自分の世界が崩壊し、溺れるような気分だった。11月半ばのある日、ヒューは店の売場から事務所に駆け込んだ。動悸が激しく、息ができないような感じだった。医者に電話すると、すぐ診察を受けるよう言われ、抗不安薬を処方されたが、診察も薬もヒューの発作の原因には何の効果もなかった。

ちょうどこのとき、ヒューは、心理学研究の目的で、HIV陽性またはAIDSの男性に4回の無料セッションが提供されるという話を聞いた。この研究を主導したのは、ドナルド・ウェストンという心理学者で、オレゴン州ポートランドの同性愛者を重点的に研究していた。そして、AIDSやHIVに感染した男性と女性に対し、EMDRがストレス緩和（ひいては延命）効果を与える可能性があると関心を抱いていた。

ドナルドの研究には、90分間4回のセッションが必要だった。初回のセッションでは、各被験者に6つの質問をし、AIDSを発症していたりHIVに感染したりしていることに関して、自分自身、現在の生活、将来を個人的にどう考えているかを尋ねた。これは、伝統的なEMDRのアプローチではなかったが、被験者の否定的な信念からくる感情的な苦痛にEMDRがどのような効果を発揮し、被験者がそれに反してどのように肯定的な信念を発達させるかを、比較研究することができた。６つの質問に対する被験者の答えが、EMDRのターゲットとなるはずだった。

初めてEMDRを使ったとき、ドナルドは、ヒューがHIV陽性の人間として自分のイメージを作り上げるのを手伝った。ヒューは、健康に気をつければ、発病しないですむと感じていた。しかし、心の奥深くでは、ブレイディの崩壊を見るにつけ、圧倒的な恐怖と苦痛を感じていた。自分自身の死を見るように感じていたのである。さらにヒューは、HIVに感染したことについて自分に腹を立てていた。EMDRを始めたとき、SUDは９だった。３セットすると、ヒューは泣き出した。「僕はまだ26歳なんだ。AIDSは、僕が生まれる前からあった。ブレイディは、僕と知り合う前から感染していたんだ」

「それと一緒に」。４セット目。

「彼の面倒を見ることはできますが、病気はぼくのせいではありません」

５セット目。

「落ち着いて問題に対処できると思います。ブレイディのためにできることがあったら、何でもします。でも、過去に何かしてあげられたかもしれないと気に病んでもしかたがありません。静かな気分で、リラックスしています。泣いてすぐ、肩の緊張が解けました」。ヒューは、しばらく沈黙し、首を左右に傾けてみて言った、「こんなに早く効くんですか？」

「それと一緒に」。６セット目。

「いい気分。ブレイディにしてあげられることについては、自分の責任です。HIV陽性であることについては、自分の責任ではありません」

７セット目。

「いい気分。いい感じです」

２番目のターゲットとして、ドナルドはヒューに尋ねた。「体の中のHIVウイルスについて、イメージや情景が浮かびますか？」

「黄色です。家庭科の授業で見た、青い食紅を水に落としたときの写真みたいです」。ヒューは、手で形を描いてみせた。

「そのイメージの結果として、自分をどのような言葉で表現しますか？」

「分離するよう努力します。つまり、きれいな水と色を分けます。自分が水の中にいて、空気を吸おうともがいても吸えないような気がするんです。水面に来ることはできますが、十分に吸えません。何かが自分を下から引っ張っています。圧倒されるように感じます」

「自分について、どう言えるようになりたいですか？」

「溺れないと感じたいです。自分が持っているものを受け入れて、毎日の生活を楽しみ、病気のもたらす避けようのない結果については、心配しないようになりたいです」

「それを体のどこで感じますか？」

「首と肩です」と、ヒューは言い、その強度を 10 とした。

　眼球運動を始めて、ドナルドの質問に対するヒューの最初の反応は「変化なし」だった。

　２セット目。

「何もありません」

　もう１セット。

「溺れるように感じます。息が十分に吸えません」

　もう１セット。ヒューは、また泣き出した。ヒューは、自分の生活、ブレイディの生活、仕事など、悪いことすべてに神経を集中していた。自分の人生の悪い部分だけが、目の前を流れるような感じだった。そして突然、感情が変化したかと思うと、ヒューは笑みを浮かべた。苦痛は長続きしなかったのだ。ヒューは、自分の心の動くままに任せ、軽くなったのを感じた。興味深いことだった。ワシのように空を飛ぶのではなく、通常の高さで物事に対処できるようになっていた。奮闘するのではなく、落ち着いていた。

「何が浮かびますか？」と、ドナルドは尋ねた。

「虹の向こうに光が見えます。もう溺れていません。泳げます。今度は救命ボートに乗っています。澄んだ水をのぞき込むと、黄色が底を覆っているのが見えます」

「それと一緒に」。５セット目。

「水をのぞき込んでみると、全部透き通っています。黄色が周辺視野にある感じです。周囲を見回すこともできます。こうやって見回して他のものを見たことは、長い間、できなかったような気がします」

もう１セット。

「花のにおいがします。空気を感じ、自分の周囲に何があるかが見えます」

最後の７セット目。

「毎日、花のにおいをかぎ、空気を感じ、重要なものを見て生きていけるような気がします」。ヒューは言った。

ヒューは２年後、この体験についてこう語っている。「悲しみ、欲求不満、絶望、怒り、不安など、自分が毎日対処していたものが２分間に現れました。それからいいことが始まって、まるで白昼夢を見ているようになって、前向きに考えるようになりました。まるで25マイルのマラソンを走って、疲れきったときに、突然誰かが天国のドアを開けてくれたようでした。突然、疲れが吹き飛んでしまいました」

次のセッションでは、自分の能力を生かしきっていないというヒューの信念に対処した。３セットすると、ヒューは泣き出した。「したいことはたくさんあるのに……したいことすべてを成し遂げていない」

もう１セット。

ヒューは、座りなおし、背筋を伸ばして言った。「たくさんのことを成し遂げました。たった26歳なのに。リストを作るほど成果がたくさんあります」

５セット目。

ヒューは、にっこりと微笑んだ。「これまで救命ボートに乗っていました。今度は雲に乗っています。雲の上で、花のにおいをかぎ、空気を感じられるみたいです。自分の成果を見下ろしながら、開きつつある新しいドアの前を風にのって通り過ぎます。したいことをする時間は十分にあります」

もう１セット。

「信じられません。すごくいい気分です」

もう１セット。

「本当にたくさんのことを成し遂げました。自分のしたことについて、よかったと思います」
　最後の８セット目。
「ええ、本当に大丈夫です」
「あの感情はどのぐらいの強さになりましたか？」
「３です。おかげさまで、泣いても安全だと感じられるようになりました。起こりつつあることについて、泣いたことがなかったんです」。ヒューが後で言うように、このセッションは新しい道を開いた。「いつも否定的な面ばかり見るのではなく、すぐに肯定的な面が見えるようになりました。肯定的な面が背景ではなく、前面になったのです。否定的な面も見えますが、見えてもかまいません。弱りきっていたのが、また正常に機能できるようになったと感じました。そして、そのおかげであきらめないと決意することができました」
　ドナルドとヒューは、次のセッションでヒューの未来観と発病の恐怖に対処した。EMDR の最中、ヒューは自分が身体上の問題を克服し、太陽と風に向かうドアを開けるところを思い描いた。そして最後に、もし死ぬとしたら、しなければならないことすべてにどのように対処するかをターゲットとした。進むにつれて、ヒューの心はブレイディに戻った。
「すべての喪失を感じ始めました。ブレイディと僕は、一緒に年をとって 65 歳になる予定だったんです。でも、もうすぐ死ぬのですから、何もかもあきらめねばならないでしょう」
　10 セット目。
「気分がよくなりました。荷物を外に運び出す情景で、自分の写真を思い出しています。自分の写真があるんです」
　もう１セット。
「もっと重要なのは、思い出があることです。思い出と一緒に眠ることができます」
　数セットすると、ヒューは言った。「人生がどんなにすばらしかったかを考えました。それもそのはずです。もう終わったんですから。次は何が起こるんでしょう？」

もう１セット。

「ブレイディがいなくて寂しく思います。私が死んで、もしできるなら、彼を探します」

もう１セット。

「ブレイディの声が聞こえます。公園にいて、彼が私の名前を呼んでいます。彼の姿は見えませんが、見つけに行くつもりです。またリラックスした気分になりました。終わってはいません。ただ、情景が変わっただけです」

もう１セット。

「いい気分です。僕たちの人生には悪いことすべてが起こりましたが、僕たち自身や僕たちの人生を変えることはありませんでした。AIDS は、人生に起こる出来事の１つに過ぎません。僕たちには、ブレイディの皮肉やユーモアのセンスがありました。面白かったです」

もう１セット。

「大局を見ると、病気が自分の人生全体の小さい部分だと感じます。僕たちの関係においては、問題が起こるたびに一緒に解決してきました。これも２人で解決します。僕たちならできます」

翌週、ヒューは、自分の人生における HIV の意味を定義した。「HIV は、僕に試練を与えてくれました。それが不当だとか正当だとかは考えません。どうして感染したかは関係ありません。試練です」。EMDR の後、ドナルドとヒューは、残りの時間を使って、ただ語り合った。ヒューは、従業員たちが、自分が以前よりずっと陽気でリラックスして仕事をしていると話した。ドナルドの研究について言えば、ヒューの否定的な感情はすべて０、新しい前向きな信念の真実度は最高の７だった。

２カ月後、ブレイディは自宅で静かに亡くなった。数週間後、ヒューは再びドナルドを訪れた。ヒューは、ブレイディの死後、自分がしたことについて気に病むことがあり、自分が病気か変人なのではないかと心配していた。「彼がいた、ブレイディがいた……そして、逝ってしまった。そして僕は……」。ヒューは、たどたどしく言った。「ベッドの上にのぼって、遺体のすぐ横で、彼を抱いたんです」

「それは病気でも変でもないでしょう」と、ドナルドは言った。「それが愛です」

ヒューは、今でも気分よく、熱心に働き続けている。HIV陽性と診断されて9年である。T細胞の数は、もう2年間、正常に近い700を維持している。経営するギフトショップは、チェーンの経営陣が行う業績調査で約800店のうち11位にランクされた。そしてヒューは学校に入り直し、最初の1学期で平均4.0の成績を収めた。ヒューは、3つの非営利団体でボランティアとして働きつつ、生まれて初めて書いた詩を、友人の説得で州の知事賞に応募することにした。ヒューの詩は1位に輝き、オレゴン州知事が200人の聴衆を前に朗読した。ヒューは深い理解を持った表現豊かな代弁者であり、その理解が、死の影をくぐった多くの人の心にはっきりと響いたのである。

大きな問題は、それを生み出したときと同じ思考レベルでは解決できない。

アルバート・アインシュタイン

12

将来の展望：EMDRの世界的な広がり

ある中年の女性は、父親と別れて育ち、会いたいという父親の申し出をずっと拒み続けていた。幼いときに自分を捨てた父親とは今さら関わりたくない、と彼女は治療者に言った。しかし、EMDRの最中、彼女は父親が出て行った日のことを詳しく思い出した。そして、父に出て行けと言ったのは母であり、父は行きたくなかったことを悟った。目撃者もその事実を確認し、女性は喜んで父親と和解した。

どれだけ多くの人が、あやふやな記憶の犠牲になったことだろう？ EMDRは、記憶が生理的なレベルに及ぼす影響について、何を教えてくれるのだろう？　このような疑問が、EMDRの迅速な効果を知らせる報告に対して表面化している。

EMDRを使うごとに、新しい疑問がわいてくる。EMDRを実践した過去10年を振り返って、心に浮かぶ主な疑問は次のようなものだ。EMDRから、生理学的、心理学的、社会学的に何を学ぶことができるだろうか？　どのような科学的研究や実践的な応用が、次に行われるべきだろうか？　心と体の関係について、何を学ぶことができるだろうか？　恐怖と障壁がなくなったら、人間はどのぐらい進歩できるのだろうか？

世界中から治療例が報告されるにつれ、人々と社会の間の違いではなく、共通項が明らかとなってきた。適切なプロトコルと手続きを使えば、短時間で予想可能な効果を上げるという事実は、人間の生理的な反応が各種文化に共通するものであり、人の心と潜在能力を探る糸口となることを示している。

将来の研究目標として、さまざまなEMDRプロトコルの持つ意味を明らかにできれば、すばらしいと思う。脳が記憶と体験を整理する方法について、私たちはもっと学ぶことができるだろう。たとえば、EMDRを始めて最初の1年半、私は過去、すなわち1年、10年、もしくはもっと前にトラウマを受けた人を治療した。トラウマを受けた直後という人は、いなかった。そして1989年、サンフランシスコのロマプリエタ地震の被災者に会った。被災者の家が倒壊したり、子どもがけがをしたり、ペットがいなくなったりしたのは、1カ月以内のことだった。歩いていた大地が揺れ、うねり、割け、ぱっくりと割れたのだ。何も、誰も信用できなくなるのも、当然の話だろう。被災者を治療し始めたとき、私は、以前の患者に使ったのと同じプロトコルを使った。まず、地震の最も怖かった瞬間、たとえば、煙突が崩れてきて危うく生き埋めになったこと、を見つけてもらう。そして、そのことを考えながら眼球運動をする。その出来事が脱感作できたら、次に怖かった情景、たとえば、燃えている建物の3階から飛び降りなければならなかったこと、を思い浮かべてもらう。以前の治療経験（古いトラウマから回復するとき）から、私は、この2番目の情景、つまり最初の情景と関連した情景も、脱感作されるだろうと予想していた。しかし、それは間違いだった。衝撃的な最初の記憶と別の記憶は一般化されておらず、どの情景も別々に処理しなければならなかった。

この事実により、私は、トラウマを受けたばかりの患者を治療するときには、プロトコルを変更する必要があることを学んだ。しかし、脳に関する新しい情報も得た。なぜ、トラウマの原因となった新しい出来事の中のうち、各情景が心の中で結びついていないのか？　恐ろしい出来事の各瞬間が、最初は別々に脳に保存されているのか？　1つのトラウマに関連するさまざまな出来事が、記憶の中で1つにまとまるには、いくらかの時間がかかるように思える。私が治療した地震の被災者が、それぞれの出来事を問題なく順番に説明できたことを考えると、このことはなおさら興味深かった。言い換えれば、神経的なつながりのうち、できているもの（時間的な順序など）と、できていないものがあることになる。

この食い違いを利用すれば、神経生物学的な記憶の研究者は、脳の深い部分を知ることができる。記憶の整理統合が具体的にいつ起こるかは、EMDRにおいて、最近のトラウマを治療するための手続き（各情景を別々に処理する）が、患者の完全な回復にとって、いつ不要になるかを調べれば確認できる。時間的に近いトラウマと遠いトラウマを治療する際に、異なるプロトコルを使う必要性は、世界中から沸き起こった。山火事の後、家を出るのを怖がるようになったオーストラリアの子どももいれば、TWA800航空機の墜落以来、血に染まった海とばらばらになった死体の記憶に取りつかれて飛行機恐怖症になり、家族を訪ねることすらできなかったロングアイランドの女性もいる。

もう1つ、将来の研究対象となるのは、EMDR治療の前と後で、人の連想がどう変わるかということである。たとえば、私が治療した女性の1人は、父親をがんで亡くしていた。父親が療養施設で亡くなってから2年、彼女は頭の上に「黒い雲」があると感じ、最愛の父が他人に囲まれて苦しみながら死に、自分がそれをどうにもできないという記憶に取りつかれていた。この女性と父親は非常に仲が良く、楽しい思い出もたくさんあったのに、父親のことを考えようとしたり、父親を思い出したりすることがあると、「黒い雲」のイメージだけが浮かんだ。私は彼女にEMDR治療を行い、療養施設のベッドに横たわっている父親の記憶をターゲットとした。その記憶が処理されたあと、彼女に父親のことを考えてもらったところ、家で楽しいクリスマスを過ごしている思い出が浮かんだ。

このように、悪い記憶に取りつかれた状態から、楽しい記憶を難なく思い出せる状態への転換は、愛する人の死を悲しむ無数の患者に見られた。もう1つの例は、10歳の少女で、父親が自殺していた。父親のことで彼女が唯

一、思い出せるのは、父親が死んだときのこと（少女は現場にいなかったので空想にすぎない）と、みすぼらしいバスローブを着て、空っぽのビール缶に囲まれているという死ぬ前の数カ月の様子だった。そのような情景を処理したあと、父親のことを考えてもらうと、一緒に行ったキャンプ旅行を思い出した。その思い出は、少女にとって少しも悲しいものではなかった。少女の弟を治療しても、同じことが起こった。常に、強迫的な悪い記憶をなくすと、温かい楽しい思い出がよみがえるようだった。このような臨床例は、記憶の神経生理学研究にさまざまな意味を持っている。

もう１つ、将来の研究に値するのは、出来事の記憶と身体的な感覚の保存のされ方である。そもそもの辛い出来事をEMDRのターゲットとすることで、慢性的な痛み、継続的な身体的苦痛が消えることがある。たとえば、ロシアの治療者による最近の報告によれば、モスクワの病院に入院している31歳の男性は、慢性的な頭痛と予想不可能なうつ状態に悩んでいた。男性は悪夢のために眠れず、将来を絶望的と考えていた。彼の症状は、自分のいた部隊が1986年、原子力発電所の事故の被害を最小限に抑えるためにチェルノブイリに派遣されたときに始まっていた。任務が終わり、経済的に苦しくなるとともに、身体的症状が現れ、それぞれ別の病気の症状と診断された。自分が役立たずな人間だという気持ちが強くなったが、心理的にも身体的にも政府による支援はなかった。10年たって、彼は、多数の友人と同様、放射能汚染によって死ぬことを恐れていた。抗うつ剤は10年ずっと飲み続けていた。

EMDRで、男性は、チェルノブイリでの出来事を象徴する記憶をターゲットとした。原子力発電所のシェルターを出て、地表から放射能を除去するという作業をする。そのときのことを思い出すと、唯一の感情は恐怖であり、放射能の粒子が体に入ってくるという感覚が伴った。この侵入的な感情は、シェルターから出て作業場に行くたびに起こった。EMDRで、彼は自分の無力感と、現在の問題に関する絶望感、すなわち性的不能に起因するうつ状態と妻に対する感情などを処理した。セット数を重ねるうち、彼は自分の状況を何とかしようという決意を固め、「放射能の粒子というのは、自分の空想にすぎなかったのかもしれない」と思い始めた。EMDR セッションの後、彼は非常に元気が出たと報告し、頭痛を訴えなくなった。翌日は、薬を止め、前に働いていた集合農場で再び働きたいと話した。そして、症状は徐々によくなり、退院に至った。EMDR の研究を進めれば、なぜ一部の記憶がそのような身体的な悪影響をもたらすのかを、突き止めることができるかもしれない。

ときには、身体的な問題の原因となったそもそもの出来事がわからない場合もある。たとえば、ブエノスアイレスに住む 1 歳半の女児は、排便ができない、ときには 10 日間も出ないという理由で、治療者のもとを訪れた。排便できないために、女児の大腸は膨張し、まもなく手術が必要な状態になっていた。そして、女児の発育にも深刻な影響が出ていた。どんな手を尽くしても問題は改善されず、手術の 1 週間前になって、両親は精神科医のグラシエラ・ロドリゲスに相談した。グラシエラは、話しかけながら女児の頭の左右で指を鳴らすという音による EMDR を使い、女児の現在の身体的不快感をターゲットとした。セッションの最中、女児はトイレに行きたいと言った。医師が一緒に行き、音を使って女児の恐怖をなくすとともに、感情を再処理させると、女児は無事に排便した。翌日、両親は電話で、女児の調子がよくなったと報告した。手術は中止され、女児の問題はなくなった。このような症例を見ると、EMDR などの心理的な介入によって、どれだけの医学的問題が解決可能なのだろうと考えさせられる。

この点で重要な例が、ティナという 13 歳の少女である。ティナは、コロンビアのボゴタで、AIDS やがんで捨てられた子どもを支援する Forjar という団体に連れて来られた。ティナの脚は切断され、その幻肢痛でヒステリックになっているとして、EMDR 治療者のリンダ・ヴァンデルラーンが呼ばれた。幻肢痛というのは、手術でなくなったはずの脚が、まるであるように感じられ、強い苦痛を伴う症状である。リンダとティナは、EMDR で痛みをターゲットとし、痛みが和らぐと同時にティナは眠った。翌日、再度 EMDR を使うと、幻肢痛は、周期的な痛みから電気がちくちく走るような感覚となり、消えた。ティナは、精神的痛手と喪失感を体験していた。最初は、自分の「捨てられた」脚、次は、少なくとも1カ月は戻ってこない母親についてだった。悪いことに、Forjar にいる何人かの子どもたちの両親は2度と戻って来ていなかったので、その恐怖も処理する必要があった。

EMDR 治療で、ティナは自分のショック（「脚がないなんて信じられない」）と、立ち上がって他の子どもたちと遊べないという悲しみを処理した。さらに処理を進めると、ティナはリンダに向かって「もう1度歩くわ！」と叫んだ。「どうやって？」と、リンダが恐る恐る尋ねると、ティナの答えは簡単だった。「もちろん、義足を付けて歩くのよ」。ティナは、他の子どもたちと話すようになり、1週間もしないうちに、新しいイヤリングを楽しげに見せるようになった。9カ月後のフォローアップでは、やはり痛みがなく、新しい義足を楽しみにしているとのことだった。

この症例は、少女の自尊心の回復と身体的な苦痛の除去を示しているだけでなく、幻肢痛に対する EMDR の効果を考えさせる。手術によるトラウマで、体性痛の記憶が保存されるということはありえるだろうか？　私の知る限り、EMDR は、この例の前に1度だけ、退役軍人の幻肢痛に効果を上げている。今日まで、幻肢痛の医学的治療法はない。EMDR の研究が進めば、この問題がいくらか明らかになり、人々の苦痛を和らげることができるだろう。

現在の身体的苦痛が、意外な過去の出来事の記憶に起因することもある。たとえば、ある英国人の 30 歳代の女性は、吐き気を抑える制酸剤を長年にわたって過剰使用していたため、胃痛に苦しんでいた。それほどまでに薬に頼っていたのは、吐き気に対して強烈な恐怖を抱いていたからである。処方記録を見ると、性的虐待による PTSD の症状もあると記されていた。彼女の治療者は、まず EMDR を使って、制酸剤を乱用する原因となっているストレスを緩和しようと考えた。ところが、EMDR 治療の最中、彼女は学校での出来事を思い出した。隣にいた子が嘔吐して、吐いたものが少し髪についたのだ。彼女は、教室を飛び出し、金切り声を上げたのを思い出した。この記憶を処理すると、制酸剤を使用する衝動はなくなった。吐き気を恐れなくなったのである。彼女にとって、身体的苦痛の一番の原因は、小文字の「ｔ」のトラウマだった。EMDR 治療によって、性的虐待に対する反応も緩和され、

「過去のこと」と思えるようになったが、性的虐待は問題の主な原因ではなかった。さまざまな問題や自己破壊的な行動の原因が、記憶に強く焼きつく大きな出来事とは限らない、ということに、私たちはいつも心を開いておく必要がある。どのような出来事でも、EMDR が有効に処理できることには変わりないが。

複数の記憶の相互の結びつきが極めて一般的な恐怖を拡大し、現在の行動に悪影響を与える場合も確かにある。EMDR 治療者で歯科医でもあるアド・デ・ヨンは、オランダに住む 40 歳代の歯科恐怖症の女性の話を聞かせてくれた。クレアというその女性は、8歳のとき、1人で歯医者に行かされ、もっともなことだが、心細く不安に思った。歯科医がドリルを使いだすと、クレアは怖くなり、泣き出した。起き上がろうとすると、歯科医は怒り、クレアの腕を椅子にしばりつけた。そして再びドリルを始め、クレアはパニック発作を起こした。

歯科治療が終わると、クレアは走って家に帰り、母親に泣きついた。ところが、母親は、彼女が幼稚だと叱った。クレアは、以来数十年も歯科医を避け続けたが、恐怖は強くなるばかりだった。最初の子どもが生まれると、クレアはパニック発作を起こすようになり、それが徐々にひどく、ひんぱんになった。大型店など人ごみのある場所、バスやエレベーターなど四方を囲まれた場所も避けるようになった。行動療法を1年にわたって受けたが、症状がよくならないのでやめた。3年後、歯科医に対する不安を扱ったテレビ番組を見たクレアは、歯科恐怖症のクリニックで治療を受けることにした。30 年以上も歯科医にかかっていなかったため、歯がかなり悪くなっていたからである。歯はもう5本しか残っていなかった。

クレアのトラウマとなった出来事に対して、アドとクレアが EMDR 治療の準備をしていたとき、クレアは、一番辛かったのが歯科医院での出来事ではなく、母親とのやりとりだったと打ち明けた。母親が、子どもじみた振る舞いをするなと要求したことである。この情景を思い出すだけで、不安のレベルは SUD で最高の 10 になった。クレアの望む前向きな信念は、「自分をコントロールできる」だったが、VOC スケールでは２だった。EMDR で、クレアは母親のあらゆる面での弱さと、歯科治療に対する恐怖、それに対して子どもたちの歯がどんなに美しかったかを悟った。セッションが終わるころ、クレアの自制できるという感覚は強くなり、自信をつけたクレアはセッションの後で何年かぶりに買い物に出かけた。クレアの第一の目的は歯科恐怖症の克服だったが、パニック発作や広場恐怖症もなくなった。その後のセッションでは、最初の子どもが生まれた後に陥ったパニック発作をターゲットとした。セッションが終わったとき、クレアは心が穏やかになったと告げた。２年後のフォローアップでは、クレアのパニック発作はなかった。彼女は歯科治療を終え、美しい総入れ歯を着け、以前は怖がっていた地元のスーパーマーケットで店員として働いていた。

クレアの治療ターゲットが、歯科医の行動ではなく母親の反応だったことは、興味深い。この事実により、新しい疑問が起こる。衝撃的な出来事の後には非常に重要な期間があり、愛する人からの優しい言葉や助けがあれば苦痛が軽減され、その逆の反応を受けた場合は症状が重くなるのではないだろうか？　また、クレアは「自制心を失う」という強烈な恐怖を母親と結びつけていたため、子どもが生まれて自分も母親の役割に結びつくと、同様のパニックを起こしたのではないだろうか？　記憶の複雑なつながりによる恐怖症やパニック障害は、どのぐらいの頻度で起こるのだろうか？　長期にわたる心理分析で複雑な役割認識が原因とされた障害の多くが、的を絞ったEMDR によって治療できるのではないだろうか？

当然のことだが、身体的苦痛や病気がどれだけ辛いものであれ、家族の支援がないことは、さらに大きな打撃となりうる。サラというコロンビアの別の少女は、11 歳でがんと診断された。そして、グレープフルーツほどもある頬の腫瘍に治療を受けていた。私がサラに会ったとき、サラの顔はまるでデスマスクだった。顔は灰色、目はどんよりとして、化学療法で治療した部分が黒いあざになっていた。サラはボゴタから約百マイルのところに住んでいたが、家長である祖母は、「感染の恐れがある」としてサラを家から出すよう命令した。地方の農村では珍しくないことだ。病気に対する無知が恐怖を生み、病気の子どもはしばしば捨てられた。サラは、化学療法が終わるまでボゴタにいる必要があったが、その後、祖母が家に戻ることを許すかどうかはわからなかった。

パブロ・ソルヴェイ博士は、私がコロンビアでEMDRを教えるのを手伝うため、ブエノスアイレスから来ていた。彼は、サラに対して、左右の手で机を叩く方法で20分間の治療をした。まず、博士はサラに楽しかったときを思い出させ、それを「安全な場所」とした。次に、手で机を叩きながら、サラに身の上話をさせた。一番辛かった出来事を尋ねると、サラは母親が去ってしまったことと答えたので、それを完全に処理することに重点を置いた。しばらくすると、サラは微笑み、母親がいつか戻ってくるかもしれないと言った。博士はEMDRを続けながら、サラに生活の中で楽しいことに神経を集中させた。翌日、私はサラに会って、目を疑った。前日には内気で物静かな子だったのが、明るくおしゃべりな少女になっていたからである。隣に座ると、サラは私の肩に手をかけてきさえした。1カ月後、Forjarのスタッフは、サラの変化が信じられないと報告してきた。サラは、あのとき以来、まるで孤独感の殻を破ったかのように陽気になり、落ち込んだり引きこもったりすることはなくなったという。

世界中から寄せられた話は、未処理のトラウマと孤独感が明らかにつながっていることを示している。時には、うつと孤独感が強いあまりに、当事者には自殺しか考えられないこともある。幸運なことに、EMDRは通常、極めて不安定な心さえ救うことができる。米国とカナダにある居住型の治療センターからは、多数の成功例が寄せられている。たとえば、臨床部長のルー・ハンバーガーは、シンシアという16歳の少女の例を報告した。シンシアは性的虐待を受け、剃刀、ナイフ、睡眠薬、アルコール、ピストルを使って、何度も自殺未遂を起こしていた。自殺未遂に加え、彼女は殺人の衝動にかられ、「私は誰にも危害を与えない性格だけど、突然、道行く人を理由もなく叩きのめしたくなる」と言っていた。

シンシアは、性的虐待により、すべての男性が「自分をどこかへ連れて行って傷つけるもの」と思い込んでいた。シンシアは女性に対しても憎しみを抱き、傷つけてやりたいと思っていた。「女は私を裏切った。私がレイプされたとき、助けてはくれなかった。女は、何を着るか、いつ買い物に行くかにしか関心がない」と、シンシアは言った。周囲から疎外されたと感じ、誰も助けてくれないと思い込むと、シンシアは「うつスパイラル」に陥り、食べることにも、眠ることにも、生きることにも関心がなくなった。「落ち込めば落ち込むほど、脱け出すのが難しくなる」と、シンシアは言った。

昔ながらのカウンセリングを何年も受け、入院を繰り返しても、自殺したくなるようなうつは軽くならなかったが、EMDR 治療をたった２カ月受けただけで、シンシアの症状は急速に回復した。シンシアは、８つの記憶を処理した。部屋に監禁され、従兄に暴行を受けたこと、両親の離婚後、母親を引き離され、母親が重い病気になったのを見たこと、恋人にデートに誘われ、レイプされたこと、などだった。EMDR の後、シンシアの治療者は言った。「１月 17 日、診察室へ歩いてくるチャーミングで元気いっぱいの 16 歳の少女は、１ブロック先からでも見えるほどにこにこしていました。11 月 24 日、ぼろぼろになって、精神的に衰弱し、足を引きずってドアを入ってきたのと比べると、驚くべき変化です」。シンシアは、何年にもわたる虐待、トラウマ、うつ、不安、そして自殺未遂による最近の３回の入院の影響をはね返した。シンシアは最初、ひどく困惑し、絶望し、有効なものは何もない（服用していた精神病の薬も含め）と確信していた。精神科医がシンシアに EMDR 治療を紹介したのは、「何も効果がなかった。おまじないでもかけたほうがいい」という理由だった。その医者は、６セッションの後、「うきうきと診察室に入ってきて、すっかりよくなった、ありがとうと言った。学校へ戻り、男性とも女性とも人間関係を作るなど、新しい生活を始めた。行動も考え方も変わり、安定して改善されつつある」と、報告した。

幼い子どもでも、孤立感とうつは、リスクの高い行動と暴力の原因となる。サンフランシスコでは昨年、６歳の男児が１歳半の赤ん坊に対する殺人未遂容疑で逮捕された。経済的に困窮した地域に住み、問題の多い環境で育った少年は、赤ん坊の家族が「変な目つきで自分を見た」という理由で「赤ん坊を殺そうと思った」という。イギリスでは、幼児が 10 歳の少年 2 人に殴り殺された。シカゴでは、5 歳の男児が 10 歳と 11 歳によって高層ビルの窓から投げ落とされて死んだ。犯罪を生む経済的、社会的な状況と絶望感に対応することも必要だが、暴力事件を起こすことで、問題を悪化させ、恐らく健全な生活を送る機会をすべて奪われる前に、心理的な介入によって心の痛みを治療することはできないだろうか？　青少年更正施設における EMDR 療法は、この年代の若者が陥りやすい売春、中毒、暴力、うつを防ぐように思える。ハイリスクの児童に対する治療も、同じ効果があるだろう。暴力に向かうリスクの高い人口が集中する地域でのプログラムで、EMDR を予防的に使うことはできないだろうか？[1)]

暴力行為は、多くの人の生活に永久的な影響を与える。社会的、法的な改革も重要だが、この問題には、できる限りの方法で対処する必要がある。私たちが依存しているシステムそのものが期待を裏切り、トラウマを一層悪化させることもある。リカルド・ウィッグの体験は、その例である。リカルドと妻のシャロンは、5 年前に結婚し、幸せな生活を送っていたが、ストーカーによって銃撃された。リカルドは妻を救うことができず、シャロンは亡くなった。司法システムを信頼していたリカルドは、目撃証言をした。リカルドが、幼い娘たちに「パパが、ママを撃った悪い人たちをとっちめてやる」と言ったその日、陪審員は無罪の判決を下した。リカルドは、後で語った。「あの瞬間、12 人の陪審員がショットガンを構え、私とシャロンに向かって再び発砲したようだった。判決には、まったく納得がいかない。陪審員の 1 人は、事件の夜、雨が降っていて、私から犯人がよく見えなかった可能性があると言った。私は法廷で、自分が家の中で撃たれ、外で撃たれたのではないのだから、天候は関係ないと言ったのに……。私の右腕に開いた大きな穴を、陪審員に見せてやればよかった。私が撃たれたことを信じさせるためにね。理解できない……。目撃者の証言以外に、どんな証拠があれば有罪になるというんだ？」

この光景は、毎日、リカルドの心の中で繰り返された。怒り、喪失感、裏切り、絶望に苦しめられたリカルドは、心理療法に頼った。また、絶望のあまり、家族に最小限の生活費しか稼がなかった。そして、自分の苦痛を、新人警察官のトレーニングワークショップでのプレゼンテーションや、被害者の権利を推進するスピーチに振り向けた。それでも、十分ではなかった。「地域への奉仕活動は私のすべてだったが、私自身は前進していなかった。特定の歌、映画、関連ニュース、友人などによって、理由は何であれ、突然、過去に引き戻される。また体験を繰り返すんだ」

銃撃事件の4年後、リカルドは、ナンシー・デイヴィスという治療者の治療を受け始め、PTSDと診断された。リカルドは、EMDRが自分を解放したと語る。「未来に対する希望が戻ってきつつある。疑念の暗い影を抜け出て、心の傷という牢獄から自由になった。朝起きて一番に、出来事の隅々まで思い出すことはない。思い出そうとすれば、思い出せるが……。もう、ジキルとハイドの仮面を被ることもない。フラッシュバックに体が反応することもない。精神的な苦痛で、自分の腕を押さえることもない。腕の傷を見ても、シャロンを救えなかった不名誉の印だとは考えない。あの夜、私はできるだけのことをした。あれほどの努力は、もう一生できないかもしれない。わかることは、私が生きていて、他の人を助けられるということだけだ」。リカルドは、「悲しみと痛みのない」新しい生活を始める準備ができたという。

このようなEMDR治療の例を見ると、多くの疑問がわく。何よりも、犯罪の被害者がもっと早く生活を取り戻せるよう、EMDRプログラムを開発することはできないだろうか？　苦痛を取り除いてしまうことは、逆効果であり、倫理的に疑問があると考える人もいる。そのような人は、苦痛を取り除けば被害者の怒りが軽減され、被害者の社会的な責任感が低くなるのではないかと心配している。また、生まれながらの闘争・逃走反応がなくなり、将来、危険にさらされたときに自分を防御できないのではないか、犯罪者に対する許容心が強くなりすぎるのではないか、とも心配している。EMDRの臨床研究は、そのような心配が事実無根であることを示している。EMDRを使って辛い喪失体験を処理した画家は、経験することに関してオープンになり、創造性が高まったと報告している。辛い体験の後で描くことをやめたわけではなかったが、恐らく違った色を使っていたのだろう。退役軍人は、EMDRの後でも、必要なときには「勘」が働くと報告している。リカルドは、苦痛が緩和されても被害者の権利について説くことをやめず、さらに効果的に行うようになった。

被害者からサバイバーへ、そして力強く生きる者へと変わってもいいのだと、世界中の被害者に教えることは可能だろうか？　死者、失ったもの、体験を尊重する気持ちは、忘れられない出来事の当然の結果である。たとえ、過去を適切な場所にしまうために、治療の助けを借りてもだ。癒しが、変わろうという決心を止めることはない。リカルドは、「こういう出来事すべてが起こる前の自分がいた。そして今、その自分が戻ってきて、正常な状態になったとはっきり言いたい。こう考えるんだ。新聞配達で辛い道のりがあったが、それでもやっぱり私は新聞を配る」

同様に、オクラホマシティー爆破事件の被害者、リンダ・クランプトンは、反テロ法案の可決に貢献した。空軍軍曹のドーン・バウムガートナーは、パナマでレイプされたが、今はレイプ被害者を支援し、暴行を受けた軍隊内の女性への対応について軍幹部の教育にあたっている。鉄道機関士のジム・デュックは、業務上の死に直面した他の鉄道職員を支援している。第２次世界大戦中に墜落した爆撃機のオーストラリア人パイロット、ドン・ヘギーは、自分の治療がすんだ後、他の多数の退役軍人にも生活を取り戻すよう働きかけた。人間は、苦痛から学び、そこで立ち止まることなく、他人を助ける意欲を持つことができるのだ。

前科のある隣人の性犯罪者に30回も刺されて、死んだものと放置されたとされる９歳の少女の例から起こる疑問は、最も胸を打つ。彼女の医者は、新聞にこう語った。「身体的には、１～２カ月すれば、回復して歩き回れるようになるだろう。精神的な回復については、何も言えない」。彼の言葉は、心理的な治療の経験があれば当然のことである。しかし、私たちはこれからも外傷による身体的な結果と、心理的な結果を分け続けなければならないのだろうか？　EMDRは、心も体と同じ速度で回復できることを証明しているのではないか？　恐らく、外傷の後のフォローアップ体制に熟考された心理的介入を組み込めば、長期にわたる苦痛を防ぐことができるだろう。

ニューヨーク・シティで報告された例は、この目標が正しいことを示している。ある幼い少女が、行動に秩序がないとして心理療法に連れて来られた。治療者は家庭状況を調査し、生活のために過剰な労働を重ねている父親が、イライラを募らせ、ひんぱんに家族に怒りをぶつけることを突き止めた。父親は、心理学に関心はなかったが、自分の怒りについてEMDRセッションを受けることに同意した。眼球運動の間、彼は自分の子ども時代を思い出し、自分の父親と同様の行動をしていたことを悟った。翌週、彼は「自分の子どもたちに抱いていた唯一の感情は、怒りか、無感覚だった。今は強い愛情を感じる」と、報告した。このような介入によって、どれだけの家族が救われるだろうか？

一定の方法で何世代も育てられてきた家系では、そのパターンを変えることは不可能だという人もいる。EMDRを使えば、その変化が可能かどうか調べることができる。中東地域から寄せられた報告によると、ある70歳のフランス系エジプト人女性は、生涯を通じてうつに苦しんでいた。彼女は治療者に助けを求め、EMDR療法によって３歳のときの出来事を再処理した。その出来事とは、母親が弟を彼女の前に連れてきて、弟の後ろにコーチのように立ち、「ただの女の子よ。さあ、ぶって」と言ったことだった。

「それを聞いたとき、私の全世界が音をたてて崩れたようだった。星も月も地に落ち、粉々になってしまった」と、その女性は言った。EMDRセッションの中で、彼女はその出来事のせいで、「常に卑屈だった」ことを悟った。そして、悲しみと怒りを処理したあと、きっぱりと言った。「男の子になりたいと思ったことなんかなかった。女性であることを誇りに思う」。彼女のうつはなくなり、薬は要らなくなった。「始めたとき、私は海の底だった。今は海面にいる」と、彼女は言う。

この例が示しているのは、60年以上前の出来事でさえ、人生をがんじがらめにすることがあることだ。そして、そのような出来事が完全に再処理可能なことである。多くの人が文化的な規範だと考えていることの影響について、この例は何を語っているだろうか？　多くの国では、女性が２級市民と見なされている。だが、それが何世紀も前からの文化的認識だからと言って、トラウマとなる可能性がないと言えようか？　EMDRが、この否定的な文化の継承自体を断ち切ることはできるだろうか？

問題の１つは、自分が助けを得るに値しないと思う人がいることだ。そのような人は、自分自身の高い期待に応えられないがために、みじめな気持ちでいるのが当然と考えている。人はよく、自分ではどうしようもなかったことについて、罪悪感に苦しむ。イスラエルの退役軍人であるジェイコブは、エルサレムのバスでテロリストの爆弾が爆発したとき、自分の車から吹き飛ばされた。気がつくと、バスの残骸の中に、兵士のような男が目を閉じて横たわっているのが見えた。ジェイコブは必死に近づき、兵士を助けようとした。兵士を起こそうと大声で叫び、全力を振りしぼって兵士のほうへ行こうとしたが、気を失った。２度目に気がついたとき、辺りには焼けた人体の破片が散らばっていた。ジェイコブはまた気を失い、今度は病院で目覚めた。気を失っていたときに２度目の爆発があったことは、後になって知った。

ジェイコブは常に優秀で、エネルギーにあふれた男だった。戦争を経験し、周囲で人が殺されるのを見たこともあった。だが、今回は違った。何の外傷もないのに、この体験の後は、慢性的で強い頭痛に悩まされるようになった。あの兵士の出てくる悪夢を見続け、夜に眠れなくなった。そんなときは、テレビやラジオをつけ、頭から情景を追い出すために、家族の睡眠を邪魔することになった。どうにも自制できない怒りの発作があり、大きな音がすると跳び上がる。幾度もの戦争を生き抜いてきたのに、バスのそばへ寄るのが怖くなった。毎日、悪夢と同じ内容のフラッシュバックに悩まされ、頭からその情景を消すことができなかった。ジェイコブは自分の反応が理解できず、自信をなくし、集中できず、仕事を失う寸前だった。

経済的な危機を目前にして、ジェイコブは必死に助けを求め、当時、イスラエルでEMDRを実践する少数の治療者の１人だったゲイリー・クインに紹介された。EMDRセッションで、ジェイコブは兵士の情景と否定的な認知、つまり「自分は無力で弱い」という認知をターゲットとした。怒りと恐怖の強さは、SUD スケールの 10 のうち９だった。セッションの終わりには、それが０か１になり、それを証明するように「あの状況で、自分はできるだけのことをした」という考えの妥当性が、３から最高値の７になった。爆発のときに始まった頭痛は消え、ジェイコブは再び集中できるようになった。「まったく人間として機能していなかったのが、昔の自分に戻った」と、彼は言った。ここでも、出来事が十分に処理されるまで、その状況をどうにもできないという道理にかなった考えに、人間が到達できないことがわかる。人は、どのような形で、不当なレベルの責任感や罪悪感に行き詰まることがあるだろうか？　範囲は無限だろう。出来事が劇的ではっきりしたものでなければ、助けを求めてはいけないのだろうか？　情報処理システムを動かしてもらえば、自分を恥ずかしく、弱いものと感じる気持ちを乗り越えることができるのに？

不幸にも、自分を「納得させ」続けたり、深い信仰を持っていたりすれば、問題が解決すると考える人がいる。本当のところは、自分の苦しみを処理できないということと、人の知性、性格的な力、精神の強さ、信心深さとは、何の関係もない。洞察は、変化を引き起こすものではなく、変化が表面に出たものだ。EMDR を見れば、問題の中心が、未処理の感情であることがわかる。知的に理解しても、感情や、生理的な原因によるマイナス行動には何の影響もない。極めて地位や知性の高い人でも、強い苦痛によって、過食、過度のアルコール、過労に走ったり、人を傷つけたりすることがある。理由を知ることは、回復と同じではない。

EMDR に関するもう１つの疑問は、個人的なトラウマの解決が、戦争自体の原因にどれだけの影響を与えうるかである。政治的、経済的、社会的な原因は存在するにしろ、過去の攻撃から生まれた憎しみや怒りが、さらなる報復の欲望に火を点けるように思える。１つの戦争における憎悪が、次の戦争の種を生むのか？　EMDR 人道支援プログラムが米国人の治療者をバルカン半島に派遣し、地元の精神衛生関係者に EMDR 療法のトレーニングを提供したとき、あるクロアチア人の精神科医は、必ずセルビアにもトレーニングチームを送ってほしいと要望した。「苦痛がなくなるまで、殺し合いはなくならない」と、その精神科医は言った。

「苦痛」は、多くの意味で壊滅的な影響を与えていた。バルカン紛争には、世界中から最も多数の記者が集まり、大量殺戮、難民、強姦や略奪の容認、「民族浄化」などについて伝えた。しかし、民間人の日常的な苦しみも多大だった。EMDR治療者チームが着いたとき、サラエボのアパートの住人は、夜間、交代で建物の入口を警備し、狙撃兵が忍び込んで屋根から住人を撃つのを防いでいた。外科医たちは、電気も火力もない緊急治療室で治療をしていた。でなければ、患者を見殺しにするしかなかった。戦争中、サラエボを車で走るのは命がけだった。電力がないために信号が点灯せず、動転したドライバーが銃撃を避けようと、急ハンドルや急加速を行うからである。自動車事故は、あまりに日常的なものだったので、SUDスケール10のうち３としか認識されなかった。

死は日常茶飯事であり、男性も、女性も、子どもも、家族が殺されるのを目の当たりにしていた。簡単に言えば、ほとんどみんなが、親しい人を失っていた。悲惨な状況で失う場合も多かった。サラエボでは、家族が真っ二つに割れた人もいた。皆、自分がセルビア人（東方正教会）、クロアチア人（カトリック教）、ボスニア人（イスラム教）のいずれであるかを明示せねばならなかったからである。戦争の前には、ほとんどの人が明示するどころか、気にもしなかったことである。宗教の異なる夫婦は別れ、親戚もばらばらになった。友情も終わった。何年も付き合ってきた隣人、親戚、同僚と敵味方となり、文字どおり撃たれることさえあった。

EMDR治療者たちは、トレーニング中のボスニアの臨床家たちと協力し、サラエボの市民と話すうち、市民にとって最大の苦悩は、自分たちがミサイルや銃撃によって常に危険にさらされることではなく、子どもたちが危険な目にあうことだとわかった。多くの親は、息子や娘を包囲された街から逃がすか、自分たちのもとに残すか、どちらが安全かと迷い、悩んでいた。ある男性は、思春期の息子と二度と関係を取り戻すことができないかもしれないと心配していた。「もう３年も連絡がない。息子は、もう送り出したときの子どもではない。大人の男になりつつあって、私は取り返しのつかない貴重な時間を失ってしまったことになる」。さらに、息子を街から逃がすことが、どれだけ危険だったかを振り返った。「私は、荷物をまとめ、計画と手配をきちんとすることに大忙しだった。息子を車のところへ連れていき、車が動き出す寸前になって、私と息子は、もう会えないかもしれないと悟った。2人とも、まったく同時にそれを感じ、車の窓の内と外から手を重ね合わせた」

戦場のサラエボに残った子どもたちも、打ちのめされていた。ある少年は、母親が仕事に出かけている時間が長くなるにつれ、恐怖を募らせた。そして、それを母親に告げることも、同様に恐れていた。母親が早く帰ろうと思って、途中で殺されれば、それは自分のせいだからだ。

アメリカ人の治療者とボスニア人の治療者と一緒に行ったEMDRセッションでは、無力感と生き残った罪悪感という2つのテーマが明らかとなった。48カ月も小型の武器を使った砲撃や銃撃を受け続けてきた街では、誰もが自分を守ることに完全な無力感を感じていた。家の外に出ても、家の中にいても危険だった。このような危険の中で生き残った人の中には、無傷でいることを深く恥じる人がよく見受けられた。「私の問題などたいしたことではない。家族全員が皆殺しになった人だって知っている」

EMDRの世界的な普及によって、私たちはこのような苦痛が一方的ではないことも知った。23歳のロシア人兵士、ディミートリは、バルカン紛争に従軍することを強要された後、モスクワのEMDR治療者に精神的助けを求めた。仲間の兵士が、自分の家族全員を殺し、自分も銃で自殺したという記事を新聞で読んだからだという。殺人の理由は全くわからなかった。

ディミートリの恋人は、治療者のパヴェル・ルーシンに、ディミートリが戦争から戻ってきたとき、よく知っている人でさえ、あまりの変わりように誰も彼と認識できなかったと語った。ディミートリは、政府や地方政府が、ウクライナ人兵士全員が志願して紛争に参加したと偽っているとして、強い怒りといら立ちを見せた。また、自分をいらつかせる人間には、自制できないほどの怒りをぶつけ、関わりあうすべての人間と対立することもあった。昔からの友人も、彼を避けるようになった。

ディミートリは、仲間の兵士の事件について読んでから、自分が他人に対して危険な存在になったことを自覚しつつあった。そしてちょうどこのころから、夜中に冷や汗をかき、怯えて目覚めるようになった。彼は、誰かに押さえつけられ、血を絞り取られる悪夢を見ると訴えた。また、いつも拳を握る準備をしていて、誰かが腹の立つことをしたら、なぐり倒したい、撃ち殺したい衝動にかられると語った。

EMDR セッションで、ディミートリは、自分に選択肢がなかったと説明した。理由を尋ねられると、彼は他の兵士と一緒に整列させられて、志願するかどうか尋ねられ、志願したと語った。「前日に、袋叩きにされ、臆病者と呼ばれたんだ」と、ディミートリは涙を浮かべた。治療者は尋ねた。「そんな目にもう一度あうぐらいなら、死ぬ覚悟をするほうがよかったのね？」「はい」と、ディミートリは小さな声で答えた。次のセットが終わると、ディミートリは言った。「あれは自分の選択だった……誰も私をバカにすることはできない」。そして EMDR セッションの後、感情的にすっきりし、落ち着いたと報告した。

トラウマが大きかろうと小さかろうと、従軍体験が人間に深遠な影響を与えることは、否定できない事実である。しかし、その影響はどのぐらい広い範囲に及ぶのだろう？　ディミートリの友人が、バルカン半島から帰ってきたディミートリの人間性について語った言葉と、オクラホマシティー爆破事件の実行犯と言われるティモシー・マクベイが「砂の嵐」から戻ってきたときの様子について故郷の隣人が語った言葉と、まったく同じというのは驚くべきことである。皆、最初は彼と認識できなかったという。政府に対して怒り、まったく違った人間になってしまったと語っている。ディミートリは、仲間の兵士の殺人・自殺事件に関する新聞記事に怯えるあまり、治療を求めた。もし、ティモシー・マクベイと同様に、彼の怒りや考え方に共感する人間と出会っていたら、どんな惨事になっていただろう？　オクラホマシティーと同じことが、ロシアの町でも起こっていただろうか？

1995 年のオクラホマシティー爆破事件について、極めて痛ましいのは、この事件によって、住民が大切に守ってきた安全意識とコミュニティ意識が打ち砕かれたことである。大規模なテロ活動を予測させることは、何もない街だった。ニューヨークやロサンゼルスとは違う。ハートランドだ。爆破事件の前、人口100万人のオクラホマシティーは、小さな町の性格を持った大都市だった。住民が互いに顔を知り、一緒に野球を見に行ったり、持ちよりパーティーをしたりする1950年代風の場所だった。

現実には、「ここでは起こらない」ということはありえない。苦痛、喪失、悲しみ、負傷、突然の死は、誰にでも、いつでも、どこでも起こりうる。悲劇の原因が、テロリストの攻撃であれ、竜巻であれ、交通事故であれ、その中心には、あなたや私と同様の人間がいる。誰も例外ではない。オクラホマシティーでは、事態に対応した救助隊員、医者、牧師、カウンセラーまでもが、その悲惨さに衝撃を受けた。19人の子どもたちが亡くなったが、その小さな遺体袋が並んだ様は、同じような子を持つ親を特に打ちのめした。それに加えて、救助活動のほとんどが無駄に終わった。救助犬でさえ、初日に生存者を見つけることができず、無気力にぐったりした。隊員ががれきの中に横たわり、「発見」させて犬を元気づけようとしたほどだ。

緊急救援EMDR治療者の見た被害者が、ルワンダ、コロンビア、サラエボのどこの市民であれ、メッセージは明らかである。人間は皆、災害から立ちなおり、成長する能力を持っている。痛みに耐え、回復に向かうのと同じことである。オクラホマシティー爆破事件の直後、ニュース雑誌の多くは、消防士に抱かれた1歳のベイリー・アーモンの遺体を表紙に使った。ベイリーは、破壊されたオクラホマの象徴だった。しかし、リンダ・クランプトンにとって、ベイリーは雑誌の表紙以上の存在だった。爆破の前日、エレベーターの中で髪をなでてやったのだから。リンダは2回目のEMDRセッションで、ベイリーの記憶をターゲットとした。リンダは、爆破の後の一時的な記憶喪失について、ひどい罪悪感に苦しんでいたからである。ベイリーは、爆破で亡くなったが、即死ではなかった。アパートを出て左に曲がり、爆破の現場に向かって歩いてさえいれば、消防士の前にベイリーを見つけ、何とかして救えたかもしれないと、リンダは感じていた。EMDRセッションの終わりごろになると、リンダは恐らくベイリーを救えなかっただろうということを悟った。そして、小さな天使が自分の肩の周りを飛び回り、許してくれているのを感じるとさえ言った。リンダの歯ぎしりはなくなったが、それで終わりではなかった。

３度目で、最後のEMDRセッションでは、リンダの怒りが噴出した。ティモシー・マクベイに対する怒り、友人や隣人の死に関する怒り、家、地域社会、安全を失ったことへの怒りである。怒りの後は、愛する者を失った人たち、もしくは体の機能、すなわち手足、視力、発話能力、歩行能力を失った人に対する同情が続いた。リンダの同情は、決意へと変わった。結局、リンダはオクラホマ司法長官特別委員会に加わり、連邦反テロ法案の可決に貢献した。そして、1996年4月24日、クリントン大統領が、法律に署名するのを見て喜んだ。リンダは、苦しみを味わった他の多くの人と同様、自分の悲劇を他人のために役立て、再発を防ぐことに強い意欲を抱くようになっていた。

EMDRは、潜在的な暴力の根底にあるトラウマをターゲットとし、暴力が表面化するのを防げば、悲劇を阻止できることも示している。もちろん、犯人は犯行の責任を取らねばならないが、ただ人を責めるだけでなく、問題を解決するほうがずっといいように思える。そのような姿勢を取ったのが、カナダ最大の連邦刑務所、ボウデン・インスティテューションのEMDR治療者であるデイヴィッド・プライス牧師であった。彼は、受刑者の大半が性的犯罪者であり、中でも治療が最も難しく、通常は不可能と考えられているのが小児性愛者であると報告した。少数の小児性愛者が90～100日後に監督なしで釈放されることになったとき、彼はそのうち３人にEMDRを試みることにした。３人は今回の受刑中も以前の受刑中も、性的犯罪者に対するプログラムに積極的に参加していた。３人とも、性的犯罪の前科があり、釈放の３～６週間後に犯罪を繰り返す傾向があった。プライス牧師がこの３人を選んだのは、全員が自分の犯罪に責任をとっており、「天上の力」を信じていたからである。EMDRのワークにとって重要なことに、３人とも自分の「犯罪周期」を自覚していた。つまり、感情の高ぶりを引き起こす出来事が連続し、一定の思考と行動が徐々に蓄積して、犯罪に至ってしまうプロセスである。

３人のうち、サムは、自分の９つの誘因に結びつく辛い記憶を処理した。プライス牧師は、次のように語っている。「大きな変化は、４回目のセッションで起こった。サムは、抑圧された怒りの記憶を取り戻した。８歳年上の姉が、一緒に性的なまねごとをしなければ、サムの好きなおもちゃを壊すと脅し、本当に壊してしまったことがあったのだ。わずか９歳のときから、サムは姉の行動にまつわる怒り、羞恥心、困惑を押し殺していた。サムは、２カ月で14回のEMDRセッションに参加した後、他の被験者と同様に釈放された。サムは、昔の思考パターンがなくなり、仲間からは辛い仕打ちを受けたが、精神的な強さ、平和、自制心を感じたという」

プライス牧師は、さらに報告した。「サムとは、２週間に１回、電話によるフォローアップを続けた。サムは、他人に拒絶され、見捨てられ、侮辱され、職場への採用を断られたり、嘲笑されたりした。過去を処理していなければ、このような出来事によって孤立し、また犯罪周期に陥っていただろう。しかし、今回はいつもの感情的、行動的なパターンにならず、サムは喜んでいた。そしてサムは、自分の学んだ自己管理スキルを生かして、前向きなサポートグループを作った。その活動を続けるとともに、職を見つけ、警察と任意の関係も作った。警察と協力して、親子のための犯罪予防プログラムの設立に貢献しさえした。社会に対して怒りを感じたり、自己嫌悪に陥ったりすることもないと報告している。そして徐々に、同じ年代の大人とも適切な関係を構築しつつある。もう９カ月も自由社会に戻っているが、犯罪は起こしていない。他の２人も同様だ」[2)]

学習と変化のプロセスは、苦痛を癒すだけではない。能力を高めるために、EMDRを使用することもできる。EMDR治療の効果は、否定的なイメージ、感情、信念を消し、無効にするとともに、肯定的なイメージ、感情、信念を鮮明に、有効にすることにある。このEMDRの効果により、人々は、重要な第１歩を踏み出すのに必要なスキルを習得し、さらに大きな目標に向かって進み続けることができる。オリンピック選手が完璧なダイビングをマスターするのに使うようなイメージを、私たちはクライエントに作らせ、その目標を達成するのに必要な肯定的な信念と結びつけた。EMDRを使って、将来の適切な行動に関する「テンプレート（鋳型）」をクライエントに与える方法は、あまりに大きな成果をあげたため、今では多くのEMDRの臨床家が、運動選手、音楽家、大会社の役員の「コーチ」となり、最高の能力を発揮させるのに貢献している。実際、さまざまなトップクラスのスポーツ選手が、EMDR療法によってすでに多くのメダルを獲得している。EMDRによる学習促進効果は、機能不全から正常な行動に至るのを助けるだけではない。正常レベルから卓越したレベルに達することもある。失敗したり、侮辱されたりした古い記憶を処理し、高い成果をあげる可能性へと脳を導くことができれば、人間はいったいどれだけの能力を発揮できるのだろうか？

本書を執筆している理由の1つは、心の複雑な仕組みを探り、種族としての共通事項を示すことであった。紹介した事例すべてにおいて、患者の心理的反応は、成長過程と特殊な環境との相互作用から考えて当然のものだった。この真実の根底にあるのは、人間の神経システムが皆同様に反応するという美しい事実である。一人ひとりの体験の内容は異なっても、私たちには共通点がある。理由は簡単。皆、肉と血でできた体を持っているからである。脳も体の一部である以上、人間は皆、心と性格の原則を共有している。

ここに紹介した事例によって、私は一つの事実が明らかとなることを祈っている。つまり、心理的な問題と診断されるような症状は、私たち全員が持っている体験の延長にすぎない、ということだ。誰でも、行き詰まりを感じることはある。状況に過剰に反応することもある。誰にでも、人生の中で、心理学的な助けを得てもよかったような問題はある。助けを得て現状を打開したり、さらに能力を高めたりすることが必要な分野もある。感情的な苦痛や問題行動は、不運な状況や圧力に対する、まったく理解可能で道理にかなった反応なのである。

人間なら、自動的な反応にまかせている必要はない。自分の反応を観察し、判断し、受け入れたり、苦しんだりすることができる。みじめな人生を送り、絶望を受け入れていることもできれば、自分の反応に手を施すこともできる。

本書では、心と体の自動的な反応が因果関係に基づいていることを紹介してきたが、人間には、それとは別に健全な部分がある。人間の中で、みじめさを見つめている部分こそ、私たちが変化するために助けを求める部分である。私たちが心理療法を受けようとしたり、自己啓発本を読んだり、映画の中のすばらしく高潔なヒーローに拍手を送ったりする部分である。もし自分に恐れがなければ、何ができるかを教えてくれる部分でもある。覚えておくべきことは、誰でも感じる恐れのいくつかが、神経システムに閉じ込められている過去の体験にすぎないことだ。本書では、それらを解除する方法を紹介した。つまり、そのような体験から何かを学んで、残りを捨てる方法である。これさえ行えば、自動的な反応に振り回されることなく、自分の行動を選択することができる。

本書は、誰にでも共感できる物語である。読者が自分の姿を見ることもあろうし、隣人、友人、家族の姿を見つけることもあるだろう。生まれながらに持っている健全さの種が、チャンスさえ与えられれば花を咲かせることを、覚えておいてほしい。私たちは、肉体的な健康のことなら、この原則をすぐに受け入れることができる。それを心の健康にも当てはめてほしい。人間の脳は、体の一部であり、同様の因果関係に左右されている。肉体的な痛みを感じるとき、人間の体はひるむ。心も、外的な圧力や体験に対して、同様の自動的な反応を見せる。このような反応の一部は、生活を改善し、役立つものだが、そうでないものもあり、それらは変えることができる。人間の心に起こる回復プロセスを観察すれば、そこに反映されている人間生来の回復能力が見える。恐らく、人類全体の最終的な回復を導く波及効果も見えるだろう。

付録A

EMDRに関する情報

EMDR人道支援プログラム（HAP）

HAPは、「国境なき医師団」の精神保健版とも言うべき、アメリカの内国歳入法（IRC）の501条(ｃ)号第３項に規定されている非営利団体です。すなわち、精神的な苦痛を止め、トラウマと暴力の心理的後遺症を防ぐニーズがあれば、どこへでも出かけていく医師たちの国際的ネットワークです。HAPの目的は、生活を荒廃させ、家族を打ちのめす苦悩の連鎖を壊すことです。

HAPモデルが強調するのは、地元の医師にトレーニングと専門的支援を提供し、治癒のプロセスを継続させることです。このトレーニング重視型モデルには、いくつかの長所があります。私たちは、トラウマの精神的影響を治療する効率的で効果的なツールとして、EMDRを地元の臨床家に与えます。すでに被害を受けた地域の一部である精神医療関係者に、よそ者が取って代わるのではなく、彼らが最善と思う時に、最善と思う形で使える重要なリソースを与えるのです。衝撃的な出来事の反応は遅れることがあり、人々は専門家の介入を求める前に自分で問題を解決しようと試みることが多いため、人々が助けを求めてきたときに対応するには、地元の医師のトレーニングが役立ちます。こうして、トラウマの効果的な心理的治療が、１つの出来事のパラメータを大幅に超えて広がることになります

トレーニングに加え、HAPの災害メンタルヘルス回復ネットワークは、オクラホマシティー爆破事件や9.11同時多発テロ事件などの惨事の後、被害者や救急隊員らを治療する臨床家たちを調整しています。

1995年のオクラホマシティー爆破事件以来、EMDR-HAPのボランティア・

ネットワークは成長しつつ、トルコ地震、メキシコハリケーン、ノースダコタ州の大洪水など、世界中からの要請に対応しています。戦争と恐怖によってトラウマを受けたパレスチナとイスラエル、クロアチアとボスニア、北アイルランド、ケニアの市民にも支援の手を差し伸べました。また、ニューヨーク・スラム地区のベッドフォードスタイベサントからオークランド、農村地域や郊外の低所得層、そしてアメリカンインディアン居住区、ハンガリー、ポーランド、中国、南アフリカ、ウクライナ、メキシコ、ニカラグア、エルサルバドルなど、精神保健サービスの欠けた地域で活動しました。TWA機800便墜落事故、ダンブレーン小学校、コロンバイン高校での銃乱射事件、スコットランド、そしてニューヨークとワシントンでの9.11テロ事件の後には、治療とトレーニングを提供し、住民の精神的健康回復へのきっかけを作りました。

EMDR-HAPのボランティアは通常、1年あたり少なくとも1週間、苦しんでいるが最も治療費を払えそうにない人たちのために、無償で治療またはトレーニングを提供します。しかし、臨床家が最も必要とされる地域へ臨床家を派遣するには、資金が必要です。オクラホマシティーの支援だけでも、50,000ドルかかりました。バングラデシュ、バルカン諸国、アフリカにおけるトレーニングの中には、UNICEF、カトリック救済サービスなどが共同スポンサーとなっているものもありますが、ほとんどは個人的な寄付だけを資金源としています。

HAPとその実績について詳しくは、http://www.emdrhap.orgをご覧ください。

課税控除となる寄付金は、EMDR-HAP, P.O. Box 52164, Pacific Grove, CA 93950までお送りください。

EMDR研究所

EMDR研究所は、1990年の設立以来、50,000人を超す臨床家にEMDRのトレーニングを提供してきました。EMDR研究所は、同研究所でトレーニングを受けた臨床家の名簿を管理し、クライエントに臨床家を紹介するほか、極めて厳しい専門基準を満たす有能な精神保健専門家だけをトレーニングします。同研究所に認定されたトレーニングには、EMDR 研究所のロゴが表示されます。

トレーニングまたは紹介に関して詳しくは、EMDR 研究所（電話：(831) 372-3900、ファクス：(831) 647-9881、電子メール：inst@emdr.com、P.O. Box 750, Watsonville, CA 95077）まで問い合わせるか、Web サイト（http://www.EMDR.com）をご覧ください。

EMDR 国際協会（EMDRIA）

EMDR 国際協会は、EMDR のトレーニングを受けた治療者と研究者の団体であり、公共の福祉のために、EMDR の治療、研究、教育のレベル向上と完全性に努めています。

EMDRIA は、既存の経験的知識、理論、EMDR の臨床適用手続きをさらに発展させ、最新情報を常に会員に知らせます。治療とトレーニングにおける倫理基準の策定、治療支援資料の作成のほか、EMDR の利点について他の職業団体や一般市民に PR する活動もしています。

EMDRIA について詳しくは、同協会（P.O. Box 141925, Austin TX 78714-1925、電話：(512) 451-5200、電子メール info@emdria.org）まで問い合わせるか、Web サイト（http://www.emdria.org）をご覧ください。

EMDR 欧州協会

EMDR 欧州協会は、イスラエルを含め、欧州の国ごとの EMDR 協会を統括しています。EMDR のトレーニングを受けた欧州の治療者と研究者を監督する職業団体としては、EMDRIA と同様の機能を果たします。また、EMDR

の治療、研究、教育のレベル向上と完全性に努めています。詳しくは、同協会 Web サイト（http://www.emdr-europe.org）を参照するか info@emdr-europe.org まで電子メールでお問い合わせください。

臨床家の選択

臨床家の受講したコースが、EMDRIA または EMDR 欧州協会の認定を受けていることを確認してください。無意識に、基準を満たさないトレーニングを受けている場合があります。

EMDR は、EMDR の専門的なトレーニングを受けた資格を持つ臨床家が行わねばなりません。治療を受けようと思う臨床家と、時間をかけて話し合ってください。そして、臨床家が適切な EMDR トレーニング（基礎トレーニングは、２部構成のコースです）を受け、最新情報を得ていることを確認します。トレーニングは必須ですが、それで十分ではありません。EMDR の経験を持ち、高い成功率を収めている臨床家を選択しましょう。臨床家が、自分の抱えている問題の治療に慣れているかどうかも確かめます。自分にとって信頼でき、気の合う人だと感じることも重要です。治療の成功は常に、臨床家、クライエント、療法の相互作用です。

臨床家に対する質問

1．両方のレベルのトレーニングを受けたことがありますか？
2．EMDRIA または EMDR 欧州協会の認定を受けたトレーニングですか？
3．最新のプロトコルと情報を受け取っていますか？
4．あなたと同じ問題や障害を持つクライエントを、何人治療したことがありますか？
5．成功率はどのぐらいですか？

付録B

EMDR 症例報告

EMDR は、障害の経験要因の治療および健康について概念化したものです。これまで、さまざまな専門分野の専門家やコンサルタントが、直接的な臨床実践において標準プロトコル（Shapiro, 1995, 2001）の拡張とともに、追加的な適用を進めています。多くの障害の治療法がそうであるように、比較研究はほとんどなく、その現状は、アメリカ心理学会の臨床部門が設置した特別委員会の評価レポートに記されるのみです（Chambless, Baker, Baucom, Beutler, Calhoun, Crits-Christoph, et al., 1998）。このレポートにより、治療法が実証的に十分裏付けられているのは、特定の恐怖症や頭痛など、12 種類程度の症状にすぎないことが明らかとなりました。その上、データ的に実証されているとされている治療法でも、その多くは、長期にわたって治療効果が続くというレベルまで審査されていませんでした。

PTSD に対する EMDR プロトコルは、広く比較研究の対象となっていますが、その他の適用についても徹底した研究が望まれます。考えうるパラメータは、詳しく記述されています（Shapiro, 2001, 2002）。研究者が研究対象とするプロトコルを決めたり、臨床家が適用計画のスーパービジョンを受けたりするのに役立つよう、以下に公刊ずみの資料や会議で発表された論文を列記しました。多くの発表は、テープに録音されており、会議の主催者側から手に入ります。EMDR 国際協会（http://www.emdria.org）を通じて、発表者に直接連絡できることもあるでしょう。

EMDR の良好な治療結果は、さまざまな患者について報告されています。しかし、前述のとおり、一般的なほとんどの障害に対しては、実証的に証明ずみの治療法がなく、あらゆる方向において比較研究を伴う幅広い研究が求められています（Chambless et al., 1998 参照）。EMDR は、多様な障害の治療において経験要因の再処理が有効とする情報処理モデルに基づいています(Shapiro, 2001, 2002 参照)。これまで、多数の比較研究が PTSD に対する EMDR の有効性を支持していますが、他の臨床適用は、臨床的観察に基づくもので、さらなる研究が必要です。

最初の有効性研究（Shapiro, 1989a）以来、EMDR の良好な治療結果は、さまざまな患者について報告されています。以下に例を挙げます。

1．湾岸戦争、ベトナム戦争、朝鮮戦争、第二次世界大戦に従軍した退役軍人で、それまで治療の効果がなかった人が、フラッシュバック、悪夢、その他の PTSD の症状を示さなくなった (Blore, 1997a; Carlson, Chemtob, Rusnak, & Hedlund, 1996; Carlson, Chemtob, Rusnak, Hedlund, & Muraoka, 1998; Daniels, Lipke, Richardson, & Silver, 1992; Lipke, 2000; Lipke & Botkin, 1992; Silver & Rogers, 2001; Thomas & Gafner, 1993; White, 1998; Young, 1995)。

2．恐怖症およびパニック障害に苦しむ人の恐怖および症状が急速に軽減された (De Jongh & ten Broeke, 1998; De Jongh, ten Broeke & Renssen, 1999; De Jongh, van den Oord, & ten Broeke, 2002; Doctor, 1994; Feske & Goldstein, 1997; Goldstein, 1992; Goldstein & Feske, 1994; Kleinknecht, 1993; Nadler, 1996; O'Brien, 1993; Protinsky, Sparks, & Flemke, 2001a)。

クモ恐怖症に関するいくつかの比較研究では、EMDR の効果が比較的小さいことが示されている (e.g., Muris & Merckelbach, 1997; Muris, Merkelbach, Holdrinet, & Sijsenaar, 1998; Muris, Merckelbach, van Haaften & Nayer, 1997) 。しかし、発表されたプロトコルに対する忠実さがないことから、評価が混乱している (De Jongh et al., 1999、Shapiro, 1999、付録D参照)。

広場恐怖症を伴うパニック障害の 1 つの評価 (Goldstein, de Beurs, Chambless, & Wilson, 2000) も、限られた結果を報告している (総合的な議論については、Shapiro, 2001, 2002、付録Dも参照)。

3．犯罪被害者、警察官、現場作業員が、暴力的事件および（または）ストレスの多い仕事による後遺症に悩まされなくなった (Baker & McBride, 1991; Dyregrov, 1993; Jensma, 1999; Kitchiner & Aylard, 2002; Kleinknecht & Morgan, 1992; McNally & Solomon, 1999; Page & Crino, 1993; Shapiro & Solomon, 1995; Solomon, 1995, 1998; Solomon, & Dyregrov, 2000; Wilson, Becker, Tinker, & Logan, 2001)。

4．愛する人を失った人の過剰な悲しみが緩和され、また、機関士など仕事中に死亡事故に合った人が、列車がやむを得ず歩行者を殺したことに対する罪悪感に打ちのめされることがなくなった (Puk, 1991a; Shapiro & Solomon, 1995; Solomon, 1994, 1995, 1998; Solomon & Kaufman, 2002)。

5．児童および若者が、トラウマによる症状から回復した (Chemtob, Nakashima, Hamada & Carlson, 2002; Cocco & Sharpe, 1993; Datta & Wallace, 1994, 1996; Fernandez, Gallinari, & Lorenzetti, 2004; Greenwald, 1994, 1998, 1999, 2000, 2002; Jaberghaderi, Greenwald, Rubin, Dolatabadim, & Zand, in press; Johnson, 1998; Korkmazler-Oral & Pamuk, 2002; Lovett, 1999; Pellicer, 1993; Puffer, Greenwald & Elrod, 1998; Russell & O'Connor, 2002; Scheck, Schaeffer, & Gillette, 1998; Shapiro, 1991; Soberman, Greenwald, & Rule, 2002; Stewart & Bramson, 2000; Taylor, 2002; Tinker & Wilson, 1999)。

6．性的暴行の被害者が平常の生活を送り、親密な関係を持つことができるようになった (Edmond, Rubin, & Wambach, 1999; Hyer, 1995; Parnell, 1994, 1999; Puk, 1991a; Rothbaum, 1997; Scheck, Schaeffer, & Gillette, 1998; Shapiro, 1989b, 1991, 1994; Wolpe & Abrams, 1991)。

7．自然災害および人的災害の被害者が、平常の生活を取り戻した (Chemtob et al, 2002; Fernandez, et al, 2004; Grainger, Levin, Allen-Byrd,

Doctor, & Lee, 1997; Jarero, Artigas, Mauer, Lopez Cano, & Alcala, 1999; Knipe, Hartung, Konuk, Colleli, Keller, & Rogers, 2003; Shusta-Hochberg, 2003)。

8．かつて精神的もしくは身体的に衰弱していた事故、手術、火傷の被害者が、有意義な生活を取り戻した (Blore, 1997b; Hassard, 1993; McCann, 1992; Puk, 1992; Solomon & Kaufman, 1994)。

9．結婚および性的関係における機能障害の被害者が、健全な関係を維持できるようになった (Keenan & Farrell, 2000; Kaslow, Nurse, & Thompson, 2002; Levin, 1993; Protinsky, Sparks, & Flemke, 2001b; Snyder, 1996; Wernik, 1993)。

10．薬物依存のあらゆる段階の患者および病的な賭博者が、安定した回復を見せ、逆戻りの傾向が少なくなった (Henry, 1996; Shapiro & Forrest, 1997; Shapiro, Vogelmann-Sine, & Sine, 1994; Vogelmann-Sine, Sine, Smyth, & Popky, 1998)。

11．解離障害の患者が、従来の治療法より速く回復した (Fine, 1994; Fine & Berkowitz, 2001; Lazrove, 1994; Lazrove & Fine 1996; Marquis & Puk, 1994; Paulsen, 1995; Rouanzoin, 1994; Twombly, 2000; Young, 1994)。

12．事業、芸能、スポーツに従事する人が、EMDR によって成績を上げた (Crabbe, 1996; Foster & Lendl, 1995, 1996; Graham, 2004)。

13．慢性的な痛みなど身体的な問題／身体表現性障害に悩む人が、急速に回復した (Brown, McGoldrick, & Buchanan, 1997; Dziegielewski & Wolfe, 2000; Grant, 1999; Grant & Threlfo, 2002; Gupta & Gupta, 2002; Ray & Zbik, 2001; Wilson et al., 2000)。

14. 多様なPTSDおよびその他の診断を受けた患者に、EMDRが非常に役立った (Allen & Lewis, 1996; Brown, McGoldrick, & Buchanan, 1997; Cohn, 1993; Fensterheim, 1996; Forbes, Creamer, & Rycroft, 1994; Gelinas, 2003; Ironson, et al., 2002; Korn & Leeds, 2002; Lee, et al., 2002; Manfield, 1998; Manfield & Shapiro, 2003; Madrid, Skolek, Shapiro, in press; Marcus, Marquis, & Saki, 1997; Marquis, 1991; McCullough, 2002; Parnell, 1996; 1997; Pollock, 2000; Power, McGoldrick, & Brown, 2001; Protinsky, Sparks, & Flemke, 2001a; Puk, 1991b; Renfrey & Spates, 1994; Ricci, in press; Rittenhouse, 2000; Shapiro & Forrest, 1997; Spates & Burnette, 1995; Spector & Huthwaite, 1993; Sprang, 2001; Vaughan, et al., 1994; Vaughan, Wiese, Gold, & Tarrier, 1994; W ilson, Becker, & Tinker, 1995, 1997; Wolpe & Abrams, 1991; Zabukovec, Lazrove & Shapiro, 2000)。

参考文献

Allen, J. G., & Lewis, L. (1996). A conceptual framework for treating traumatic memories and its application to EMDR. *Bulletin of the Menninger Clinic, 60* (2), 238-263.

Baker, N. & McBride, B. (1991, August). Clinical applications of EMDR in a law enforcement environment: Observations of the psychological service unit of the l.a. county sheriff 's department. Paper presented at the Police Psychology (Division 18, Police & Public Safety Sub-section) Mini-Convention at the American Psychological Association annual convention, San Francisco, CA.

Blore, D. C. (1997a). Refrections on "a day when the whole world seemed to be darkened." *Changes: An International Journal of Psychology and Psychiatry, 15*, 89-95.

Blore, D. C. (1997b). Use of EMDR to treat morbid jealousy: A case study. *British Journal of Nursing, 6*, 984-988.

Brown, K. W., McGoldrick, T., & Buchanan, R. (1997). Body dysmorphic disorder: Seven cases treated with eye movement desensitization and reprocessing. *Behavioural & Cognitive Psychotherapy, 25*, 203-207.

Carlson, J. G., Chemtob, C. M., Rusnak, K., & Hedlund, N. L. (1996). Eye movement desensitization and reprocessing treatment for combat PTSD. *Psychotherapy, 33*, 104 113.

Carlson, J. G., Chemtob, C. M., Rusnak, K., Hedlund, N. L., & Muraoka, M. Y. (1998).

Eye movement desensitization and reprocessing for combatrelated post-traumatic stress disorder. *Journal of Traumatic Stress, 11*, 3-24.

Chambless, D. L., Baker, M. J., Baucom, D. H., Beutler, L. E., Calhoun, K. S., Crits-Christoph, P., et al. (1998). Update on empirically validated therapies. *The Clinical Psychologist, 51*, 3-16.

Chemtob, C. M., Nakashima, J. Hamada, R. S., & Carlson, J. G. (2002). Brief-treatment for elementary school children with disaster-related posttraumatic stress disorder: A field study. *Journal of Clinical Psychology, 58*, 99-112.

Cocco, N. & Sharpe, L. (1993). An auditory variant of eye movement desensitization in a case of childhood post-traumatic stress disorder. *Journal of Behavior Therapy and Experimental Psychiatry, 24*, 373-377.

Cohn, L. (1993). Art psychotherapy and the new eye treatment desensitization and reprocessing (EMD/ R) method, an integrated approach. In E. Dishup (Ed.), *California Art Therapy Trends* (pp.275-290). Chicago, IL: Magnolia Street Publisher.

Crabbe, B. (1996, November). Can eye-movement therapy improve your riding. *Dressage Today*, 28-33.

Daniels, N., Lipke, H., Richardson, R., & Silver, S. (1992, October). *Vietnam veterans' treatment programs using eye movement desensitization and reprocessing.* Symposium presented at the International Society for Traumatic Stress Studies annual convention, Los Angeles, CA.

Datta, P. C. & Wallace, J. (1994, May). *Treatment of sexual traumas of sex offenders using eye movement desensitization and reprocessing.* Paper presented at the 11th Annual Symposium in Forensic Psychology, San Francisco.

Datta, P. C. & Wallace, J. (1996, November). *Enhancement of victim empathy along with reduction of anxiety and increase of positive cognition of sex offenders after treatment with EMDR.* Paper presented at the EMDR Special Interest Group at the Annual Convention of the Association for the Advancement of Behavior Therapy, New York.

De Jongh, A. & Ten Broeke, E. (1998). Treatment of choking phobia by targeting traumatic memories with EMDR: A case study. *Clinical Psychology & Psychotherapy, 5*, 264-269.

De Jongh, A., Ten Broeke, E., and Renssen, M. R. (1999). Treatment of specific phobias with eye movement desensitization and reprocessing (EMDR): Protocol, empirical status, and conceptual issues. *Journal of Anxiety Disorders, 13*, 69-85.

De Jongh, A., van den Oord, H. J. M., & Ten Broeke, E. (2002). Efficacy of eye movement desensitization and reprocessing (EMDR) in the treatment of specific phobias: Four single-case studies on dental phobia. *Journal of Clinical Psychology, 58*, 1489-1503.

Doctor, R. (1994, March). *Eye movement desensitization and reprocessing: A clinical and research examination with anxiety disorders.* Paper presented at the 14th annual meeting of the Anxiety Disorders Association of America, Santa

Monica, CA.

Dyregrov, A. (1993). EMDR-nymetode for tramebehandling. *Tidsskrift for Norsk Psykologforening, 30,* 975-981.

Dziegielewski, S. & Wolfe, P. (2000). Eye movement desensitization and reprocessing (EMDR) as a time-limited treatment intervention for body image disturbance and self-esteem: A single subject case study design. *Journal of Psychotherapy in Independent Practice, 1,* 1-16.

Edmond, T., Rubin, A., & Wambach, K. G. (1999). The effectiveness of EMDR with adult female survivors of childhood sexual abuse. *Social Work Research, 23,* 103-116.

Fensterheim, H. (1996). Eye movement desensitization and reprocessing with complex personality pathology: An integrative therapy. *Journal of Psychotherapy Integration, 6,* 27-38.

Fernandez, I., Gallinari, E., & Lorenzetti, A. (2004). A school-based EMDR intervention for children who witnessed the Pirelli Building airplane crash in Milan, Italy. *Journal of Brief Therapy, 2,* 129-136.

Feske, U. & Goldstein, A. (1997). Eye movement desensitization and reprocessing treatment for panic disorder: A controlled outcome and partial dismantling study. *Journal of Consulting and Clinical Psychology, 36,* 1026-1035.

Fine, C. G. (1994, June). Eye movement desensitization and reprocessing (EMDR) for dissociative disorders. Presentation at the Eastern Regional Conference on Abuse and Multiple Personality. Alexandria, VA.

Fine, C. & Berkowitz, A. (2001). The wreathing protocol: The imbrication of hypnosis and EMDR in the treatment of dissociative identity disorder and other dissociative responses. *American Journal of Clinical Hypnosis, 43,* 275-290.

Forbes, D., Creamer, M., & Rycroft, P. (1994). Eye movement desensitization and reprocessing in post-traumatic stress disorder: A pilot study using assessment measures. *Journal of Behavior Therapy and Experimental Psychiatry, 25,* 113-120.

Foster, S. & Lendl, J. (1995). Eye movement desensitization and reprocessing: Initial applications for enhancing performance in athletes. *Journal of Applied Sport Psychology, 7 (Supplement),* 63.

Foster, S. & Lendl, J. (1996). Eye movement desensitization and reprocessing: Four case studies of a new tool for executive coaching and restoring employee performance after setbacks. *Consulting Psychology Journal, 48,* 155-161.

Gelinas, D. J. (2003). Integrating EMDR into phase-oriented treatment for trauma. *Journal of Trauma and Dissociation, 4,* 91-135.

Goldstein, A. (1992, August). *Treatment of panic and agoraphobia with EMDR: Preliminary data of the Agoraphobia and Anxiety Treatment Center, Temple University.* Paper presented at the Fourth World Congress on Behavior Therpay, Queensland, Australia.

Goldstein, A. J., de Beurs, E., Chambless, D. L., & Wilson, K. A. (2000). EMDR for panic disorder with agoraphobia: Comparison with waiting-list and credible attention-placebo control condition. *Journal of Consulting and Clinical Psychology, 68*, 947-956.

Goldstein, A. & Feske, U. (1994). Eye movement desensitization and reprocessing for panic disorder: A case series. *Journal of Anxiety Disorders, 8*, 351-362.

Graham, L (2004). Traumatic Swimming Events Reprocessed with EMDR. *www. Thesportjournal.org, 7 (1)* 1-5.

Grainger, R. D., Levin, C., Allen-Byrd, L., Doctor, R. M., & Lee, H. (1997). An empirical evaluation of eye movement desensitization and reprocessing (EMDR) with survivors of a natural disaster. *Journal of Traumatic Stress, 10*, 665-671.

Grant, M. (1999). *Pain control with EMDR*. New Hope, PA: EMDR Humanitarian Assistance Program.

Grant, M., & Threlfo, C. (2002). EMDR in the treatment of chronic pain. *Journal of Clinical Psychology, 58*, 1505-1520.

Greenwald, R. (1994). Applying eye movement desensitization and reprocessing to the treatment of traumatized children: Five case studies. *Anxiety Disorders Practice Journal, 1*, 83-97.

Greenwald, R. (1999). *Eye movement desensitization and reprocessing (EMDR) in child and adolescent psychotherapy*. New Jersey, Jason Aronson Press.

Greenwald, R. (1998). Eye movement desensitization and reprocessing (EMDR): New hope for children suffering from trauma and loss. *Clinical Child Psychology and Psychiatry, 3*, 279-287.

Greenwald, R. (2000). A trama-focused individual therapy approach for adolescents with conduct disorder. *International Journal of Offender Therapy and Comparative Criminology, 44*, 146-163.

Greenwald, R. (2002). Motivation-adaptive skills-trauma resolution (MASTR) therapy for adolescents with conduct problems: An open trial. *Journal of Aggression, Maltreatment, and Trauma, 6*, 237-261.

Gupta, M., & Gupta, A. (2002). Use of eye movement desensitization and reprocessing (EMDR) in the treatment of dermatologic disorders. *Journal of Cutaneous Medicine and Surgery, 6*, 415-421.

Hassard, A. (1993). Eye movement desensitization of body image. *Behavioural Psychotherapy, 21*, 157-160.

Henry, S. L. (1996). Pathological gambling: Etiological considerations and treatment efficacy of eye movement desensitization/reprocessing. *Journal of Gambling Studies, 12*, 395-405.

Hyer, L. (1995). Use of EMDR in a "dementing" PTSD survivor. *Clinical Gerontologist, 16*, 70-73.

Ironson, G. I., Freund, B., Strauss, J. L., & Williams, J. (2002). A comparison of two treatments for traumatic stress: A pilot study of EMDR and prolonged exposure. *Journal of Clinical Psychology, 58*, 113-128.

Jaberghaderi, N., Greenwald, R., Rubin, A., Dolatabadim, S., & Zand, S. O. (in press). A comparison of CBT and EMDR for sexually abused Iranian girls. *Clinical Psychology and Psychotherapy.*

Jarero, I., Artigas, L., Mauer, M., Lopez Cano, T., & Alcala, N. (1999, November). *Children's post-traumatic stress after natural disasters: Integrative treatment protocols.* Poster presented at the annual meeting of the International Society for Traumatic Stress Studies, Miami, FL.

Jensma, J. (1999). Critical incident intervention with missionaries: A comprehensive approach. *Journal of Psychology & Theology, 27,* 130-138.

Johnson, K. (1998). *Trauma in the Lives of Children.* Alameda, CA: Hunter House.

Kaslow, F. W., Nurse, A. R., & Thompson, P. (2002). EMDR in conjunction with family systems therapy.

In F. Shapiro (Ed.), *EMDR as an integrative psychotherapy approach: Experts of diverse orientations explore the paradigm prism* (pp.289-318). Washington, D. C.: American Psychological Association.

Keenan, P. & Farrell, D. (2000). Treating morbid jealousy with eye movement desensitization and reprocessing utilizing cognitive interweave: A case report. *Counselling Psychology Quarterly, 13,* 175-189.

Kitchiner, N. & Aylard, P. (2002). Psychological treatment of post-traumatic stress disorder: A single case study of a UK police office. *Mental Health Practice, 5,* 34-38.

Kleinknecht, R. A. (1993). Rapid treatment of blood and injection phobias with eye movement desensitization. *Journal of Behavior Therapy and Experimental Psychiatry, 24,* 211-217.

Kleinknecht, R. A. & Morgan, M. P. (1992). Treatment of post-traumatic stress disorder with eye movement desensitization and reprocessing. *Journal of Behavior Therapy and Experimental Psychiatry, 23,* 43-50.

Knipe, J., Hartung, J., Konuk, E., Colleli, G., Keller, M., & Rogers, S. (2003, September). *EMDR Humanitarian Assistance Programs: Outcome research, models of training, and service delivery in New York, Latin America, Turkey, and Indonesia.* Symposium presented at the annual meeting of the EMDR International Association, Denver, CO.

Korkmazler-Oral, U. & Pamuk, S. (2002). Group EMDR with child survivors of the earthquake in Turkey. *Association for Child Psychiatry and Psychology, Occasional Paper No. 19,* 47-50.

Korn, D. L. & Leeds, A. M. (2002). Preliminary evidence of efficacy for EMDR resource development and installation in the stabilization phase of treatment of complex post-traumatic stress disorder. *Journal of Clinical Psychology, 58(12),* 1465-1487.

Lazrove, S. (1994, November). *Integration of fragmented dissociated traumatic memories using EMDR.* Paper presented at the 10th annual meeting of the

International Society for Traumatic Stress Studies, Chicago, IL.

Lazrove, S. & Fine, C. G. (1996). The use of EMDR in patients with dissociative identity disorder. *Dissociation, 9*, 289-299.

Lee, C., Gavriel, H., Drummond, P., Richards, J., & Greenwald, R. (2002). Treatment of PTSD: Stress inoculation training with prolonged exposure compared to EMDR. *Journal of Clinical Psychology, 58*, 1071-1089.

Levin, C. (July/Aug. 1993). The enigma of EMDR. *Family Therapy Networker*, 75-83.

Lipke, H. (2000). *EMDR and psychotherapy integration: Theoretical and clinical suggestions with focus on traumatic stress*. New York: CRC Press.

Lipke, H. & Botkin, A. (1992). Brief case studies of eye movement desensitization and reprocessing with chronic post-traumatic stress disorder. *Psychotherapy, 29*, 591-595.

Lovett, J. (1999). *Small wonders: Healing childhood trauma with EMDR*. NY: The Free Press.

Madrid, A., Skolek, S., & Shaprio, F. (in press). Repairing failures in bonding through EMDR. *Clinical Case Studies*.

Manfield, P. (Ed.). (1998). *Extending EMDR*. New York: Norton.

Manfield, P. & Shapiro, F. (2003). The application of EMDR to the treatment of personality disorders. In J. F. Magnavita (Ed.) *Handbook of Personality: Theory and Practice*. New York: Wiley.

Marcus, S. V., Marquis, P., & Saki, C. (1997). Controlled study of treatment of PTSD using EMDR in an HMO setting. *Psychotherapy, 34*, 307-315.

Marquis, J. N. (1991). A report on seventy-eight cases treated by eye movement desensitization. *Journal of Behavior Therapy and Experimental Psychiatry, 22*, 187-192.

Marquis, J. N., and Puk, G. (1994, November). *Dissociative identity disorder: A common sense and cognitive-behavioral view*. Paper presented at the annual meeting of the Association for Advancement of Behavior Therapy, San Diego, CA.

McCann, D. L. (1992). Post-traumatic stress disorder due to devastating burns overcome by a single session of eye movement desensitization. *Journal of Behavior Therapy and Experimental Psychiatry, 23*, 319-323.

McCullough, L. (2002). Exploring change mechanisms in EMDR applied to "small t trauma" in short term dynamic psychotherapy: Research questions and speculations. *Journal of Clinical Psychology, 58*, 1465-1487.

McNally, V. J. & Solomon, R. M. (1999). The FBI's critical incident stress management program. *FBI Law Enforcement Bulletin, February*, 20-26

Muris, P. & Merckelbach, H. (1997). Treating spider phobics with eye movement desensitazation and reprocessing: A controlled study. *Behavioral and Cognitive Psychotherapy, 25*, 39-50.

Muris, P., Merkelbach, H., Holdrinet, I., & Sijenaar, M. (1998). Treating phobic children: Effects of EMDR versus exposure. *Journal of Consulting and Clinical Psychology, 66*, 193-198.

Muris, P., Merckelbach, H., van Haaften, H., & Nayer, B. (1997). Eye movement desensitization and reprocessing versus exposure in vivo. *British Journal of Psychiatry 171*, 82-86.

Nadler, W. (1996). EMDR: Rapid treatment of panic disorder. *International Journal of Psychiatry, 2*, 1-8.

O'Brien, E. (Nov./Dec. 1993). Pushing the panic button. *Family Therapy Networker*, 75-83.

Page, A. C. & Crino, R. D. (1993). Eye-movement desensitization: A simple treatment for post-traumatic stress disorder? *Australian and New Zealand Journal of Psychiatry, 27*, 288-293.

Parnell, L. (1994, August). *Treatment of sexual abuse survivors with EMDR: Two case reports*. Paper presented at the 102nd annual meeting of the American Psychological Association, Los Angeles.

Parnell, L. (1996). Eye movement desensitization and reprocessing (EMDR) and spiritual unfolding. *The Journal of Transpersonal Psychology, 28*, 129-153.

Parnell, L. (1997). *Transforming Trauma: EMDR*. New York: Norton.

Parnell, L. (1999). *EMDR in the treatment of adults abused as children*. New York: Norton.

Paulsen, S. (1995). Eye movement desensitization and reprocessing: Its use in the dissociative disorders. *Dissociation, 8*, 32-44

Pellicer, X. (1993). Eye movement desensitization treatment of a child's nightmares: A case report. *Journal of Behavior Therapy and Experimental Psychiatry, 24*, 73-75.

Pollock, P. (2000). Eye movement desensitization and reprocessing (EMDR) for post traumatic stress disorder (PTSD) following homicide. *Journal of Forensic Psychiatry, 11*, 176-184.

Power, K. G., McGoldrick, T., & Brown, K. (2001, May). *A controlled trial of eye movement desensitization and reprocessing versus imaginal exposure and cognitive restructuring, versus waiting list control in posttraumatic stress disorder*. Paper presented at the European Society for the Study of Traumatic Stress, Edinburgh, Scotland.

Protinsky, H., Sparks, J., & Flemke, K. (2001a). Eye movement desensitization and reprocessing: Innovative clincal applications. *Journal of Contemporary Psychotherapy, 31*, 125-135.

Protinsky, H., Sparks, J., & Flemke, K. (2001b). Using eye movement desensitization and reprocessing to enhance treatment of couples. *Journal of Marital & Family Therapy, 27*, 157-164.

Puffer, M. K., Greenwald, R., & Elrod, D. E. (1998). A single session EMDR study with twenty traumatized children and adolescents. *Traumatology, 3 (2)*.

Puk, G. (1991a). Treating traumatic memories: A case report on the eye movement desensitization procedure. *Journal of Behavior Therapy and Experimental Psychiatry, 22*, 149-151.

Puk, G. (1991b, November). *Eye movement desensitization and reprocessing: Treatment of a more complex case, borderline personality disorder.* Paper presented at the annual meeting of the Association for Advancement of Behavior Therapy, New York.

Puk, G. (1992, May). *The use of eye movement desensitization and reprocessing in motor vehicle accident trauma.* Paper presented at the eighth annual meeting of the American College of Forensic Psychology, San Francisco.

Ray, A. L. & Zbik, A. (2001). Cognitive behavioral therapies and beyond. In C. D. Tollison, J. R. Satterhwaite, & J. W. Tollison (Eds.) *Practical Pain Management* (3rd ed.; pp.189-208). Philadelphia: Lippincott.

Renfrey, G. & Spates, C. R. (1994). Eye movement desensitization and reprocessing: A partial dismantaling procedure. *Journal of Behavior Therapy and Experimental Psychiatry, 25*, 231-239.

Ricci, R. (in press). Trauma resolution using eye movement desensitization and reprocessing with an incestuous sex offender: An instrumental case study. *Clinical Case Studies.*

Rittenhouse, J. (2000). Using eye movement desensitization and reprocessing to treat complex PTSD in a biracial client. *Cultural Diversity & Ethnic Minority Psychology, 6*, 399-408.

Rothbaum, B. O. (1997). A controlled study of eye movement desensitization and reprocessing for post-traumatic stress disordered sexual assault victims. *Bulletin of the Menninger Clinic, 61*, 317-334.

Rouanzoin, C. (1994, March). *EMDR: Dissociative disorders and MPD.* Paper presented at the 14th annual meeting of the Anxiety Disorders Association of America, Santa Monica, CA.

Russell, A. & O'Connor, M. (2002). Interventions for recovery: The use of EMDR with children in a community-based project. *Association for Child Psychiatry and Psychology, Occasional Paper No. 19*, 43-46.

Scheck, M. M., Schaeffer, J. A., & Gillette, C. S. (1998). Brief psychological intervention with traumatized young women: The efficacy of eye movement desensitization and reprocessing. *Journal of Traumatic Stress, 11*, 25-44.

Shapiro, F. (1989a). Efficacy of the eye movement desensitization procedure in the treatment of traumatic memories. *Journal of Traumatic Stress. 2 (2)*, 199-223.

Shapiro, F. (1989b). Eye movement desensitization: A new treatment for post-traumatic stress disorder. *Journal of Behavior Therapy and Experimental Psychiatry, 20*, 211-217.

Shapiro, F. (1991). Eye movement desensitization and reprocessing procedure: From EMD to EMDR: A new treatment model for anxiety and related traumata.

Behavior Therapist, 14, 133-135.

Shapiro, F. (1994). Eye movement desensitization and reprocessing: A new treatment for anxiety and related trauma. In Lee Hyer (Ed.), *Trauma Victim: Theoretical and Practical Suggestions* (pp.501-521). Muncie, Indiana: Accelerated Development Publishers.

Shapiro, F. (1995). *Eye movement desensitization and reprocessing: Basic principles, protocols and procedures.* New York: Guilford Press.

Shapiro, F. (1999). Eye movement desensitization and reprocessing (EMDR) and the anxiety disorders: Clinical and research implications of an integrated psychotherapy treatment. *Journal of Anxiety Disorders, 13*, 35-67.

Shapiro, F., (2001). *Eye movement desensitization and reprocessing: Basic principles, protocols and procedures* (2nd ed.). New York: Guilford Press.

Shapiro, F. (2002). *EMDR as an integrative psychotherapy approach: Experts of diverse orientations explore the paradigm prism.* Washington, D. C.: American Psychological Association Press.

Shapiro, F. & Forrest, M. (1997). *EMDR the breakthrough therapy for overcoming anxiety, stress and trauma.* New York: Basic Books.

Shapiro, F. & Solomon, R. (1995). Eye movement desensitization and reprocessing: Neurocognitive information processing. In G. Everley (Ed.), *Innovations in disaster and trauma psychology, Vol.1* (pp.216-237). Elliot City, MD: Chevron Publishing.

Shapiro, F., Vogelmann-Sine, S., & Sine, L. (1994). Eye movement desensitization and reprocessing: Treating trauma and substance abuse. *Journal of Psychoactive Drugs, 26*, 379-391.

Shusta-Hochberg, S. R. (2003). Impact of the world trade center disaster on a Manhattan psychotherapy practice. *Journal of Trauma Practice, 2*, 1-16.

Silver, S., & Rogers, S. (2001). *Light in the heart of darkness: EMDR and the treatment of war and terrorism survivors.* New York: Norton.

Snyder, M. (1996). Intimate partners: A context for the intensification and healing of emotional pain. *Women and Therapy, 19*, 79-92.

Soberman, G. B., Greenwald, R., & Rule, D. L. (2002). A controlled study of eye movement desensitization and reprocessing (EMDR) for boys with conduct problems. *Journal of Aggression, Maltreatment, and Trauma, 6*, 217-236.

Solomon, R. M. (1994, June). *Eye movement desensitization and reprocessing and treatment of grief.* Paper presented at 4th International Conference on Grief and Bereavement in Contemporary Society, Stockholm, Sweden.

Solomon, R. M. (1995, February). *Critical incident trauma: Lessons learned at Waco, Texas.* Paper presented at the Law Enforcement Psychology Conference, San Mateo, CA.

Solomon, R. M. (1998). Utilization of EMDR in crisis intervention. *Crisis Intervention , 4*, 239-246.

Solomon, R. & Dyregrov, A. (2000). Eye movement desensitization and reprocessing (EMDR). Rebuilding assumptive words. *Tidsskrift for Norsk Psykologforening, 37,* 1024-1030.

Solomon, R. M. & Kaufman, T. (1994, March). *Eye movement desensitization and reprocessing: An effective addition to critical incident treatment protocols.* Paper presented at the 14th annual meeting of the Anxiety Disorders Association of America, Santa Monica, CA.

Solomon, R. M. & Kaufman, T. E. (2002). A peer support workshop for the treatment of traumatic stress of railroad personnel: Contributions of eye movement desensitization and reprocessing (EMDR). *Journal of Brief Therapy, 2,* 27-33.

Spates, R. C. & Burnette, M. M. (1995). Eye movement desensitization and reprocessing: Three unusual cases. *Journal of Behavior Therapy and Experimental Psychiatry, 26,* 51-55.

Spector, J. & Huthwaite, M. (1993). Eye-movement desensitisation to overcome post-traumatic stress disorder. *British Journal of Psychiatry, 163,* 106-108.

Sprang, G. (2001). The use of eye movement desensitization and reprocessing (EMDR) in the treatment of traumatic stress and complicated mourning: Psychological and behavioral outcomes. *Research on Social Work Practice, 11,* 300-320.

Stewart, K. & Bramson, T. (2000). Incorporating EMDR in residential treatment. *Residential Treatment for Children & Youth, 17,* 83-90.

Taylor, R. (2002). Family unification with reactive attachment disorder: A brief treatment. *Contemporary Family Therapy: An International Journal, 24,* 475-481.

Thomas, R. & Gafner, G. (1993). PTSD in an elderly male: Treatment with eye movement desensitization and reprocessing (EMDR). *Clinical Gerontologist, 14,* 57-59.

Tinker, R. H. & Wilson, S. A. (1999). *Through the eyes of a child: EMDR with children.* New York: Norton.

Twombly, J. (2000). Incorporating EMDR and EMDR adaptations into the treatment of clients with dissociative identity disorder. *Journal of Trauma and Dissociation, 1,* 61-81.

Vaughan, K., Armstrong, M . F., Gold, R., O'Connor, N., Jenneke, W., & Tarrier, N. (1994). A trial of eye movement desensitization compared to image habituation training and applied muscle relaxation in post-traumatic stress disorder. *Journal of Behavior Therapy and Experimental Psychiatry, 25,* 283-291.

Vaughan, K., Wiese, M., Gold, R., & Tarrier, N. (1994). Eye-movement desensitisation: Symptom change in post-traumatic stress disorder. *British Journal of Psychiatry, 164,* 533-541.

Vogelmann-Sinn, S., Sine, L. F., Smyth, N. J., & Popky, A. J. (1998). *EMDR chemical dependency treatment manual.* New Hope, PA: EMDR Humanitarian Assistance Programs.

Wernik, U. (1993). The role of the traumatic component in the etiology of sexual dysfunctions and its treatment with eye movement desensitization procedure. *Journal of Sex Education and Therapy, 19*, 212-222.

White, G. D. (1998). Trauma treatment training for Bosnian and Croatian mental health workers. *American Journal of Orthopsychiatry, 63*, 58-62.

Wilson, S. A., Becker, L. A., & Tinker, R. H. (1995). Eye movement desensitization and reprocessing (EMDR) treatment for psychologically traumatized individuals. *Journal of Consulting and Clinical Psychology, 63*, 928-937.

Wilson, S. A., Becker, L. A., & Tinker, R. H. (1997). Fifteen-month follow-up of eye movement desensitization and reprocessing (EMDR) treatment for PTSD and psychological trauma. *Journal of Consulting and Clinical Psychology, 65*, 1047-1056.

Wilson, S. A., Becker, L. A., Tinker, R. H., & Logan, C. R. (2001). Stress management with law enforcement personnel. A controlled outcome study of EMDR versus a traditional stress management program. *International Journal of Stress Management, 8*, 179-200.

Wilson, S. A., Tinker, R., Becker, L. A., Hofmann, A., & Cole, J. W. (2000, September). *EMDR treatment of phantom limb pain with brain imaging (MEG)*. Paper presented at the annual meeting of the EMDR International Association, Toronto, Canada.

Wolpe, J. & Abrams, J. (1991). Post-traumatic stress disorder overcome by eye movement desensitization: A case report. *Journal of Behavior Therapy and Experimental Psychiatry 22*, 39-43.

Young, W. (1994). EMDR treatment of phobic symptoms in multiple personality. *Dissociation, 7*, 129-133.

Young, W. (1995). EMDR: Its use in resolving the trauma caused by the loss of a war buddy. *American Journal of Psychotherapy, 49*, 282-291.

Zabukovec, J., Lazrove, S., & Shapiro, F. (2000). Self-healing aspects of EMDR: The therapeutic change process and perspective of integrated psychotherapies. *Journal of Psychotherapy Integration, 10*, 189-206.

付録C

EMDR：トラウマに関する研究結果、その他の文献

この付録は、トラウマ患者に対するEMDRの治療効果について、発表済みの研究を簡単に紹介するものです。リストには、退役軍人に関して、EMDR治療の臨床経過を示す研究が２件含まれています。その他の退役軍人に関する研究はすべて、国際トラウマティック・ストレス学会（ISTSS）ガイドラインで、治療が短すぎるために不備があるとされています。米国国防総省および退役軍人局の実践ガイドラインでも、これらの研究は治療が不十分であるとされています。基本的に、複数のトラウマを持つ患者は、単一のトラウマを持つ患者と同じだけの治療では足りません。複数の記憶を処置する必要があるからです。成分分析、眼球運動の重要性に関する研究、恐怖症の研究は、付録Dで簡単に紹介します。

国際的な治療ガイドライン

・American Psychiatric Association (2004). *Practice Guideline for the Treatment of Patients with Acute Stress Disorder and Posttraumatic Stress Disorder.* Arlington, VA: American Psychiatric Association Practice Guidelines

EMDRを、急性、慢性のPTSDの症状を改善する効果的な治療法として、CBTと同程度に評価している。

・Bleich, A., Kotler, M., Kutz, E., & Shalev, A. (2002) A position paper of the (Israeli) National Council for Mental Health: *Guidelines for the assessment and professional intervention with terror victims in the hospital and in the community.* Jerusalem, Israel.

EMDRは、テロ被害者の治療に推奨されるわずか３つの方法のうちの１つ

である。

・Chambless, D. L. et al. (1998). Update of empirically validated therapies, II. *The Clinical Psychologist, 51*, 3-16.

米国心理学会（APA）臨床部門の特別委員会によれば、心的外傷後ストレス障害患者の治療法として実証的に裏付けられている方法は、EMDR、暴露療法、ストレス免疫療法だけである。

・CREST (2003). *The management of post traumatic stress disorder in adults.* 北アイルランド保健福祉公共安全省（ベルファスト）の臨床資源効率支援チームの出版物。

すべての心理療法のうち、EMDR と CBT はトラウマの被害者への治療選択であると言明された。

・Department of Veterans Affairs and Department of Defense (2004) *VA/DoD Clinical Practice Guideline for the Management Of Post-Traumatic Stress.* Washington, DC.

http://www.oqp.med.va.gov/cpg/PTSD/PTSD_cpg/frameset.htm

EMDR は、最も高レベルの裏付けがあり、PTSD の治療に推奨される 4 つの療法の 1 つであった。

・Dutch National Steering Committee Guidelines Mental Health Care (2003). *Multidisciplinary Guideline Anxiety Disorders.* Utrecht: Quality Institute Health Care CBO/Trimbos Intitute.

EMDR と CBT は、どちらも PTSD によく使用される治療法である。

・Foa, E. B., Keane, T. M., & Friedman, M. J. (2000). *Effective treatments for PTSD: Practice Guidelines of the International Society for Traumatic Stress Studies* New York: Guilford Press.

国際トラウマティック・ストレス学会の実践ガイドラインでは、EMDR が PTSD に有効な治療法として挙げられた。

・INSERM (2004). *Psychotherapy: An evaluation of three approaches.* French National Institute of Health and Medical Research, Paris, France.

さまざまな心理療法の中で、EMDR と CBT を、トラウマの被害者に最も有効な治療法としている。

・National Institute for Clinical Excellence (2005). *Post traumatic stress disorder (PTSD): The management of adults and children in primary and secondare care.* London: NICE Guidelines.

トラウマにフォーカスしたCBTおよびEMDRを、成人のPTSD患者にとって経験的に最適な治療法としている。

・Sjöblom, P. O., Andréewitch, S . Bejerot, S., Mörtberg, E. , Brinck, U., Ruck, C., & Körlin, D. (2003) *Regional treatment recommendation for anxiety disorders.* Stockholm: Medical Program Committee/Stockholm City Council, Sweden.

すべての心理療法のうち、PTSDの治療にはCBTとEMDRが推奨される。

・Therapy Advisor (2004): http://www.therapyadvisor.com

国立精神衛生研究所がスポンサーとなり、多様な障害について経験的に支持される治療法を列記したWebサイト。EMDRは、PTSDについて、ほか２つの療法とともに挙げられている。

・United Kingdom Department of Health (2001). *Treatment choice in psychological therapies and counselling evidence based clinical practice guideline.* London, England.

EMDR、暴露療法、ストレス免疫訓練について、最も有効性が実証された。

メタ分析

・Bradley, R., Greene, J., Russ, E., Dutra, L., & Westen, D. (2005). A multidimensional meta-analysis of psychotherapy for PTSD. *American Journal of Psychiatry, 162,* 214-227.

EMDRは、暴露療法、その他の認知行動療法に匹敵する。ただし、暴露療法では１日２時間の宿題があるのに対し、EMDRではまったくない。

・Davidson, P. R., & Parker, K. C. H. (2001). Eye movement desensitization and reprocessing (EMDR): A meta-analysis. *Journal of Consulting and Clinical Psychology, 69,* 305-316.

EMDRは、暴露療法および他の認知行動療法に匹敵する。暴露療法が毎日１～２時間の宿題を課すのに対し、EMDRは宿題がまったくないことが注目に値する。

・Maxfield, L., & Hyer, L. A. (2002). The relationship between efficacy and methodology in studies investigating EMDR treatment of PTSD. *Journal of*

Clinical Psychology, 58, 23-41.

総合的なメタ分析で、研究が綿密であればあるほど効果が大きいと報告された。

・Van Etten, M., & Taylor, S. (1998). Comparative efficacy of treatments for post-traumatic stress disorder: A meta-analysis. *Clinical Psychology and Psychotherapy, 5*, 126-144.

このメタ分析では、薬物療法に比べ、EMDRと行動療法のほうが優れていることが証明された。EMDRは、３分の１の時間で効果がある点で行動療法より効率的だった。

ランダム化臨床試験

・Carlson, J., Chemtob, C. M., Rusnak, K., Hedlund, N. L., & Muraoka, M. Y. (1998). Eye movement desensitization and reprocessing (EMDR): Treatment for combat-related post-traumatic stress disorder. *Journal of Traumatic Stress, 11*, 3-24.

12回のEMDRセッションで、複数のトラウマを持つ退役軍人被験者の77％において心的外傷後ストレス障害が解消された。この効果は、フォローアップ時にも維持されていた。この研究は、退役軍人にフルコースの治療を提供する唯一のランダム化研究である。他の研究（Macklin et al. など）は、１つまたは２つの記憶の治療を評価したにすぎない。このことは、退役軍人局および国防総省のガイドライン、および国際トラウマティック・ストレス学会（ISTSS）ガイドラインで、複数のトラウマを持つ患者に対して不適切とされている。

・Chemtob, C. M., Nakashima, J., & Carlson, J. G. (2002). Brief-treatment for elementary school children with disaster-related PTSD: A field study. *Journal of Clinical Psychology, 58*, 99-112.

EMDRは、災害関連のPTSDに苦しみ、他の介入方法には反応しなかった子どもたちに効果を発揮した。これは、災害関連のPTSDに関する最初の比較研究であり、PTSDに苦しむ子どもの治療に関しても最初の比較研究である。

・Edmond, T., Rubin, A., & Wambach, K. (1999). The effectiveness of EMDR with adult female survivors of childhood sexual abuse. *Social Work Research, 23*, 103-116.

EMDRは、３カ月後のフォローアップで、４つの効果測定値すべてにおいて通常治療より低スコア（症状が少ない）だった。EMDRグループは、18カ月のフォローアップでも、すべての標準化された測定値において改善が見られた (Edmond & Rubin, 2004, Journal of Child Sexual Abuse)。

・Edmond, T., Sloan, L., & McCarty, D. (2004). Sexual abuse survivors' perceptions of the effectiveness of EMDR and eclectic therapy: A mixed-methods study. *Research on Social Work Practice, 14*, 259-272.

治療結果に関する質的、量的な分析を組み合わせた研究であり、重要な意味を感じさせるが、今後さらに厳密な研究を要する。被害者の体験談は、トラウマに対するEMDRの効果が非常に高いことを示している。折衷療法では、被害者が有効な対処を教えてくれた治療者との関係を非常に重要視する。

・Ironson, G. I., Freund, B., Strauss, J. L., & Williams, J. (2002). Comparison of two treatments for traumatic stress: A community-based study of EMDR and prolonged exposure. *Journal of Clinical Psychology, 58*, 113-128.

EMDRも長時間暴露も、PTSDおよびうつ症状を大幅に緩和した。研究では、EMDR治療を受けた患者の70%が３回の積極的な治療セッションで良好な結果を出し、長時間暴露では29%だった。EMDRでは、脱落者も少なかった。

・Jaberghaderi, N., Greenwald, R., Rubin, A., Dolatabadim S., & Zand, S. O. 2004. A comparison of CBT and EMDR for sexually abused Iranian girls. *Clinical Psychology and Psychotherapy, 11*, 358-368.

EMDRもCBTも、PTSDと行動問題を大幅に緩和した。EMDRの方がかなり効率的であり、半分のセッション回数で結果を出した。

・Lee, C., Gavriel, H., Drummond, P., Richards, J. & Greenwald, R. (2002). Treatment of post-traumatic stress disorder: A comparison of stress inoculation training with prolonged exposure and eye movement desensitization and reprocessing. *Journal of Clinical Psychology, 58*, 1071-1089.

EMDR、長時間暴露を伴うストレス免疫訓練（SITPE）のどちらも、PTSD

を大幅に改善したが、EMDR の方が PTSD の侵入症状を大きく改善した。EMDR を受けた患者の方が、3カ月後のフォローアップで大きく進歩していた。宿題は、EMDR で3時間、SITPE で 28 時間が必要だった。

・Marcus, S., Marquis, P. & Sakai, C. (1997). Controlled study of treatment of PTSD using EMDR in an HMO setting. *Psychotherapy, 34*, 307-315.

カイザー・パーマネント（訳注：米国大手の医療保険会社）が資金を提供。結果では、単一のトラウマを持つ患者の 100%、複数のトラウマを持つ患者の 80%が、50 分のセッション6回で心的外傷後ストレス障害と診断されなくなった。

・Marcus, S., Marquis, P. & Sakai, C. (2004). Three- and 6 month follow up of EMDR treatment of PTSD in an HMO setting. *International Journal of Stress Management, 11*, 195-208.

カイザー・パーマネントが資金を提供した追跡調査は、EMDR セッション数が比較的少なくても、長い期間にわたって大きな効果が得られることを示している。

・Power, K. G., McGoldrick, T., Brown, K., et al. (2002). A controlled comparison of eye movement desensitization and reprocessing versus exposure plus cognitive restructuring, versus waiting list in the treatment of post-traumatic stress disorder. *Journal of Clinical Psychology and Psychotherapy, 9*, 299-318.

EMDR、暴露療法および認知再構成法ともに、大幅な効果があった。EMDR の方がうつに効果が高く、治療セッションが少なく済み、宿題もなかった。

・Rothbaum, B. (1997). A controlled study of eye movement desensitization and reprocessing in the treatment of post-traumatic stress disordered sexual assault victims. *Bulletin of the Menninger Clinic, 61*, 317-334.

90 分の EMDR セッション3回で、90%のレイプ被害者の心的外傷後ストレス障害がなくなった。

・Scheck, M., Schaeffer, J. A., & Gillette, C. (1998). Brief psychological intervention with traumatized young women: The efficacy of eye movement desensitization and reprocessing. *Journal of Traumatic Stress, 11*, 25-44.

EMDR セッション２回で、トラウマを受けた若い女性の心理的苦痛を示す値が下がり、健常者の標準偏差の範囲内に戻った。

・Shapiro, F. (1989). Efficacy of the eye movement desensitization procedure in the treatment of traumatic memories. *Journal of Traumatic Stress Studies, 2*, 199-223.

CBT 療法に関する最初の比較研究と同じ年に発表された初期的な研究。３カ月の追跡調査は､患者の苦痛と行動に多大な効果があることを示している。しかし、標準化された測定方法がなく、創始者が唯一の治療者であることが欠点である。

・Soberman, G. B., Greenwald, R., & Rule, D. L. (2002). A controlled study of eye movement desensitization and reprocessing (EMDR) for boys with conduct problems. *Journal of Aggression, Maltreatment, and Trauma, 6*, 217-236.

EMDR セッションを３回追加することで､２カ月のフォローアップまでに、記憶関連の苦悩および問題行動が大幅に減った。

・Taylor, S. et al. (2003). Comparative efficacy, speed, and adverse effects of three PTSD treatments: Exposure therapy, EMDR, and relaxation training. *Journal of Consulting and Clinical Psychology, 71*, 330-338.

（10 のうち）２つの下位尺度において、統計的に暴露療法が EMDR より優れているとする唯一のランダム化研究。この研究では、療法家の援助付きの現実暴露を使用した。すなわち、想像による暴露、毎日１時間の宿題（約 50 時間）に加え、患者が以前避けていた場所に療法家が患者を連れて行く。EMDR グループは、標準セッションのみを使用し、宿題はなかった。

・Vaughan, K., Armstrong, M. F., Gold, R., O'Connor, N., Jenneke, W., & Tarrier, N. (1994). A trial of eye movement desensitization compared to image habituation training and applied muscle relaxation in post-traumatic stress disorder. *Journal of Behavior Therapy & Experimental Psychiatry, 25*, 283-291.

すべての治療は、待機の患者に比べ、治療グループの被験者の PTSD 症状を大幅に軽減した。EMDR グループは、特に侵入症状の軽減が大きかった。

２～３週間の研究で、他の２つの治療条件においては毎日 40 ～ 60 分の宿題が治療に含まれた。

・Wilson, S., Becker, L. A., & Tinker, R. H. (1995). Eye movement desensitization and reprocessing (EMDR): Treatment for psychologically traumatized individuals. *Journal of Consulting and Clinical Psychology, 63,* 928-937.

３回の EMDR セッションで、トラウマを受けた市民の複数の測定値において、臨床的に重要な変化があった。

・Wilson, S., Becker, L. A., & Tinker, R. H. (1997). Fifteen-month follow-up of eye movement desensitization and reprocessing (EMDR) treatment of post-traumatic stress disorder and psychological trauma. *Journal of Consulting and Clinical Psychology, 65,* 1047-1056.

15 カ月後のフォローアップで、治療効果が維持され、PTSD 診断の 84％が回復した。

非ランダム化研究

・Devilly, G. J., & Spence, S. H. (1999). The relative efficacy and treatment distress of EMDR and a cognitive behavioral trauma treatment protocol in the amelioration of post-traumatic stress disorder. *Journal of Anxiety Disorders, 13,* 131-157.

CBT が EMDR より優れているという結果が出た唯一の EMDR 研究。この研究は、治療の実施が不適切であり、CBT 条件における期待が高い点で不備である。治療は、どちらの条件についても、CBT プロトコルの作成者が行った。

・Fernandez, I., Gallinari, E., & Lorenzetti, A. (2004) A school-based EMDR intervention for children who witnessed the Pirelli building airplane crash in Milan, Italy. *Journal of Brief Therapy, 2,* 129-136.

事件後 30 日で PTSD の症状を示す児童に対し、EMDR によるグループ介入が行われた。４カ月後のフォローアップで、治療後、児童２人を除き全員が通常の生活に戻ったと教師が報告した。

・Grainger, R. D., Levin, C., Allen-Byrd, L., Doctor, R. M. & Lee, H. (1997).

An empirical evaluation of eye movement desensitization and reprocessing (EMDR) with survivors of a natural catastrophe. *Journal of Traumatic Stress, 10*, 665-671.

ハリケーン・アンドリューの被災者で、EMDR 治療をした人と何も治療しない人を比べた場合、出来事インパクト尺度と主観的な苦痛において大きな差が出た。

・Puffer, M.; Greenwald, R. & Elrod, D. (1997). A single session EMDR study with twenty traumatized children and adolescents. *Traumatology-e, 3 (2)*, Article 6.

この遅延治療の比較では、参加者の半数以上が出来事インパクト尺度において臨床レベルから健常レベルに移り、EMDR セッション１回の１～３カ月後、３人以外全員において複数の測定値で少なくとも部分的な症状の緩和が見られた。

・Silver, S. M., Brooks, A., & Obenchain, J. (1995). Eye movement desensitization and reprocessing treatment of Vietnam war veterans with PTSD: Comparative effects with biofeedback and relaxation training. *Journal of Traumatic Stress, 8*, 337-342.

退役軍人（１～２より多くの記憶については、上記 Carlson et al. を参照）に対し、臨床的に重要な EMDR 治療を評価した２つの EMDR 研究のうちの１つ。退役軍人の入院患者（n=100）の分析では、EMDR が、８つの測定値のうち７つでバイオフィードバック、リラクセーショントレーニングより大幅に優れていた。

・Silver, S.M., Rogers, S., Knipe, J., & Colelli, G. (2005). EMDR therapy following the 9/11 terrorist attacks: A community-based intervention project in New York City. *International Journal of Stress Management, 12*, 29-42.

クライエントにおいて、妥当性の示された心理測定や自記式尺度など、効果に関する多様な変数が大きく有意に改善されている。データの分析は、EMDR が災害の直後でも、時間が経った後でも、治療に有効であることを示している。

・Solomon, R. M. & Kaufman, T. E. (2002). A peer support workshop for the treatment of traumatic stress of railroad personnel: Contributions of eye movement desensitization and reprocessing (EMDR). *Journal of Brief Therapy, 2,* 27-33.

命に関わる事故を体験した60人の鉄道従業員について、ワークショップの効果およびEMDRの付加的効果が評価された。そのままのワークショップでも成功だったが、短いEMDRセッション（5～40分）の追加が、各種の潜在的なスコアを大幅に下げ、フォローアップ時にはさらに下げた。

・Sprang, G. (2001). The use of eye movement desensitization and reprocessing (EMDR) in the treatment of traumatic stress and complicated mourning: Psychological and behavioral outcomes. *Research on Social Work Practice, 11,* 300-320.

複数の場所で行われた研究で、行動測定値、および5つのうち4つの心理社会的測定値において、CBTに比べ、EMDRの方が症状を軽減する率が大幅に高かった。EMDRの方が、早期に変化を生じさせ、セッション数が少なくて済む点で効率的であった。

情報処理、手続き、作用のメカニズム

EMDRには、治療効果に貢献する多数の手続きと要素がある。EMDRで使用される方法は、その有効性がすでに広く確認されているが（上記参照）、作用のメカニズムについては、まだ疑問が残る。EMDRの臨床的効果を説明し、治療の指針となるものとしては、情報処理モデル（Shapiro, 2001; 2002）が使用されている。このモデルは、特定の神経生物学的メカニズムには結びついていない。なぜなら、いかなる心理療法（および多くの薬剤）についても、まだ神経生物学の分野では神経生物学的な付随現象が特定されていないからである。しかし、EMDRにおいて、暴露療法で用いられるような宿題もないし、長時間の焦点づけもないのに臨床的効果を上げることから、起こりうる神経生物学的プロセスが注目されている。眼球運動（および2重注意刺激）は、療法の1要素にすぎないが、最も注目されているのはこの要素である。このセクションでは、眼球運動の作用メカニズムに関する比較研究を挙げる。

・MacCulloch, M. J., & Feldman, P. (1996). Eye movement desensitization treatment utilizes the positive visceral element of the investigatory reflex to inhibit the memories of post-traumatic stress disorder: A theoretical analysis. *British Journal of Psychiatry, 169*, 571-579.

定位反応が効果をもたらすと仮定した多くの論文の１つ（各理論の総合的な検討および提案される研究パラメータについては、Shapiro, 2001 を参照）。この理論は、比較研究によって裏づけられている（Barrowcliff et al., 2003, 2004）。

・Ray, A. L. & Zbik, A. (2001). Cognitive behavioral therapies and beyond. In C. D. Tollison, J. R. Satterhwaite, & J. W. Tollison (Eds.) *Practical Pain Management* (3rd ed.; pp.189-208). Philadelphia: Lippincott.

情報処理モデルに基づく EMDR の応用は、慢性的な痛みに苦しむ患者にも効果があるようである。他の療法に、このような効果は見られない。

・Stickgold, R. (2002). EMDR: A putative neurobiological mechanism of action. Journal of Clinical Psychology, 58, 61-75.

レム睡眠中に起きる処理への潜在的リンクの包括的な説明。統制研究はこの理論を評価している（Christman et al., 2003; Kuiken et al. 2001-2002 を参照）。

・Rogers, S., & Silver, S. M. (2002). Is EMDR an exposure therapy? A review of trauma protocols. Journal of Clinical Psychology, 58, 43-59.

EMDR と CBT の過去 20 年の研究から見た理論的、臨床的、また手続き上の違い。

・Shapiro, F. (2001). *Eye movement desensitization and reprocessing: Basic principles, protocols and procedures* (2nd ed.). New York: Guilford Press.

EMDR は、８段階で構成される心理療法であり、治療効果に貢献すると考えられる標準化された手続きとプロトコルからなっている。このテキストは、その説明と臨床逐語録を収めている。

・Shapiro, F. (2002). (Ed.). *EMDR as an integrative psychotherapy approach: Experts of diverse orientations explore the paradigm prism.* Washington, D. C.: American Psychological Association Books.

EMDR は、他の心理療法と異なり、統合的な方法である。主要な心理療法の専門家が、手続きにおける多様な要素に注目している。

眼球運動に関する仮説のランダム化研究

多数の国際実践ガイドライン委員会は、Davidson & Parker（2001）による臨床成分分析のデザインがよくないと報告している（International Society for Traumatic Stress Studies/ISTSS; DoD/DVA）。Davidson & Parkerは、臨床患者を使った研究を個別に検討した場合、眼球運動の重要性に注目する傾向があると述べている。残念ながら、それらの研究には欠陥がある。ISTSSガイドライン（Chemtob et al., 2000）に記されているとおり、患者の受ける治療の量が大きな効果を得るのに不十分な場合、成分分析には不適である。しかし、DoD/DVAガイドラインにあるとおり、EMDRで使用される眼球運動は、多数の記憶研究者によって別に評価されている。このような研究では、情動喚起、イメージ鮮明度、注意の柔軟性、記憶の連想に、眼球運動が直接影響を与えることがわかっている。

・Andrade, J., Kavanagh, D., & Baddeley, A. (1997). Eye-movements and visual imagery: a working memory approach to the treatment of post-traumatic stress disorder. *British Journal of Clinical Psychology, 36*, 209-223.

作業記憶理論の実験。眼球運動は、イメージ鮮明度と情動の低減において、統制条件より優れていた。

・Barrowcliff, A.L., Gray, N.S., Freeman, T.C.A., & MacCulloch, M.J. (2004). Eye-movements reduce the vividness, emotional valence and electrodermal arousal associated with negative autobiographical memories. *Journal of Forensic Psychiatry and Psychology, 15*, 325-345.

安心反射（reassurance reflex）モデルの実験。眼球運動は、イメージ鮮明度と情動の低減において、統制条件より優れていた。

・Barrowcliff, A.L., Gray, N.S., MacCulloch, S., Freeman, T. C.A., & MacCulloch, M.J. (2003). Horizontal rhythmical eye-movements consistently diminish the arousal provoked by auditory stimuli. *British Journal of Clinical Psychology, 42*, 289-302.

安心反射モデルの実験。眼球運動は、聴覚的刺激による喚起の低減において、統制条件より優れていた。

・Christman, S. D., Garvey, K. J., Propper, R. E., & Phaneuf, K. A. (2003). Bilateral eye movements enhance the retrieval of episodic memories. *Neuropsychology. 17,* 221-229.

皮質活性化理論の実験。結果は、Stickgold（2002）の提案した定位反応／REM 理論を間接的に裏付けている。エピソード想起においては、追跡眼球運動ではなく、サッケード眼球運動が、統制条件より優れていた。

・Kavanagh, D. J., Freese, S., Andrade, J., & May, J. (2001). Effects of visuospatial tasks on desensitization to emotive memories. *British Journal of Clinical Psychology, 40,* 267-280.

作業記憶理論の実験。眼球運動は、セッション中のイメージ鮮明度と情動の低減において統制条件より優れていた。1週間後においては、差がなかった。

・Kuiken, D., Bears, M., Miall, D., & Smith, L. (2001-2002). Eye movement desensitization reprocessing facilitates attentional orienting. *Imagination, Cognition and Personality, 21, (1),* 3-20.

REM タイプのメカニズムに関連する定位反応理論の実験。眼球運動条件は、注意の柔軟性と相関していた。眼球運動は、統制条件より優れていた。

・Sharpley, C. F. Montgomery, I. M., & Scalzo, L. A. (1996). Comparative efficacy of EMDR and alternative procedures in reducing the vividness of mental images. *Scandinavian Journal of Behaviour Therapy, 25,* 37-42.

結果は、作業記憶理論の支持を示唆している。眼球運動は、イメージ鮮明度の低減において条件統制より優れていた。

・Van den Hout, M., Muris, P., Salemink, E., & Kindt, M. (2001). Autobiographical memories become less vivid and emotional after eye movements. *British Journal of Clinical Psychology, 40,* 121-130.

眼球運動が記憶を想起する際の身体的な知覚を変えることで、情動を緩和し、イメージ鮮明度を抑えるという自分たちの理論を実験している。眼球運動は、イメージ鮮明度を抑える上で、統制条件より優れていた。統制条件と異なり、眼球運動は情動性も抑えた。

その他の神経生物学的研究

• Lamprecht, F., Kohnke, C., Lempa, W., Sack, M., Matzke, M., & Munte, T. (2004). Event-related potentials and EMDR treatment of post-traumatic stress disorder. *Neuroscience Research, 49*, 267-272.

• Lansing, K., Amen, D.G., Hanks, C. & Rudy, L. (in press). High resolution brain SPECT imaging and EMDR in police officers with PTSD. *Journal of Neuropsychiatry and Clinical Neurosciences*.

• Levin, P., Lazrove, S., & van der Kolk, B. A. (1999). What psychological testing and neuroimaging tell us about the treatment of posttraumatic stress disorder (PTSD) by eye movement desensitization and reprocessing (EMDR). *Journal of Anxiety Disorders, 13*, 159-172.

• van der Kolk, B., Burbridge, J., & Suzuki, J. (1997). The psychobiology of traumatic memory: Clinical implications of neuroimaging studies. *Annals of the New York Academy of Sciences, 821*, 99-113.

付録D

本書の目的の１つは、ケースブックとして治療者の皆さんに役立ててもらうことですから、この付録では専門資料における混乱について述べます。ここでは、本書の初版以降、２つのテーマについて行われた研究を簡単に紹介します。EMDRの多様な適用に関し、他の発表済みレポートと比較ケーススタディは、付録Bに挙げてあります。

恐怖症とパニック障害に関する研究

医療および歯科治療に対する恐怖症について、完全なEMDR恐怖症プロトコルを使ったケーススタディでは[1,2]、良好な結果が得られました[3]（他のケースレポートについては、付録B参照）。この完全なプロトコルの使用および結果と対照的なのが、ある研究チームによる複数のランダム化臨床試験です。その試験では、クモ恐怖症に対するEMDRを評価しました[4,5,6]。そして、恐怖症の解消において、患者に実際にクモを見せる現実暴露療法よりEMDRの効果が劣っているという結果が出ています。EMDRの完全な治療プロトコルを使わなかったのは、研究の大きな欠陥です[*,7]。また、治療後の評価に暴露療法のプロトコルを使ったため、何が効果をもたらしたのか、判断が困難です。つまり、両方の患者が恐怖症を感じなくなり、生理的な測定値が同じだったにもかかわらず、暴露療法を受けた患者のほうが治療後のテストで容易にクモに近づくことができたというのですが、実は、治療後の行動テストで使ったクモは、そのテストの直前、暴露治療で使ったクモと同

＊恐怖症に関する発表済みの研究すべてに対するブラインドレビューでは、EMDR恐怖症プロトコルの11手順のうち、使う手順が多ければ多いほど、結果がよくなることがわかりました。EMDR恐怖症プロトコルをまったく使用しない場合は、効果がありませんでした。いくつかの手順を使った研究では、ほどほどの結果が出ました。すべての手順を使用した場合は、問題が解消されました。

じ（危険性のないクモ）だったのです。EMDR 治療を受けた患者は、初めてクモを見せられました。不運なことに、この研究にはフォローアップがなかったので、その後、日常生活でクモを見たときの反応は評価されていません。

特定の療法を現実的に使えるかどうかは、治療法を選択する上で重要です。現実暴露療法は、面接室で恐怖の対象（クモなど）を見せることが困難なため、使えないこともよくあります。特定の事象（雷雨など）や場所（橋など）に限定される恐怖症もあり、そのような対象もすぐに手に入るわけではありません。したがって、現実的な療法として EMDR を使用し、現実暴露を宿題とするほうが現実的な療法かもしれません[8]。こうすれば、患者は、自分の恐れている惨事が起こらないという経験を得、恐れる根拠がないという理解を強めます。ただし、標準的な暴露療法と異なり、この宿題は、患者が対象に対して恐怖を感じなくなってから課されます。

パニック障害に対する EMDR 療法に関する研究は、これまで３つあります。最初の２つは予備的なもので[9、10]、短期の治療クール（セッション６回）です。結果は有望でしたが、治療クールが短いために限界がありました。Feske と Goldstein[11] は、こう書いています。「最も有効な治療法で 10 ～ 16 回のセッションを重ねたとしても、パニック症状、特に広場恐怖症との合併がある場合は、めったに正常状態とならない（p.1034）」EMDR による症状の改善は、治療の３カ月後でも残っていました。３番目の研究[12] は、もっと長いコースの利点を評価するために実施されました。しかし、被験者集団を変更し、広場恐怖症の患者を治療しました。広場恐怖症を持つパニック障害の参加者は、EMDR によく反応しませんでした。Goldstein[13] は、このような患者には、もっと徹底した準備が必要なのだろうと示唆しています。このような障害について、これまで EMDR と他の療法を直接比較した研究はありません。

眼球運動の役割に関する研究

1989 年、フランシーン・シャピロ[14、15、16] は、困ったことを考え、不安な気持ちになったとき、自分で眼球を左右に速く動かすと、その気持ちが消えることに気づきました。彼女は実験を続け、他人でも同じ効果があることを発見しました。彼女は、ケーススタディ[17]と比較研究[18]を実施し、眼球運動（EM）が外傷性の記憶による苦痛を緩和するという理論を裏付けました。眼球運動が、思考パターンを変えるという考えは、すでに論文になっていましたが、一連の実験[19、20]では、不快な感情と認知上の変化に、自発的なEMが伴うことが実証されました。

当時から、眼球運動についてだけでも、大量の研究がなされました。その詳細を述べる前に覚えておいていただきたいのは、EMDRが、多くの積極的な要素で構成される心理療法だということです。眼球運動は、要素の1つにすぎません。国際トラウマティック・ストレス学会（ISTSS）のガイドラインは、成分分析研究には欠陥があり、さらなる研究が必要だと指摘しています[21]。しかし、最も効果を発揮する具体的な特性について、決定的な評価が出ている療法はなく、EMDRも例外ではありません。要因分析は、手続きを洗練し、変化の神経生物学的側面において理解を深めるには効果的ですが、厳しい科学的、臨床的な基準に従わない限り、実際の治療の指針にはなりません。一方、クライエントを最も効果的に助けるには、すべての成分を組み合わせ、経験的に裏付けられた治療の形を実践する必要があります。それが、効果研究において効果的と評価された方法だからです。

複雑な療法はすべてそうですが、EMDRのさまざまな要素を分析する研究においては、適切な問題を抱えた多数の被験者を使用することが重要です[22]。また、治療を提供する研究者は、EMDRプロトコルの全手続きに従い、適切な長さの治療を行うべきです[23]。そうすれば初めて、EMDRに含まれる特定の要素の効果を評価できるでしょう。旧来の心理療法の多くを評価する上でも、同じ間違いがありました。たとえば、系統的脱感作と呼ばれる療法の評価にも、やはり欠陥があります[24]。

EMDRの場合、この問題に関して、3種類の研究が行われました。結果の不適切な組み合わせは、非常に混乱を招きます。たとえば、DavidsonとParkerのメタ分析[25]では、眼球運動が本当に必要かどうかを判断するため、1988年から2000年までに発表されたすべてのEMDR研究が調査されました。あらゆる種類の研究を考慮に入れた場合、EMを使ったEMDRが、使わないEMDRより、効果があるようには見えませんでした。しかし、特定の種類の撤去研究を調べた結果、EMを使ったEMDRは、使わないEMDRより大幅に優れていました。

EMDRにおけるEMの役割を調べた研究は、これまで20件発表されています。これらの研究では一般に、EMを使ったEMDRと、EMを修正した（注視したまま眼球を動かさないなど）EMDRを比較しています。これまでの研究には、4種類あります。（1）ケーススタディ、（2）実際の患者を使った撤去研究、（3）患者でないアナログ（健常）被験者を使った撤去研究、（4）眼球運動を分離して調べた要因効果研究、です。

ケーススタディ

治療プロセスにEMを加えた効果を評価するケーススタディは4件あり、そのうち3件でEMが治療効果を高めることが実証されました。MontgomeryとAyllonは、一般市民6人のPTSD患者のうち5人で、眼球運動がEMDRの治療効果に必要だったことを確かめました。そして、眼球運動という要素を加えることが、「以前に比べて苦痛の自己報告を大幅に軽減した。この結果は、精神生理学的な覚醒の低減に反映されている[26)]」（p.228）と、書いています。Lohr、Tolin、Kleinknecht[27)]の報告は、次のとおりです。「眼球運動という要素の追加は、[SUD]値の低減に明らかな効果があると考えられる」（p.149）。

別の研究で、Lohr、Tolin、Kleinknecht[28)]は、2人の閉所恐怖症患者を治療し、残りのEMDRの手続きにEMを加えて初めて、苦痛が大幅に軽減されることを明らかにしました。4番目の研究[29)]では、恐怖症に対する標準的なEMDRプロトコルを使わず、標準的な手続きで否定的な考えの原因となるイメージにアクセスしたり、記憶システム内の有益な情報に対して新しい結びつきを誘導したりもしませんでした。患者は、EMの各セットの間、SUD値が最初のレベルに下がるまでリラックスするよう指示されました。これは、EMDRでは用いられない手続きです。この研究で使用された手続きでは、恐怖症が解消されず、EMを使った効果も実証されませんでした。

診断を受けた患者を使った臨床撤去研究

これまで、PTSD 患者に関する比較撤去研究は 4 件あり、さらに被験者が他の不安障害と診断された研究が 2 件あります。これらの研究では、EM を使った EMDR が、修正された EMDR よりわずかに高い効果を上げています。しかし、この差は、有意と見なされるほど大きくありません。概して、結果はあいまいです。たとえば、Devilly、Spence、Rapee[30] の研究では、EM を使った場合の信頼できる変化の率は 67%、使わない場合は 42%でした。Renfrey と Spates[31] の研究では、EM 集団について PTSD 診断の減少率が 85%、非 EM 集団では 57%でした。

不運なことに、これらの研究には深刻な問題があります。たとえば、Renfrey と Spates の PTSD 研究では、各集団に 7 ～ 8 人の被験者しかいませんでした。しかし、有意義な結果を得るにはさらに多い数（30 ～ 40 人ずつ）が必要です[32]。他の 3 つの PTSD 研究[33、34、35] の参加者は退役軍人で、わずか 2 回のセッションと（または）外傷性記憶 1 つの治療しか受けませんでした。このような不十分な治療期間だったために、ほどほどの効果しか出ていません。集団間の差を検出するには、もっと多くの被験者が必要でしょう。今後、十分に計画され、治療結果を評価するのに十分な数の被験者を使った撤去研究が必要です。

アナログ被験者を使った撤去研究

非臨床的不安を持つアナログ被験者を使った比較研究では、EM の効果が証明されませんでした。正常な大学生の被験者を使ったアナログ研究には、多くの問題があります。1 つは、標準的な EMDR の手続きやプロトコルを使わず、症状が解消されたかどうかで結果を評価していることです。手続きやプロトコルが省略されたり短縮されたりしたために[36]、結果の意味が不明瞭になっています。最大の問題は、EMDR 手続きのすべてが何らかの有益な結果をもたらすと予想される点です。アナログ被験者が、EM なしの短縮された EMDR にも同様によく反応するのは、予想に難くありません。なぜなら、手続きには臨床的に有益な要素が多数含まれているからです。言い換えれば、アナログ被験者の臨床的でないストレスが、最小限の治療で緩和されたため、条件による違いが検出されにくくなっています。

端的に言えば、複雑な治療方法の１つの成分だけを撤去する場合、１つのトラウマによるPTSDなど、治療時間の変化に対応できる患者集団を使う必要があります[37]。十分に高いレベルの不安を持つ（プラシーボ*に反応しない）、十分な数の適切な被験者を使えば、１つの成分の撤去による影響が検出できるでしょう。どのような心理療法でも同じですが、EMDR手続きの一部だけを撤去しても、臨床的効果すべてがなくなるわけではありません。

成分活動（Component Action）研究

成分活動研究は、EMを分離して試験するため、他のタイプの要因分析と異なります。これらの研究は通常、時間を短くしたEMのセットを使い、記憶、感情、思考／信念、生理に対する影響を調べます。その目的は、EMと、イメージについて考える、ハンドタップ（手でどこかを叩く）といった対象条件を比較し、眼球を動かすことの効果（残りのEMDR手続きを使わず）を調べることです。たとえば、被験者に、記憶にあるイメージを思い描いてもらい、次に短時間だけ眼球を動かしてもらって、イメージの鮮やかさを評価してもらいます。こうして有益と考えられるEMDRの他の要素を取り除くことにより、EMと非EMの特有の効果を純粋に試験できます。研究では一般に、亜臨床的な被験者を使い、条件すべてを与えます（EMとハンドタップなど）。こうすれば、条件に対する反応の差を容易に検出できます。また、同じ被験者が異なる条件を体験するため、差を個人差ではなく条件と結びつけることができます（たとえば、被験者が違うと、同じ条件に異なる反応をすることがあるため）。

一般に成分活動研究は、神経心理学者と記憶研究者によって特定の仮説を調べるために実施されてきました。そして、対照条件を慎重に選択し、結果

---

*プラシーボとは、被験者が治療の１つと考えうる条件でありながら、特定の問題に対して実際には臨床的効果がないとわかっているものです（有効な薬の代わりに、砂糖で作った錠剤など）。

を他の分野と結びつけているため、メカニズムに対する私たちの理解を深めてくれます。このような研究を下記に挙げ、各研究で調べた理論について次のセクションで簡単に紹介します。

Andrade, J., Kavanagh, D., & Baddeley, A. (1997). Eye-movement and visual imagery: a working memory approach to the treatment of post-traumatic stress disorder. *British Journal of Clinical Psychology, 36*, 209-223.

Barrowcliff, A. L., Gray, N. S., Freeman, T. C. A., & MacCulloch, M. J. (in press). Eye-movements reduce the vividness, emotional valence and electrodermal arousal associated with negative autobiographical memories. *Journal of Forensic Psychiatry and Psychology.*

Barrowcliff, A. L., Gray, N. S., MacCulloch, S. Freeman, T. C. A., & MacCulloch, M. J. (2003). Horizontal rhythmical eye-movements consistently diminish the arousal provoked by auditory stimuli. *British Journal of Clinical Psychology, 42*, 289-302.

Christman, S. D., Garvey, K. J., Propper, R. E. & Phaneuf, K. A. (2003). Bilateral eye movements enhance the retrieval of episodic memories. *Neuropsychology, 17*, 221-229.

Kavanagh, D. J., Freese, S., Andrade, J., & May, J. (2001). Effects of visuospatial tasks on desensitization to emotive memories. *British Journal of Clinical Psychology, 40*, 267-280.

Kuiken, D., Bears, M., Miall, D., & Smith, L. (2001-2002). Eye movement desensitization reprocessing facilitates attentional orienting. *Imagination, Cognition and Personality, 21 (1)*, 3-30.

Sharpley, C. F., Montgomery, I. M., & Scalzo, L. A. (1996). Comparative efficacy of EMDR and alternative procedures in reducing the vividness of mental images. *Scandinavian Journal of Behaviour Therapy, 25*, 37-42.

van den Hout, M., Muris, P., Salemink, E., & Kindt, M. (2001). Autobiographical memories become less vivid and emotional after eye movements. *British Journal of Clinical Psychology, 40*, 121-130.

眼球運動はEMDRにどのように役立つのか？

EMなど、２点に注意させる刺激が、定位反応を引き出すということが、よく示唆されます。定位反応とは、何か新しいものに注意が引きつけられたときに発生する、関心と注意の自然な反応です。EMDRにおいて定位反応の役割を説明するには、認知／情報処理[38、39]、神経生物学[40、41、42]、行動学[43、44]の３種類のモデルがあります。ある意味で、これらのモデルは同じ現象を異なる視点から見るものです。

Barrowcliffとその仲間[45]は、EMDRにおける定位反応が、実は、脅威がないことを悟ると基本的な弛緩反応を引き起こす「探索反応」ではないかと示唆しています。この弛緩状態と、以前不安を感じていた記憶を結びつけることで、患者は記憶を体験する新しい方法を学び、苦痛の軽減を感じるのかもしれません。このプロセスは、逆制止として知られています。

定位反応が、外傷性記憶のネットワークを壊すことで、否定的な感情に対する以前の結びつきが妨害され、新しい情報が統合されるのではないかと示唆する人もいます。Kuiken、Bears、Miall、Smith[46]による研究は、定位反応理論を試験し、眼球運動が注意の柔軟性向上に関係があることを明らかにしました。定位反応が神経生物学的なメカニズムを刺激し、エピソード記憶を活性化するとともに、それを皮質の意味的記憶に統合する可能性もあります[47]。この理論は最近、実験的に裏付けられました[48]。以上の仮説を試験するには、さらなる研究が必要です。

いくつかの研究では[49、50、51]、EMなどの刺激が対象とする記憶の認知に影響を与え、イメージの鮮明さとそれに伴う感情を抑えることが示されています。この効果がEMDRに役立つことを説明するために、２つのメカニズムが提案されています。Kavanaughとその仲間[52]は、EMが作業記憶を妨害し、鮮明さを抑えることが、感情の緩和につながるのではないかと示唆しました。Van den Houtとその仲間[53]は、取得した記憶に伴う体の感触をEMが変えることで、その影響と鮮明さが緩和されると仮定しています。

仮定および提案される研究の詳細は、以下に記載されています。

Shapiro, F. (2001). *Eye Movement Desensitization and Reprocessing: Basic Principles, Protocols, and Procedures* (2nd ed.). New York: Guilford.

しかし、EMDRが多面的な治療であり、左右の刺激だけでなく多くの積極的な要素で構成されていることが重要です。包括的な検討については、上記および下記の文献を参照してください。

Shapiro, F. (2002). (Ed.). *EMDR as an integrative psychotherapy approach: Experts of diverse orientations explore the paradigm prism.* Washington, D. C.: American Psychological Association Books.

注

はじめに　pp. 8-23

1. van der Kolk, B. A. (2002). Beyond the talking cure: Somatic experience and subcortical imprints in the treatment of trauma. In F. Shapiro (Ed.), *EMDR as an integrative psychotherapy approach: Experts of diverse orientations explore the paradigm prism* (pp.57-83). Washington, D. C.: American Psychological Association.

2. Siegel, D. J. (1999). *The developing mind: Toward a neurobiology of interpersonal experience*. New York: Guilford.

van der Kolk, B. A. (1994). The body keeps the score: Memory and the evolving psychobiology of posttraumatic stress. *Harvard Review of Psychiatry,* 1 , 253-265.

3. Foa, E. B., Keane, T. N., & Friedman, M. J. (2000) ffective treatments for PTSD: Practice guidelines from the International Society for Traumatic Stress Studies. New York: Guilford.

4. Bleich, A., Kotler, M., Kutz, E., & Shaley, A. (2002). A position paper of the (Israeli) National Council for Mental Health: Guidelines for the assessment and professional intervention with terror victims in the hospital and the community.

5. CREST (2003). *The management of post traumatic stress disorder in adults.* A publication of the Clinical Resource Effciency Support Team of the Northern Ireland Department of Health, Social Services and Public Safety, Belfast.

6. Department of Veterans Affairs & Department of Defense (2004) *VA/DoD Clinical Practice Guideline for the Management of Post-Traumatic Stress*. Washington, D. C.

7. van der Kolk, B. (2003, November). *Treatment outcome of fluoxetine versus EMDR in PTSD.* Symposium presented at the annual conference of the International Society for Traumatic Stress Studies.

8. Chambless, D. L., Baker, M. J., Baucom, D. H., Beutler, L. E., Calhoun, K. S., CritsChristoph, P., Daiuto, A., DeRubeis, R., Detweiler, J., Haaga, D. A. F., Bennett Johnson, S., McCurry, S., Mueser, K. T., Pope, K. S., Sanderson, W. C., Shoham, V., Stickle, T., Williams, D. A., & Woody, S. R. (1998). Update on empirically validated therapies. *The Clinical Psychologist, 51*, 3-16.

9. Foa, E. B., Dancu, C. V., Hembree, E. A., Jaycox, L. H., Meadows, E. A., & Street, G. P. (1999). A comparison of exposure therapy, stress inoculation training, and their combination in reducing post-traumatic stress disorder in female assault victims. *Journal of Counseling and Clinical Psychology, 67*, 194-200.

Tarrier, N., Pilgrim, H., Sommer. eld, C., Faragher, M. R., Graham, E., & Barrowclough, C. (1999). A randomized trial of cognitive therapy and imaginal exposure in the treatment of chronic post-traumatic stress disorder. *Journal of Counseling and Clinical Psychology, 67*, 13-18.

10. Comeback studies indicate approximately 30% success rate: Boudewyns, P. A. & Hyer, L. (1990). Physiological response to combat memories and preliminary treatment outcome in Vietnam veteran PTSD patients treated with direct therapeutic exposure. *Behavior Therapy, 21*, 63-87.

Cooper, N. A. & Clum, G. A. (1989). Imaginal flooding as a supplementary treatment for PTSD in combat veterans: A controlled study. *Behavior Therapy, 20*, 381-391.

Keane, T. M., Fairbank, J. A., Caddell, J. M., & Zimmering, R. T. (1989). Implosive (flooding) therapy reduces symptoms of PTSD in Vietnam combat veterans. *Behavior Therapy, 20*, 245-260.

11. Marks, I., Lovell, K., Noshirvani, H., Livanou, M., & Thrasher, S. (1998). Treatment of post-traumatic stress disorder by exposure and/or cognitive restructuring. *Archives of General Psychiatry, 55*, 317-325.

12. Ironson, G. I., Freund, B., Strauss, J. L., & Williams, J. (2002). A comparison of two treatments for traumatic stress: A pilot study of EMDR and prolonged exposure. *Journal of Clinical Psychology, 58*, 113-128.

13. Rogers, S., Silver, S., Goss, J., Obenchain, J., Willis, A., & Whitney, R. (1999). A single session, controlled group study of flooding and eye movement desensitization and reprocessing in treating posttraumatic stress disorder among Vietnam war veterans: Preliminary data. *Journal of Anxiety Disorders, 13*, 119-130.

14. Taylor, S., Thordarson, D. S., Maxfield, L., Fedoroff, I. C., Lovell, K., & Ogrodniczuk, J. (2003). Comparative efficacy, speed, and adverse effects of three PTSD treatments: Exposure therapy, EMDR, and relaxation training. *Journal of Consulting and Clinical Psychology, 71*, 330-338.

15. 注 11 を参照。

16. 注 12 を参照。

17. 注 13 を参照。

18. Wilson, S. A., Becker, L. A., & Tinker, R. H. (1995). Eye movement desensitization and reprocessing (EMDR) treatment for psychologically traumatized individuals. *Journal of Consulting and Clinical Psychology, 63*, 928-937.

Wilson, S. A., Becker, L. A., & Tinker, R. H. (1997). Fifteen-month follow-up of eye movement desensitization and reprocessing (EMDR) treatment for PTSD and psychological trauma. *Journal of Consulting and Clinical Psychology, 65*, 1047-1056.

19. Stickgold, R. (2002). Neurobiological concomitants of EMDR: Speculations and proposed research. *Journal of Clinical Psychology, 58*, 61-75.

20. たとえば、以下を参照。

Hersen, M. & Sledge, W. (Eds.) (2002). ncyclopedia of Psychotherapy (vol. 1, pp.777-785). New York: Elsevier Science.

21. 注 19 を参照。

22. 付録Dの短い考察と参考文献を参照。

Shapiro, F. (Ed.). (2002). MDR as an integrative psychotherapy approach: Experts of diverse orientations explore the paradigm prism. Washington, D. C.: American Psychological Association.

23. Chemtob, C. M., Tolin, D. F., van der Kolk, B. A., & Pitman, R. K. (2000). Eye movement desensitization and reprocessing in E. A. Foa, T. M. Keane & M. J. Friedman (Eds.), ffective treatments for PTSD: Practice guidelines from the International Society for Traumatic Stress Studies. New York: Guilford.

24. Andrade, J., Kavanagh, D., & Baddeley, A. (1997). Eye-movements and visual imagery: A working memory approach to the treatment of post-traumatic stress disorder. *British Journal of Clinical Psychology, 36*, 209-223.

Barrowcliff, A. L., Gray, N. S., Freeman, T. C. A., & MacCulloch, M. J. (in press). Eye-movements reduce the vividness, emotional valence and electrodermal arousal associated with negative autobiographical memories. *Journal of Forensic Psychiatry and Psychology.*

Barrowcliff, A. L., Gray, N. S., MacCulloch, S., Freeman, T. C. A., & MacCulloch, M. J. (2003). Horizontal rhythmical eye-movements consistently diminish the arousal provoked by auditory stimuli. *British Journal of Clinical Psychology, 42*, 289-302.

Christman, S. D., Garvey, K. J., Propper, R. E., & Phaneuf, K. A. (2003). Bilateral eye movements enhance the retrieval of episodic memories. *Neuropsychology, 17(2)*, 221-229.

Kavanagh, D. J., Freese, S., Andrade, J., & May, J. (2001). Effects of visuospatial tasks on desensitization to emotive memories. *British Journal of Clinical Psychology, 40*, 267-280.

Kuiken, D., Bears, M., Miall, D., & Smith, L. (2001-2002). Eye movement desensitization reprocessing facilitates attentional orienting. *Imagination, Cognition and Personality, 21*, 3-20.

Sharpley, C. F., Montgomery, I. M., & Scalzo, L. A. (1996). Comparative efficacy of EMDR and alternative procedures in reducing the vividness of mental images. *Scandinavian Journal of Behaviour Therapy, 25*, 37-42.

van den Hout, M., Muris, P., Salemink, E., & Kindt, M. (2001). Autobiographical memories become less vivid and emotional after eye movements. *British Journal of Clinical Psychology, 40*, 121-130.

25. 議論の基礎の非科学的なことやデータの不確かさもあるが、批判の包括的な論評は以下を参照。

Beutler, L. E. & Harwood, T. M. (2001). Antiscientific attitudes: What happens when scientists are unscientific? *Journal of Clinical Psychology, 57*, 43-51.

Perkins, B. R. & Rouanzoin, C. C. (2002). A critical evaluation of current views regarding eye movement desensitization and reprocessing (EMDR): Clarifying points of confusion. *Journal of Clinical Psychology, 58*, 77-97.（抜き刷りは http://www.perkinscenter.net で入手可能）.

26. Boudewyns, P. A. & Hyer, L. A. (1996). Eye movement desensitization and reprocessing (EMDR) as treatment for post-traumatic stress disorder (PTSD). *Clinical Psychology and Psychotherapy,* 3, 185-195.

27. Pitman, R. K., Orr, S. P., Altman, B., Longpre, R. E., Poire, R. E. & Macklin, M. L. (1996). Emotional processing during eye-movement desensitization and reprocessing therapy of Vietnam veterans with chronic post-traumatic stress disorder. *Comprehensive Psychiatry, 37*, 409-418.

28. 注 23 を参照。

29. Eysenck, H. J. (1979). The conditioning model of neurosis. *Behavioral and Brain Sciences,* 2, 155-199.

30. 注 10 を参照。

31. Foa, E. B., Rothbaum, B. O., Riggs, D., & Murdock, T. (1991). Treatment of posttraumatic stress disorder in rape victims: A comparison between cognitive-behavioral procedures and counseling. *Journal of Consulting and Clinical Psychology, 59*, 715-723.

32. 注 26 を参照。

33. 注 27 を参照。

34. Daniels, N., Lipke, H., Richardson, R., & Silver, S. (1992, October). *Vietnam veterans treatment programs using eye movement desensitization and reprocessing.* Symposium presented at the annual meeting of the International Society for Traumatic Stress Studies, Los Angeles.

35. Marcus, S. V., Marquis, P., & Saki, C. (1997). Controlled study of treatment of PTSD using EMDR in an HMO setting. *Psychotherapy, 34*, 307-315.

Rothbaum, B. O. (1997). A controlled study of eye movement desensitization and reprocessing for posttraumatic stress disordered sexual assault victims. *Bulletin of the Menninger Clinic, 61*, 317-334.

Wilson, S. A., Becker, L. A., & Tinker, R. H. (1995). Eye movement desensitization and reprocessing (EMDR) treatment for psychologically traumatized individuals. *Journal of Consulting and Clinical Psychology, 63*, 928-937.

Wilson, S. A., Becker, L. A., & Tinker, R. H. (1997). Fifteen-month follow-up of eye movement desensitization and reprocessing (EMDR) treatment for PTSD and psychological trauma. *Journal of Consulting and Clinical Psychology, 65*, 1047-1056.

36. Butler, K. (1993). Too good to be true? *Family Therapy Networker, November/December*, 19-31. (p.24).

37. Shapiro, F. (2002). EMDR twelve years after its introduction: Past and future research. *Journal of Clinical Psychology, 58*, 1-22.

Shapiro, F. (2002). EMDR and the role of the clinician in psychotherapy evaluation: Towards a more comprehensive integration of science and practice. *Journal of Clinical Psychology, 58*, 1453-1463.

38. De Jongh, A., Ten Broeke, E., & Renssen, M. R. (1999). Treatment of specific phobias with eye movement desensitization and reprocessing (EMDR): Protocol, empirical status, and conceptual issues. *Journal of Anxiety Disorders, 13*, 69-85.

39. Brown, K. W., McGoldrick, T., & Buchanan, R. (1997). Body dysmorphic disorder: Seven cases treated with eye movement desensitization and reprocessing. *Behavioural & Cognitive Psychotherapy, 25*, 203-207.

40. Shapiro, F. (2001). ye movement desensitization and reprocessing: Basic principles, protocols and procedures (2nd ed.). New York: Guilford.

41. 注 7 を参照。

1　発見への旅　pp. 25-37

1. S. Rogers, "EMDR Reviews," Veterans Affairs Internet Forum, 1996.

2. F. Ryan, *The Forgotten Plague* (Boston: Little Brown, 1992).

3. F. Shapiro, "Eye Movement Desensitization and Reprocessing (EMDR): Evaluation of Controlled PTSD Research," *Journal of Behavior Therapy and Experimental Psychiatry 27* (1996): 209-218.

驚きかもしれないが、非常に有名な心理療法でも、研究による裏付けがまったくないまま、時には将来的に研究が行われる見込みもないまま、面接室に持ち込まれていることがある。私は 1987 年、EMDR を作り始めたころ、トラウマに関するあらゆる出版物に目を通した。その結果、PTSD の臨床治療に関する比較研究は、1 件しかないことがわかった（脱感作 45 セッションを行った場合と、まったく治療なしの場合を比較）。7 年も前に PTSD が特定され、診断マニュアルに分類されていたにもかかわらず、である。確かに、PTSD が心理的疾患として正式に認められた 1980 年以降、PTSD の原因、人口統計、理論に関する研究は、100 件以上発表されていた。1992 年（PTSD が分類されてから 13 年後）のある総説によると、比較研究は 11 件しか完了しておらず、そのうち 5 件は薬物療法を使ったものであった。そして、それらの研究結果には、大きな矛盾があった（注 5 を参照）。

続々とトラウマを受ける人の数を考えれば、科学的調査の欠如は、本当に恥ずべきことである。医療界もマネージド・ケア会社も、有効でコスト効果の高い治療方法を求めているのだから、効果研究にもっと資金を費やしてほしいと思う。EMDR の迅速な治療効果が注目を浴びるようになったせいもあって、現在では、他のトラウマ療法をすべて合わせたよりも多くの比較研究が EMDR について行われている（付録 B 参照）。EMDR の総合的な説明については、下記の論文参照。

F. Shapiro, ye Movement Desensitization and Reprocessing: Basic Principles, Protocols, and Procedures (New York: Guilford Press, 1995).

F. Shapiro, "Eye Movement Desensitization and Reprocessing (EMDR): Evaluation of Controlled PTSD Research," *Journal of Behavior Therapy and Experimental Psychiatry 27* (1996): 209-218.

4. S. Lazrove, L. Kite, E. Triffleman, T. McGlashan, and B. Rousavilie, "An Open Trial of EMDR in Patients with Chronic PTSD"（1995 年 11 月、米国マサチューセッツ州ボストンでの国際トラウマティックストレス学会の第 11 回年次会議で発表された論文）

S. Marcus, P. Marquis, & C. Sakai, "Eye Movement Desensitization and Reprocessing: A Clinical Outcome Study for Post-Traumatic Stress Disorder"（1996 年 8 月、カナダ・トロントでのアメリカ心理学会年次総会で発表された論文）

B. O. Rothbaum, "A Controlled Study of Eye Movement Desensitization and Reprocessing in the Treatment of Posttraumatic Stress Disordered Sexual Assault Victims," *Bulletin of the Menninger Clinic*, in press.

M. M. Scheck, J. A. Schaeffer, & C. S. Gillette, "Brief Psychological Intervention with Traumatized Young Women: The Efficacy of Eye Movement Desensitization and Reprocessing," *Journal of Traumatic Stress*, in press.

S. A. Wilson, L. A. Becker, and R. H. Tinker, "Eye Movement Desensitization and Reprocessing (EMDR) Treatment for Psychologically Traumatized Individuals," *Journal of Consulting and Clinical Psychology 63* (1995): 928-937.

S. A. Wilson, L. A. Becker, and R. H. Tinker, "15-Month Follow-up of Eye Movement Desensitization and Reprocessing (EMDR) Treatment for Psychological Trauma," *Journal of Consulting and Clinical Psychology*, in press.

5. S. D. Solomon, E. T. Gerrity, and A. M. Muff, "Efficacy of Treatments for Posttraumatic Stress Disorder," *Journal of the American Medical Association 268* (1992): 633-638.

6. 主流メディアの記事は論争の両者を煽りたてた。『*New York*』誌は、EMDR を見出しで「奇跡の治療法」と称える一方、小さな活字で「大げさか？」と疑念を示した。『*Psychology Today*』の記者は、EMDR を「複雑な世界で健全な精神を保つために、毎日辛いことをしたくない人のための簡単な治療」と呼んだ。『*Newsweek*』誌は、EMDR が「新たなプローザックか、がまの油か」と問いかけた。1994 年の『*Washington Post*』の記事は、EMDR を画期的な療法と呼ぶ心理学者と、EMDR を信じるのは UFO を信じるのと同じだという心理学者の言葉を引用した。しかし、時代の変化の兆候が見られたのは、翌年の追跡記事だった。それは、オクラホマシティーでの EMDR 治療を取材したもので、結果を全面的に肯定していた。もっと最近の新聞記事になると、その効果を認める一方、その理由が何かと問いかけている。

7. 付録 A 参照

8. N. Cousins, *Anatomy of an Illness* (New York: Norton 1979).

9. O. C. Simonton and J. Creighton, *Getting Well Again* (New York: Bantam Books, 1982).

2　基礎の確立　pp.39-58

1. J. L. Herman, *Trauma and Recovery* (New York: Basic Books, 1992).

2. J. Wolpe, *Psychotherapy by Reciprocal Inhibition* (Stanford Calif.: Stanford University Press, 1958).

3. SUD スケールは単純に見えるが、１つの記憶に対する即座の治療効果について、他のどんな測定方法より豊かな情報を与えてくれる。精神的健康の全体的な測定方法と呼ばれるものの多くは、被験者の人格、社会における一般的な態度や行動など、全体的な心理状態を評価することを目的としている。多くの辛い出来事を経験してきた人について、１セッションの EMDR が有効だったかどうかを測定するには、あまり役に立たない。複数の外傷体験（ブービー爆弾、尋問、脚の切断など）を持つ人の、１つの外傷体験（親友が自分の代わりに撃たれたのを目撃したなど）を治療して、全体的な精神的健康を測定するのは、燃えさかる火の中から丸太を１本引き出して、火事がまだ熱いかどうか見るようなものだ。SUD スケールなら、１本の丸太の温度を測ることができる。治療者は、今でも SUD スケールをその目的で、EMDR に組み込んでいる。SUD スケールでは、治療者もクライエントも、１回の治療が１回の出来事にどれだけ有効だったかを知ることができる。その後で、全体的な測定方法を使い、一連の EMDR セッションを含めた治療計画全体の効果を判断すればいいのだ。

4. F. Shapiro, "Efficacy of the Eye Movement Desensitization Procedure in the Treatment of Traumatic Memories," *Journal of Traumatic Stress Studies* 2 (1989): 199-223.

F. Shapiro, "Eye Movement Desensitization: A New Treatment for Post-Traumatic Stress Disorder," Journal of Behavior Therapy and Experimental Psychiatry 20 (1989): 211-217.

私は、他の心理学者が論文を読んで、EMDR の有効性について自分で研究しようと思ってくれればいいと願っていた。なぜなら､私の研究に弱点があったからだ。私は、EMDR を創始するとともに、研究中、被験者の治療も行ったが、そのことが被験者の反応に影響を与えた可能性があった。だから､私の研究結果の信頼性を、第三者に確かめてもらう必要があったのだ。私は、興味を持つ研究者が怒涛のように押し寄せると思っていたが、すぐには現れなかった。EMDR の効果を裏付ける研究が現れたのは、何年も後である。しかし、臨床家たちは、差し迫ったクライエントの治療に何かを必要としていた。EMDR に匹敵する結果を出した療法は他になかったので、私は、研究が終わるまでの間、「試験的治療」として臨床家たちに EMDR を教え始めた。

5. 現在では、300 人以上の被験者を使った 1 ダースもの比較研究で、EMDR の使用が支持されている。一貫した測定方法を使った結果、不安、うつ、身体化、侵入、回避など、多様な症状の緩和が実証されている。レイプ被害者に関する 1 つの EMDR 研究では、90%の被験者の PTSD が、わずか３セッションで消えたと報告されている。これは、EMDR 以外で唯一発表されている、レイプ被害者に関する研究と対照的である。その研究では、７セッションの後、被験者の 50%が脱落し、残りの 45%はまだ PTSD に苦しんでいた。

下記の論文参照。

S. D. Solomon, E. T. Gerrity, and A. M. Muff, "Efficacy of Treatments for Posttraumatic Stress Disorder," *Journal of the American Medical Association 268* (1992): 633-638.

別々の実験を比べているので、紛らわしい比較ではあるが、成功率の差は非常に示唆に富んでいる。このほか、麻薬を使用し、危険な性行動に手を染めている若い女性、若い男性性犯罪者、というハイリスク人口を対象とした２つの研究では、２～３回の EMDR セッションが、障害を緩和し、意識を高め、再犯の可能性を下げることが実証された。

最近、完了した EMDR 比較研究の 1 つは、定評ある *Journal of Consulting and Clinical Psychology* に発表された。この研究では、被験者の 84%が、わずか３回の EMDR セッションで PTSD から回復している。この結果は、15 カ月後のフォローアップでも裏付けられた。研究に参加した 80 人の被験者は、愛する人の死、不治の病の診断、レイプ、戦闘、自然災害、事故など、多様な体験をしていた。

健康管理組織であるカイザー・パーマネントが資金を提供した研究では、EMDR と標準的な治療法が比較された。ほとんどの EMDR 被験者の症状は５セッションで消えたが、標準的な治療法を受けた集団では、薬物治療、個別療法、集団療法を組み合わせた 11 回のセッションが終わっても、症状が消えなかった。この研究の結果、研究の行われた地域全体で EMDR を提供すれば、健康管理機関にとって年間 280 万ドルが削減できると推定された。EMDR の効果に関する他の研究については、付録 B を参照。

6. I. P. Pavlov, *Conditioned Reflexes* (New York: Liveright, 1927).

7. M. A. Carskadon, ncyclopedia of Sleep and Dreaming (New York: Macmillan, 1993).

8. J. Wolpe, *The Practice of Behavior Therapy*, 4th ed. (New York: Pergamon Press, 1991).

9. S. J. Ellman and J. S. Antrobus, *The Mind in Sleep* (New York: Wiley, 1991).

10. C. Hong, C. Gillin, G. A. Callaghan, and S. Potkin, "Correlation of Rapid Eye

Movement Density with Dream Report Length and Not with Movements in the Dream: Evidence Against the Scanning Hypothesis" *Annual Meeting Abstracts*, Association of Professional Sleep Societies, Poster 12, 1992.

11. M. S. Armstrong and K. Vaughan, "An Orienting Response Model of Eye Movement Desensitization," *Journal of Behavior Therapy and Experimental Psychiatry 27* (1996): 21-32.

M. J. MacCulloch, M. P. Feldman, and G. Wilkinson, "Eye Movement Desensitisation Treatment Utilizes the Positive Visceral Element of the Investigatory Reflex to Inhibit the Memories of Post Traumatic Stress Disorder: A Theoretical Analysis," *British Journal of Psychiatry 169* (1996): 571-579.

12. A. Arai and G. Lynch, "Factors Regulating the Magnitude of Long- Term Potentiation Induced by Theta Pattern Stimulation," *Brain Research 598* (1992): 173-184.

G. Barrionuevo, F. Schottler, and G. Lynch, "The Effects of Repetitive Low-Frequency Stimulation on Control and 'Potentiated' Synaptic Responses in the Hippocampus," *Life Sciences 27* (1980): 2385-2391.

13. F. Shapiro, ye Movement Desensitization and Reprocessing: Basic Principles, Protocols, and Procedures (New York: Guilford Press, 1995).

3　精神と剣　pp.59-81

1. R. A. Kulka, W. E. Schlenger, J. A. Fairbank, B. K. Jordan, R. L. Hough, C. R. Marmar, and D. S. Weiss, *Trauma and the Vietnam War Generation* (New York: Brunner/Mazel, 1990).

2. J. D. Kinzie and R. R. Goetz, "A Century of Controversy Surrounding Posttraumatic Stress-Spectrum Syndromes: The Impact on DSM-III and DSM-IV," *Journal of Traumatic Stress* 9 (1996): 159-179.

3. Z. Solomon, "Oscillating Between Denial and Recognition of PTSD," *Journal of Traumatic Stress* 8 (1995): 271-281.

4. R. A. Kulka et al., *Trauma and the Vietnam War Generation.*

5. S. D. Solomon, E. T. Gerrity, and A. M. Muff, "Efficacy of Treatments for Posttraumatic Stress Disorder," *Journal of the American Medical Association 268* (1992): 633-638.

6. E. W. McCranie, L. A. Hyer, P. A. Boudewyns, and M. G. Woods, "Negative Parenting Behavior, Combat Exposure, and PTSD Symptom Severity," *The Journal of Nervous and Mental Disease 180* (1992): 431-438.

7. セッションの早期、初めてその記憶を処置したころ、エリックは、射撃を要請したときのことを思い出す際、多少の恐怖を訴えていた。しかし、その恐怖は変化していた。今度の恐怖は、その夜のことを詳しく思い出せないことに対する恐怖だった。そして、他に何かしたかもしれない、覚えていないだけかもしれない、という別の恐怖に結びついていた。次に、手榴弾で吹き飛ばされたときの記憶をターゲットとしたとき、エリックは同じ恐怖を感じた。何が起こったのか、正確に思い出せなかったからである。結果が予見できないため、強い恐怖が体験に固定されていた。

手榴弾の記憶による恐怖を解決した後、射撃を要請する記憶を再度ターゲットとしたところ、般化効果が見られた。射撃要請の記憶に対する恐怖は、レベル６から「１または２」に低下し、やがて完全に解消されたようだった。異なる記憶や感情の間、記憶と行動の間にある複雑な結びつきは、最初の EMDR セッションの後、エリックの悪夢がなくなった事実にも現れている。「不必要な」死を引き起こしてしまったという２つの重要な記憶が、処理されたからである。

４　治療のあや　pp.83-101

1. F. Shapiro, ye Movement Desensitization and Reprocessing: Basic Principles, Protocols, and Procedures (New York: Guilford Press, 1995).

2. 一方、このような状況があるからといって、EMDR が自動的に不適切となるわけではない。私が治療したある女性は、妊娠していたが、出産を極度に恐れていた。彼女の経歴について話し合ってみると、その恐怖が彼女の幼少時代に起因することがわかった。彼女は８人兄弟の長子で、自分の母親のように若すぎる母親となることと、自分の赤ん坊が心の中で結びついていたのである。その恐怖は２回の EMDR セッションで解消され、彼女は心安らかに何事もなく妊娠、出産を乗り切った。同様に、未解決のトラウマによって常にストレスを感じている心臓病の患者は、EMDR によって一時的にストレスが高まる危険性はあるものの、癒されないトラウマが心臓に与える日常的なストレスに耐え続けるよりは、EMDR を使ったほうがいいかもしれない。

3. B. A. van der Kolk, “The Body Keeps the Score: Memory and the Evolving Psychobiology of Posttraumatic Stress,” *Harvard Review of Psychiatry* 1 (1994): 253-265.

4. 治療者は、患者の神経システムに有害な考えが固定されていると、どうして知るのだろうか？　行動を調べるのである。患者の経歴を調べ、いまだに強い感情的、身体的反応を引き起こす過去の出来事に注目する。たとえば、10 年以上前の出来事で、まだ苦痛を感じる記憶を思い出してほしい。当時の感情や感覚が、多少よみがえるだろうか？　自分について、どんな考えが浮かぶだろうか？　よく調べると、そのような考えに否定的な自己信念が含まれ、それが現在でも同様の状況になると否定的な反応を引き起こしているかもしれない。このような記憶と、それに起因する否定的な信念は、まだきちんと処理されていない。

5 多くの顔を持つ恐怖 pp.103-130

1. I. P. Pavlov, *Conditioned Reflexes* (New York: Liveright, 1927).
2. J. Wolpe, *The Practice of Behavior Therapy* (New York: Pergamon Press, 1990).
3. D. Wilson, S. M. Silver, W. Covi, and S. Foster, "Eye Movement Desensitization and Reprocessing: Effectiveness and Autonomic Correlates," *Journal of Behavior Therapy and Experimental Psychiatry 27* (1996): 219-229.
4. American Psychiatric Association, *Diagnostic and Statistical Manual of Mental Disorders*, (Washington, D.C.: American Psychiatric Association, 1994).

対人恐怖は、不安障害の 10 ～ 20%を占めている。しかし、対人恐怖症と診断されるには、たとえば、人前で話すことに対する恐怖のように、恐怖が日常生活の障害となる必要がある。多くの人は、恐怖症と診断されるほど、問題が生活に障害となっていない。たとえば、ある地域的な調査では、参加者の 20%が人前に出ることに対して過度の恐怖を訴えていたにもかかわらず、日常生活への支障が大きいとして恐怖症と診断されたのは２%だった。しかし、診断がないからといって、症状が軽くなるわけでは決してない。

5. A. Goldstein and U. Feske, "Eye Movement Desensitization and Reprocessing: An Emerging Treatment for Anxiety Disorders," *Anxiety Disorder Association of America Reporter* 4 (1993): 1, 12.

A. Goldstein and U. Feske, "Eye Movement Desensitization and Reprocessing for Panic Disorder: A Case Series," *Journal of Anxiety Disorders* 8 (1994): 351-362.

R. A. Kleinknecht, "Rapid Treatment of Blood and Injection Phobias with Eye Movement Desensitization," *Journal of Behavior Therapy and Experimental Psychiatry 24*, no. 3 (1993): 25-31.

H. Lipke, "Eye Movement Desensitization and Reprocessing (EMDR): A Quantitative Study of Clinician Impressions of Effects and Training Requirements," in F. Shapiro, ye Movement Desensitization and Reprocessing: Basic Principles, Protocols, and Procedures (New York: Guilford Press, 1995).

他の研究は、EMDR のトレーニングを終了していない（もしくは受けたことがない）研究者によって行われている。詳しくは、以下を参照。

F. Shapiro, "Eye Movement Desensitization and Reprocessing (EMDR): Research and Clinical Significance," in *The Evolution of Brief Therapy*, ed. W. Matthews and J. H. Edgette (New York: Brunner/Mazel, 1996), and F. Shapiro, "EMDR: Reflections from the Eye of a Paradigm Shift" (1996 年 8 月、カナダ・トロントで開かれた

104 回アメリカ心理学会年次総会における招待演説).

6. "Wiped Right Off the Map," *Time*, 18 June 1984, no. 25, p.30.

7. C. Tamarkin, "Tornado," *People Weekly*, 9 July 1984, 24-31.

6　夜を支配する恐怖　pp.131-153

1. R. J. Ross, W. A. Ball, N. B. Kribbs, A. R. Morrison, and S. M. Silver, "REM Sleep Disturbance as the Hallmark of PTSD"（1990 年 5 月、ニューヨークでの 143 回アメリカ精神医学会年次総会で発表された論文）.

R. J. Ross, W. A. Ball, N. B. Kribbs, A. R. Morrison, S. M. Silver, and F. D. Mulvanye, "Rapid Eye Movement Sleep Disturbance in Posttraumatic Stress Disorder," *Biological Psychiatry 35* (1994): 195-202.

R. J. Ross, W. A. Ball, K. A. Sullivan, and S. N. Caroff, "Sleep Disturbance as the Hallmark of Posttraumatic Stress Disorder," *American Journal of Psychiatry 146* (1989): 697-707.

フロイトと同世代のピエール・ジャネは、侵入的な PTSD 現象を「夢遊性クリーゼ」と呼んでいる。以下を参照。

B. S. van der Kolk and O. van der Hart, "Pierre Janet and the Breakdown of Adaptation in Psychological Trauma," *American Journal of Psychiatry 146* (1989): 1530-1540.

2. 次を参照。S. J. Eliman and J. S. Antrobus, *The Mind in Sleep* (New York: Wiley, 1991).

3. E. Aserinsky and N. Kleitman, "Regularly Occurring Periods of Eye Motility and Concomitant Phenomena During Sleep," *Science 118* (1953): 273-274.

4. 次を参照。M. L. Perlis and T. A. Nielsen, "Mood Regulation, Dreaming and Nightmares: Evaluation of a Desensitization Function for REM Sleep," *Dreaming* 3 (1993): 243-257.

5. D. Wilson, S. M. Silver, W. Covi, and S. Foster, "Eye Movement Desensitization and Reprocessing: Effectiveness and Autonomic Correlates," *Journal of Behavior Therapy and Experimental Psychiatry 27* (1996): 219-229.

6. R. Benca, W. Obermeyer, R. Thisled, and J. Gillin, "Sleep and Psychiatric Disorders: Meta-Analysis," *Archives of General Psychiatry 49* (1992): 651-668.

不安の増加は、記憶の合併に対する明らかな影響とともに、特に興味深い（下記の注 12 参照）。しかし、これまで信じられてきたように、一般的に REM 睡眠の剥奪が精神病の原因となるのではない。

7. S. Freud, *The Interpretation of Dreams* (New York: Penguin Books, 1900/1953).

8. J. A. Hobson and R. W. McCarley, "The Brain as a Dream State Generator: An Activation-Synthesis Hypothesis of the Dream Process," *American Journal of Psychiatry 134* (1977): 1334-1338.

9. J. A. Hobson, *Sleep* (San Francisco: Freeman, 1989).

10. J. Winson, "The Meaning of Dreams," *Scientfic American 262* (1990): 86-96.

J. Winson, "The Biology and Function of Rapid Eye Movement Sleep," *Current Opinion in Neurobiology* 3 (1993): 243-248.

11. 侵襲的な方法によって、同等の人間のシータ波を分離することはできない。しかし、ウィンソンは、覚醒状態および REM 睡眠中の急速眼球運動が、相補的な情報処理機能を反応している可能性があると述べている。以下を参照。

J. Winson, "The Meaning of Dreams," *Scientfic Amenican 262* (1990): 86-96.

12. A. Karni, D. Tanne, B. S. Rubenstein, J. J. Askenasi, and D. Sagi, "No Dreams, No Memory: The Effect of REM Sleep Deprivation on Learning a New Perceptual Skill," *Society for Neuroscience Abstracts 18* (1992): 387.

M. J. McGrath and D. B. Cohen, "REM Sleep Facilitation of Adaptive Waking Behavior: A Review of the Literature," *Psychological Bulletin 85* (1978): 24-57

13. B. A. van der Kolk, "The Body Keeps the Score: Memory and the Evolving Psychobiology of Posttraumatic Stress Disorder," *Harvard Review of Psychiatry* 1 (1994): 253-265.

サルにおいて、無意識のサッカード運動が海馬の大きな活性化を引き起こすことも興味深い。以下も参照。

J. L. Ringo, S. Sobotka, M. D. Diltz, and C. M. Bunce, "Eye Movements Modulate Activity in Hippocampal, Parahippocampal, and Inferotemporal Neurons," *Journal of Neurophysiology 71* (1994): 1285-1288.

14. C. Hong, C. Gillin, G. A. Callaghan, and S. Potkin, "Correlation of Rapid Eye Movement Density with Dream Report Length and Not with Movements in the Dream: Evidence Against the Scanning Hypothesis," *Annual Meeting Abstracts*, Association of Professional Sleep Societies, Poster 12, 1992.

15. P. Roffwarg, J. N. Muzio, and W. C. Dement, "Ontogenic Development of the Human Sleep-Dream Cycle," *Science 152* (1966): 604-619.

16. B. A. van der Kolk and R. E. Fisler, "Childhood Abuse and Neglect and Loss of Self-Regulation," *Bulletin of the Menningen Clinic 58* (1994): 145-168.

17. J. E. LeDoux, "Emotion, Memory, and the Brain," *Scientfic American*, June 1994, 50-57. 子どもが「自分をなだめる」技術を教えられる必要があるのは疑いのないことである。しかしこれは、赤ん坊が泣いているのを単に無視するのとは違う。

ベビーブーム世代を育てた母親の多くは、決まった時間に子どもに食事を与え、泣いても無視するよう教えられていた。私は、無数の子どもが暗闇でひとりぼっちで泣いている情景が常に頭を離れないし、それが心理学的、社会学的にどんな影響を与えるのだろうかと思う。確かに、私が出会った多くの人は、最も辛い喪失感と恐怖というと、「暗闇で孤独に泣いている」情景を思い出した。そんな時、みんなそうだ、みんな暗闇で寂しいんだと言うと、役に立つこともあった。

18. P. D. MacLean, *A Triune Concept of the Brain and Behavior* (Toronto, Canada: University of Toronto Press, 1978).

B. A. van der Kolk, *Psychological Trauma* (Washington, D.C.: American Psychiatric Press, 1987).

19. J. C. Pearce, volution's End (San Francisco: HarperCollins, 1993).

20. M. Kramer, "The Nightmare: A Failure in Dream Function," *Dreaming* 1991): (1 277-285.

21. 次を参照。M. L. Perils and T. A. Nielsen, "Mood Regulation, Dreaming and Nightmares: Evaluation of a Desensitization Function for REM Sleep," *Dreaming* 3 (1993): 243-257.

22. J. Gibson, "Nightmares and Night Terrors," Parents 66 (1991): 159. J. Rosemond, "Night Terrors. " *Better Homes and Gardens 71* (1991): 38.

M. Sacks, "In Dread of Night," *San Jose Mercury News*, 23 January 1966, 1461D-1462D.

23. 参照。van der Kolk and Fisler, "Childhood Abuse and Neglect," 145-168.

24. 本章の前半で REM 睡眠について読んだ人は、「音や手を使うことができるなら、REM 睡眠の仮定は間違っているはずだ」と思うだろう。しかし、そうとも限らない。REM と EMDR はよく似ているが、他の種類の刺激を使えるからといって、必ずしも REM 中に起こる同じプロセスが刺激されていないわけではない。言い換えれば、睡眠中の身体は、外部の音や手の動きを生じさせることができない。運動ニューロンが使えないため、生理学的に自由に生成できるのは眼球運動だけなのだ。もちろん起きていれば、他の選択肢もある。必要なのは、苦痛の材料を処理するために皮質機能を刺激することである。皮質機能は、刺激の性質に関係なく、２つに注意を払うプロセスで活性化されるのかもしれない。今後の要因分析研究で、多くのことがわかるだろう。しかし、EMDR は、多くのモダリティーの側面を統合した複合的な療法であるため、たとえ刺激なしでも治療効果が期待される。したがって、要因分析は非常に慎重に行われる必要がある。以後を参照。

F. Shapiro, ye Movement Desensitization and Reprocessing: Basic Principles, Protocols, and Procedures (New York: Guilford Press, 1995).

25. 参照。Shapiro, ye Movement Desensitization and Reprocessing. Basic Principles, Protocols and Procedures (New York: Guilford Press, 1995).

26. 次を参照。R. A. Drake, "Processing Persuasive Arguments: Recall and Recognition as a Function of Agreement and Manipulated Activation Asymmetry," *Brain and Cognition 15* (1993): 83-94.

27. 長年の脳梁離断研究は、異なる半球に追いやられた機能、記憶処理、記憶保存における違いを明確に示している。以下を参照。

R. Joseph, *The Right Brain and the Unconscious* (New York: Plenum Press, 1992).

EMDR で交互に注意を向けることは、機能、記憶、適応効果の統合を促進するかもしれない。

7　人と人の絆　pp.155-180

1. A. Anastasi, “Heredity, Environment, and the Question ‘How?’” *Psychological Review 65* (1958): 197-208.

L. Eisenberg, "The Social Construction of the Human Brain," *American Journalof Psychiatry 152* (1995): 1563-1575.

2. F. J. Kallmann, The Genetics of Schizophrenia (New York: Augustin, 1938). F. J. Kallmann, “The Genetic Theory of Schizophrenia: An Analysis of 691 Schizophrenic Twin Index Families,” *American Journal of Psychiatry 103* (1946): 309-322.

3. 統合失調症を発症する人の過半数は、近親者に同じ障害を持つ人がいない。また、遺伝のみが統合失調症の原因であるならば、一卵性双生児で高い一致が見られるはずである（つまり、１人が発症すれば、もう１人も発症する）。しかし、確かに平均的な集団もしくは二卵性双生児に比べて一致の割合は高いが、30％未満である。遺伝以外の要因も、明らかに存在する。

M. L. Kohn, “Social Class and Schizophrenia: A Critical Review and a Reformulation,” *Schizophrenia Bulletin* 7 (1973): 60-79.

D. Rosenthal, “The Heredity-Environment Issue in Schizophrenia: Summary of the Conference and Present State of Our Knowledge,” in *The Transmission of Schizophrenia*, ed. D. Rosenthal and S. S. Kety (Oxford, England: Pergamon Press, 1968).

4. A. J. Sameroff R. Seifer, and M. Zax, “Early Development of Children at Risk for Emotional Disorder,” in *Monographs of the Society for Research in Child Development,* vol.47, no.7 (Chicago: University of Chicago Press, 1982).

5. EMDRによって集められた情報は、1968年の「統合失調症の伝染に関する会議」で提示された「どんな環境要因が、遺伝子的に弱い人において障害を発現させるのか？　それがなぜ心理学的に重要なのか？」という、アーレンマイヤーキムリング博士の重要な質問に答える役に立つかもしれない。

6. A. J. DeCasper and M. J. Spence, “Prenatal Maternal Speech Influences Newborns’ Perceptions of Speech Sounds,” *Infant Behavior and Development* 9 (1986): 133-150.

子宮内の環境は、動機と行動にも直接的な影響を与える。たとえば、フランス人の新生児は、他の言語ではなくフランス語を聞いたときに強く吸うことがわかっている。

J. Mehler, P. W. Jusczyk, and G. Lambertz, “A Precursor to Language Development in Young Infants,” *Cognition 291* (1988): 143-178.

7. 彼のストレス感受性の一部は、胎児性アルコール効果が原因で特定の条件に過敏であることから来るのかもしれない。

8. S. H. Dinwiddie and C. R. Cloninger, “Family and Adoption Studies in

Alcoholism and Drug Addiction," *Psychiatric Annals 21* (1991): 206-214.

K. S. Kendler, A. C. Heath, M. C. Neale, R. C. Kessler, and L. J. Eaves, "A Population-Based Twin Study of Alcoholism in Women," *Journal of the American Medical Association 2681* (1992): 1877-1882.

9. Sameroff Seifer, and Zax, "Early Development of Children at Risk for Emotional Disorder. "

10. D. M. Bullard, H. H. Glaser, M. C. Heagarty, and E. C. Pivcheck, "Failure to Thrive in the Neglected Child," *American Journal of Orthopsychiatry 37* (1967): 680-690.

11. D. Calof, "Self-Injurious Behavior: Treatment Strategies"（1992年6月、米国バージニア州アレクサンドリアで開かれた第4回「虐待と多重人格に関する東部会議」で発表された論文）

12. ジョーンは、アシュリーに対し、眼球運動と同時に言葉を与えているが、これは催眠療法と同じではない。催眠療法の場合、EEGの値は、アルファ波、ベータ波、シータ波の増加が見られ、被暗示性が高くなる。ショーの催眠術師は、人をイヌのように吠えさせたり、ニワトリのように歩かせたりすることができる。しかし、EMDR治療中の人のEEG値には、そのような脳波のパターンがない。患者の脳波は、通常の起きている時の範囲内である。EMDRでは、人は完全に意識を持っており、実際、間違った情報に対しては通常より暗示にかかりにくい。ジョーンの言葉は、正しかったのである。間違っていれば、アシュリーは、怒って拒否したであろう。過去7年間に、EMDRを何千人もの患者に使用した医師たちからの報告によれば、常にそれは真実である。EMDRは、適切な考えや感情を妨害することはなく、真実でないことを人に信じさせることはない。

8　レイプによる傷を癒やす　pp.181-200

1. M. Amir, *Patterns in Forcible Rape* (Chicago: University of Chicago Press, 1971).

J. V. Becker and G. G. Abel, "The Treatment of Victims of Sexual Assault," *Quarterly Journal of Corrections* 1 (1977): 38-42.

A. W. Burgess, "Rape Trauma Syndrome," *Behavioral Science and the Law* 1 (1983): 97-113.

D. Chappell, G. Geis, and F. Fogarty, "Forcible Rape: Bibliography," *Journal of Criminal Law and Criminology 65* (1974): 248-263.

E. Midlarsky, *Women, Psychopathology, and Psychotherapy: A Partially Annotated Bibliography* (Journal Supplement Abstract Service, ms. 1472, American Psychological Association, 1977).

S. Schafer, *The Victim and His Criminal* (New York: Random House, 1968).

H. von Hentig, *The Criminal and His Victim* (New Haven, Conn.: Yale University Press, 1948).

2. A. W. Burgess and L. L. Holmstrom, "Rape Trauma Syndrome," *Archives of General Psychiatry 13* (1974): 981-986.

M. A. Largen, "History of the Women's Movement in Changing Attitudes, Laws, and Treatment Toward Rape Victims," in *Sexual Assault*, ed. M. J. Walker and S. L. Brodsky (Lexington, Mass.: Heath, 1976).

3. American Psychiatric Association, *Diagnostic and Statistical Manual of Mental Disorders*, 3rd ed., rev. (Washington, D.C.: American Psychiatric Association, 1987).

4. S. D. Solomon, E. T. Gerrity, and A. M. Muff, "Efficacy of Treatments for Posttraumatic Stress Disorder," *Journal of the American Medical Association 268* (1992): 633-638.

5. D. G. Kilpatrick, L. J. Veronen, and C. L. Best, "Factors Predicting Psychological Distress Among Rape Victims," in *Trauma and Its Wake*, ed. C. R. Figley (New York: Brunner/Mazel, 1985).

M. P. Koss, "Implications for the Clinical Treatment of Victims," *The Clinical Psychologist 36* (1983): 88-91.

6. D. G. Kilpatrick and H. S. Resnick, "PTSD Associated with Exposure to Criminal Victimization in Clinical and Community Populations," in *Posttraumatic Stress Disorder: DSMIV and Beyond*, ed. J. R. T. Davidson and E. B. Foa (Washington, D.C.: American Psychiatric Press, 1993).

7. It is now estimated that between 10 and 50 percent of the women in the United States will be assaulted at some point in their lives.

B. L. Green, "Psychosocial Research in Traumatic Stress: An Update," *Journal of Traumatic Stress* 7 (1994): 341-362.

D. G. Kilpatrick and C. L. Best, "Some Cautionary Remarks on Treating Sexual Assault Victims with Implosion," *Behavior Therapy 15* (1984): 421-423.

8. A. W. Burgess and L. L. Holmstrom, "Adaptive Strategies and Recovery from Rape," *American Journal of Psychiatry 136* (1979): 1278-1282.

B. L. Green, "Psychosocial Research in Traumatic Stress: An Update," *Journal of Traumatic Stress* 7 (1994): 341-362.

T. W. McCahill, L. C. Meyer, and A. M. Fishman, *The Aftermath of Rape* (Lexington, Mass.: Heath, 1979).

9. Spontaneous remission is recovery that occurs without treatment, usually within one to three months after the trauma.

D. G. Kilpatrick, L. J. Veronen, and P. A. Resick, "The Aftermath of Rape: Recent Empirical Findings," *American Journal of Orthopsychiatry 49* (1979): 658-659.

10. E. B. Foa, B. O. Rothbaum, D. S. Riggs, and T. B. Murdock, "Treatment of Post-Traumatic Stress Disorder in Rape Victims: A Comparison Between Cognitive-Behavioral Procedures and Counseling," *Journal of Consulting and Clinical Psychology 59* (1991): 715-723.

11. R. Janoff-Bulman, *Shattered Assumptions* (New York: Free Press, 1992).

12. J. L. Krupnick and M. J. Horowitz, "Stress Response Syndromes: Recurrent Themes," *Archives of General Psychiatry 38* (1981): 428-435.

13. B. A. van der Kolk, "The Body Keeps the Score: Memory and the Evolving Psychobiology of Posttraumatic Stress," *Harvard Review of Psychiatry* 1 (1994): 253-265.

14. S. A. Wilson, L. A. Becker, and R. H. Tinker, "Eye Movement Desensitization and Reprocessing (EMDR) Treatment for Psychologically Traumatized Individuals," *Journal of Consulting and Clinical Psychology 63* (1995): 928-937.

S. A. Wilson, L. A. Becker, and R. H. Tinker, "15-Month Follow-up of Eye Movement Desensitization and Reprocessing (EMDR) Treatment for Psychological Trauma," *Journal of Consulting and Clinical Psychology*, in press.

9　悲しみに安らかな眠りを　pp.201-235

1. G. Everley, ed., *Innovations in Disaster and Trauma Psychology* (Elliot City, Md.: Chevron Publishing, 1995).

2. 現在、EMDR は、米国の警察に所属する多くの心理学者に使用されている。しかし、多くの場合、殺人の直後には使用されない。なぜなら、EMDR が記憶を薄れさせたり、永久に消してしまったりすることがあるからである。何が起こったかは覚えているものの、外傷的記憶があいまいになったり、変わったりすれば、裁判所における警察官の証言や、犯罪現場の詳しい描写と食い違う恐れがある。EMDR によって感情の解決が可能であるにもかかわらず、警察官は、裁判が終わるまで苦しまねばならないかもしれない。EMDR の結果、描写があいまいになり、感情が解決される可能性は、法廷で証言する証人についても考慮される必要がある。

3. 救急隊員、救急医療従事者の問題は、死んだり、傷ついたりした人が、愛する人に似ている場合に、劇的に深刻化することが多い。

4. S. Zisook and R. DeVaul, "Grief, Unresolved Grief, and Depression," *Psychomatics 24* (1983): 247-256.

5. T. Rando, *Treatment of Complicated Mourning* (Champaign, Ill.: Research Press, 1993).

これは、複雑な、あるいは複雑でない死別両方の概観と回復の過程を、総合的に記述した優れた本である。EMDR が、覚えておかねばならないことや、経験しなければならない過程を奪うことはない。ランドー博士が説明する回復段階および嘆きの６つの主要プロセスは、本章に紹介した記録にあるように、完全かつ自然に述べられている。

6. ミアは、非常に意味深い認識を言葉にしている。しかし、強調しておくが、臨床的にも実証的にも、人にとって子どもの死は最も辛い喪失であり、他のどんな家族の喪失よりも大きな意味を持つことが実証されている。死別が複雑化する危険性が高いことは、言うまでもない。しかし、喪失を受入れることは可能である。ミアは、回復し、信仰を見つけた後、すべてがつながっていたのだと悟り、「なぜ」の部分に悩むことはなかった。EMDRは、単に苦痛の「脱感作」を行うだけではない。体験を再処理するのである。私は、他の母親が自分の認識を次のように表現するのを聞いたことがある。「彼は、私の心の中にいます。一緒にいられたことを、本当に感謝しています。彼は今、もっといいところにいます」

10　中毒の泥沼から抜け出す　pp.237-266

1. J. Davidson, D. Hughes, D. Blazer, and L. George, “Post-Traumatic Stress Disorder in the Community: An Epidemiological Study,” *Psychological Medicine 21* (1991): 713-721.

2. たとえば、研究によれば、戦闘によるPTSD患者の約75％が、深刻な薬物乱用者でもある。PTSD患者の他の集団では、その率はまちまちである。しかし、複数の研究によると、PTSDを発症した戦闘と性的暴行の被害者の50％は、今も障害に苦しんでいる。米国の一般的な人口におけるPTSDの罹患率は9％である。被害者は、アルコール、コカイン、覚醒剤、ヘロイン、さらには食べ物などで、痛みを鎮めようとすることが多い。関連の研究については、以下参照。

B. L. Green, “Psychosocial Research in Traumatic Stress: An Update,” *Journal of Traumatic Stress* 7 (1994): 341-362.

以下は、トラウマと薬物乱用の関係を説明した優れた論文である。

J. E. Zweben, W. Clark, and D. E. Smith, “Traumatic Experiences and Substance Abuse: Mapping the Territory,” *Journal of Psychoactive Drugs 26* (1994): 327-344.

3. S. Brown, “Alcoholism and Trauma: A Theoretical Overview and Comparison,” *Journal of Psychoactive Drugs 26* (1994): 345-355.

4. D. Goodwin, “Is Alcoholism Hereditary? ” *Archives of General Psychiatry 25* (1971): 545-549.

M. Schuckit and J. Duby, “Alcohol-Related Flushing and the Risk for Alcoholism in the Sons of Alcoholics,” *Journal of Clinical Psychiatry 43* (1982): 415-518.

5. C. R. Cloninger, “Genetic and Environmental Factors in the Development of Alcoholism,” *Journal of Psychiatric Treatment Evaluation* (special issue on alcoholism, ed. S. Blume, 1983).

6. シルケは、エイミーを正式に回避性人格障害と診断した。人格障害とは、人が苦痛を最小限に抑えるために、長期ににわたる機能障害もしくは行動パターンを発現することを指す。たとえば、だれでも拒絶されるのは怖いが、エイミーはあまりにも過敏なために、拒絶されないと100％確信しない限り、いかなる人間関係も築くことができなかった。エイミーの長期にわたるうつ状態は、回避性人格障害の1つの側面であり、薬物乱用の一般的な要因である。

7. 処理の促進は、学習の促進にもつながる。EMDRは、人に新しい技能や行動を教え、将来に備えるためにも使用されている。クライエントは、行動の概念と理由を確実に知的に理解した後、眼球運動を数セット続けながら、必要な手順を踏んでいることをイメージする。これで、実際に同じ状況が起こったとき、うまく対処できることになる。

8. D. Finklehor and D. Dziuba-Leatherman, "Victimization of Children," *American Psychologist 49* (1994): 173-183.

D. Finklehor, G. Hotaling, I. A. Lewis, and C. Smith, "Sexual Abuse in a National Survey of Adult Men and Women: Prevalence, Characteristics, and Risk Factors," *Child Abuse and Neglect 14.* (1990): 191-228.

この全国調査は、成人男性の16％、成人女性の27％が、子ども時代に性的虐待を経験していることを示している。性的虐待の増加は、記憶の信頼性に関する最近の論争によって複雑化している。確かに、患者の記憶の絶対確実性について間違った情報を与える臨床家によって、患者が誤ったことを信じ込まされてしまうこともある。実際、第三者による裏付けがない限り、忘れていた古い過去の虐待の新しく現れた「記憶」やイメージが事実として正しいと考えることはできない。しかし、加害者が虐待を否定することによって、被害者が間違って導かれることもある。酔って意識がないなど、解離状態のときに虐待が起こった場合、加害者が心から否定していることもある。完全にしらふのときには、そんなことをしたなどと想像できず、咎められると真剣に怒る。薬物乱用は、暴力の原因となることが多く、その影響も及ぼしやすい。暴力と暴行の連鎖が生まれ、次の世代でも同じ問題を引き起こす。

幸運なことに、EMDRでは、記憶が事実として正しかったかどうか知る必要はない。クライエントに苦痛を与える情景を、再処理すればいいだけである。記憶が正しかろうと、代理外傷の産物（目撃体験など）であろうと、まったくの間違いであろうとかまわない。正しさに関係なく、クライエントに与える悪影響を取り除くことが目的である。

9. C. Downing, "Surrender to Powerlessness and Its Relationship to Relapse in Recovering Alcoholics" (Ph.D. diss., Saybrook Institute, San Francisco, 1991). Cited in R. H. Kitchen, "Relapse Therapy," MDR Newsletter 1 (1991): 4-6.

10. B. O. Rothbaum, "How Does EMDR Work? " *Behavior Therapist 15* (1992): 34.

11　最後の扉　pp.267-292

1. どんな外傷体験でも、その中心は恐怖、さらには死に対する恐怖である。不安、怒り、悩みという極めて辛い反応の明白な理由に関係なく、進化的観点から言えば、すべて生存が脅かされるという原始的な恐怖に煮詰められるように思う。この恐怖は、客観的には生命を脅かさない状況においてさえ、発生するようである。そうでなければ、小学校でバカにされたとか、夏休みのキャンプで置いてきぼりになったときの強烈な反応を説明しようがない。失業すると、なぜ橋の下で飢え死にすることを想像するのか？　関係が崩れると、なぜひとりで愛されずに死ぬことを想像するのか？　幸福が脅かされたときに常に鳴り出す生存警報が、人間の生理機構に組み込まれているからではないか？　昔は、群れから追い出されることが死を意味したから、恐らく似たような体験が同様の感情反応を引き起こすのだろう。

これはすべて理論の域を出ない。しかし、身体的な重いけがや病気ほど、死に対する恐怖を明確に呼び覚ますものはない。身体的な状態が生命にかかわらない限り、病気の人がPTSDと臨床的に診断されることはない。しかし、心理的な影響は、やはり痛烈な場合がある。自分の体が加害者で、自分が逃げられないと考えることで、状況が悪化することもよくある。

2. 複数の要素の相互作用は、明らかにある。遺伝は、人を特定の病気に弱くする。心臓発作を起こしやすい人もいるし、肺の病気や癌にかかりやすい人もいる。毒性物質、放射能などの環境要因も、影響を与えることがある。臨床的な根拠を見れば、心理的な要因が関係することも明らかである。健全な免疫システムは、通常、病気を防ぐことができるが、免疫システムが何らかの要因、たとえば慢性あるいは急性の心理的ストレスによって抑制されれば、病気を防ぐことができない可能性がある。

N. Cousins, *Anatomy of an Illness* (New York: Norton, 1979).

N. Cousins, *Head First: The Biology of Hope* (New York: Norton, 1989).

K. R. Pelletier, *Mind as Healer, Mind as Slayer* (New York: Delacorte, 1977).

E. L. Rossi, *The Psychobiology of Mind-Body Healing* (New York: Norton, 1986).

B. Siegal, *Peace, Love and Healing* (New York: Harper & Row, 1989).

G. Solomon and L. Temoshok, "An Intensive Psychoimmunologic Study of Long-Surviving Persons with AIDS," *Annals of the New York Academy of Science 496* (1987): 647-655.

3. IV段階とも呼ばれる。

4. 不安、うつ、侵入的な思考、動揺しやすい傾向はすべて、命を脅かす病気にかかったときの臨床像の一部である。多くの人は、無力感とともに、診断を受けた瞬間のイメージが侵入してくるのに悩まされる。医師の無神経な態度、もしくは悲しげな表情によって、患者が死を宣告されたように感じることもある。このようなイメージは、EMDR セッションの最初のターゲットとなることが多い。病気は、継続的なトラウマとなることがあるため、EMDR を、前回の治療から続いている障害、あるいは将来に備えるために使うことも可能である。また、病気を抱える多くの人にとっては、家族や友人とのやりとりが問題となることもある。最も頼りにしている人が状況に対処できず、事態を悪化させる場合もある。癌患者は、自分に高い優先順位を置くことが重要である。それは、簡単ではないかもしれない。人の面倒を見なくなるのが、初めてかもしれないからである。

5. O. C. Simonton and J. Creighton, *Getting Well Again* (New York: Bantam Books, 1982).

6. ウイルスを防ぐＴ細胞数は、通常 800 ～ 1300 である。通常、AIDS の症状は、Ｔ細胞数が 200 以下になるまで発現しない。

12　将来の展望　pp.293-316

1. 1996 年６月、『*Archives of General Psychiatry*』の５件の論文が、メンタルヘルスと犯罪の関係を示した。たとえば、裁判を待つ約 1,300 人の女性のうち、80％が精神病の経歴を持ち、70％が過去６カ月以内に心理的障害の徴候を見せていた。大部分の人は、立証済みの性的虐待の経歴など、トラウマにさらされた可能性も高いことが示された。論説は、「暴力、犯罪、精神病の関係は……看過できない」と警告している。

犯罪防止プログラムで外傷記憶を治療すれば、暴力と犯罪の発生率に大きな効果があるだろうか？　一部の EMDR 研究者の目標の１つは、刑務所のシステムおよび都心部の犯罪防止プログラムで EMDR を使用する可能性を調べるために、大規模な研究を開始することである。これは、EMDR 救援サービスの世界的な提供に努める非営利団体、EMDR 人道的支援プログラムの援助を受けた特別プロジェクトである（付録Ａ参照）。

2. デヴィッド・プライス牧師は、次のように述べている。「小児性愛者に関する小さなテスト結果を裏付けるために、現在、広範囲にわたる科学的な研究が、現在準備されている。EMDR プロトコルは、古い外傷体験の再処理方法としてだけでなく、犯罪行動パターンを効果的に止める積極的介入として期待が持てる。施設に勤務する牧師として、私は身体が本来、神聖なものであり、EMDR によって神に与えられた回復能力が発現すると考えている」。このように、信仰と科学が一体化することもある。犯罪もしくはハイリスク行動を変える、もしくは止めることに関する同様のレポートは、米国中から寄せられている。２件の小規模な研究で仮説が試されており（付録Ｂ参照）、さらなる研究が期待される。しかし私は、牧師が正しいと信じている。EMDRは、確かに希望を与えるものだ。

付録D　pp.350-358

1. De Jongh, A., Ten Broeke, E., & Renssen, M. R. (1999). Treatment of specific phobias with eye movement desensitization and reprocessing (EMDR): Protocol, empirical status, and conceptual issues. *Journal of Anxiety Disorders, 13*, 69-85.

2. De Jongh, A., van den Oord, H. J. M., & Ten Broeke, E. (2002). Efficacy of eye movment desensitization and reprocessing (EMDR) in the treatment of specific phobias: Four single-case studies on dental phobia. *Journal of Clinical Psychology, 58*, 1489-1503.

3. Marks, I., Lovell, K., Noshirvani, H., Livanou, M., & Thrasher, S. (1998) Treatment of post-traumatic stress disorder by exposure and/or cognitive restructuring. *Archives of General Psychiatry, 55*, 317-325.

4. Muris, P. & Merckelbach, H. (1997). Treating spider phobics with eye movement desensitization and reprocessing: A controlled study. *Behavioral and Cognitive Psychotherapy, 25*, 39-50.

5. Muris, P., Merckelbach, H., van Haaften, H., & Nayer, B. (1997). Eye movement desensitization and reprocessing versus exposure in vivo. *British Journal of Psychiatry, 171*, 82-86.

6. Muris, P., Merckelbach, H., Holdrinet, I., & Sijsenaar, M. (1998). Treating phobic children: Effects of EMDR versus exposure. *Journal of Consulting and Clinical Psychology, 66*, 193-198.

7. Shapiro, F. (1999). Eye movement desensitization and reprocessing (EMDR) and the anxiety disorders: Clinical research implications of an integrated psychotherapy treatment. *Journal of Anxiety Disorders, 13*, 35-67.

8. 注1を参照。

9. Feske, U. & Goldstein, A. (1997). Eye movement desensitization and reprocessing treatment for panic disorder: A controlled outcome and partial dismantling study. *Journal of Consulting and Clinical Psychology, 36*, 1026-1035.

10. Goldstein, A. & Feske, U. (1994). Eye movement desensitization and reprocessing for panic disorder: A case series. *Journal of Anxiety Disorders, 8* , 351-362.

11. 注9を参照。

12. Goldstein, A. J., de Beurs, E., Chambless, D. L., & Wilson, K. A. (2000). EMDR for panic disorder with agoraphobia: Comparison with waiting-list and credible attention-placebo control condition. *Journal of Consulting and Clinical Psychology, 68*, 947-956.

13. Shapiro, F. (2001). ye Movement Desensitization and Reprocessing: Basic

Principles, Protocols, and Procedures (2nd ed.). (pp.362-363). New York: Guilford.

14. Shapiro, F. (1995). ye Movement Desensitization and Reprocessing: Basic Principles, Protocols, and Procedures. New York: Guilford.

15. Shapiro, F. (1989). Eye movement desensitization: A new treatment for post-traumatic stress disorder. *Journal of Behavior Therapy and Experimental Psychiatry, 20*, 211-217.

16. Shapiro, F. (1989). Efficacy of the eye movement desensitization procedure in the treatment of traumatic memories. *Journal of Traumatic Stress,* 2 , 199-223.

17. 注 15 を参照。

18. 注 16 を参照。

19. Antrobus, J. S. (1973). Eye movements and non-visual cognitive tasks. In V. Zikmund (Ed.), *The oculomotor system and brain functions* (pp.354-368). London: Butterworths.

20. Antrobus, J. S., Antrobus, J. S., & Singer, J. (1964). Eye movements, accompanying daydreams, visual imagery, and thought suppression. *Journal of Abnormal and Social Psychology, 69*, 244-252.

21. Chemtob, C. M., Tolin, D. F., van der Kolk, B. A., & Pitman, R. K. (2000). Eye movement desensitization and reprocessing in E. A. Foa, T. M. Keane & M. J. Friedman (Eds.), Effective treatments for PTSD: Practice guidelines from the International Society for Traumatic Stress Studies. New York: Guilford.

22. Kazdin, A. E. (1994). Methodology, design, and evaluation in psychotherapy research. In A. E. Bergin & S. L. Garfield (Eds.), *Handbook of psychotherapy and behavior change* (4th ed., pp.19-71). New York: Wiley.

Kazdin, A. E. (1998). *Research design in clinical psychology* (3rd ed.). Needham Heights, MA: Allyn & Bacon.

Kazdin, A. E. & Bass, D. (1989). Power to detect differences between alternative treatments in comparative psychotherapy outcome research. *Journal of Consulting and Clinical Psychology, 57*, 138-147.

23. 注 21 を参照。

24. Wolpe, J. (1990). *The practice of behavior therapy* (4th ed.). New York: Pergamon Press.

25. Davidson, P. R. & Parker, K. C. H. (2001). Eye movement desensitization and reprocessing (EMDR): A meta-analysis. *Journal of Consulting and Clinical Psychology, 69*, 305-316.

26. Montgomery, R. W. & Ayllon, T. (1994). Eye movement desensitization across subjects: Subjective and physiological measures of treatment efficacy. *Journal of Behavior Therapy and Experimental Psychiatry, 25*, 217-230.

27. Lohr, J. M., Tolin, D., & Kleinknecht, R. A. (1995). An intensive investigation of eye movement desensitization of medical phobias. *Journal of Behavior Therapy and Experiemental Psychiatry, 26*, 141-151.

28. Lohr, J. M., Tolin, D. F., & Kleinknecht, R. A. (1996). An intensive investigation of eye movement desensitization of claustrophobia. *Journal of Anxiety Disorders, 10,* 73-88.

29. Acierno, R., Tremont, G., Last, C., & Montgomery, D. (1994). Tripartite assessment of the efficacy of eye-movement desensitization in a multi-phobic patient. *Journal of Anxiety Disorders,* 8 , 259-276.

30. Devilly, G. J., Spence, S. H., & Rapee, R. M. (1998). Statistical and reliable change with eye movement desensitization and reprocessing: Treating trauma with a veteran population. *Behavior Therapy, 29,* 435-455.

31. Renfrey, G. & Spates, C. R. (1994). Eye movement desensitization and reprocessing: A partial dismantling procedure. *Journal of Behavior Therapy and Experimental Psychiatry, 25,* 231-239.

32. 注 22 を参照。

33. 注 30 を参照。

34. Boudewyns, P. A. & Hyer, L. A. (1996). Eye movement desensitization and reprocessing (EMDR) as treatment for post-traumatic stress disorder (PTSD). *Clinical Psychology and Psychotherapy,* 3 , 185-195.

35. Pitman, R. K., Orr, S. P., Altman, B., Longpre, R. E., Poire, R. E. & Macklin, M. L. (1996). Emotional processing during eye movement desensitization and reprocessing therapy of Vietnam veterans with chronic post-traumatic stress disorder. *Comprehensive Psychiatry, 37,* 419-429.

36. Carrigan, M. H. & Levis, D. J. (1999). The contributions of eye movements to the efficacy of brief exposure treatment for reducing fear of public speaking. *Journal of Anxiety Disorders, 13,* 101-118.

Sanderson, A. & Carpenter, R. (1992). Eye movement desensitization versus image confrontation: A single-session crossover study of 58 phobic subjects. *Journal of Behavior Therapy and Experimental Psychiatry, 23,* 269-275.

以上は、無症状の集団に対して行った要因分析のうち、2つの例にすぎない。このような種類の分析に関する総合的な議論、および提案される研究パラメータについては、以下を参照。

Shapiro, F. (2001). ye movement desensitization and reprocessing: Basic principles, protocols, and procedures. New York: Guilford.

37. 注 21 を参照。

38. Andrade, J., Kavanagh, D., & Baddeley, A. (1997). Eye-movements and visual imagery: A working memory approach to the treatment of post-traumatic stress disorder. *British Journal of Clinical Psychology, 36,* 209-223.

39. Lipke, H. (2000). MDR and Psychotherapy Integration. Boca Raton, FL: CRC Press.

40. Bergmann, U. (2000). Further thoughts on the neurobiology of EMDR: The role of the cerebellum in accelerated information processing. *Traumatology,* 6 . 次

が利用可能。http://www.fsu.edu/~trauma/

41. Servan-Schreiber, D. (2000). Eye movement desensitization and reprocessing: Is psychiatry missing the point? *Psychiatric Times, 17*, 36-40.

42. Stickgold, R. (2002). EMDR: A putative neurobiological mechanism of action. *Journal of Clinical Psychology, 58*, 61-75.

43. Armstrong, M. S. & Vaughan, K. (1996). An orienting response model of eye movement desensitization. *Journal of Behavior Therapy and Experimental Psychiatry, 27*, 21-32.

44. MacCulloch, M. J. & Feldman, P. (1996). Eye movement desensitization treatment utilizes the positive visceral element of the investigatory reflex to inhibit the memories of post-traumatic stress disorder: A theoretical analysis. *British Journal of Psychiatry, 169*, 571-579.

45. Barrowcliff, A. L., Gray, N. S., Freeman, T. C. A., & MacCulloch, M. J. (in press). Eye-movements reduce the vividness, emotional valence and electrodermal arousal associated with negative autobiographical memories. *Journal of Forensic Psychiatry and Psychology.*

Barrowcliff, A. L., Gray, N. S., MacCulloch, S., Freeman, T. C. A., & MacCulloch, M. J. (2003). Horizontal rhythmical eye-movements consistently diminish the arousal provoked by auditory stimuli. *British Journal of Clinical Psychology, 42*, 289-302.

46. Kuiken, D., Bears, M., Miall, D., & Smith, L. (2002). Eye movement desensitization reprocessing facilitates attentional orienting. *Imagination, Cognition and Personality, 21*, 3-20.

47. 注 42 を参照。

48. Christman, S. D., Garvey, K. J., Propper, R. E., & Phaneuf, K. A. (2003). Bilateral eye movements enhance the retrieval of episodic memories. *Neuropsychology, 17*, 221-229.

49. 注 38 を参照。

50. Kavanagh, D. J., Freese, S., Andrade, J., & May, J. (2001). Effects of visuospatial tasks on desensitization to emotive memories. *British Journal of Clinical Psychology, 40*, 267-280.

51. van den Hout, M., Muris, P., Salemink, E., & Kindt, M. (2001). Autobiographical memories become less vivid and emotional after eye movements. *British Journal of Clinical Psychology, 40*, 121-130.

52. 注 50 を参照。

53. 注 51 を参照。

索　　引

か

さ

た

な

ら

監訳者あとがき

本書はFrancine ShapiroとMargot Silk Forrestの"EMDR: The Breakthrough Therapy for Overcoming Anxiety, Stress, and Trauma"の全訳である。1997年にアメリカで出版され、今日までに82,000部を売り上げている人気の高い本で、海外でもすでにイタリア語、フランス語、ドイツ語、オランダ語に訳され出版されている。さらに文献を見ればおわかりいただけると思うが、「はじめに」や「付録」は最新の情報（2004年まで）を含んだ、改訂された内容になっている。

この本の校正を電車の中でチェックしながら、20年近く前の学生の頃を思い出していた。臨床心理学の勉強は、面白いときもあったが嫌いだった。特に、DSM-Ⅲケースブックは嫌いで、読みながら気分がどんどんと沈んでいった。そこに記載されているのは、さまざまな精神症状を持った人々の姿である。不安、うつ、嗜癖など、臨床経験がまだ皆無に等しかった当時の私にとって、そこで読む話はどれもしんどくて、もちろんどこからどう手を付けていいか想像もつかなかった。そのせいで、本はなかなか読み進められずに嫌な気分の経験だけが長引いた。「どうして症状の記述だけで治っていく道筋を示してくれないのだろう」と著者たちを呪ったりした。クライマックスも落ちもない映画を見せられている気分だった。しかし、知識がなかったせいで、「もう少し勉強を積めばどうにかなるんだろう」という楽観的な見方も持っていた。それ以降、認知行動療法をまあまあ熱心に学んだ私は、不安やうつの問題を抱えたクライエントにどう対したらいいかは少しわかったように感じるようになった。

でも、自身の臨床経験が増えるにつれ、心理療法の限界も感じざるをえなくなった。回復のスピードは遅く、多くの労力をクライエントに要求し、心の表面的な部分をいじっている感じは否めなかった。特にトラウマと言われる強烈な体験をくぐり抜けた人たちの中にある、恐怖、悲しみ、怒りには対処できなかった。圧倒されるような出来事の前に示される感情は、もっともに思え、共感して聞く以上のことはできない。いつまでも変わらない訴えには、「まだ言ってるの？　早く過去を忘れ、現在に生きなさい」と、全く役に立たないか、むしろ有害な言葉を投げかけそうになる。代理受傷と呼ばれるこちらまで苦しくなる状態をどう抑えるか以上のことはできなかったように思う。こちらの技量を見限られて、治らないまま治療を中断するクライエントのその後がどうなるかは、考えたくなかった。きっと、もっと人生経験を積んだ相性の合う治療者に出会えばどうにかなるのではと、自身の罪悪感を軽くすることで精一杯だった。

この本に示されているのは根源に届く「解放」の道すじである。EMDR は、出てくる強烈な否定的感情を弱めてくれるだけの治療ではない。記憶そのものを扱い、その出来事を人生の中に適切に位置づけることができる。人は資源（リソース）と呼ばれる肯定的な記憶や周囲の支えを持っている。犯罪被害、戦争、レイプ、加害体験による罪悪感、愛する者の死、そして自身の病気や死の宣告、どれも大変辛いものであることに変わりはないが、人が持つ回復力が適切に働けば、出来事から適切な教訓を得、残りの人生をより意味のあるものに変えることができる。われわれ人類が淘汰の荒波を勝ち抜いてきた、脳内の情報処理のシステムがちゃんと働くことができればいいのである。

ここにあるストーリーはどれも涙を誘うような出来事である（読者はいわば代理受傷を負うことを免れない）。しかし、DSM-Ⅲケースブックと大きく違うのは、症状の記述で終わらない点である。「解放」には道すじがある。適切な順に根っこをたどるように記憶を扱えば、その効果は生体全体に波及する。まるでパズルを解くように傷は癒え、行動が変わり、体は健康を取り戻し、もはや被害者の古い自己は存在意義を失い、新しい前向きな自分が動き出す。

この本に書かれていることは、どこか遠い国のすごい名治療者の特別な逸話ではない。日本でも、1996 年から今日まで毎年、EMDR のトレーニングを開催し、受講した精神保健の専門家（精神科医、臨床心理士など）は800名を越えている。残念ながらそのすべての人がこの結果を出せるわけではない。トレーニングを受けたことは、適切に使いこなせることを意味しないからだ。でも、原理をしっかりと理解し、基本に忠実に従って、それなりの臨床経験を積めば、どの臨床家でもここに示されたような結果を出せる。監訳者自身もEMDRに出会ってから臨床の質が完全に変わったと感じている。臨床の中でクライエントとともにたくさん、回復や解放の喜びの涙を流してきた。私の技量と経験がちょっと増した分、出会うクライエントの問題は昔より確実に深刻で、複雑である。しかしこうした方々とも、「問題の本質がわかった」「これが人生の転機になるだろう」と思えるようなセッションを毎週のように体験できている。「自分が役に立てている」という実感がある。これほど臨床家冥利につきることはない。ここまで臨床を強調してきたが、EMDRの強みはそれだけではない。付録に示されているように科学的に治療効果の検討が積み重ねられ、もはや偏見は消え、確固たる定評を得てきたのである。

今後、メカニズムの解明が進むことで、人間の情報処理の理解が大きく進むことに期待したい。

末筆ながら、翻訳を手がけていただいた船江かおりさんに深く感謝したい。平易な訳文で読みやすく、治療の雰囲気も大変よくとらえていただいた。二瓶社社長の吉田三郎さんには私の遅い作業を辛抱し、終始励ましていただいた。ついでながら日本EMDR学会を支えてくれている理事の先生方にもお礼を言いたい。みなさんの支援なくしては日本のEMDRはこんなにも順調に成長していなかったと思う。最後に、原著者の一人であるFrancine Shapiro博士に感謝したい。まずは、この素晴らしい方法を世に送り出してくれたことに。そして、博士は1995年夏の福岡でお会いして以来、訪米のたびに私をずっと古くからの友人のように歓待してくれ、また自分の学生のように鍛えてくれた。私のつたない英語にも辛抱強く耳を傾け、すべての質問に丁寧に答えてくれた。彼女の生き様は、常に私に進むべき道を見せてくれていたように思う。

本書が多くの精神保健の専門家、一般の読者の目に留まることを願ってやまない。ここがまさに新しい癒しの起源であると確信している。

2005 年 12 月 12 日　冬の到来を感じる六甲のふもとにて

市井雅哉

この治療を受けたい一般の方は日本 EMDR 学会にご連絡ください。公式なトレーニングを受講した治療者をご紹介します。

日本 EMDR 学会事務局
〒 673-1494　兵庫県加東郡社町下久米 942-1
兵庫教育大学発達心理臨床研究センター内　市井研究室
Tel & Fax: 0795-44-2278
E-mail: info@emdr.jp
URL: http://www.emdr.jp

トラウマからの解放：EMDR

2006年2月15日　第1版　第1刷
2008年11月10日　　　　第2刷

著　者　フランシーン・シャピロ
　　　　マーゴット・シルク・フォレスト

監訳者　市井雅哉

発行者　吉田三郎

発　行　㈲二瓶社
〒558-0023　大阪市住吉区山之内2-7-1
TEL 06-6693-4177　FAX 06-6693-4176

印刷製本　亜細亜印刷株式会社

装幀・森本良成

ISBN 978-4-86108-029-6 C3011